KB174464

자유주의는
진보적일 수
있는가

자유주의는 진보적일 수 있는가

1판1쇄 ǀ 2011년 12월 26일
1판2쇄 ǀ 2012년 1월 26일

엮은이 ǀ 최태욱

펴낸이 ǀ 박상훈
주간 ǀ 정민용
편집장 ǀ 안중철
책임편집 ǀ 최미정
편집 ǀ 윤상훈, 이진실
제작·영업 ǀ 김재선, 박경춘

펴낸 곳 ǀ 폴리테이아
등록 ǀ 2002년 2월 19일 제300-2004-63호
주소 ǀ 서울 마포구 합정동 413-7번지 1층 (121-883)
전화 ǀ 편집_02.739.9929 제작·영업_02.722.9960 팩스_02.733.9910
홈페이지 ǀ www.humanitasbook.co.kr

인쇄 ǀ 천일_031.955.8083 제본 ǀ 일진_031.908.1407

값 15,000원

ⓒ 최태욱, 2011
ISBN 978-89-92792-28-8 03300

이 도서의 국립중앙도서관 출판시도서목록(CIP)은 e-CIP홈페이지(http://www.nl.go.kr/ecip)와
국가자료공동목록시스템(http://www.nl.go.kr/kolisnet)에서 이용하실 수 있습니다.(CIP제어번호: 2011005596)

정 치 경 영 연 구 소 기 획 총 서

01

최태욱 엮음

자유주의는 진보적일 수 있는가

LIBERALISM

폴리테이아

차례

서문. 진보적 자유주의의 진보성과 실천력에 대하여 _ 최태욱 • 6

제1부 왜 자유주의이고 왜 진보인가

1장. 진보적 자유주의와 한국 자본주의 _ 이근식 • 31
2장. 민주주의와 자유주의 사이에서 _ 최장집 • 66

제2부 자유주의인가 사회민주주의인가

3장. '진보'적 자유주의에 대한 비판적 검토 _ 고세훈 • 111
4장. 사회적 자유주의와 사회민주주의 _ 박동천 • 145

제3부 진보적 자유주의의 제도적 모색 1
  : 민주적 시장경제

5장. 김대중 정부의 진보적 자유주의 실험 _ 홍종학 · 179
6장. 민주적 시장경제의 구성 요소와 핵심 과제 _ 유종일 · 215

제4부 진보적 자유주의의 제도적 모색 2
  : 합의제 민주주의

7장. 시장 조정 기제로서의 사회적 합의주의: 한국형 모델 _ 선학태 · 263
8장. 한국형 조정시장경제와 합의제 민주주의 _ 최태욱 · 298

참고문헌 · 331

진보적 자유주의의
진보성과 실천력에 대하여

__최태욱

'자유주의는 진보적일 수 있는가'라고 물으면 그것을 도발적인 질문이라고 여길 사람들이 많을 듯하다. 한국 보수파의 대다수에게 자유주의는 반공주의나 자유시장주의를 의미하는 자기들 진영의 이념으로 인식되어 왔으며, 현실이 그러함을 인정하는 진보파의 대부분 사람들은 그런 자유주의를 경원시해 왔기 때문이다. 말하자면 보수나 진보할 것 없이 한국인들은 대개 자유주의를 냉전적 분단 체제의 현실을 반영하는 반공주의 또는 자유시장경제를 옹호하는 경제적 자유주의와 동일시해 왔던 것이다. 자유주의는 그렇게 한국 사회에서 보수 또는 수구의 이념으로 수십 년간을 살아왔다. 그러니 그 '자유주의가 진보적일 수 있느냐'라는 질문에 대해 '그렇다'고 답할 사람들이 과연 얼마나 되겠는가. 또한 '한번 생각해 보자'고 할 사람들도 많지는 않을 것이다.

자유주의는 애당초 진보적 이념이다

이 책은 그 소수의 사람들, 즉 자유주의는 본래 진보적이거나 혹은 그럴 수 있다고 생각하는 사람들이 모여 만들었다. 후자에 속하는 사람들의 경우, 그들이 내세운 (자유주의가 진보적일 수 있는) 조건은 물론 서로 다르다. 그중 고세훈(3장)의 조건이 아마도 가장 까다로울 게다. 그는 사회민주주의와의 비교를 통해 자유주의가 정녕 진보적인 것이 되기 위해서는 노동계급 정치를 통해 개혁에 대한 현실적인 실천력을 확보하는 것이 필수라는 주장을 펼친다. 그에 비해 최장집(2장)이 덤덤히 서술하는 자유주의의 진보성은 그저 당연한 것이다. 그는, 냉전 반공주의는 말할 것도 없고, 자유시장주의나 경제적 자유주의로 연결되는 자유지상주의libertarianism는 자유주의liberalism와는 전혀 다른 이념이라는 사실을 지적한다. 자유주의란 법치주의, 입헌주의, 정치적 자유주의를 의미할 뿐이란 것이다. 그리고 그것은 본래부터 만인평등의 이념이다. 그러니 "만약 '진보'가 …… 현실 속에서 권력과 사회경제적 자원에 있어 약자와 소외자들의 권익을 증진하는 데 더 큰 가치를 두고 자신의 위치에서 실제로 그렇게 행위하는 것에 의미를 두는 것이라고 정의한다면, 한국의 현실에서 자유주의는 진보의 이념에 가깝다"(이 책, 107쪽).

설령 (고전적) 자유주의가 애초에 경제적 자유주의를 포괄하는 사상이었다 할지라도 그 이유 때문에 자유주의가 보수의 틀에 갇혀 있을 필요는 전혀 없다. 이근식(1장)이 정의하는 '진보적' 자유주의는 정치적 자유주의와 경제적 자유주의를 포괄하는 고전적 자유주의와는 결별을 선언한 '새로운' 자유주의다. 그것은 경제적 자유주의를 부정하고 대신 사회적 자유주의로 자유주의 본래의 진보성을 회복, 유지하고자 하는 사상이다.

자유주의의 역사를 이념 지도 위에 올려놓고 잠깐이나마 들여다보면 기독교 역사와 유사한 부분을 쉽게 발견할 수 있다. 한국의 소위 주류 개신교회들은 거의 무시하고 있지만, 예수의 지상 명령은 본래 "고아와 과부, 그리고 나그네를 돌보라"는 것이었다. 사회경제적 약자 배려가 기독교 사상의 핵심이며, 그렇듯 본래 기독교는 진보적 이념을 담은 종교라는 것이다. 그런데 인류 역사에는 그런 기독교가 많은 시기 부자와 권력자의 수호 종교였던 것으로 기록되어 있다(지금 한국의 개신교 상황도 필경 그렇게 기록될 것으로 예상된다). 기득권자들에 의한 예수 사상의 왜곡과 오용의 결과였다. 이와 비슷한 일이 자유주의 역사에서도 일어났다. 정치·경제·사회·문화적 약자를 포함한 일반 시민들의 자유 수호를 위해 존재하던 자유주의가 부자와 권력자의 자유를 위한 편파적 보수 이념으로 변질되곤 했던 것이다.

자유주의는 예수의 사상이 그렇듯 본래부터 진보적이었다. 진보가 무엇인가. 약자 보호와 평등의 확대가 그 핵심이 아니던가. 자유주의는 약자를 포함한 만인이 평등하다는 사상에 기초해 형성된 이념이다. 누가 자유를 외치든 그것이 정당한 까닭은 바로 누구나 평등하기 때문이다. 이근식의 설명대로 "모든 사람이 평등하므로 아무도 타인의 자유를 억압할 권리가 없"기 때문인 것이다. 자유주의는 이렇게 평등의 이념이며 진보의 이념인 것이다.

진보적 자유주의는 사회적 자유주의다

16~18세기에 걸쳐 형성된 자유주의는 만인평등 사상에 의거한 시민혁명을 통해 절대군주제와 신분제 사회를 무너뜨리고 민주주의와 법치주

의를 근간으로 한 평등한 시민사회를 건설하는 데 기여한 진취적이고 역동적인 사회사상이었다. 그런데 19세기에 들어 그 진보적인 자유주의가 자본주의의 발달과 함께 자유시장주의로 변질되면서, 즉 자유주의란 곧 경제정책적 자유지상주의인 것처럼 왜곡되면서 자유주의의 역동적 정신은 시장과 자본에 의해 결박되었다. 자유주의는 무기력해졌고, 그 것은 그저 권력과 자본가들을 더 이롭게 하는 수구 이념으로 전락했다.

19세기 말에는 드디어 이 터무니없는 상황을 바로잡고자 자유주의의 진보성 회복 움직임이 거세게 일어났다. 밀John Stuart Mill, 그린Thomas Hill Green, 홉하우스Leonard Trelawney Hobhouse 등이 앞장섰던 '사회적 자유주의' 혹은 자유주의적 수정주의의 부상이 그것이었다. 경제적 자유주의의 시대라고 불리던 19세기 동안 유럽 선진국들에서는 자본주의 발전으로 국부는 엄청나게 늘었으나 빈부 격차의 심화로 인해 노동자와 시민 대다수는 오히려 더욱 비참한 환경에 빠져들었다. 사회적 자유주의자들은, 이제 시민의 자유를 위협하는 것은 빈곤, 실업, 대자본가의 횡포, 공공재 부족 등과 같은 시장의 실패 혹은 자본주의의 폐해이며, 따라서 이 문제를 해결하고 사회적 시민의 자유를 수호하기 위해서는 정부의 시장 개입이 필수라는 주장을 펼치기 시작했다.

경제적 자유주의로 변질된 고전적 자유주의로부터 벗어나 사회적 자유주의를 강조하는 독자적 자유주의 노선이 탄생한 것이다(Kloppenberg 1986, ch. 8). 그것은 사회경제적 약자를 포함한 모든 시민의 빈곤, 소외, 공포로부터의 자유 등을 중시하는 새로운 자유주의 이념이었다. 이후 최소정부주의 혹은 경제적 자유주의를 앞세우거나 수용하는 그 이전의 자유주의와 구분하기 위해 정부의 역할을 강조하는 이 사회적 자유주의류의 사상을 진보적 자유주의라고 불렀다. 자유주의 앞에 '진보적'이라는 수식어를 붙여야만 하는 상황은 이렇게 시작된 것이다.

19세기 말과 20세기 초에 이 사회적 자유주의 사상은 널리 퍼져나 갔고, 그 결과 적어도 구미 선진사회에서는 자유주의란 곧 사회적 자유 주의를 의미하는 진보적 이념인 것으로 인식될 정도가 되었다. 영어 liberal이 진보적인 혹은 진보주의자라는 뜻으로 쓰이게 된 배경이기도 했다. 자유주의는 그렇게 본래의 진보성을 회복해 갔다. 그리고 후술하 겠지만 제2차 세계대전 이후에는 그 진보적 자유주의에 기초한 복지국 가 혹은 수정자본주의 체제가 선진 각국에 들어서게 된다.

신자유주의는 사회적 자유주의의 부정이다

그렇다고 경제적 자유주의의 영향력이 소멸된 것은 결코 아니었다. 전 후 30여 년간 무대 뒤편에 웅크리고 있던 경제적 자유주의는 현실 세계 의 힘을 갖추어 다시 등장했다. 1970년대 말과 1980년대 초 사이 영국 의 마가렛 대처 수상과 미국의 로널드 레이건 대통령과 같은 '신보수' 혹 은 '네오콘'Neocon 세력의 집권과 함께였다. 그들이 '새롭게 보수'하고자 하는 가치는 고전적 자유주의 특히 경제적 자유주의였다. 그들은 그 자 유주의를 (직전 시기의 주류 이념이던 사회적 자유주의와 구별해) 경제적 자유 주의 사상을 새롭게 복원한 '신자유주의'neo-liberalism라고 했다. 그리고 그 신자유주의는 미국의 주도하에 1980년대와 90년대 그리고 2000년대의 대부분에 걸쳐 (대륙)유럽을 제외한 거의 모든 지역으로 자신의 지배적 영향력을 펼쳐 갔다. 이런 신자유주의 세계화에 압도당한 한국과 같은 나라에서는 그 신자유주의 체제를 마치 '세계 표준'global standard인 양 신봉 하거나 수용하는 양상이 뚜렷이 나타났다. 진보적 자유주의를 경험하지 못했던 터라 정치 세력인 네오콘의 도구적 경제 이념에 불과한 신자유의가 이 나라에서는 마치 자유주의 본류인 양 행세할 수 있었던 것이다.

그러나 신자유주의의 위세도 그리 오래가지는 못했다. 1990년대 말이후에는 신자유주의 퇴조 경향이 세계 곳곳에서 뚜렷하게 목격되었고, 그것은 결국 2008년 미국발 금융 위기로까지 이어졌다.[1] 미국의 신자유주의 우방들은 물론 주도국이었던 미국조차 탈규제와 무규제 등 통제받지 않는 자유방임시장의 위험성, 빈부 격차의 심화와 같은 신자유주의의 폐해를 더는 견뎌 내기 어려웠던 것이다. 그 막강했던 경제적 자유주의의 영향력이 20세기 초에 사회적 자유주의에 의해 대체되었듯이, 이제 신자유주의의 힘도 그와 비슷한 과정을 거쳐 사라져 갈 것이 예상되고 있다. 한국을 비롯한 '신자유주의권'의 여러 나라들에서 대안 이념과 대안 체제에 대한 논의가 활발해진 배경이다.

신자유주의의 대안 이념은 다시 진보적 자유주의다

이 책의 대부분 필자들은 진보적 자유주의가 한국의 신자유주의 대안이념으로 충분한 요건을 갖추고 있다고 생각하고 있다. 20세기 전반기에 유럽에서 자유주의의 진보성 회복 운동이 복지자본주의 체제라는 결실을 맺었다면, 21세기 전반기에는 한국에서 그와 비슷한 일이 진보적 자유주의의 이름으로 벌어질 수 있다고 보는 것이다. 사실 그간 한국에서는 자유주의가 지나칠 정도로 심하게 왜곡·오용되어 왔다. 이제 그것을 본래의 그 광명정대하고 진취적이며 역동적인 성격의 자유평등 이념으로 되돌려 놓아야 한다. 그럼으로써 한국의 시민들이 그 진보적 자유

1_신자유주의의 등장과 퇴조에 대해서는 이 책의 최태욱(8장)을 참조.

주의의 가치에 공감해 그것을 현실에서 구현할 수 있는 대안 체제 구축에 나설 수 있도록 해주어야 한다.

이때 충분히 예상할 수 있는 것은 진보파의 많은 사람들이 '왜 사회민주주의가 아니고, 진보적 자유주의냐'라는 질문을 던지리라는 것이다. 이는 평등의 확대를 진보라고 한다면 사회주의에 뿌리를 두고 있는 사회민주주의야말로 더 분명한 진보적 대안이 아니겠느냐, 게다가 그것은 이미 한국 사회에 들어와 있는데 이제 와서 왜 진보적 자유주의를 거론하느냐는 사실상의 질책이라고도 할 수 있다. 만약 진보적 자유주의에 평등의 가치가 (사회민주주의에 비해) 충분히 담겨져 있지 않거나, 또는 진보적 자유주의의 실천 능력이 (사회민주주의에 비해) 충분하지 않다면 이 질책은 받아 마땅한 것이 된다.

진보적 자유주의는 사회민주주의만큼이나 진보적이다

그러나 진보적 자유주의는, 아니 본래의 자유주의 그 자체는 상기한 바와 같이 평등의 이념이다. 그 의미를 다시 짚어 보자. 존 스튜어트 밀이 강조한 자유주의의 제 1원칙은 자유는 오직 다른 사람들에게 부당한 피해를 주지 않을 때에만 허용된다는 것이다. 자유는 평등을 전제로 하는 가치이기 때문이다. 과거 유럽에서 시민혁명을 통해 절대군주와 귀족 등의 정치권력을 자유주의의 이름으로 제압한 것도 일반 시민들로 하여금 평등한 자유를 누릴 수 있도록 하기 위함이었다. 자본주의가 발전하며 일반 시민들의 자유가 정치보다는 경제 권력자들에 의해 침해받게 되자 구미 선진국들에서 이젠 사회적 자유주의의 이름으로 부자와 자본가들의 시장에서의 자유를 통제할 필요성이 제기되었다. 역시 시민 누구나가 평등하게 누리는 자유를 지키기 위해서였다. 지금의 한국에서도 더 많은 민주주의를 통해 재벌과 대기업 등의 자유를 통제할 필요성이 증대하고 있다. 정치권력보다는 경제 권력의 특권적 자유가 일반 시민들의 평등한 자유에 대해 더 큰 위협이 되고 있기 때문이다. 그 통제는 구미의 역사가 증명하듯 진보적 자유주의의 이름으로 충분히 정당화될 수 있는 일이다. 진보성에 관한 한 자유주의는 당당할 수 있다는 것이다.

진보적 자유주의가 진보성에 관해 의심받을 이유가 없다면 다음으로 따져 봐야 할 것은 그 진보성의 발현 능력, 즉 사회 개혁 실천 능력이다. 지금 한국에는 신자유주의의 폐해가 산적해 있다. 진보적 자유주의가 실천력 있는 진보 이념이라면, 고세훈의 지적대로 "확대와 심화일로에 있는 빈곤과 양극화 현상을 해소하는 데 체계적이고 의미 있는 기여를 할 수" 있어야 한다. 박동천(4장)의 표현을 빌리면, "정치의 실제적 과제, 즉 공동체를 위한 실존적 선택"에 도움을 줄 수 있어야 한다. 사회경제적 약자들이 현장에서 겪고 있는 실질적인 문제들을 해결하는 데 도움이 되어야 의미 있는 진보 이념이라는 것이다. 과연 진보적 자유주의는 한국 사회에서 사회민주주의에 못지않은 실천력을 발휘할 수 있을까?

현대 사회민주주의는 사회주의를 포기한 중도 진보 이념이다

이즈음에서 먼저 현대 사회민주주의에 대해 분명히 짚어 둘 것이 몇 가지가 있다. 널리 알려져 있듯이 전후 서유럽 사회민주주의자들은 생산수단의 사적 소유와 시장 경쟁을 인정함으로써 점진적 개혁을 통한 자본주의 폐기와 사회주의 건설이라는 사회민주주의 본래의 목표를 사실상 포기했다. 이제 그들은 단지 조정시장경제와 복지국가 발전을 통해 사회경제적 약자를 제도적으로 보호함으로써 사회적 정의와 연대를 지켜 가고자 할 뿐이다. 말하자면 현대 사회민주주의자들은 이제 자본주의를 타도가 아닌 교정의 대상으로만 인식하는 자본주의 체제 내의 '충성된 반대자'loyal opposition에 불과한 것이다(고세훈 2002, 134).

그런데 자본주의를 인정한다는 것은 결국 개인주의를 인정함을 의미한다. 자본주의는 개인주의에 기초해 운영되는 것이기 때문이다. 사회민주주의가 사회주의를 포기했다면 이제 개인주의에 기초한 평등의 확대 방안을 모색해야 한다. 모든 개인의 정치적 자유를 전제로 한 민주주의와 법치주의에 의해 진보의 가치를 수호해야 한다는 것이다. 그 이상의 것을 할 수 있는가. 민주주의에서 결정한 법, 제도, 정책 등에 따라 그 범위 내에서 국가가 시장경제에 개입하고 조정함으로써 사회정의와 사회평화를 유지하는 것 이상으로 현대 사회민주주의가 할 수 있는 게 무엇이 있겠는가. 현대 사회민주주의는 방법론에 있어 진보적 자유주의와 다를 바가 없다는 것이다.

현대 사회민주주의는 계급 연대보다는 시민 연대를 중시한다

결국 현대 사회민주주의와 진보적 자유주의는 공히 사회경제적 약자 문제에 대한 해법으로 민주주의를 통해 달성할 수 있는 복지자본주의 혹은 보편주의 복지국가를 내놓게 된다. 여기서 양자의 차이에 대해 굳이 더 따진다면 그것은 어느 쪽이 보편주의 복지국가 건설에 더 유리한 정치경제적 환경을 제공할 수 있느냐의 문제로 압축될 것이다. 이와 관련해 고세훈은 "전후의 서유럽 복지국가는 무엇보다 노동운동의 계급적 조직, 연대, 타협에 빚진 것이다"라고 말하며, 사회민주주의의 강점으로 노동계급 동원 능력, 즉 계급 정치 운영 능력을 강조한다. 물론 노동자 계급은 진보 정치의 실현에 있어 언제나 매우 중요한 권력 자원임에 분명하다. 그러나 보편주의 복지국가가 노동계급의 동원만으로 이루어질 수 있는 것은 결코 아니다. 그것은 반드시 중간 계층의 지지를 필요로 한다(김영순 2011). 서구의 복지국가 체제가 지금까지 지속적으로 발전해 올 수 있었던 것은 중간 계층은 물론, 심지어 대기업들도 그 체제를 지원해 왔기 때문이다. 말하자면 '계급 교차적 연대'cross-class alliance가 복지국가를 지탱해 왔다는 것이다(Swenson 2002). 노동계급 정치가 사회민주주의의 전유물도 아니지만, 설령 그렇다 할지라도 그런 협의의 사회민주주의만으로는 보편주의 복지국가를 건설할 수 없다는 것이다. 진보적 자유주의가 강조하는 '시민 민주주의'에 기대를 거는 이유다.

그런데 사실 현대 사회민주주의는 노동계급만의 이념인 것도 더는 아니다. 사회민주주의는 노동계급 정치에서 시민사회 정치로 점차 그 시야를 확대, 발전해 왔다. 계급 정치만으로는 실제 문제의 해결 능력을 갖추기 어려웠기 때문이었다. 마르크스주의의 노동 중심 계급투쟁론은 19세기 말과 20세기 초에 걸쳐 사회민주주의의 기초를 닦은 베른슈타인Eduard Bernstein에서부터 벌써 진부하다고 비판받았다. 그와 그의 후계자들은 계급투쟁이 아닌 '계급 교차적' 협력에 기반을 두고 사회민주주의를 발전시켜야 함을 잘 알았다. 그들은 자본주의의 부작용과 폐해는 노동자만이 아니라 사회의 광범위한 다수에게 피해를 주는 바, 사회민주주의자들은 중간 계층과 농민 등을 포함한 이들 모두를 (정치 공간에서의) 잠재적 동맹자로 여겨야 할 것임을 강조했다. 노동자만으로는 의회정치에서 결코 다수파가 될 수 없다는 사실에 주목한 것이었을 뿐더러, 사회민주주의는 노동자뿐만 아니라 고통받고 있는 시민들 모두에게 더 나은 삶에 대한 비전을 제시할 수 있는, 좀 더 대중적 이념이 되어야 한다고 생각했기 때문이었다.

사회민주주의 복지국가도 계급 교차적 시민 연대의 산물이다

유럽의 현대 사회민주주의 정당들이 계급정당보다는 '국민정당' 전략을 선택한 것도 이 같은 이유에서다. 현대 사회민주주의 정당들은 이제 특정 계급의 이익만이 아닌 일반 시민들의 이익을 위해서도 봉사한다. 이는 사회민주주의 정당들의 복지국가 전략에서도 여실히 드러나는데, 그들은 노동 세력을 뛰어넘는 '복지 세력'의 연대를 강조한다. 현대 사회민주주의가 이와 같이 계급 정치 일변도에서 벗어나 계급 교차적인 시민 연대의 중요성을 강조하면 할수록 그것의 진보적 자유주의와의 차별성은 더욱 옅어진다. 결국 사회민주주의든 진보적 자유주의든 어느 깃발을 들던 간에 보편주의 복지국가를 건설하기 위해서는 노동자만이 아니라 일반 시민 전체를 대상으로 하는 광범위한 복지 세력을 구축해야 한다는 것이다. 이 점에 관한 한 양자 간에 차이는 존재하지 않는다.

　그것은 한국의 경우에서도 마찬가지다. 한국에서 보편주의 복지국가를 노동 정치만으로 건설할 수 있다고 생각하는 사람들은 별로 없다. 일하는 사람들의 대다수가 봉급생활자이지만 그들 중 '노동계급 정체성'을 갖고 살아가는 이들은 그리 많지 않다. 특히 대기업 정규직 노동자들은 더욱더 그러하다. 그들은 대부분 중산층 의식을 갖고 생활한다. 그러니 노동조합 조직률도 10퍼센트 정도에 불과해 경제협력개발기구OECD 최하위수준에 머물러 있다. 이렇게 약한 노동이 복지국가 건설을 주도할 수는 없는 일이다. 유럽의 경우와 같이, 아니 그 경우보다 더 절실하게 강한 시민 연대가 필요하다. 계급을 가로지르는 시민 연대가 하나의 복지 세력으로 우뚝 설 수 있을 때 비로소 보편주의 복지국가로 가는 길은 열린다. 비정규직 노동자, 자영업자, 도시 빈곤층과 같은 복지의 최대 수혜 계층은 물론 중간 계층까지도 아우를 수 있는 시민 연대의 창출이 절실하다는 것이다. 여러 수정 사회주의자 혹은 현대 사회민주주의자들이 설파했듯이, 실제 문제의 해결이나 진보적 이상을 실현하기 위해서는 '계급이 아닌 전체 공동체의 집합재collective goods'에 관심을 집중해야 한다. 한국에서도 이젠 사회민주주의가 특별히 실천력이 뛰어나다는 주장은 타당성을 확보하기 어렵다는 것이다. 시민 민주주의로 보편주의 복지국가를 건설해 가야 한다는 점에 있어 그것은 진보적 자유주의와 동일할 뿐이다.

진보적 자유주의의 방법론은 민주주의 확대론이다

이제 초점을 사회민주주의가 아닌 진보적 자유주의에 두고 그 실천력을 직접 점검해 보자. 자유주의의 최대 장점은 일관성을 잃지 않으면서도 뛰어난 유연성과 시의성을 발휘할 수 있다는 점이다. 최장집은 "자유주의의 힘은 그것이 누구도 부정할 수 없는 보편성을 갖는 원리와 가치를 함축하고, 인간의 사회경제적 발전, 문명·교육의 발전과 더불어 그 보편성을 확대시켜 왔다는 데 있다. 그런 평등의 이념은 전 사회적으로 확장되고, 한 사회의 경계를 넘어 확장되어 왔다. 동시에 보편적 인권의 내용은 심화되어 왔다"라고 경탄한다. 위에서 살펴본 바와 같이, 자유주의는 어느 때에는 정치권력으로부터의 자유를, 그리고 다른 때에는 경제권력으로부터의 자유를 강조한다. 경제적 자유를 외치던 고전적 자유주의가 사회적 자유를 중시하는 진보적 자유주의로, 그리고 심지어는 평등주의적 자유주의로까지 발전해 가는 까닭이다. 강조점은 이처럼 시의에 따라 적절히 달라지나, 지키고자 하는 가치는 늘 동일하다. 모든 개인이 평등하게 누려야 할 자유, 바로 그것이다. 따라서 특히 사회경제적 약자의 자유 수호는 진보적 자유주의자들의 지상과제다. 이 자유를 훼손하거나 위협할 수 있는 모든 집단이나 조직의 권력은 자유주의의 이름으로 제한하고 통제해야 한다. 그 권력은 정부일 수도 있고, 대기업이나 언론, 혹은 종교 집단일 수도 있다.

그렇다면 그리도 중시하는 만인의 자유는 무엇으로 수호하는가. 즉, 진보적 자유주의는 무엇으로 빈곤이나 격차의 심화, 혹은 불안과 공포 등의 실제 문제를 해결해 가느냐는 것이다. 상기한 바와 같이 진보적 자유주의의 방법론은 민주주의 확대론 그 자체다. 자유 시민을 부당하게 옥죌 수 있는 모든 종류의 권력에 대해 민주적 통제를 가한다는 것이다. 이는 결국 민주주의 정치 방식을 통해 강자와 부자에 대한 약자와 가난한 사람들의 대항력 혹은 '길항력'countervailing power을 길러 주고 유지시켜 줌을 의미한다. 자본주의 체제에서 그 길항력이란 주로 경제정책 및 사회정책의 결정 과정에서 발휘되는 것이다. 그러니 여기서 민주정치의 핵심 역할은 그 정책 결정 과정에 사회경제적 약자들로 하여금 강자들과 대등한 파트너십을 유지하며 안정적으로 참여할 수 있도록 해주는 일이다. 그런데 대의제 민주주의에서 시민의 참여는 기본적으로 정당을 통해 이루어진다. 노동, 중소기업, 자영업자 등 약자들의 이익과 선호가 정책 결정 과정에 효과적으로 반영되는 것은 그들을 대변하는 정당이 존재할 때다. 그런 정당들이 의회에 포진해 있고, 정부를 구성하며, 국가를 운영할 때 권력에 대한 민주적 통제는 가능해진다. 결국 정당 민주주의의 활성화가 진보적 자유주의 해법의 핵심이라는 것이다.

고세훈은 이념의 구현 과정에서 취해지는 구체적 개혁 조치들이 "엘리트들에 의해 위로부터 일방적으로 부과된 것이 아니라 아래로부터 지지되고 동원된 것"이어야 진보적 방법이 채용된 것이라 할 수 있는데, 자유주의에는 그런 진보적 방법론이 결여돼 있다고 평가한다. 사실 자유주의는 특정 계급의 배타적 이념이 아닌 탓에 노조와 같은 안정적이고 체계적인 하부 지지 기반을 갖추고 있기는 어렵다. 그러나 그 하부 혹은 '아래'가 반드시 조직된 노동계급일 필요는 없다. 진보적 자유주의가 주목하는 시민 민주주의의 주체인 개개의 시민들과 (노동을 포함한) 여러 다양한 사회경제적 이익집단들 역시 모두 그 '아래'의 주요 구성원들이다. 그렇다면 시민사회의 이 다양한 이익들이 정당을 통해 표출되고 집약되는 과정에서 실제 문제의 해결에 도움이 되는 정책이 창출된다고 할 때 그것이 아래로부터 지지되고 동원된 개혁 조치가 아니라고 할 까닭은 전혀 없다. 정당 민주주의를 통한 해법 마련은 충분히 진보적 방법이 될 수 있다는 것이다.

진보적 자유주의는 사회민주주의 방법론을 채용할 수도 있다

사실은 그렇지도 않지만 만약 정당 민주주의만으로는 방법론적 진보성을 충분히 확보할 수 없다고 한다면, 진보적 자유주의는 얼마든지 (만약 그런 것이 따로 존재한다면) 사회민주주의의 방법론을 택할 수도 있다. 사회주의를 자유주의의 후계자로 파악한 로셀리Carlo Rosselli의 인식대로 사회주의적 방법론은 자유주의적 이상을 실천하기 위해 존재하는 것으로 봐도 무방하기 때문이다.[2] 실제로 제2차 세계대전 이후 유럽에 등장한 복

2_이탈리아 사회민주주의의 이론적 초석을 놓은 로셀리는 "사회주의란 자유의 원리가 논리적으로 도달하는 최종 결과물에 불과하다. 사회주의는 그 근본적 의미와 결과로 판단할 때, 현

지자본주의는 그 내용에 있어서는 진보적 자유주의의 가치가 구현된 체제였으나, 방법론의 측면에서 볼 때는 상당 부분 노동계급 정치를 강조하는 전통 사회민주주의에 가까운 체제였다. 진보적 자유주의의 유연성은 그 방법론에서도 그대로 나타났던 것이다. 모두가 평등하게 누릴 수 있는 자유를 지키고 확대하기 위해서라면 개혁은 자유주의의 이름으로도 사회민주주의의 이름으로도 추진할 수 있다는 것이 진보적 자유주의자들의 기본 태도라 할 수 있다. 소위 '전후 체제'의 등장도 그와 같은 유연한 태도에 힘입은 바 큰 것이었다.

상기했듯이 진보적 자유주의는 19세기 말에 부상해 점차 주류 담론으로 자리 잡아 갔고, 제2차 세계대전 이후에는 주요 선진국들에서 현실의 사회경제 체제로 구현돼 갔다. 시장경제를 유지하되 그것을 민주적 방식으로 통제, 조정할 수 있는 '전후 수정자본주의 체제'가 미국과 유럽에 등장한 것이다. 모든 이들의 사회적 시민의 자유가 보호되도록 시장에서의 민주주의 역할 혹은 경제에 대한 정치의 개입을 강조하는 '현대 자유주의' 시대의 도래였다(슈메이커 2010). 미국의 자본주의는 이미 1930년대 프랭클린 루스벨트의 뉴딜 리더십 등장 이후 진보적 자유주의자인 존 메이너드 케인스의 처방에 따라 대공황으로부터 회복되기 시작했고, 전후에 그것은 가히 '민주적 시장경제' 체제라 부를 수 있는 케인스주의로 발전했다. 독일의 경우 독일식 수정자유주의인 '질서자유주의'가 전후에 부상하고 그 이념에 기반을 둔 '사회적 시장경제' 체제가 아데나워^{Konrad Adenauer}와 에르하르트^{Ludwig W. Erhard} 등에 의해 성공적으로 정

실에서 실행되고 있는 자유주의라고 할 수 있다"고 피력했다. 따라서 "사회주의자들은 자유의 이름으로, 그리고 그 자유를 소수의 특권층만이 아닌 모든 사람들이 효과적으로 누릴 수 있도록 보장하기 위해, 부르주아적 특권을 종식시킬 것과 부르주아들의 자유를 모든 이들에게 실제적으로 확대할 것을 주장"해야 한다고 했다(버먼 2010, 165). 자유의 이름으로 평등을 확산시키는 것이 사회주의라는 해석이다.

착해 갔다. 한편, 유럽의 다른 선진국들에서는 사회민주주의의 이름으로 보편주의 복지국가 체제가 발전해 갔지만, 많은 이들이 해석하듯이 기실 그 내용은 진보적 자유주의였다. 이근식이 설명하는 바와 같이 "진보적 자유주의는 복지국가의 기초가 되는 생각이다." 다시 말하자면, '진보적 자유주의를 실현하는 현실 수단이 복지국가'라는 것이다. 그렇다면 로셀리의 논법대로, 복지국가를 최종 지향점으로 삼은 유럽의 현대 사회민주주의는 결국 진보적 자유주의의 가치를 사회민주주의적 방법에 따라 실천했던 것이라 볼 수 있다.

요컨대 케인스주의 혹은 민주적 시장경제, 질서자유주의 혹은 사회적 시장경제, 사회민주주의 혹은 복지자본주의 등 명칭을 어떻게 하던 간에 전후에 등장한 구미의 조정시장경제 체제는 그 내용에 있어 모두 진보적 자유주의의 구현체였다. 달리 말하자면, 진보적 자유주의가 현지 사정에 맞는 방법론을 택해 자신의 가치를 시의 적절히 구현해 갔다는 것이다. 사회민주주의적 방식도 그 다양한 방법론 중의 하나였음은 물론이다. 최장집이 강조하듯이, "자유주의의 장점은 그 개방성과 자체 교정 능력을 갖는 유연성으로 인해 현실의 사회경제적 변화와 만나면서 굉장한 현실 적응 능력을 실현해 왔다는 사실이다. 그러므로 자유주의 이념은 한 사회의 사회경제적 문제를 운영함에 있어 그 정치적 환경이 어떠한가에 따라 '신'자유주의(현대의 신자유주의와는 정반대의 의미를 갖는, 즉 국가의 시장경제에 대한 적극적 개입을 주장하는 새로운 자유주의)가 될 수도, 사회민주주의가 될 수도 있다." 진보적 자유주의의 실천력은 이와 같은 방법론적 유연성에서 나오는 것이다.

진보적 자유주의의 대중 친화성과 중도성은 사회민주주의보다 강하다

방법론적 유연성 못지않게 중요한 진보적 자유주의의 실천력의 근원은 (상대적으로 우수한) 대중 친화성일 것으로 여겨진다. 상기한 바와 같이, 실질적 사회문제에 대한 현대 사회민주주의와 진보적 자유주의의 공통 해법은 보편주의 복지국가의 건설이다. 그런데 그것은 노동만이 아니라 중간 계층까지 포괄하는 광범위한 시민 연대 혹은 복지 세력이 형성되어야 가능한 일이다. 일반 시민들의 지지와 동원을 끌어내는 것이 무엇보다 중요하다는 것이다. 그렇다면 복지국가의 기초가 되는 이념은 일반 시민들과 상당 정도의 친화력을 유지할 수 있어야 한다. 일반 시민들이 쉽게 이해하고 수용할 수 있어야 한다는 것이다. 한국적 맥락에서 이 같은 이념에 가까운 것은 아무래도 사회민주주의보다는 진보적 자유주의일 것이다. 다시 말하자면, 사회민주주의에 비해 진보적 자유주의가 더 많은 시민들을 복지 세력으로 초대할 수 있으리라는 것이다.

안타깝지만 현실인 것이 한국인들의 상당수가 아직도 사회민주주의를 표방하면 일단 색안경을 끼고 본다는 사실이다. 분단 체제의 소산이기도 한 사회주의에 대한 강한 거부감이 사회민주주의에 대한 어색함으로 이어지기도 한다. 현대 사회민주주의는 이제 사회주의와는 전혀 다른 중도 진보의 이념임에도 불구하고 여전히 많은 사람들이 그 뿌리에 신경을 쓰는 것이다. 악의에 찬 행동이든 무지의 소산이든 좌파나 빨갱이 운운하며 사회민주주의를 색깔 논쟁으로 몰아세우는 일이 지금도 빈번히 일어나고 있다. 시정되어야 마땅한 한국 사회의 창피하고 부끄러운 단면이다. 그러나 어찌하랴. 현실은 현실이다. 작금의 이 현실에서 사회민주주의의 이름으로 복지국가를 외치기는 곤란하다. 그 경우 일반 시민들로부터 지지는커녕 외면받을 가능성이 크기 때문이다.

복지국가 건설이라는 동일한 목표를 내세울지라도 그것이 자유주의의 이름으로 추진되는 것이라면 일반 시민들의 반응은 사회민주주의의 경우와는 사뭇 다를 것이 분명하다. 상기한 바와 같이 비록 왜곡·오용되긴 했으나 자유주의는 많은 한국인들에게 친근하고 부담 없는 이념으로 한국 사회에 오래 머물러 온 것이 사실이다. 개인의 자유를 최우선시하고 시장경제를 옹호하며 민주주의와 법치주의를 강조하는 그 자유주의의 이름으로 누구도 부인할 수 없으리만큼 심각해진 이 시대의 실질 문제들을 해결하기 위해 복지국가를 건설해야 한다고 외칠 때, 이에 대해 이념적 저항감을 느낄 한국인들은 그리 많지 않을 것이다. 사회민주주의보다는 진보적 자유주의의 호소에 더 많은 한국인들이 공감하고 동조하며 동참하리라는 것이다.

진보적 자유주의의 시민사회 친화성이 더 높다는 것은 그것이 보편주의 복지국가 건설의 정치사회적 조건인 계급 교차적 연대의 형성에 더 유리하다는 의미이기도 하다. 사실 진보적 자유주의는 중도 보수 혹은 합리적 보수까지도 포용할 수 있는 '중도적' 성격이 매우 강한 진보적 이념이다. 여기서 중도적이란 이념의 전파나 수호에 있어 배타적이기보다는 개방적이며, 경직적이기보다는 유연하고, 인간이나 사물의 완벽함을 요구하기보다는 불완전성이나 불확실성을 너그럽게 수용하는 등의 태도를 말한다(박동천 2010, 522-523). 따라서 진보적 자유주의는 사회적 약자에 대한 배려를 강조함과 동시에 강자나 라이벌 세력 등에 대한 태도도 개방적이고 유연하며 너그럽다. 이는 곧 일반 시민들은 물론 보수 세력과의 소통 능력도 뛰어날 수 있음을 의미한다. 사실, 복지국가의 건설 등과 같이 사회경제적 약자의 지위를 향상시키는 사회의 진보는 결국 어떤 식으로든 기득권층의 특권을 양보받음으로써만 가능한 일이다. 보수파와의 협상과 타협은 필수라는 것이다. 이때 보수 진영을 불신과 증오의 대상으로 보지 않고 그들을 관인寬忍과 아량의 개방적 태도로 대할 수 있는 중도 진보의 역할은 매우 중요하다. 그들로 인해 계급 교차적 연대와 그 산물인 복지국가의 건설이 수월해지기 때문이다. 진보적 자유주의의 실천력은 바로 이런 중도성에서도 나오는 것이다.

진보적 자유주의는 민주적 시장경제의 발달로 구현될 수 있다

지금까지 살펴본 바와 같이 진보적 자유주의의 진보성은 현대 사회민주주의에 비해 결코 뒤지지 않는다. 그리고 그 실천력은 한국적 맥락에서 보면 오히려 더 우수하다고도 할 수 있다. 새로운 사회경제 체제 구축에 필요한 신자유주의의 대안 이념으로서 진보적 자유주의는 충분히 훌륭한 이념이라는 것이다. 그렇다면 20세기 전반기에 구미 선진국들이 그리했듯이, 21세기 전반기의 한국도 진보적 자유주의에 기초해 한국형 조정시장경제 체제를 발전시켜 갈 여지는 충분하다. 홍종학(5장)은 김대중 정부에서 이미 그런 실험이 행해졌음을 상기시킨다.

사실 '국민의 정부'는 한국 최초의 진보적 자유주의 정부라고 할 수 있다. '민주주의와 시장경제의 병행 발전'이라는 국정 목표 자체가 진보적 자유주의를 표방한 것이라고도 해석된다. 초보적이나마 복지국가의 틀을 최초로 잡은 것도, 그리고 노사정위원회의 출범으로 '사회적 합의주의'social corporatism의 도입을 최초로 본격화한 것도 모두 김대중 정부에서였다. 비록 성공했다고는 볼 수 없지만, 한국에서 민주적 시장경제를 발전시켜 보고자 했던 의도는 분명했던 것이다. 홍종학은 김대중 정부의 실험이 성공에 이르지 못했던 요인을 두 가지로 정리한다. 하나는 정부의 민주적 개혁 역량이 재계의 힘을 관리·조정하기에는 부족했던 탓이고, 다른 하나는 진보 진영의 담론이 실천적 정책으로 충분히 구체화되지 못했기 때문이라는 것이다.

이 같은 분석이 맞는다면 진보적 자유주의에 기초한 민주적 시장경제를 이루기 위해서는 최소한 다음 두 가지 조건은 반드시 충족해야 한다. 하나는 시장에 대한 정부의 민주적 개입이 효과적이고 지속적일 수 있도록 하는 정치적 조건을 갖추는 일이고, 다른 하나는 제도와 정책으로 구체화된 민주적 시장경제 체제의 현실적 설계도를 제대로 작성하는 일이다. 유종일(6장)은 이 책에서 뒤의 조건을 충족하기 위한 작업을 시작한다. 즉, 진보적 자유주의의 시각에서 민주적 시장경제라고 하는 대안 체제의 구성 요소와 핵심 과제가 무엇인지를 제시한 것이다. 그는 "민주주의의 평등과 시장경제의 효율을 화학적으로 결합한 체제"는 기회의 평등과 분배의 평등화를 위해 민주적 거버넌스가 제대로 작동하는 체제라고 규정한다. 그리고 지금의 한국적 조건에서 이 같은 사회경제 체제를 발전시키기 위해서는 재벌 개혁, 노동시장과 금융시장의 민주화, 복지의 확대, 그리고 정부와 공공 부문의 개혁이 급선무라고 주장한다.

진보적 자유주의의 구현은 합의제 민주주의를 필요로 한다

선학태(7장)와 최태욱(8장)은 앞의 조건에 대해, 즉 정치적 조건이 구체적으로 무엇이며 그것은 어떻게 채워 갈 수 있는지에 대해 논의한다. 두 사람은 공히 무엇보다 중요한 것이 한국형 사회적 합의주의의 창안과 정착이라고 강조한다. 사회적 합의주의야말로 민주적 시장경제의 근간인 동시에 그 체제의 작동을 가능케 하는 민주적 거버넌스 그 자체라는 것이다. 그리고 선학태는 한국형 모델로서 "동반 발전형 사회적 합의주의"를 제시한다. 한편, 최태욱은 진보적 자유주의의 구현을 위한 정치적 조건은 합의제 민주주의의 발전으로 비로소 충족될 수 있다고 단언한다. 합의제 민주주의는 다수제 민주주의와는 달리 사회적 합의주의를 촉진시키는 제도적 기제를 내장하고 있는 바, 그것이 바로 민주적 시장경제를 포함한 조정시장경제 체제의 발전을 가능케 하는 요인이기 때문이라는 것이다.

그 제도적 기제란 다름 아닌 '포괄 정치'politics of inclusion를 작동케 하는 비례대표제, 온건 다당제, 연립정부 등의 협의주의 정치제도들이다. 포괄의 정치는, 노동은 물론 중소기업과 자영업 계층 등을 포함한 모든 사회경제적 약자 집단들이 정책 및 정치과정에 강자들과 함께 동등하고 효과적으로 참여할 수 있도록 해준다. 따라서 약자와 강자 간의 대등한 파트너십 유지를 전제로 하는 사회적 합의주의와 그에 기반을 둔 조정시장경제가 이 포괄의 정치가 작동하는 곳에서 발달하는 것은 당연한 일이다. 최태욱이 실질적인 전면 비례대표제의 도입이나 비례성 높은 선거제도로의 개혁을 가장 중요한 한국의 정치적 과제로 꼽는 이유는 그런 선거제도가 정책과 이념 중심의 온건 다당제의 발전을 촉진함으로써 포괄의 정치가 작동하는 데에 핵심적 기여를 한다고 보기 때문이다. 더구나 그런 온건 다당제는 다시 연립정부 중심의 내각제나 분권형 대통령제 등으로의 합의제적 권력 구조 전환을 야기함으로써 포괄 정치의 제도화를 완성 단계에 이르게 할 가능성이 크다. 요컨대 비례대표제의 강화로 포괄의 정치를 일상화하는 합의제 민주주의가 발달하면 사회적 합의주의가 제대로 작동되며 한국형 민주적 시장경제가 발전할 수 있다는 것이다. 결국 비례대표제 개혁을 시작으로 진보적 자유주의의 구현을 도모하자는 주장이다.

이 책은 한림국제대학원대학교 정치경영연구소가 매 학기 주최하는 "대안담론포럼"의 제1회 및 제2회의 발제문들을 한데 모아 수정, 보완해 편집한 것이다. 사실 그 포럼 자체가 이 책의 출간을 염두에 두고 기획되고 개최되었다. 따라서 이 책을 내며 제일 먼저 감사드리고 싶은 분들은 "대안담론포럼"을 열 수 있도록 도와주신 여러분들이다. 특히 한림국제대학원대학교의 이영선 총장님과 정치경영연구소의 연구고문이신 김종인 박사님, 이근식 교수님, 그리고 최장집 교수님께 깊이 감사드린다. 그분들이 아니었으면 포럼 개최는커녕 연구소 개소도 힘들었을 것이다. 그 외에도 연구소를 위해 후원과 자문 등을 아끼지 않으신 많은 분들이 계시다. 같은 이유에서 그분들 모두께 같은 깊이로 감사드린다. 연세대학교 김대중도서관의 김성재 관장님께는 따로 특별한 감사의 말씀을 드리고 싶다. 제2회 포럼이 소기의 성과를 거둘 수 있었던 것은 김대중 도서관이 공동 주최를 해주었던 덕분이었다. 또한 포럼에 토론자로 참여해 주셨던 여러 선생님들께도 이 자리를 빌려 감사의 마음을 전한다. 그분들의 날카롭고 건설적인 토론이 포럼, 따라서 이 책의 질을 상당히 높여 주었다.

가장 큰 감사를 받아야 할 사람들은 아마도 정치경영연구소의 김경미, 김남수, 양태성 세 연구원일 게다. 그들은 포럼의 기획과 진행, 그리고 원고의 수집과 정리 등의 전 과정에서 실무를 맡아 최상의 성실함과 최고의 수행 능력을 보여 주었다. 그들의 수고와 노력이 있었기에 이 책의 출간은 가능했다. 마지막으로 이 책의 출판을 맡아 준 후마니타스의 박상훈 대표께도 따로 감사의 말씀을 드린다. 출판사의 성격상 편서를 낸다는 게 쉽지 않은 일일 텐데도 흔쾌히 원고를 받아 주었다. 더구나 책의 제목을 '도발적'인 것으로 달아 주기까지 했다.

LIBERALISM

제1부

왜 자유주의이고
왜 진보인가

1장

진보적 자유주의와 한국 자본주의

__이근식

이 글에서는 자유주의의 의미, 자유주의의 인간관, 자유주의의 기본 내용을 살펴봄으로써 자유주의가 민주주의와 자본주의를 근간으로 한 근대사회의 발전을 추진해 온 근대 시민 사상임을 고찰한다. 또한 자유주의를 정치적 자유주의와 경제적 자유주의로 구분함으로써 자유주의의 진보성과 반동성에 대한 혼란을 정리한다. 자유방임주의와 개입주의가 자본주의경제에서 교대로 반복해 왔음을 봄으로써 이 두 경제정책이 모두 불완전함을 지적한다. 평등을 본원적 평등, 사회적 평등 및 경제적 평등의 셋으로 구분함으로써 기본적으로 평등과 자유는 동전의 양면과 같은 관계에 있으며 단지 경제적 평등만이 자유와 갈등 관계에 있음을 보일 것이다. 자유주의의 한계가 개인주의임을 지적하고 이를 보완할 상생의 원리를 제안하고 진보적 자유주의의 구체적 내용을 정리한다. 끝으로 현재 우리나라를 비롯한 현대자본주의가 천민자본주의임을 주목하고 이의 해결을 위해 합리적 복지국가를 제안한다.

● 이 글은 필자가 쓴 이근식(2009)을 부분적으로 발췌해 수정·보완한 것이다.

1. 자유와 자유주의

매우 다양하게 사용되고 있는 자유의 의미를 자유주의의 입장에서 생각해 보기로 한다. 자유가 중요한 사회적 가치로 된 것은 근대 서양 사상인 자유주의가 전파되기 시작하면서부터이기 때문이다. 자유주의에서 말하는 자유는 다음과 같이 정리될 수 있다.

첫째, 자유는 집단이 아니라 '개인의 자유'다. 자유는 개인에 대해서만 사용되며, 국가·민족·계급·회사와 같은 집단이나 조직에 대해서는 해당되지 않는다. 이는 자유주의가 개인주의에 입각해 있음을 반영한다.

둘째, 자유는 '사회적 자유'다. 사회적 자유란 사상과 출판, 취업, 결사, 정치 참여, 종교 선택과 같이 개인의 사회생활과 관련된 자유를 말한다. 이와 달리 개인적인 무지, 탐욕, 미신, 강박관념, 나쁜 습관으로부터의 자유와 같이, 특정 개인과만 관련된 자유를 '개별적 자유'라고 부를 수 있을 것이다. 개별적 자유는 개인이 개별적으로 해결해야 할 문제이므로 사회문제라고 볼 수 없다. 개인의 사회적 자유를 억압·제한하는 것은, 정치권력, 경제 권력, 종교 권력, 언론 권력과 같이 모두 사회적 권력이다. 따라서 자유는 '사회적 권력의 부당한 침해로부터의 자유'라고 볼 수 있다.

이런 개인의 사회적 자유를 가장 중요한 사회적 가치로 보는 사회사상을 '자유주의'liberalism라고 말할 수 있다. 그러나 자유주의의 의미가 매우 풍부하고 복잡해 혼란과 논쟁이 그치지 않아 왔다. 그 이유는 자유주의 자체가 시대, 사회, 집단에 따라 각기 달리 사용되어 왔기 때문이다. 이런 혼란을 피하고 자유주의의 의미를 정확하게 이해하기 위해 자유주의가 등장하고 발전해 온 역사적 과정을 살펴볼 필요가 있다. 다른 사회 이념과 마찬가지로 자유주의도 구체적인 역사 속에서 형성되어 왔기 때문이다.

근대 서양 사회는 자본주의경제와 함께 발전해 왔다. 자본주의의 발전은 서양 사회를 여러 면에서 본질적으로 바꾸어 놓았다. 생활단위가 중세 봉건사회의 장원莊園이라는 공동체에서 자본주의의 개인 사업으로 변함에 따라, 사람들의 생활양식과 사고방식도 중세의 공동체주의에서 개인주의로 바뀌게 되었다. 또한 중세의 지주 귀족계급이 점차 힘을 잃어간 반면, 평민인 중소 상공인(부르주아[1])이라는 새로운 계층이 부를 축적해 새로운 사회 주도 세력으로 등장하게 되었다. 이 부르주아계급이 서양 근대사회 발전의 주역인 '시민계급'이다.

서양에서 대략 15~18세기까지는 '근대 국민국가 건설 단계'nation building stage였다. 이 시기에 천년의 중세 시대에 수백 개의 제후국으로 분할되어 있던 영토들을 통일하고 근대국가를 건설한 것이 절대군주였다. 이들은 안으로는 국토와 제도들을 통일해 근대국가를 건설하고 밖으로는 외국과 영토 전쟁을 계속했다. 이 시기 유럽 국가들의 부국강병책 내지 경제적 민족주의의 경제정책을 '중상주의'라고 부른다.

부르주아들은 근대 국민국가의 건설 단계에서는 절대군주를 지지하고 협력했다. 절대군주들이 영토, 시장, 제도를 통일해 주는 것은 부르주아들로 하여금 지방 영주들의 수탈과 복잡한 규제를 벗어나게 해줌으로써 부르주아들에게 유리했기 때문이다. 한편 절대군주들도 기존 귀족들의 세력을 약화시키기 위해서 부르주아 출신들을 관료로 등용했으며, 귀족이나 교회로부터 뺏은 토지를 부르주아들에게 판매했다. 이와 같이, 절대군주제의 형성은 절대군주와 부르주아의 연합 세력이 기존의 귀족 세력을 축출하는 과정이었다.

1_부르주아는 중소 상공인을, 부르주아지는 중소 상공인 계급을 말한다.

그러나 통일된 근대 국민국가가 건설된 후에는 부르주아들이 절대 군주의 전제정치에 점차 반항하게 되었다. 차별적인 신분 질서에 기초한 절대군주제가 자유주의자들이 저항한 '구체제'였다. 구체제는 귀족들에게는 세금을 면제하는 등 각종의 특혜를 허용한 반면에, 부르주아들을 비롯한 평민들에게는 조세와 병역을 부담시키고 이들의 생명, 신체와 재산을 강탈하기도 했다. 또한 구체제의 중상주의는 각종의 경제 규제로 중소 상공인들을 괴롭혔다. 이 때문에 평민이었던 부르주아들은 구체제를 무너뜨리는 시민혁명 과정에서 앞장서는 주도 세력이 되었다.

근대 서양에서 절대군주제를 타도한 시민혁명의 주도 세력이 부르주아지이고 시민혁명을 이끈 이들의 사회사상이 바로 자유주의다. '자유주의란 16세기 후반부터 18세기 말까지 서양의 시민혁명 과정에서 형성된 근대적 사회사상으로서, 모든 개인은 자유롭고 평등하다는 신념에서, 비인간적이며 차별적이었던 절대군주제와 전통적 신분제 사회를 무너뜨리고 민주주의와 법치주의를 축으로 하는 근대 서양의 평등한 시민사회를 건설한 주역이었던 부르주아의 건강한 시민 정신이다.'

부르주아들은 모든 사람은 평등하다고 주장함으로써 자신들을 수탈하는 신분 차별을 반대했고, 절대군주의 횡포를 막기 위해 헌법과 법으로 국가권력을 명확히 제한하는 '입헌주의'와 '법치주의'를 주장했으며, 자신들이 직접 국정에 참여하기 위해 '민주주의'를 주장했으며, 자신들의 자유로운 경제활동을 위해 정부의 경제 규제를 철폐하는 '자유방임주의'를 주장했다.

서양의 시민혁명 과정에서 생장한 이런 근대 시민 정신을 '고전적 자유주의'라고 부른다. 고전적 자유주의는 16~19세기 전반까지 구미에서 민주주의, 법치주의, 자유시장경제와 같은 근대적 사회질서를 건설하는 데에 이념적 기초를 제공했다. 이런 점에서 자유주의는 우리나라를 비롯한 현대의 후진국 내지 중진국이 근대적인 사회질서를 건설하는데에 큰 도움을 줄 수 있다. 전근대적 사회를 탈피하고 민주주의, 법치주의, 시장경제라는 근대적 사회질서를 건설하는 것이 오늘날 이들 국가의 과제이기 때문이다.

2. 자유주의의 인간관: 인간의 불완전성

인간 본성에 대한 정확한 이해는 사회문제를 정확하게 이해하기 위해 필수적이다. 모든 사회 현상은 인간의 개인적·집단적인 행동에 의해서 이루어지기 때문이다. 자유주의는 이 점에서 튼튼한 기초를 갖고 있다.

모든 인간은 불완전하다는 것이 자유주의의 인간관이다. 우리 인간은 이성과 양심을 갖고 있다고 자랑하지만, 밀과 하이에크가 지적한 바와 같이 인간은 불완전하기 짝이 없는 존재다(밀 1990, 258; Hayek 1973, 11-14).

인간의 불완전함은 인식과 도덕(윤리)의 양면에서 파악할 수 있다. 인간은 정보와 정보처리 능력이 부족해 인식에서의 오류를 범할 수 있다. 또한 인간은 도덕적으로도 불완전해 자신의 욕심을 채우기 위해 다른 사람에게 부당한 피해를 주기 쉽다. 인간이 인식과 윤리의 양면에서 불완전한 것을 '인간의 이중적 불완전성'이라고 부를 수 있을 것이다.

이런 인간의 이중적 불완전성이 자유주의의 모든 중요한 주장들의 기초다. 자유주의가 강조하는 사상과 비판의 자유가 필요한 것은, 누구나 과오를 범할 수 있으므로 이를 바로잡기 위해서이며, 정부 권한의 제한, 계획경제에 대한 반대, 법치주의의 주장 등 자유주의의 주요 주장들도 모두 인간의 불완전함에서 필연적으로 도출되는 결론들이다. 정치권력자들도 불완전한 인간이므로 정부 권력을 엄격히 제한하는 것이 필요하며, 경제계획을 수립하는 정부의 관료들도 인식 능력이 부족한 인간이므로 이들이 작성한 경제계획이 불완전할 수밖에 없으며, 누구든지 자신의 이익을 위해 타인에게 부당한 피해를 줄 수 있으므로 이를 막기 위해 공정한 법질서가 필요하기 때문이다.

3. 고전적 자유주의의 기본 내용

16세기에서 18세기까지 서양의 시민혁명 과정에서 형성된 다음과 같은 고전적 자유주의의 중요한 기본 원리들은 오늘날까지 이어져 오고 있다.[2]

만인평등과 인권

모든 사람은 사회적으로 평등하다는 만인평등의 사상이 자유주의의 가장 기본적인 생각이다. 뒤의 6절에서 보는 것처럼 자유의 정당성도 여기서 도출된다. 모든 사람은 평등하므로 아무도 타인의 자유를 억압할 권리가 없기 때문이다. 어떤 사람도 목적을 위한 수단으로, 그 목적이 아무리 숭고하더라도, 이용되어서는 안 된다. 자유주의 이전의 전근대사회에서는 국가, 민족, 가문 혹은 종교를 위해서 개인이 희생되는 것을 당연시했다. 그러나 자유주의의 만인평등은 이를 단호히 반대한다. 근대 윤리의 정수인 '인본주의'는 이런 자유주의의 평등한 인간관에서 도출된 윤리라고 볼 수 있다. 모든 인격을 수단이 아니라 목적으로 대하

2_자유주의의 기본 원리를 명확히 정리한 사람은 존 로크다. 자연적 자유, 만인평등, 개인의 기본권(생명·자유·재산에 대한), 합의에 의한 정부(사회계약론), 정부 권한의 제한과 권력 분리, 종교적 관용, 법치주의, 정부에 대한 사회의 우위, 혁명권 인정, 정당방위의 원칙 등 자유주의와 민주주의의 대부분 원칙이 그의 『통치론』(1690)에 나와 있다.

라는 칸트의 말이 이를 잘 요약한다.[3] 인본주의는 인간을 하나님의 종으로 파악하던 2천 년 가까운 기독교 인간관으로부터 해방되어 인간이 스스로 독자적 가치를 지닌 존재로 자신을 자각한 표현이다.

구체제의 신분제 사회에서 평민이라는 이유로 왕과 귀족들에게 차별을 받았던 부르주아들은, 이런 차별을 철폐하기 위해 만인평등의 자유주의를 내걸고 왕과 귀족에 대항해 싸워 승리했으며, 그 결과 만인평등 사상이 국가가 등장한 이래 역사상 처음으로 현실에서 실현되었다. 차별이라는 오랜 편견과 악습을 타파하고 만인평등의 사회를 최초로 실현한 것이 근대 서양에서 시작된 자유주의다. 불과 60여 년 전의 일제강점기에 우리나라에서 천민이나 여자라는 이유로 얼마나 심한 차별을 받았던가를 생각하면 만인평등의 자유주의 사상이 사회 발전을 위해 얼마나 힘찬 생명력을 갖고 있는가를 알 수 있다.

서양과 동양이 다른 것이 아니고, 근대와 전근대가 다른 것이며, 근대를 전근대로부터 구분짓는 핵심은 바로 만인평등이라는 자유주의 정신이다. 자유주의의 만인평등 사상은 인류 역사상 아마도 가장 중요한 사상이자 근대성의 핵심일 것이다. 평등에 대해서는 뒤의 6절에서 다시 고찰한다.

개인주의

개인주의는 자유주의의 기본 입장이다. 개인주의는 구체적 인간인 개인만이 궁극적인 가치를 가지며, 국가, 조직(단체·집단), 계급, 이념 등

3_칸트는 이성적 존재자로서의 인격(Menschlichkeit)은 목적 자체로 존재한다고 보았다. 여기서의 이성은 논리적 사고 능력인 순수이성이 아니라 윤리 의식인 실천이성을 말한다고 생각된다. 칸트는 윤리 의식은 논리적으로 도출되는 것이 아니라 자유의지에 의해 스스로 선택하는 것으로 보았다(칸트 1992, 222-239).

그 외 모든 것들은 자체로서의 가치는 없고 오직 개인의 행복을 증진시키는 수단으로서만 가치를 갖는다고 본다. 자유주의는 개인보다 집단을 앞세우는 전체주의 혹은 집단주의를 반대한다. 집단이 중요한 것은 집단 자체가 중요해서가 아니라 집단에 속한 사람들이 소중하기 때문이요, 사람들이 소중한 것은 구체적인 개인 한 명 한 명이 소중하기 때문이다.

개인주의는 '자기 사랑'을 당연한 것으로 본다. 자유주의가 개인의 자기중심적인 사고방식을 긍정적으로 평가한 것은 인간 역사에서 코페르니쿠스적인 대전환이다. 그 이전에는 동서양을 막론하고 남을 위해 자신을 희생하는 이타심이 장려되었고 자기중심적인 태도는 비난받아 왔다. 이는, 동서양을 막론하고 오랜 세월 동안 인류는 항상 공동체를 이루어 공동으로 생산하고 소비하면서 살아왔기 때문이다. 공동체 생활에서 공동체를 위협하는 개인주의는 비난받지 않을 수 없었다. 이런 전통적 윤리관은 자본주의사회와 부합되지 못한다. 자본주의경제에서 상공업자들은 자기 책임으로 혼자 힘으로 살아가기 때문에 공동체보다 자신의 이익을 먼저 생각하지 않을 수 없다. 개인주의는 자본주의경제에서 자신의 힘으로 자신의 책임 아래 개인 기업을 운영하며 독립적으로 살아가는 부르주아들의 생활관을 반영한 것이다.

개인주의는 '이기주의'와 다르다. 이기주의는 타인에게 부당한 피해를 입히는 것에 개의치 않고 자기의 이익을 추구하는 무분별한 탐욕인 반면에, 개인주의는 타인에게 부당한 피해를 주지 않는 범위에서만 자신의 이익을 추구하는 것이다.[4] 자유주의에서 말하는 자유는 무제한의

4_로크는 다른 사람의 생명, 자유, 재산을 존중하는 것이 자연법임을 주장했고(로크 1990, §6), 아담 스미스는 자기중심적 생활이 당연함을 인정하면서도 인간의 탐욕은 반드시 공정한 법에 의해 제한되어야 함을 역설했고(이근식 2006b, 77-82), 존 스튜어트 밀은 타인에게 부당

자유가 아니라, 모든 사람에게 똑같이 적용되는 공정한 규칙 내에서의 자유다. 로크가 말한 바와 같이, "법이 없으면 자유도 없다"(로크 1990, 71).

생각과 행동의 자유

개인의 자유는 생각, 행동 및 집단적 행동(집회와 결사)의 자유다. 자유주의는 다른 사람에게 부당한 피해를 미치지 않는 한 이 세 가지 자유를 완전히 보장할 것을 주장한다. 이 중에서도 생각에서 행동이 나오므로 생각의 자유는 가장 중요하며 기본적인 자유다. 자유 중에서 가장 먼저 투쟁의 대상이 된 것은 종교개혁과 그 이후의 종교전쟁에서 나타난 신앙의 자유였다. 개인의 신앙 나아가서 양심은 어떤 권력도 강제할 수 없다는 생각에서 신교도들은 가톨릭 권력과 투쟁해 신앙과 양심의 자유를 쟁취했고 이는 사상의 자유로 확대되었다.

생각은 표현될 때에 비로소 사회적 의의를 가지므로, 생각의 자유는 언론과 출판의 자유를 포함한다. 언론과 출판의 자유는 토론(비판)의 자유를 포함하는데, 자유주의자들은 비판의 자유를 매우 중시했다. '비판의 자유가 중요한 것은, 그것이 인간의 불완전함을 예방하고 시정하는 거의 유일한 방법이기' 때문이다. 불완전하기 때문에, 사람은 누구나 잘못을 저지르며, 자신의 잘못을 스스로 깨닫기는 매우 힘들기 때문에 인간의 잘못을 바로잡기 위해 서로 간에 자유로운 비판은 반드시 필요하다. 권력자의 횡포를 제어하는 것도, 잘못된 생각(이론, 주장 등)을 바로잡는 것도 모두 자유로운 비판이다.

비판은 과오의 예방과 시정이라는 소극적 기능만이 아니라 '발전의 원동력'이라는 적극적인 기능도 수행한다. 모든 발전은 기존 현실에 대

한 피해를 주지 않는 범위 내에서만 자유를 허용해야 함을 자유주의의 첫째 원칙으로 강조했다(밀 1990, 247).

한 비판(문제점의 발견과 지적)으로부터 시작된다. 근대 서양에서 과학이 역사상 유례없이 비약적으로 발전할 수 있었던 것도 공개 토론회나 학술 잡지와 같은 공개적인 토론과 비판의 장이 제도적으로 정착된 덕이라고 생각된다.

관용

사상, 표현 및 비판의 자유는 관용과 동전의 양면을 이룬다. 다른 사람들의 생각과 행동이 나와 다를 수 있음을 인정하는 관용이 있어야 자유로운 비판이 가능하기 때문이다. 자기와 다른 종교나 가치관을 인정하는 관용은 평화로운 사회를 위한 필수 조건이다. 공자의 화이부동和而不同도 관용과 동일한 뜻일 것이다.

하이에크가 말한 바와 같이, 위대한 사회에서는 개인들의 목표가 서로 상이함에도 불구해서가 아니라, 상이하기 때문에 구성원들은 서로 이익을 얻으면서 함께 살아갈 수 있다(Hayek 1976, 110). 존 롤스도 다양한 가치관을 인정하는 관용을 그의 '정치적 자유주의'의 핵심으로 삼았다(롤스 1999). 관용의 다른 표현이 다양한 생각이나 문화를 인정하는 '다원주의'다. 왈저의 말대로, 자유주의 사회는 민주주의와 함께 관용의 정신을 인정하는 집단으로만 구성되어야 할 것이다(Walzer 1990, 16).

독립심과 자기 책임

개인주의 입장에서 보면 자신의 행동의 결과를, 그것이 좋은 것이든 나쁜 것이든 자신이 홀로 감당하는 것이 당연하다. 자신의 노력의 결과를 자신이 향유한다는 이 원칙에서 자유주의자들은 '사유재산제도'가 정당하다고 보았다. 사유재산은 자신의 노력과 자신의 재산으로부터 얻은 것이기 때문이다.[5] 이런 독립과 자립의 태도는 자본주의사회에서 각자 자기 노력과 자기 책임으로 독립적으로 사업해 살아가는 부르주아의 개인주의적 생활 방식을 반영한다.

독립과 자립의 원칙은 이웃에 대한 배려를 소홀히 하게 하여 인간소외를 낳는다는 폐단이 있지만, 근대 시민사회의 발전을 낳는 초석이 되었다. 경제적 자립심은 자본주의경제를 발전시켰으며, 정치적 독립심은 민주주의를 발전시켰다.

사회적 권력자의 견제(민주주의와 법치주의)

국가권력의 핵심은 물리적 폭력의 독점이고 이를 국가라는 이름으로 행사하는 것이 정치권력자들이므로 자유의 주된 적[5]은 과거나 현재나 정치권력자와 그 수하들이다. 따라서 밀이 지적한 바와 같이, 왕과 그 부하들의 횡포를 제도적으로 막는 것이 개인의 자유를 보호하기 위해 가장 중요한 일이다(밀 1990, 238). 이를 위해 부르주아들이 만든 것이 법치주의와 민주주의다. 법치주의의 핵심은 법으로 왕과 그 부하들의 횡포를 막는 것이었다. 이것으로도 부족하자 부르주아들은 국민이 선출한 의회가 직접 법을 제정하고 국정을 담당하는 민주주의를 만들었다. 요즘 우리나라에서는 국민들이 법을 준수하는 것을 법치주의라고 말하지만 원래 근대 법치주의는 정치권력자인 왕과 그 부하들의 횡포를 막기 위해 등장했다. 현재 우리나라에서 사회적 강자는 국가권력자들과 재벌이다. 이들이 국민들의 자유와 인권을 유린하는 것을 막는 것이 법치주의의 요체일 것이다.

5_이 논리로 현실의 사유재산 전체를 정당화시킬 수는 없을 것이다. 현실에는 약탈과 사기와 같은 불법적 방법이나, 상속과 투기와 같이 비생산적인 방법으로 얻은 것이 많기 때문이다.

4. 정치적 자유주의와 경제적 자유주의

자유주의에 관한 가장 큰 혼란은 자유주의가 진보적인가 아니면 반동적인가에 관한 것이다. 이 혼란은 정치적 자유주의와 경제적 자유주의를 구분함으로써 해결될 수 있다.

자유주의는 윤리적 자유주의, 정치적 자유주의, 경제적 자유주의의 셋으로 구분할 수 있다. '윤리적 자유주의'는 자율성(자유의지)과 개인성을 가장 중시하는 가치관 내지 인생관을 말한다. 가치관은 개인의 선택에 맡겨야 할 문제이므로, 사회적으로 문제가 되는 것은 정치적 자유주의와 경제적 자유주의의 둘뿐이다. 이 둘을 보자.

앞서 본 것처럼 원래 자유주의는 근대 유럽에서 르네상스, 종교전쟁 및 시민혁명의 과정을 통해 부르주아들에 의해 생성·발전되었다. 이들은 만인의 사회적 평등, 종교·사상·언론의 자유와 관용, 집회·결사의 자유, 사유재산권을 포함한 인권의 보장을 주장했고, 이런 자유를 보장하는 민주주의와 법치주의를 주장했다. 이런 내용은 모두 정치적 자유로 포괄할 수 있으므로 이런 주장을 '정치적 자유주의'[6]라고 부를 수 있다.

시민혁명의 성공으로 민주주의를 실현해 정치적 자유를 쟁취한 부르주아들은 한 걸음 나아가서 경제활동에서의 자유도 주장하게 되었다. 시민혁명이 성공하기 이전 대략 16세기에서 18세기까지 서구에서 나타났던 중상주의 경제정책은 왕의 비호를 받는 대상공인들에게는 유리했으나 그렇지 못한 중소 상공인들에게는 불리했다. 그리하여 중소 상공인들은 정부의 경제 규제를 철폐해 누구나 자유롭게 장사할 수 있는 자

6_롤스도 '정치적 자유주의'란 말을 사용했는데 롤스는 다양한 가치관을 인정하는 관용을 핵심으로 한 주장을 정치적 자유주의라고 불렀으므로, 여기서 말하는 정치적 자유주의와는 다른 의미다(롤스 1999).

유방임의 경제를 원하게 되었다. 경제활동의 자유를 주장하는 이런 주장을 '경제적 자유주의'라고 부를 수 있다. 경제적 자유주의의 경제정책을 '자유방임주의'라고 부른다. 정부는 법질서만 확립하고 경제는 기본적으로 민간의 자유에 맡기라는 경제정책이 자유방임주의다. 여기서 기본적이라는 말을 붙인 이유는 자유방임주의자들도 필수적인 공공복지제도, 공공시설의 건설, 의무교육과 같은 경제에서의 최소한의 정부 역할은 인정하기 때문이다. 자유방임주의는, 경제 부문에서 정부는 최소한의 역할만 담당하고 가능한 한 경제는 민간에게 맡기라는 주장이다. 시민혁명이 성공한 이후 중소 상공인들이 정치의 주도권을 잡으면서 중상주의가 몰락하고 경제적 자유주의가 실시되었다. 서양에서 19세기는 경제적 자유주의의 전성시대였다.

16세기에서 19세기 전반까지의 '고전적 자유주의'는 정치적 자유주의와 경제적 자유주의를 모두 포함했다. 그러나 19세기 후반부터 빈부격차, 불황과 같은 시장의 실패가 분명히 인식되면서 경제적 자유주의에 대한 지지는 약화되었으며, 사회적 자유주의, 질서자유주의, 이타적 자유주의처럼[7] 고전적 자유주의를 비판하는 여러 자유주의가 등장했다.

정치적 자유주의는 모든 자유주의자들의 지지를 받고 있다. 다수의 횡포나 의회의 타락과 같은 민주주의의 심각한 문제점이 자주 지적되지만 민주주의가 현실적으로 최선의 정치제도라는 데에 별로 이견이 없다. 만인평등을 주장하는 정치적 자유주의는 진보성과 보편타당성을 모

7_사회적 자유주의(social liberalism)란 19세기 말 영국에서 등장한 자유주의로서 빈곤을 자유의 주된 적이라고 보고 국가의 재분배 정책을 통한 빈곤의 퇴치를 주장했다. 질서자유주의(order liberalism)는 제2차 세계대전 이후 서독에서 등장한 자유주의로서 정부는 독과점과 인플레의 예방만 책임지고 민간의 자유로운 경제행위는 보장하라는 주장이다. 이타적 자유주의(egalitarian liberalism)는 롤스와 드워킨과 같이 강력한 공공복지 국가를 주장하는 현대 자유주의다.

두 갖고 있다.

반면에, 경제적 자유주의는 19세기 후반 이래 끊임없는 논란의 대상이 되어 왔다. 자본주의경제가 '자본주의의 실패'[8]라는 구조적 문제를 갖고 있기 때문이다. 자유주의의 반동성에 대한 비판도 모두 정치적 자유주의가 아니라 경제적 자유주의에 대한 비판이다. 경제적 자유주의는 자본주의의 실패를 해소하기 위한 정부의 적극적 개입을 반대하기 때문이다.

경제적 자유주의의 이런 한계 때문에 정치적 자유주의를 지지하는 사람들도 경제적 자유주의에 대해서는 찬성과 반대의 두 가지 입장으로 나누어진다. 정부보다 시장을 상대적으로 더 신뢰하는 사람들은 경제적 자유주의를 지지하는 데에 비해, 시장보다 정부를 상대적으로 더 신뢰하는 사람들은 경제적 자유주의를 반대하고 정부의 적극적 경제 개입을 지지한다.

이처럼 경제적 자유주의에 대한 자유주의자들의 입장이 둘로 나누어지게 된 것은 19세기 말에 영국에서 '사회적 자유주의'가 등장하면서부터다. 이 시기에 자유의 주된 적敵이 이제는 정치권력이 아니라 빈곤이라는 생각이 공감을 얻으면서 정부가 적극적인 재분배 정책을 통해 빈곤을 해결해야 한다고 주장하는 사회적 자유주의가 영국에서 등장했다(이근식 2005, 154-158). 그 등장 배경은 두 가지다. 하나는 근로자들의 가난이 개인의 잘못 때문이 아니고 자본주의라는 경제구조의 탓이라는 인식이 등장한 것이요, 또 하나는 민주주의가 확립된 덕에 정부의 성격이 변해 과거 전제군주 시절과 달리 이제 정부는 국민을 위해 활용될 수

8_경제 부문에서 나타나는 자본주의의 병폐를 시장의 실패라 하는데, 여기에 비경제 부문에서 나타나는 자본주의의 폐해(윤리의 타락, 공동체의 파괴, 인간소외 등)를 포함한 것을 자본주의의 실패라고 부를 수 있다.

있다는 생각이 등장하게 된 것이다.

사회적 자유주의는 19세기 말과 20세기 초에 영미에서 널리 공감을 얻었으며 그 결과로 오늘날 영어 liberalism이란 말이 자유주의와 진보주의의 두 가지 의미로 혼용되고 있다. 이런 사회적 자유주의의 관점을 더욱 확대해 빈곤만이 아니라 불황과 실업, 독과점과 환경 파괴와 같은 시장의 실패 전반을 해결하기 위해 정부의 경제 개입을 대폭 확대한 것이 제2차 세계대전 이후의 구미의 '복지국가'다. 이런 경제를 '수정자본주의'라고 부른다.

이런 진보적 자유주의에 반대하고 고전적 자유주의로 돌아갈 것을 주장하는 '자유지상주의'libertarianism가 제2차 세계대전 이후 영미를 중심으로 구미에 등장했다. 이 사상은 개인의 자유를 최우선시해 정부의 적극적 경제 개입을 반대하고 다시 고전적 자유주의의 작은 정부와 자유방임주의 경제정책으로 복귀할 것을 주장한다. 자유지상주의는 고전적 자유주의처럼 정치적 자유주의와 경제적 자유주의 둘을 모두 지지한다. 자유지상주의자들도 필수적인 공공복지 제도와 최소한의 정부 규제는 인정하므로, 정부의 경제 개입을 전면 반대하는 것이 아니고 정부의 적극적 경제 개입을 반대한다고 말할 수 있다. 자유지상주의는 현대에 부활한 고전적 자유주의다. 하이에크Friedrich August von Hayek, 프리드먼Milton Friedman, 뷰캐넌James Buchanan 등 현대의 신자유주의자들이 자유지상주의자들이다. 반면에 제2차 세계대전 이후 주류경제학자인 케인지안들은 개입주의자 내지 복지국가론자들이다.

이처럼 현대의 자유주의는 진보적 자유주의와 자유지상주의의 두 가지 자유주의로 나뉘어 있다. 진보적 자유주의는 정치적 자유주의를 지지하면서도 경제적 자유주의를 비판하고 정부가 강력한 소득재분배 정책을 시행하는 복지국가를 주장했다.

5. 자유방임주의와 개입주의의 교대

자본주의가 등장한 이래 서양 근대 역사에서 자유방임주의와 개입주의라는 서로 상반되는 경제정책 기조가 교대로 등장해 왔다. 대략 16~18세기까지는 전형적인 개입주의인 중상주의가, 19세기에는 자유방임주의가, 20세기에는, 1970년대까지는 다시 개입주의인 신중상주의가, 1980년대부터는 또다시 자유방임주의인 신자유주의가 지배적 조류가되었다.

자유방임주의는 시장의 효율성을 살리고 정부의 실패를 줄인다는 장점을, 개입주의는 정부의 성공을 살리면서 시장의 실패를 치유한다는 장점을 갖고 있다. 그러나 자유방임주의는 자본주의의 실패라는 폐해를, 개입주의는 국가의 실패[9]라는 폐단을 갖고 있으므로 개입주의와 자유방임주의 모두 문제가 있다. 이 때문에 하나의 정책이 상당 기간 지속되면 그로 인한 폐해와 불만이 누적되어 이를 해소하기 위해 그 반대의 정책이 등장하는 역사가 되풀이 왔다.

이런 관점에서 보면, 신자유주의도 곧 퇴조할 것임을 예상할 수 있다. 신자유주의의 자유방임주의에서는 빈부 격차의 확대, 고용 불안의 증대, 이로 인한 중산층의 몰락, 환경 파괴, 약소국의 침탈과 같은 자본주의의 실패가 확대되고, 이에 대한 대중의 불만이 누적되어 다시 개입주의가 복귀하게 될 것이다. 21세기 들어와서 중남미에서 중도 좌파들이 대거 집권하고 2008년 미국 버락 오바마 대통령의 당선과 일본 민주

9_시장의 실패와 자본주의의 실패에 대응해 정부의 실패와 국가의 실패라는 말을 쓸 수 있다. 정부의 실패란 정부의 부패와 비효율과 같이 경제적인 면에서 나타나는 정부의 잘못을 말하며, 국가의 실패란 정부의 실패에 더해 비경제 부문에서 저지르는 국가의 잘못(예컨대 인권 유린)을 포함한 것이다.

당의 압승은 이미 이런 전환이 시작되었음을 보여 주고 있다. 자본주의에서 경제와 정치 모든 부분에서 대자본의 힘이 막강하지만 1인1표의 민주주의 덕분에 정치에서는 대중이 목소리를 낼 수 있다. 자본주의의 실패가 한계를 넘으면 고통을 겪는 다수 민중들이 선거라는 평화적 과정이거나 아니면 폭력적 방법을 통해 신자유주의를 몰아내고 다시 개입주의를 불러오게 된다. 그러나 이미 제2차 세계대전 이후 개입주의 시절의 복지국가 경험을 통해 정부와 국가의 실패가 존재함을 잘 알았으므로 앞으로 등장할 개입주의는 뒤의 11절에서 보는 바와 같이, 국가의 실패를 예방할 수 있도록 과거보다 합리적인 모습으로 다시 등장해야 할 것이다. 특히 정부의 투명성을 높이는 독립적 언론의 자유는 더욱 중요해질 것이다.

6. 자유와 평등의 관계

흔히 자유와 평등은 양립할 수 없다고 생각한다. 그러나 평등의 의미에 따라 평등은 자유와 조화하기도 하고 갈등하기도 한다. 평등을 본원적 평등, 사회적 평등, 경제적 평등의 세 가지로 나누어 살펴봄으로써 이를 분명히 알 수 있다.

'본원적 평등'이란 모든 개인은 인격, 가치, 존엄성, 권리에서 완전히 동등하다는 말이다. 앞에서 본 자유주의의 핵심 내용인 만인평등 사상이 바로 본원적 평등이다. 본원적 평등은 두 가지 의미에서 본원적이다. 첫째, 본원적 평등은 그 자체로 자명해 이의 타당성을 위한 다른 논증이 필요 없으며, 둘째로 자유와 상생 등 다른 사회적 정의의 정당성이 본원적 평등으로부터 도출된다. 사회정의란 사회문제에 관한 옳고 그름을

판별하는 기준이다. 만인평등은 사회정의와 관련된 명제 중에서 유일하게 자명한 명제라고 생각된다. 사회정의에 관한 다른 모든 주장들이 그 자체로 자명하다고 볼 근거가 없기 때문에 그것의 타당성을 증명하기 위한 논증이 필요하다. 반면에, 만인평등의 명제는 그 자체로 자명하므로 타당성을 정당화하기 위한 어떤 논증도 필요 없다. 모든 사람은 평등하다라는 것은 그 자체로 자명한 사실이지 이를 증명하기 위해 다른 설명이 필요 없다. 이런 의미에서 본원적 평등은 '사회정의에 관한 으뜸 공리'라고 부를 수 있을 것이다. 이 명제는 근대 문명의 기반이며, 이 명제를 부정함은 근대 문명 자체를 부정하는 것이 될 것이다. 만인평등의 본원적 평등은 다른 사회적 정의에 관한 명제가 도출되는 근거다. 그 대표적인 것이 모든 개인은 자유롭다는 자유의 명제다. 사람들이 자유로운 것은 모두가 평등해 그 누구도 다른 사람에게 강요할 권한이 없기 때문이다. 또한 강자가 약자를 핍박하는 것과 같이 만인평등에 어긋나는 것이 불의이며, 만인평등과 부합하는 것이 정의라고 볼 수 있다.

'사회적 평등'은 본원적 평등이 현실 사회에서 실현된 것을 말한다. 만인이 법 앞에서 평등한 법적 평등, 모든 사람이 동등한 참정권을 갖는 정치적 평등, 그리고 그 어떤 이유로도 일상생활에서 사람을 차별하지 않는 '협의의 사회적 평등'이 이에 속한다고 볼 수 있다. 사회적 평등은 다시 두 가지 형태로 나눌 수 있다. 하나는 법(제도)으로 명시된 사회적 평등이다. 근대법들은 모두 이 만인평등을 명시적으로 표현한 조문들을 갖고 있다.[10] 또 하나는 우리의 의식 속에 확립되어 있는 만인평등 의식

10_ 예컨대 우리나라 헌법 10조는 "모든 국민은 인간으로서의 존엄과 가치를 가지며, 행복을 추구할 권리를 가진다"라고 명시하고 있으며 11조 1항은 "모든 국민은 법 앞에 평등하다. 누구든지 성별·종교 또는 사회적 신분에 의하여 정치적·경제적·사회적·문화적 생활의 모든 영역에 있어서 차별을 받지 아니한다"고 언명하고 있다.

이다. 모든 사람은 평등하므로 사람을 차별해서는 안 된다는 것을 대부분 인정하고 있으며, 이런 의식 덕분에 우리는 사람을 차별하는 행동을 스스로 삼가한다. 의식은 법의 강제가 없는 곳에서도 실천되므로 우리의 의식에 확립되어 있는 만인평등이 더욱 강력하다.

끝으로 '경제적 평등'은 부와 소득의 평등한 분배를 의미한다. 여기에는 기회균등과 결과로서의 분배 평등의 두 가지가 포함된다. 기회균등이란 부와 소득을 얻을 수 있는 경제활동의 출발선에서의 평등을 의미하며, 결과로서의 평등 분배란 경제활동의 결과로 얻어진 부와 소득의 평등 분배를 말한다.

이상의 세 가지 평등 중에서 자유와 갈등 관계에 있는 것은 경제적 평등뿐이며, 나머지 두 가지 평등은 자유와 동전의 양면과 같은 관계에 있다. 앞서 본 바와 같이 본원적 평등은 자유의 당위성이 도출되는 근거다. 본원적 평등인 만인평등을 기본 원리로 하는 자유주의의 보급 덕분에 모든 사람은 원래 평등하므로 아무도 다른 사람의 자유를 빼앗을 수 없다는 생각이 상식이 되었다.

사회적 평등은 본원적 평등이 사회적으로 실현된 것이므로 현실적으로 실현된 자유다. 만인평등을 법으로 규정한 법적 평등은 개인의 자유를 법으로 보장하며, 모두에게 동등한 선거권과 피선거권을 부여하는 정치적 평등은 모든 사람에게 금력, 권력, 교육과 상관없이 정치적 결정에 동등한 권리로 참여할 기회를 제공함으로써 사회적 약자들이 자신의 자유를 지킬 수 있도록 한다. 모든 사람을 동등하게 대우하는 사회적 관행인 협의의 사회적 평등 역시 개인들이 인종, 신분, 교육, 성, 재산 등을 이유로 자유를 침해받는 일이 없도록 한다.

그러나 경제적 평등[11]은 본원적 평등이나 사회적 평등과 달리 자유와 충돌한다. 자본주의경제에서 특히 그러하다. 자본주의경제에서 개인의 자유는 보장되지만 분배는 심히 불평등하다. 앞서 본 바와 같이 분배 평등은 기회균등이라는 의미와 결과로서 소득의 평등 분배라는 의미를 갖고 있는데, 이 두 가지가 모두 자본주의경제에서 실현되지 않는다. 자본주의경제에서 소득분배에서의 기회균등은 재능, 교육, 상속재산의 세 가지에 있어서의 기회균등을 말한다. 이 셋이 모두 자본주의경제에서 전혀 균등하게 배분되지 않는다. 어느 사회에서나 원래 재능의 분배는 불평등하기 마련이지만 자본주의사회에서 상속재산은 부모들의 재산에 의해 거의 결정되며 교육 기회도 부모들의 재산에 크게 영향받는다. 결과로서의 분배 평등도 자본주의경제에서는 평등 분배와 거리가 멀다. 소수의 부자들이 사치와 허영에 큰돈을 탕진하는 한편에서 수많은 사람들이 가난 때문에 죽음으로 내몰리고 있다. 이런 분배가 정의에 부합한다고 말하는 사람들도 있지만, 인간이 윤리적 존재임을 인정한다면, 그 누구도 이런 극심한 빈부 격차를 공정하다고 볼 수는 없다. 이런 빈부 격차를 완화하기 위해 정부가 시행하는 소득재분배 정책은 부자들에게 무거운 세금을 부과하기 때문에 부자들의 재산 처분권의 자유를 침해하게 된다. 자유와 평등 분배의 갈등은 주로 이를 말한다고 볼 수 있다.

7. 상생의 원리

정치적 자유주의는 역사 발전의 추진력이지만 인간의 사회성을 간과한다는 한계를 갖고 있으며 그로 인해 공동의 갈등 문제를 해결할 수 없다는 단점이 있다. 이를 보완해 주는 것이 상생의 원리다.

11_경제적 평등, 분배의 평등, 평등한 분배, 공정 분배, 분배의 형평성, 분배 정의 등은 모두 바람직한 분배 상태라는 의미로 혼용된다.

모든 개인은 개인성과 더불어 사회성이라는 또 하나의 측면을 갖고 있다. '개인성'이란 세상의 그 누구도 대신해 줄 수 없는 독립된 개체로서의 개인의 존재를 말한다. 나의 생명과 육체, 인격, 감정은 그 누구도 대신해 줄 수 없는 오직 나 혼자만의 것이다. 개인주의는 개인의 개체성을 중시한 입장이다. 동시에 모든 인간은 '사회성'을 갖고 있다. 자본주의사회에서도 다른 사람과 함께 사는 덕분에 나의 생활이 가능하며 또한 살아가는 보람과 기쁨을 누릴 수 있다. 개인주의에 입각한 자유주의는 인간의 이런 사회성을 간과하는 한계를 갖고 있다.

공동의 갈등 문제

개인의 힘만으로는 해결하기 힘들어 공동으로 대처해야 할 문제를 '공동의 문제'[12](공동의 사회문제)라고 부르자. 경제학에서 사회적 선택(집단적 선택 혹은 공공 선택)의 문제라고 부르는 것이 이것이다. 사회질서의 유지, 공공시설의 건설, 공공 교육의 공급, 계급 갈등의 완화 등이 이에 해당한다. 자본주의의 실패에 대처하는 것도 공동의 문제다. 신자유주의가 득세하기 시작한 이후 그동안 자본주의의 실패를 완화해 오던 정부의 기능이 신자유주의의 여파로 축소됨으로써 자본주의의 실패가 고삐 풀린 망아지처럼 세계적으로 더욱 급속하게 확대되었다.

공동의 문제는 두 가지로 나눌 수 있다. 하나는 개인 간에 이해 상충이 발생하지 않기 때문에 자유주의로 해결이 가능한 경우이고, 둘은 개인들 간에 이해 상충이 발생하므로 자유주의로 해결할 수 없는 경우다. 질서 유지(국방, 사법, 치안), 필수적인 공공시설의 건설, 불황의 해결 등은 모든 사람들에게 이득이 되므로 모두가 자기의 이익만을 생각하는 개인

12_종교의 선택과 같은 개인적으로 결정하는 문제도 사회적 문제이므로 이런 개인적인 사회적 문제와 구별하기 위해 '공동의 문제'라고 하기로 한다.

주의 관점에 서더라도 이의 해결에 전원 합의하는 것이 적어도 원칙적 차원에서는 가능할 것이다.[13] 그러나 구성원 간에 이해 상충이 발생하는 경우에 자유주의는 현실적 차원에서만이 아니라 원칙적 차원에서도 해결 방향을 전혀 제시하지 못한다. 빈부 격차, 독과점, 환경 훼손, 약소국 침탈, 전쟁 등의 문제들이 이 경우에 해당할 것이다. 이처럼 개인 간에 이해 상충이 존재해 자유주의로는 해결할 수 없는 문제를 '공동의 갈등 문제'라고 하자.

상생의 원리

개인 간에 이해 상충이 발생하는 공동의 갈등 문제를 해결하기 위해서 '상생相生의 원리'가 필요하다. 인간의 사회성은 '공생'共生이라는 인간 생활의 방식에서 나온다. 공간적으로 나는 가족과 친지, 나아가서 국민과 인류 및 동식물들을 비롯한 자연과 함께 살아가고 있다. 시간적으로도 나는 선조와 후손과 함께 살아가고 있다. 내가 살고 있는 사회와 자연 및 나의 지식은 나의 선조들이 내게 물려준 유산이며, 후세의 사람들은 우리가 남긴 것들을 물려받아 살아간다.

자본주의사회에서도 나는 협업과 분업이라는 공생의 망으로 연결된 덕분에 생존이 가능하다. 비단 경제적으로만이 아니라 정치적으로도 문화적으로도 나는 우리나라 사람들, 나아가서 전 세계 사람들과 연결되어 살아가고 있다. 전 세계의 크고 작은 일들이 내게 직간접으로 크고 작은 영향을 준다.

그뿐만 아니라 우리가 삶의 기쁨과 보람을 얻는 것도 공생 덕분이다. 아무도 없는 세상에서 혼자 산다면 우리는 아무리 돈과 권세가 많더

13_현실에서 이의 시행을 위한 경비의 분담이라는 문제는 여전히 남는다.

라도 아무 기쁨과 보람을 찾을 수 없을 것이다. 사람이 삶의 보람과 낙을 찾을 수 있는 가장 원초적인 힘은 바로 다른 존재에 대해 느끼는 정(혹은 사랑)일 것이다.

'상생의 원리'란 공생하는 모든 존재들이 함께 서로 존중하고 아끼면서 돕고 사는 것을 말한다.[14] 만인평등의 원리를 공생하는 모든 존재들에게도 확대한 것이 상생의 원리다. 내가 나에게 절대적으로 소중한 것과 같이 다른 존재도 자신에게 절대적으로 소중하며 다른 존재가 있음으로 비로소 나의 존재가 가능하므로 나만이 아니라 다른 존재도 존중해야 할 것이다. 이런 상생의 원리에서 우리는 공동의 갈등 문제를 해결할 실마리를 찾을 수 있을 것이다.

모든 사람은 개인성(개체성)과 사회성(공동체성)의 두 가지 측면을 갖고 있는데, 이 중 개인성의 원리를 자유라고 한다면, 사회성의 원리를 상생이라고 하겠다.

상생의 갈등과 적대적 갈등

차이로 인해 필연적으로 초래되는 갈등은 파괴와 고통을 초래하기도 하지만 생명의 유지와 발전에 필수적이다. 갈등과 상생은 동전의 양면과 같다. 일찍이 밀은, "모든 인간사에 있어서, 서로 생명력을 갖기 위해, 그리고 그들의 고유한 목표를 실현하기 위해, 서로 갈등하는 영향력 conflicting influences이 필요하다"고 말했다. "만일 배타적으로 하나의 목표만 추구한다면 하나는 과다하게 되고 다른 것은 부족하게 될 뿐만 아니라,

---

14_ 원래 상생이란, 공자가 정리한 『서경』(書經)에 나오는 오행설(五行說)이 가리키는 현상, 즉 쇠는 물을, 물은 나무를, 나무는 불을, 불은 흙을, 흙은 다시 쇠를 낳는 것을 가리키는 말로서 상극(相剋)의 반대되는 말이지만, 여기서는 요즘 통용되는 의미로 사용한다. 영어에는 상생이란 말이 없는 것 같다.

원래 배타적으로 추구하던 목적도 부패하거나 상실하게 되기" 때문이다 (Mill 1991, 292).

이 말을 일반적인 경우로 확대될 수 있다. 갈등 관계에 있는 것들은 서로 부족한 점을 보완해 줄 뿐만 아니라, 갈등과 모순에서 발생하는 긴장 관계를 통해 양쪽 모두 타락과 안일에 빠지지 않고 자신 본연의 모습을 유지, 발전할 수 있다. 이는 남성과 여성, 이기심과 이타심, 자유와 평등, 자본주의와 사회주의, 자유방임주의와 개입주의, 진보와 보수, 자본가와 노동자, 청년과 노인, 지역 간 대립 등에 모두 적용할 수 있다. 이기심과 이타심 어느 하나만 존재하는 사회는 유지될 수 없을 것이며, 평등에 대한 고려 없는 자유만의 추구는 자유를 타락시킬 것이며, 자유 없는 평등은 생의 의미를 소멸시킬 것이다. 정부라는 사회주의 부문[15]이 전혀 없는 순수한 자본주의경제는 운영이 불가능하게 될 것이며, 시장경제가 전혀 없는 1백 퍼센트의 사회주의경제는 효율성의 하락과 개인 자유의 부재로 끔찍한 사회가 될 것이다. 개입주의와 자유방임주의의 어느 한 가지 정책만으로 운영될 수 있는 시장경제도 이 세상에 존재하지 않을 것이다. 이와 같이 서로 부족한 점을 보완해 주면서 또한 상호 간의 긴장을 통해 생명력을 유지케 하고 서로 발전을 촉진시키는 갈등을 '상생의 갈등'이라고 부를 수 있을 것이다. 자유와 상생도 상생적 갈등의 관계에 있다. 상생 없는 자유는 소외와 갈등에 함몰될 것이고, 자유 없는 상생은 개인의 매몰을 초래할 것이다. 갈등을 상생의 갈등으로 승화시킬 때, 갈등은 발전의 원동력이 된다.

현실에서는 '적대적 갈등'의 경우도 많다. 상대방을 타도의 대상으로 보고 상대편이 가진 것을 빼앗으려고 공격하는 갈등이 적대적 갈등일

15_경제에서 정부 부문은 공동 소유, 공동 소비 및 계획에 입각한 운영이라는 사회주의의 성격을 갖고 있다.

것이다. 이념 간, 노사 간, 세대 간, 지역 간 갈등이 현재 우리나라에서는 주로 적대적 갈등으로 나타나고 있다. 적대적 갈등의 원인은 영합게임과 집단 이기주의의 둘일 것이다. 특히 수치심을 잊게 하는 집단 이기주의는 인간의 미약한 양심을 마비시키는 가장 강력한 마약이다. 집단행동은 사람들로 하여금 자신의 사적인 이익을 주장하면서도 정의를 위해 투쟁한다는 착각에 빠져 들게 한다. 집단 이기주의의 최면에 빠져서 공익으로 둔갑한 사익을 외치는 소리로 온 세상이 요란하다.

8. 진보의 의미

평등의 확대가 진보(사회 발전)의 핵심이라고 생각된다. 자유주의의 보급으로 전근대적인 차별과 억압이 현실에서 많이 제거되었다는 점에서 근대사회가 전근대사회에 비해 분명히 발전되었다고 말할 수 있다. 자유주의는 역사 발전의 힘찬 추진력이다.

앞서 본 본원적 평등, 사회적 평등, 경제적 분배의 평등 셋 중에서 본원적 평등은 원칙의 문제이므로 현실에서 평등을 확대한다는 것은 사회적 평등과 경제적 분배의 평등을 확대한다는 것, 즉 사회적 차별과 경제적 분배의 차별을 축소함을 뜻한다. 아직 현실에는 인종, 종족, 성, 재산, 학력, 직위, 능력, 외모, 가문 등에 따른 차별들이 많이 남아 있다. 진보는 이와 같은 사회적 차별을 축소하는 평등의 확대를 의미할 것이다.

경제적 분배의 평등의 구체적 내용이 무엇이냐는 아직도 해결되지 않은 수천 년을 내려오는 논란거리다.[16] 이상적으로는 드워킨이 말한 바

16_이에 관해서는 이근식(2009a, 2장) 참조.

와 같이 자신의 선택으로 인한 분배의 차별은 인정하고 재능과 같은 운으로 인한 차별이 없는 분배가 평등 분배일 것이다(드워킨 2005, 136-209). 그러나 이를 현실에서 완전히 달성할 수는 없으므로 현실적으로는 절대 빈곤의 퇴치, 비생산적 소득(불법 소득과 투기 이득)의 추방, 기회균등의 제공이 분배 정책의 목표가 될 것이다.

평등의 확대는 상생의 확대이기도 하다. 다른 사람, 다른 생명 및 모든 존재도 자신과 똑같이 소중한 존재임을 인정하는 것이 상생의 원리인데 이는 곧 모든 존재의 평등함을 인정하기 때문이다. 평등의 확대는 자유와 상생의 확대와 동전의 양면을 이룬다.

9. 사회적 권력으로서의 재벌

천민자본주의와 대자본의 지배가 현재 세계 자본주의와 한국 자본주의의 가장 중요한 특성이라고 생각된다. 이 중에서 먼저 대자본의 지배 문제를 보자.

현대 국가에서는 국가권력보다 오히려 대자본(재벌)[17]이 자유에 대해 더 큰 위험이다. 민주주의가 어느 정도 확립된 국가에서는 국가권력의 횡포가 제도적으로 견제받기 때문에 국가권력보다 재벌이라는 사권력私權力이 법치주의와 민주주의를 위협하는 더 큰 위험인 것 같다. 일찍이 오위켄이 지적한 것처럼, 독점은 독점이윤을 창출하므로 자유방임의 자본주의경제에서 기업들은 경쟁을 회피해 독점을 형성하려는 뿌리 깊은 충동을 갖고 있고, 그 결과 독과점이 형성된다(오이켄 1996, 82). 독점

17_재벌, 대기업 그룹, 대자본으로 구분하기도 하지만 이들의 행태는 본질적으로 같으므로 여기서는 혼용하기로 한다.

화 경향은 19세기 후반부터 구미에서 광범하게 나타나서 현대자본주의
는 대자본이 지배하는 독점자본주의가 되었다.

1930년대의 대공황 이후 선진국에서 독점 규제가 강화되었으나,
1980년대부터 신자유주의가 풍미해 독점 규제가 완화되면서 세계적으
로 독점화의 추세는 다시 확대되었다. 신자유주의자들은 국가권력에 대
해서는 매우 예민하게 경고하지만 대자본에 대해서는 우호적이다.

대자본은, 국민들의 시민 의식이 높고 민주주의가 발달한 소수의 선
진국들을 제외하고 대다수 현대 국가에서 막강한 영향력을 이용해 경제
뿐만 아니라 정계, 법조계, 학계, 언론계를 장악해 사회 전체를 통제하
고 있다. 특히 자유 보호에 가장 큰 역할을 해야 하는 언론과 사법기관
이 재벌을 견제하지 못하고 있다. 경제정책은 재벌 이익을 위해 변질되
고, 삼성 비자금 사건의 처리에서 드러난 것처럼 재벌은 탈세와 불법 금
융거래와 같은 범죄행위를 하여도 경미한 처벌만 받고 넘어간다. 재벌
로 인해 민주주의는 형해화되고 재벌은 법 위에 군림해 '법 앞의 평등'이
라는 법치국가의 원칙은 실종되었다. 과거 군사정권 시절에 우리나라에
서는 정치권력이 재벌들을 제압했으나 민주화된 이후에는 오히려 정치
권력이 재벌들의 관리 대상이 되고 있는 것 같다. 우리나라는 과거 30여
년의 군사독재 시절 관치 경제하에서 정경유착이 심했던 탓에 재벌로의
경제력 집중이 선진국들보다 훨씬 더 심하고 그 사회적 영향력도 더 크다.

10. 천민자본주의의 극복

현재 우리나라를 비롯해 세계 자본주의가 대부분 천민자본주의[18]다.
1980년 이후 전 세계적으로, 우리나라에서는 1997년 말의 IMF 환란 이

후 신자유주의가 휩쓸게 되면서 천박한 천민자본주의가 세상을 뒤덮고 있다. 천민자본주의라는 말을 처음 사용한 베버는 천민자본주의와 달리 근면과 절약으로 경제를 발전시킨 청교도 자본주의를 강조했다. 그러나 자본주의의 역사를 보면 자본주의의 본래 속성이 천민자본주의에 가깝다고 생각된다. 돈이 거의 모든 것을 결정하는 자본주의사회에서 사람들은 자신도 모르게 윤리도 체면도 잊어버리고 돈의 노예가 되기 쉽다.

18~19세기 유럽과 미국에서 자본주의가 발달하자 이런 천민자본주의 경향이 점차 심하게 나타났고, 이에 따른 반성으로 등장한 것이 현대의 복지국가다. 19세기 말에 등장해 제2차 세계대전 이후 본격적으로 확대된 구미의 복지국가는 강력한 소득재분배 정책을 실시하고 노동조합을 육성해 빈부 격차 문제를 크게 개선함으로써 천민자본주의를 벗어나 1970년대까지 역사상 유례없는 장기 번영의 시대를 누렸다.

구미 선진국의 이런 복지국가를 몰락시키고 천민자본주의를 다시 부활시킨 것이 1980년대부터 세계를 지배한 신자유주의다. 신자유주의는 복지국가에서 비대해진 정부와 노동조합의 비리와 무능에 대해 불만을 쌓아 오던 중산층의 지지를 받아 세계를 풍미하게 되었다. 신자유주의는 국가 제도뿐만 아니라 더 중요하게는 사람들의 생각과 사회 분위기를 전면적으로 바꾸었다. 그 결과 그동안 복지국가하에서 어느 정도 억제되어 왔던 천민자본주의가 다시 세계적으로 활개를 치게 되었다.

사람들은 돈과 자기밖에 모르는 경제동물로 변해 윤리와 염치를 망

18_천민자본주의(Pariah Kapitalismus)란 막스 베버가 처음 사용한 용어다. Pariah란 인도의 최하층 천민 계층을 뜻하는 말인데, 베버는 청교도주의적 자본주의는 검약과 근면을 통해 자본주의경제를 발전시켰지만, 유대인들의 자본주의는 "전쟁, 국가 조달, 국가 독점, 투기적 기업 창립, 군주의 건축 투기와 금융 투기"와 같은 비생산적인 투기를 지향한다는 이유로 천민자본주의라고 부르고 자본주의 정신과 상관없다고 보았다(베버 2010, 345; 394). 즉, 베버는 투기 자본주의를 천민자본주의라고 불렀다. 이 글에서는 돈밖에 모르고 윤리 의식이 없는 자본주의라는 의미로 천민자본주의를 사용코자 한다.

각했고, 기업들은 대량 해고와 경영진의 초고액 연봉을 부끄러워하기는 커녕 자랑하고 있으며, 정부는 복지 지출 삭감과 규제 철폐를 만병통치의 묘약인 양 남발하고 있다. 그 결과 빈민, 실업자, 비정규직 노동자 수가 크게 늘고 공공복지는 크게 축소되어 대다수 국민의 경제생활이 크게 어려워지고 불안해졌다. 윤리가 상실되고 사람 간의 배려와 정이 사라져서 사회가 살벌한 약육강식의 밀림이 되었다.

천민자본주의는 신자유주의 등장 이후 우리나라만이 아니라 전 세계적으로 나타나고 있는 현상이지만, 세계적으로 자살률과 이혼율은 가장 높은 편에 속하고 출산율은 가장 낮은 데서 알 수 있듯이,[19] 우리나라는 천민자본주의적 성격이 세계적으로 가장 강한 편에 속한다고 할 수 있다.

그 이유로는 아마도 다음 두 가지를 들 수 있다. 첫 번째는 공공복지 제도가 빈약해 생활의 불안감이 심해 자기중심적일 수밖에 없다는 것이다. 두 번째는 굴곡 많은 우리나라의 근·현대사가 우리 국민들의 윤리의식을 크게 훼손했다는 것이다. 조선 말기의 극심한 국정 문란, 일제의 강점, 해방 이후의 좌우 대립, 6·25전쟁, 박정희와 전두환의 군사독재 등 어려운 역사 과정 속에서 양심적인 사람들은, 본인은 물론이고 그 자손들도 대를 이어 고생을 면치 못한 반면에, 기회주의로 권력에 편승했던 사람들은 자손대대로 부귀영화를 누려 온 역사가 이어져 온 탓에, 자신과 돈밖에 모르는 천민 윤리가 우리 사회에 만연하게 되지 않았나 생각된다. 고위 공직자 가운데 병역 미필자가 유난히 많은 것에서 알 수

19_2005년 10만 명당 자살 자수를 보면, OECD 회원국 평균이 11.7명인 데 비해 한국이 24.7명으로 OECD 국가 중 가장 높고, 2006~10년 여성의 평균 출산율을 보면 한국이 1.22명으로 OECD 국가 중 가장 낮다(OECD 웹사이트). 한국의 인구 1천 명당 이혼자 수는 2009년 기준으로 2.5명인데 이는 러시아 다음으로 세계에서 가장 높은 수준이다.

있듯이 사회 지도층의 행태에서 이 점이 특히 두드러진다.

현재의 천민자본주의하에서는 서로를 수단시하면서 모든 인간관계가 약육강식의 수탈 관계로 되었다. 이런 사회에서는 공동체가 파괴되어 가난한 사람뿐만 아니라 부자들도 인간다운 생활을 하기 힘들다.

11. 진보적 자유주의와 합리적 복지국가의 건설

지금까지의 논의를 종합해 진보적 자유주의에 입각한 합리적 복지국가를 우리나라의 나아갈 방향으로 제시하고자 한다.

- 인식과 도덕에서의 인간의 불완전성을 인정하고, 만인평등, 자유와 인권, 개인주의, 독립심과 자기 책임, 사상과 비판의 자유, 관용을 기본 원리로 하는 정치적 자유주의를 그대로 수용한다.
- 국민의 진정한 의사를 반영하는 진정한 민주주의를 확립한다.
- 사회적·경제적 불평등의 축소를 지향한다.
- 생산의 효율성과 개인 자유를 보장하는 자본주의경제를 기본으로 삼지만 자본주의의 실패를 치유하기 위한 적절한 정부의 역할을 인정한다.
- 자본주의의 실패만이 아니라 국가의 실패를 방지한다.
- 민주주의와 법치주의를 위협하는 재벌의 횡포를 방지한다.
- 불공정 분배와 빈곤, 인간소외, 윤리 타락, 노사 갈등, 환경 파괴와 같은 공동의 갈등 문제를 상생의 원리로 해결한다.
- 천민자본주의를 극복하는 건강한 윤리와 공동체를 지향한다.

이상과 같은 생각을 '진보적 자유주의'라고 부를 수 있을 것이다. 진보적 자유주의는 개인의 자유와 관용이라는 보수주의의 덕목과 함께 평등과 진보라는 진보주의의 덕목을 두루 갖추고 있으므로 보수주의와 진보주의를 상생의 원리로 화합한 것이라 할 수 있다.

이런 진보적 자유주의를 실현하는 현실 수단이 '합리적 복지국가'다. 합리적 복지국가는 다음과 같은 사회제도와 문화를 구비한 복지국가를 말한다.

① 1인 1표의 공정한 보통선거, 집권 경쟁이 가능한 복수의 정당이 보장된 진정한 민주주의
② 경쟁적 시장경제의 확립과 정부의 적절한 경제 개입(독과점 규제, 환경 규제 등)
③ 합리적인 공공복지 제도
④ 이익 단체로부터 독립적이며 국민의 의사를 정확히 반영하는 입법부
⑤ 정치권력과 재벌로부터 독립적인 행정부, 사법부, 언론
⑥ 국가의 실패를 예방하는 정부 감시 장치
⑦ 높은 국민 윤리와 시민 의식과 사회 분위기

①은 정치적 자유주의와 재벌의 횡포 방지를 위해, ②는 시장의 효율성 실현과 시장의 실패의 해결을 위해, ③은 빈곤 문제의 해결과 천민자본주의의 극복을 위해, ④, ⑤, ⑥은 국가의 실패 및 재벌의 횡포를 예방하고 천민자본주의를 극복하기 위해, ⑦은 모든 문제의 해결을 위해 반드시 필요할 것이다.

합리적 복지국가는 사회주의가 아니라 수정자본주의다. 민주주의에 반드시 필요한 정치적 자유가 사회주의경제에서는 어렵기 때문이다. 밀이 130년 전에 이미 예측한 대로 사회주의경제에서는 노동의 국가관리가 불가피하므로 개인 자유가 상실되지 않을 수 없다(Mill 1987, 130).

복지국가는 순진한 복지국가와 합리적 복지국가의 둘로 나눌 수 있을 것이다. '순진한 복지국가'란 19세기 말에서 1980년대 초까지의 복지국가처럼 국가의 실패에 대한 충분한 고려를 하지 못한 복지국가를 말한다. '합리적 복지국가'는 자본주의의 실패뿐만 아니라 국가의 실패에 대해서도 적절한 예방책이 마련되어 있으며 아울러 재벌의 횡포에 대한 강력한 견제 장치가 마련되어 있는 복지국가를 말한다.[20]

12. 맺음말

우리나라에서 자유주의가 진보적 인사들에게 별로 인기가 없는 이유는 자유주의를 경제적 자유주의로 오해하기 때문이다. 그러나 이 글에서 본 바와 같이 자유주의는 정치적 자유주의와 경제적 자유주의로 구분할 수 있으며 만인평등과 민주주의를 주장하는 정치적 자유주의는 보편적인 타당성과 진보성을 갖고 있다. 반면에, 자유방임의 자본주의경제를 지지하는 경제적 자유주의는 수용하기 곤란하다. 경제적 자유주의는 빈부 격차, 환경 파괴, 대자본의 횡포, 인간소외, 윤리의 타락과 같은 자본주의의 실패를 초래하기 때문이다.

20_요즘 우리나라 정당 간에 벌어지고 있는 보편적 복지 대 선택적 복지 간의 논란은 엉뚱하다. 저소득층에 대한 생계 보조와 같은 선택적 복지도, 의료보험·고용보험·국민연금과 같이 전체 국민을 대상으로 하는 보편적 복지도 모두 필요하다.

자유와 평등 간의 관계는 평등을 본원적 평등, 사회적 평등, 경제적 평등의 셋으로 구분함으로써 명확히 할 수 있다. 만인평등을 의미하는 본원적 평등은 자유가 도출되는 근거이며, 만인평등이 사회적으로 실천된 사회적 평등은 자유와 동전의 양면과 같은 관계에 있으며, 오직 경제적 평등만이 자유와 충돌하므로 자유와 평등은 기본적으로 상호 보완 관계에 있으며 현실에서는 부분적으로만 상충 관계에 있다.

　만인평등, 자유, 인권, 관용을 주 내용으로 하는 정치적 자유주의는 근대사회의 발전을 추진해 온 주동력이지만, 개인주의라는 한계 때문에 구성원 간에 이해관계의 상충이 존재하는 공동의 갈등 문제의 해결에는 무력하다. 이를 해결하기 위해서는 내가 소중한 것과 동일하게 다른 사람과 존재도 소중함을 인정하고 서로 부족한 부분을 보완·협조하는 상생의 원리로 자유주의를 보완해야 한다.

　만인평등을 의미하는 본원적 평등은 그 타당성을 논증하기 위한 다른 설명이 필요 없으므로 그 자체로 자명하다는 의미에서 사회정의에 관한 으뜸 공리라고 생각된다. 사회적·경제적 차별을 축소해 만인평등을 현실에서 확장해 가는 것이 진보일 것이다.

　우리나라를 비롯한 현대 사회의 가장 중요한 문제는 재벌(대자본, 대기업 집단)과 천민자본주의의 둘이라고 생각된다. 재벌은 막강한 영향력으로 민주주의와 법치주의를 훼손시키며, 천민자본주의는 공동체를 파괴해 사회를 부자도 살기 힘든 약육강식의 밀림으로 만들고 있다. 다른 나라에 비해 우리나라는 과거 30여 년간 군사독재하에서 정경유착으로 인해 재벌로의 경제력 집중이 더욱 심하다. 또한 IMF 환란 이후 공공복지가 빈약한 환경에서 빈부 격차가 커지고 고용이 크게 불안정해짐에 따라 생활의 불안감이 심해졌으며, 굴곡이 많은 우리의 근·현대사가 우리국민들의 윤리 의식을 크게 훼손해 우리사회에 천민적 윤리가 만연하게 되지 않았나 생각된다.

진보적 자유주의에 입각한 합리적 복지국가가 우리나라가 나아갈 방향이라고 생각된다. 진보적 자유주의란 만인평등, 개인의 자유와 인권, 사상과 비판의 자유, 관용을 주 내용으로 정치적 자유주의를 지지하며, 자본주의경제를 기본으로 삼지만 자본주의의 실패를 치유하기 위한 적절한 정부 역할을 인정하며, 사회적·경제적 불평등의 축소를 지향하며, 자본주의의 실패만이 아니라 국가의 실패를 방지하기 위한 장치를 마련하며, 민주주의와 법치주의를 위협하는 재벌의 횡포를 방지하며, 분배 갈등, 노사 갈등, 이념 갈등, 환경 파괴와 같은 공동의 갈등 문제를 상생의 원리로 해결하며, 천민자본주의를 극복하는 건강한 윤리와 공동체의 확립을 지향하는 주장을 말한다. 이런 진보적 자유주의는 개인의 자유와 관용이라는 보수주의의 덕목과 함께 평등과 진보라는 진보주의의 덕목을 모두 갖고 있으므로 보수주의와 진보주의를 상생의 원리로 화합한 것이라 할 수 있다.

진보적 자유주의를 실현하는 현실 수단인 합리적 복지국가는, 진정한 민주주의, 합리적인 공공복지 제도, 경쟁적 시장경제의 확립과 정부의 적절한 경제 개입, 이익 단체로부터 독립적인 입법부, 정치권력과 재벌로부터 독립적인 언론과 사법부, 국가의 실패를 예방하는 투명한 정부, 높은 국민 윤리, 시민 의식, 사회 분위기를 주 내용으로 한다고 생각된다.

강조하고 싶은 것은 국민들의 일반적인 의식 수준으로 결정되는 '사회 분위기'다. 법과 제도가 중요하지만 이보다 더 중요한 것은 사회 분위기다. 사회를 바꾸려면 국민들 대다수의 사회적 합의가 있어야 한다. 또한 현행 법하에서도 재벌과 권력층의 위법 행위가 법에 의해 엄중히 처벌받고 이들을 비호한 사람들이 얼굴을 들고 다닐 수 없는 사회 분위기가 조성되면 우리 사회의 많은 문제들이 해결될 것이다. 사람은 누구나 이성이 있으므로 문제 인식과 해결책에 대한 사회적 합의가 점차로 이루어질 수 있을 것이다. 최근 우리나라에서 복지에 대해 비록 총체적 수준에서이긴 하지만 합의가 이루어져 가고 있는 것이 이의 한 예라고 생각된다.

2장

민주주의와 자유주의 사이에서

＿최장집

1. 머리말

민주화 이후 한국 사회에서 자유주의의 위치는 애매하다. 적어도 지금 까지는 그렇다. 보수든 진보든 그들 사이에서 자유주의를 이해하는 관점은 극히 상이하다.

민주화 이전 보수파들에게 자유주의는 체제를 수호하는 공식적인 이념이자 정치 언어, 슬로건으로서 민주주의보다 오히려 더 적극적으로 수용된 바 있다. 물론 그들이 실제로 자유주의를 실천했느냐 아니냐 하는 문제와는 별개로 말이다. 반대로 진보파들은 자유주의를 냉전 반공주의 이외의 다른 말이 아닌 것 혹은 부르주아지의 이념으로 이해했고, 그런 이유에서 부정적으로 보거나 아예 관심을 갖지 않았다.

민주화 이후에도 자유주의를 어떻게 이해할 것인가의 문제는 크게 주목되지 않았다. 이념을 둘러싼 논란은 민중과 변혁을 내세운 진보와 이를 용공으로 보는 보수의 대결로 이해되는 정도였다. 그러다가 자유주의의 문제가 본격적으로 제기된 것은 김대중, 노무현 정부에 들어와서부터라고 할 수 있다. 보수가 스스로를 자유주의 세력으로 정의하면서 두 정부를 반대했다면, 진보에서는 두 정부를 신자유주의 정부로 비판하고 나섰기 때문이다.

이때로부터 발원한 자유주의 관련 논의의 양상은 흥미롭다. '뉴 라이트'를 내건 보수는 '자유주의 이후의 자유주의'로 정의할 수 있는 신자유주의를 지지했고, 신자유주의를 곧 자유주의로 이해했다. 이들과는 정반대로 '자유주의 이전의 자유(주의)'를 내건 흐름도 등장했다. 자유에 대한 개념을 재해석하고자 하는 시도도 있었는데, 대표적으로 공화주의 내지 고대 그리스 민주주의와 그때의 자유 개념을 강조하는 논의들이다. 이들의 논의는 대의민주주의에 비판적이고 직접민주주의에서 대안을 찾고자 하는 사람들에게 영향을 미쳤다.

자유주의를 적극적으로 확장하고자 하는 시도도 많았다. 공동체적 자유주의(박세일 편 2008), 급진적 자유주의(윤평중 2009), 사회적 자유주의(박동천 2010), 진보적 자유주의[1]가 대표적이다. 일종의 '접두사 자유주의론'이라고 부를 만한 이 주장들은 자유주의의 긍정성을 새로운 대안 이념의 토대로 삼고자 경쟁했다.

만약 민주화 이후 한국 사회에서 자유주의가 본격적으로 수용된다면, 그것은 민주주의가 먼저 오고 그다음 자유주의가 이를 뒤따르는 양상이 될 것이다. 그렇다면 한국의 경험은 역사적 전개의 계기에 있어 자유주의가 자리 잡은 이후 민주화가 이루어진 서구 사회와는 역순이 되는 사례가 된다. 이는 어떤 의미를 갖는 것일까? 민주화 이후의 자유주의는 민주화 이전의 자유주의와 어떤 다른 점을 갖게 될까? 자유주의는

1_한림국제대학원대학교 정치경영연구소 주최 심포지엄 및 대안담론포럼의 주제 "진보적 자유주의와 민주적 시장경제"(2010년 6월 11일, 12월 2일). 그리고 그에 앞서 손학규(2000)를 참고.

한국 민주주의를 발전시키는 과제와 어떤 관계를 가질 수 있을까? 제기되어야 할 질문은 크고 중대한 문제가 아닐 수 없다.

한국 사회에서 자유주의는 하나의 빈 공간처럼 느껴진다. 완전히 비어 있는 것은 아니라 할지라도 아주 빈약한 상태로 보인다. 민주주의, 사회민주주의, 공동체주의, 공화주의, 생태주의, 페미니즘, 포스트모더니즘, 마르크스주의 등 다른 어떤 이념들에 의해 대신 메워질 것으로 보이지도 않는다. 따라서 필자는 민주화에도 불구하고 자유주의에 의해서 포착 가능한 우리 사회의 문제가 있다고 생각한다. 다시 말해 오늘날의 한국 민주주의가 안고 있는 여러 결핍된 조건들을 깊이 이해하고 개선해 가는 데 있어서 자유주의가 매우 강력한 유의미성이 있다는 것이다. 본론의 한 축은 바로 이 문제를 다룬다. 즉, 한국 민주주의가 해결해가야 할 과제를 좀 더 깊고 넓게 이해하는 데 있어서 자유주의적 관점내지 문제 제기가 기여할 수 있는 지점들에 주목하고자 한다.

자유주의적 문제가 있다고 해서 이제는 민주주의가 아니고 자유주의로 초점을 전환해야 한다거나, 아니면 제대로 된 자유주의 세력을 형성해 다른 비자유주의 세력과 대립하면서 그 과제를 해결해야 한다고 생각하는 것은 아니다. 오히려 그보다는 진보든 보수든 자유주의적 과제를 해결해 가는 데 유능함을 발휘해야 한다고 보며, 그런 점에서 자유주의는 민주주의를 발전시키는 데 있어서 매우 보편적 가치를 갖고 있다고 생각한다. 이런 관점에서 문제를 보기 때문에 필자는 고전적 자유주의가 대면했던 문제의식에 초점을 두고자 한다. 이것이 본론을 이끌어 가는 두 번째 축이다.

2. 자유주의의 한국적 수용과 그 취약성의 기원

한국에서의 자유주의는, 해방 후 민족문제를 둘러싼 극심한 이념적 갈등이라는 환경하에서 분단국가가 건설됐을 때, 체제와 제도 건설을 뒷받침하는 공식 이념으로 민주주의와 함께 수용되었다. 민주주의가 이념이라기보다 정치체제로서 보편성을 가지고 수용될 수 있었던 것과 달리, '자유민주주의'라는 말에서 볼 수 있듯이, 민주주의의 수식어가 되는 자유주의는 사실상 냉전 반공주의를 의미하면서 이념적 갈등의 중심적 요소로서 자기 위상을 가졌다. 한국 사회에서 이념 갈등은 분단과 냉전을 가져왔고, 그 이후 한국의 자유주의는 곧 급진적인 냉전 자유주의를 의미했고 그렇게 실천되었다. 이것은 한국 사회가 자유주의를 수용하는 데 있어 하나의 비극이었다.

보수파들은 실제로 자유주의의 가치와 이념을 수용하고 실천하기보다 이를 반공주의와 동일한 것으로 이해했고, 그에 반해 진보파들은 그것이 사실상 냉전 반공주의를 의미했기 때문에 이를 배척하고 비판했다. 그 후 국가 중심적 산업화와 경제발전 과정에서 성장한 기업 엘리트들은 국가로부터 자율성을 갖는 시민사회, 자율적 시장경제, 자유주의의 이념과 가치를 수용할 유인을 갖지 못했다. 국가주의, 관치경제, 국가의 전면적 지원 아래에서 성장한 국가 의존적인 기업가 집단의 윤리와 가치는 자유주의와 상응하기 어려웠기 때문이다.

재벌을 중심으로 한 기업 엘리트들은 자유주의와 민주주의를 이끈 서구의 "정복적 부르주아지"conquering bourgeoisie와는 거리가 멀다. 재벌로 대표되는 한국의 기업 엘리트들은 경제성장과 국가의 부를 증진시켰다 하더라도 사회에서 헤게모니(도덕적 리더십)를 가질 수 없었다. 강력한 권위주의 국가가 주도했던 위로부터의 산업화 과정에서 형성되고 발전한 한국의 기업 엘리트들이 서구에서와 같이 정치적·경제적 자유의 대변자로서 혁명적 가치를 주도할 수 없었기 때문이다.

요컨대 한국 사회에서 자유주의를 선도할법한 기업 엘리트들이 그런 역할을 할 수 없었던 것은 냉전 반공주의라는 이념적 요소와 자본주의 산업화의 타이밍에 있어 "후-후발 산업화"[2]라는 조건과 국가가 기업 엘리트에 비해 압도적인 우위에 있었다는 조건이 결합한 것이다.[3]

한편 해방 후 급진파/진보파들은 냉전과 분단에 반대하며 민족주의를 가장 강력한 정치적 이상이자 규범·가치로 수용했다. 그리고 혁명적 민족주의는 이들 급진파들의 기본 이념이었다. 그들은 자유민주주의가 민족 분단을 정당화하는 구실에 불과하다며 이를 부정했다. 그들은 자유주의를 미국이 지원하는 반공 권위주의 체제를 정당화하는 이념적 기제로 이해했다. 그들에게는 냉전 반공주의에 대항해 민족 통일을 이루려는 노력과 '진정한 민주주의' 체제의 건설은 사실상 동일한 것이었다. 이 전통은 1980년대 민주화 이후 민주화 운동의 중심 세력들이 민족주의를 민중주의의 중심 요소로 수용함으로써 그대로 유지되었다.

독일 정치와 역사를 연구하는 학자들 사이에서 혹자는 전전^{戰前} 독일

2_"후-후발 산업화"(late-late industrialization)의 개념은 거센크론(Alexander Gerschenkron)의 후발 국가라는 산업화 타이밍의 개념을 라틴아메리카의 후후발 산업국가들에 적용한 허시먼과 쉬미터를 통해 발전되었다. Hirschman(1968, 2-32), Schmitter(1972, 83-105) 참조.

3_영국의 정치철학자이자 이론가인 리처드 벨라미(Richard Bellamy)는 게르센크론-허시먼-쉬미터의 전통에서 자유주의와 자본주의 생산 체제의 발전과 변화를 통해 자유주의의 역사적 변화와 발전 과정을 추적한다. 이런 그의 접근은 정치철학과 정치경제를 결합해서 자유주의를 보는 특징적인 방법을 발전시켰다. 특히 그의 이론적 기여는 이탈리아, 독일과 같은 후발 자본주의국가에 있어서 자유주의가 어떤 내용을 갖느냐하는 것에서 발견된다. 그의 여러 저작 가운데서 특히 *Liberalism and Modern Society: An Historical Argument* (Polity Press, 1992)를 참조. 벨라미의 자유주의에 대한 분석 방법은 "후후발 산업화" 국가로서 한국의 자유주의를 설명하는 데 적용될 수 있을 것이다. 그러나 이런 방법으로 자유주의를 분석하는 것은 본 글이 아닌 다음 연구에서나 가능할 것이다.

자유주의의 허약함을 지적하며 이를 "지식인에 의한 자유주의"라고 말하곤 한다.[4] 한국에서는 지식인에 의한 자유주의조차 뿌리내릴 기회가 없었다. 이 과정에서 한국 사회의 좌우 구분에 있어 흥미로운 패러독스가 나타났다. 보수/진보 모두 다른 이유로 자유주의를 부정했다. 보수파들이 자유주의를 슬로건·구호로 말하면서도 이를 냉전 반공주의와 동일시하며 실제로 이를 실천하지 않았다면, 진보파들은 자유주의를 친미적 부르주아 이념으로 경멸했다. 그러는 동안 보수/진보 모두 국가주의, 발전주의, 경제적 민족주의 등 민족주의적이고 집단(합)주의적인 반자유주의의 경향성을 공유하게 되었다.

냉전의 극성기 정부 당국은 민족주의를 체제 부정적 급진 이념으로 간주했다. 그러나 냉전의 극성기를 지나면서 1960~70년대 산업화 이후 좌우 모든 사람들이 공통적으로 민족주의를 수용하게 되었다. 이데올로기적·담론적 환경이 완전히 변화한 것이다. 양자는 모두 민족주의 이념으로 수렴되었는데, 그 결과는 국가 중심적 산업화와 경제성장/발전으로 나타났다. 민족주의는 국가 중심성, 경제적 민족주의로 귀결되고, 방법과 접근은 다르지만 좌우 모두 통일을 추구한다. 민중운동이 마르크시즘의 강력한 영향을 받았다지만, "만다린 문화"라 말할 수 있는 지식인 엘리트주의는 민중운동 지도부의 중요한 특징 가운데 하나다(Lee 2007, 296). 그들은 해방적 상상력을 찾았지만, 사실상 민족국가, 자본주의적 성장 정책이라는 동일한 이념적 기반 내에서 움직여 왔다.

이런 이념적 태도 내지 정향이 자유주의를 발전시키는 방향으로 나타날 수 없는 것은 당연하다. 1980년대 한국의 민주화는 자유주의에 의해 뒷받침되지도 않았고 그것을 동반하지도 않았다. 그리고 이후 민주

4_원래 이 개념은 랑거가, the liberalism of manufacturers가 아닌 사회적 기초를 갖지 않는 자유주의라는 의미로 사용했다(Langer 1969). Kurth(1979, 334)에서 재인용.

정부들은 경제발전이라는 집단적 목표를 추구했다. 즉, 한국의 민주주의는 자유주의를 우회해서 진행되었던 것이다. 개인의 윤리적 가치와 사회적 구조에 있어서는, 한편으로 전통적·위계적·집단주의적 윤리와 가치가 상존하고, 다른 한편으로 신자유주의, 경제발전, 후기 산업화 사회의 특성으로서 전통적 사회관계의 급속한 해체에 따른 개인주의적 파편화가 공존하는 혼란 또는 아노미가 두드러지게 나타나고 있는 것이 오늘의 현실이다.

3. 자유주의와 민주주의

오늘날 다수의 정치철학자들은 자유주의가 일정한 이념적 범위와 독트린을 갖는 하나의 이념이자 가치라는 데 합의하지 못하고 있다. 고전적 자유주의는 현대 자유주의와 비교할 때 거의 다른 이념이나 마찬가지다 (Ryan 2000, 291-311). 자유주의의 가장 중요한 요소였던 최소 국가의 원리 자체도 오늘날 자유주의 이론을 대변하는 존 롤스의 정의론에서 보듯이 복지국가주의에 그 중심적 지위를 내주게 되었다.

자유주의는 19세기 산업화와 자본주의 발전, 20세기에 들어 민주주의 발전과 충돌하면서 크게 변화했다. 이론적으로 자유주의는 국가 불개입주의, 공리주의적 요소와 접합되었다. 그것이 하나의 정치 이념으로 보편화되었던 만큼 다양화와 다변화도 뒤따랐다. 이런 변화는 이념 자체가 갖는 자기비판을 허용하는 유연함과 개방성의 결과라 할 수 있다. 혹자는 자유주의와 사회주의 간의 대조를 무의미하고 오도된 것이라 말하기도 한다.

고전적 자유주의와 현대적 자유주의는 거의 다른 이론, 이념이나 마찬가지로 서로 간에 갈등적이며 거의 다른 이론이라고 할 만큼 달라져 있기도 하다. 이런 까닭에 어떤 자유주의를 말하는 것인가 하는 문제는 중요한 의미를 갖는다. 접두사 자유주의를 말하게 되는 것도 이런 맥락에서 나타나는 현상이다.

다른 한편 민주주의는 정치적 평등을 중심 원리로 하며 인민 스스로의 광범한 정치 참여를 통해 인민 스스로가 통치를 구현하는 정치체제다. 그러나 민주주의가 실제로 어떤 정치, 어떤 정책과 제도를 가지고, 어떻게 운영되고 실천되며, 그 결과로 한 사회가 어떤 모습을 갖느냐 하는 것은 광범하게 열려 있는 문제다.

민주주의의 제도와 내용, 이를테면 헌법/법 체제, 국가와 시민사회의 관계, 사회의 구성 원리, 정책의 성격, 경제/시장을 운영하는 방법, 정치 행위자가 갖는 도덕적·윤리적 규범과 가치, 개인의 도덕적 위상, 정치에 대한 판단 등은 민주주의 체제를 통해 결정되기도 하지만, 그것의 실제 내용과 성격, 방향은 민주주의만으로 규정될 수 있는 문제가 아니다. 여기에서 자유주의와 같이 민주주의의 원리와는 상이한 정치 이념, 사상이 영향을 미치게 된다. 즉, 이런 방식으로 민주주의와 자유주의가 접맥될 수 있는 것이다.

오늘날 한국 사회에서 민주주의는 여러 위협적인 요소들에도 불구하고 정치적 영역에서 일정하게 안정화되고, 시간의 경과와 더불어 정치적 경험들이 누적되고 있다. 그러나 그것은 앞에서 말한 내용들의 관점에서 볼 때, 민주화 이전 구체제의 많은 것들을 그대로 답습하는 문제를 안고 있다. 그 결과 정치를 이해하고 운영하는 방법과 국가-사회 관계, 사회의 구조, 개인의 정치적·도덕적 가치관, 행동 양식들, 경제 운영의 원리 등은 구체제와 높은 연속성을 가지고 있다.

다른 한편, 정치적 수준에서 1970~80년대 민주화 운동은 강력한 민중주의에 의해 주도되었다. 민중 이데올로기는 에토스, 열정, 유토피아적 성격을 강하게 갖는다. 민중주의는 전통적인 공동체적 에토스, 낭만적인 혁명적 민족주의의 전통, 사회 변화에 대한 총체적 비전을 중심으로 하는 급진적 변혁 이념을 흡수하면서 정서적 급진주의를 발전시켜왔다. 이들이 민주화 운동을 통해 민주주의를 가져오는 데 앞장섰음에도 불구하고 민주화 이후 민주주의를 운영하고 민주주의의 제도적 실천을 통해 긍정적 결과를 만들어 내는 데 있어서는 효과적이지 못했다. 특히 자율적 결사체와 정당의 조직화, 정책 형성과 집행 능력, 정부 운영 능력에 있어 부족한 점들이 많았다.

이런 문제는 지금 우리가 왜 자유주의에 대해 관심을 갖게 되는가 하는 문제의 배경을 이룬다. 우리는 지금 자유주의를 어떻게 이해할 수 있나, 한국 사회의 민주주의 발전에 정합적일 수 있고, 구체제의 사회관계와 구성 원리를 변화시킬 수 있는 자유주의의 요소들은 무엇인가라는 문제들을 검토하는 작업을 필요로 한다.

이런 문제의식에서 필자는 고전적 자유주의가 제기했던 네 가지 문제 영역에 초점을 두고자 한다. 첫째, 로크의 자연권 사상의 중심을 이루는 자유와 평등사상, 둘째, 몽테스키외와 토크빌로 대표되는 권력의 견제와 제한을 중심으로 하는 권력분립과 사회 구성의 원리, 셋째, 냉정한 현실주의를 바탕으로 하는 정치에 대한 태도와 인식, 넷째, 자유주의와 자본주의적 시장경제에 대한 관계가 그것이다.

4. 자유주의의 네 가지 문제 영역

보편적인 인권 사상

인간은 태어날 때부터 자유롭고 평등하다. 이것은 자연법사상으로부터 도출되는 초월적transcendental이고 철학적인 명제다. 철학자들은 자유와 평등이 자연적으로 인간에 내재하는 본성이라는 점에서 "내재적 자유주의"를 말하기도 한다. 이 사상은 미국독립선언, 프랑스 인권선언, 세계인권선언 등 모든 인권선언의 철학적 기초다. 한국 헌법의 2장 "국민의 권리와 의무" 조항들은 이들 원리에서 도출된다.

로크에 따르면, 인간 존재의 진정한 의미는 시민사회가 아니라 인간이 완벽하게 자유롭고 평등한 자연 상태에서 나타난다. 따라서 시민사회는 인간의 자연적 자유와 평등을 확대하는 것 이외에 다른 어떤 목적도 갖지 않는 인위적 창작물에 불과하다. 이것은 역사적 실제나 사실에 기초한 주장이 아니라 인간은 평등하고 자유로워야 한다는 이성의 명령에 기초를 둔 것이다. 이런 이성적 가정은 권력이 위계적으로 인간 위에 군림한다는 전통적인 권력관에 대한 전도顚倒의 뜻을 담고 있다(Harrison 1993, 34-50). 이것은 혁명적 사회 구성 원리다. 플라톤, 아리스토텔레스는, 인간은 공동체 내에서 완성되며 거기에서 최고의 가치를 획득할 수 있다고 말한다. 개인 이전에 사회, 구성 부분에 우선하는 전체로서의 국가/공동체를 말한다.

홉스, 로크와 같은 자유주의 철학자들에게 인간은 사회로부터 자율적이고 독자적인 개인으로 존재하며 자유와 평등은 개개인에게 내재된 것이다. 이성과 도덕적 자율성을 갖는 개인에게 인간을 위한 최고의 선을 획득할 수 있는 능력과 권리를 부여한다. 즉, 개인주의는 자연권 사상에 기초한 자유주의 이전에 지배적이었던 위계적 사회관계에 대한 거부를 의미한다. 이런 의미에서 개인주의는 자유주의 사상에서 중심적인 위상을 갖는다. 이런 논리적 근거에서 시민사회 또는 정부의 조직은 인간이 인위적으로 만든 제도에 불과하다.

자유주의의 철학적 전제로서 자연법 교리, 즉 보편적이며 가정적인 인간 본성 개념에 기초해서 (국가)권력에 대한 제한의 논리/명제가 도출된다. 로크가 『정부에 대한 두 개의 논설』*Two Treatises of Government*에서 명증하게 제시하듯이, 자유주의 철학의 핵심은 사회 구성의 기초로서 개인주의에 입각해 국가권력을 제한하는 이론이다. 벌린의 "소극적 자유"의 개념은 자연권 사상에 내재된 자유주의 철학의 본질적 측면을 가장 잘 집약한다(Berlin 2002).

국가권력에 대한 견제의 이론은, 고대 아테네 민주주의에서는 시민들이 민주주의를 이해할 때 생각할 필요가 없었던 문제다.[5] 전체 정치철학에 있어서 자유주의의 이론적·철학적 기여는 바로 이 국가권력에 대한 제한 내지는 견제의 이론이라 하겠으며, 그러므로 자유주의 이론의 핵심은 이 소극적 자유라고 할 수 있는 것이다. 현대 민주주의는 치자와 피치자 사이에 국가가 있는 조건하에서 실천되지 않으면 안 되기 때문에 국가권력을 견제하는 문제는 자유주의의 핵심 사상이 되는 것이다. 국가권력에 대해 견제가 이뤄지지 않는다면, 민주주의는 전체주의적 경향으로 빠질 수 있다.

권력분립을 통한 국가권력에 대한 견제

이 문제 영역은 프랑스 자유주의 철학자들의 이론적 기여이며, 영국과 프랑스의 정치적 조건의 차이에서 나온 것이다. 영국이 왕과 지방 귀

5_고대 그리스와 현대사회에서의 자유의 개념이 어떻게 다른가하는 차이에 대해서는 Constant (1988)을 참조. 콩스탕의 자유주의에 대한 정의는 벌린의 자유 개념의 기초가 되었다.

족 간의 권력분점으로 중앙권력이 느슨한 것이 특징이라면, 프랑스는 강력하게 중앙 집중화된 절대왕정 체제가 그 특징이다. 몽테스키외, 왕정복고 시기 교리학파, 토크빌 등 프랑스 자유주의자들은 반(反)절대왕정 체제 이론으로서 로크의 그것보다 훨씬 더 역사적이고, 덜 초월적인 주장을 발전시켰다(Taylor 1997, 66-77; Dunn 1985a, 154-170; Siedentop 1994, 20-40; Keohane 1980, 392-419).

몽테스키외의 관점에서 그가 처한 정치적 상황은 강력하게 중앙 집중화된 왕정 체제이며 그것은 제거 불능이었다. 이런 환경에서 중요한 것은 강력한 왕정이 견제되지 않는 전제정으로 치닫지 않도록 하기 위해 법에 의한 권력 제한의 방법을 찾는 데 있다. 이것은 왕의 주권과 인민의 주권이 대면하면서 일정한 균형 상태를 조성하려는 것을 의미하며, 권력과 자유 간의 갈등을 문제의 핵심으로 한다. 로크처럼 권리로부터 시작해서 자유를 끌어내는 논리가 아니라, 반대로 자유를 위협하는 권력으로부터 출발하는 발상의 역순은 흥미 있는 대조를 제시한다.

몽테스키외는 권력의 기원을 말하는 것이 아니라, 권력의 결과/효과에 대해 말한다. 몽테스키외는 철학적 이념에 근거해 권력이 권리로부터 창출된다고 주장하는 권력의 기원에 초점을 두는 것이 아니라, 권력을 그 목적으로부터 분리해서 권력을 사물로서 말한 최초의 이론가다(Siedentop 1979, 153-174). 그의 중심적 관심사는 권력의 속성으로서의 권력 남용이다. 그는 권력에 대한 욕구가 인간의 본성 속에 내재돼 있다고 보지는 않는다. 다만 개인이 사회적·정치적 제도를 통해 일정하게 특정의 권력을 갖게 될 때만, 권력은 남용되고 위험하게 된다고 말한다. 따라서 권력 남용을 제어할 수 있는 법적·제도적 틀을 만드는 것이 무엇보다 중요하다.

그는 『법의 정신』에서 "권력의 남용을 막기 위해서는 제도적 장치를 통해 권력은 권력으로 견제되지 않으면 안 된다"라는 중심 테마를 통해 유명한 삼권분립의 원리를 제시한다(Monstesquieu 1989). 원래 삼권분립은, 미국 헌법에서 나타나는 입법·행정·사법이 아니라, 당시 영국 헌정 구조를 모델로, 입법, 대외적 문제를 다루는 행정, 시민권과 관련된 행정을 의미한다는 것을 언급할 필요가 있다. 기본적으로 입법/집행부, 두 부서 간의 권력분립이 그가 말한 것이다. 인민의 의사를 대표하는 입법부를 옹호했던 로크와는 달리, 몽테스키외는 자유를 위협하는 것은 입법부라고 생각한다. 대표의 정당성을 갖는 입법부는 자연스럽게 권력을 확대하려는 유혹에 빠질 가능성이 가장 크기 때문이다. 미국 헌법을 쓸 때 매디슨의 제도 디자인도 정확히 몽테스키외를 따랐다.[6]

우리는 왕정-귀족정-민주정 각각의 장점을 결합한 "혼합정체/헌법" mixed constitution을 발전시켰던 공화주의적 정부 형태에서 삼권분립의 이론적 기초를 발견할 수 있다. 그러나 삼권분립의 원리는, 법과 제도를 통해 권력을 제한할 때, 우리가 보통 견제와 균형이라고 말하는 사회적 힘의 관계를 기반으로 할 때, 그리고 또한 사회의 가치 및 풍습에 의해 뒷받침될 때 효과를 갖는다는 점을 지적할 필요가 있다.

아리스토텔레스나 폴리비우스 같은 고대 그리스의 이론가들은 혼합정부/헌법 이론에서 정부의 서로 다른 부서들이 특정의 사회 세력을 대표하는 것으로 이해했고, 그러할 때 혼합 헌법의 제도적 장치들이 기대한 효과를 가질 수 있다는 점을 강조했다. 근대에 와서 삼권분립의 내용 속에 사회적 힘들 사이에서 견제와 균형이라는 의미는 없어져 버렸다. 그러나 현대 사회에서도 권력분립이 작동하기 위해서는 사회적 힘의 균형을 창출하는 것은 무엇보다 중요하다. 그러므로 엄격한 의미에서 균

6_*The Federalist Papers* no. 47, 51.

형과 견제는 권력분립과 다른 의미다.

몽테스키외의 계승자인 교리학파와 토크빌은 새로운 문제의식과 더불어 국가권력과 권위의 문제에 접근한다. 그것은 자율적인 지방 권력과 개인 권리를 위협하는 국가권력 집중화의 구조적 원인이 무엇인가 하는 문제다. 그들은 정치의 중앙 집중화와 사회적 원자화를 동일한 과정의 다른 측면으로 이해한다. 이 문제에 대한 해결책으로 자율적 결사체, 행위자들의 상호 연결된 집합체corps intermediares가 제시된다(Tocqueville 2004, 595-599).

국가와 개인 사이에 위치하는 이들 자율적인 중간 집단들이 국가권력의 집중을 제어하고 중앙권력에 대응해 행위할 때, 그들은 사회와 개인에 자유를 가져오는 핵심적 행위자 내지는 메커니즘으로 기능하게 된다. 따라서 강력한 왕정하에서 소극적 자유는 해결 방법이 아니다. 구조를 개혁해 자유의 공간을 적극적으로 만드는 것이 해결책이다. 여기에서 정치의 도덕적 역할이 발견된다고 할 수 있는데, 그것은 중간 집단의 조직과 활동, 그에 대한 참여는 적극적 시민으로서의 덕성을 함양하는 효과를 가져오기 때문이다.

그 결과는 시민사회의 확대와 강화다. 그러나 정치의 도덕적 역할을 말하는 것과 정치를 도덕적으로 이해하는 것이 동일한 것이라고 오해될 수는 없다. 왜냐하면 전자는 중간 집단에 대한 참여를 통해 정치의 효능을 경험하고 습득하는 것인 반면, 후자는 정치를 도덕화해서 이해하고 그 행위자로서 시민이 도덕적 시민, 적극적 시민이 될 것을 강조하기 때문이다. 따라서 프랑스 자유주의자들의 관점에서 자유로운 '풍습/행동 양식/가치'moeurs는 중간 집단의 정치적 역할에 있어 핵심적 의미를 갖는다.

자유의 풍습은 시민적 자유가 정치적 참여/자유와 접합되면서 개인의 가치 정향에서 자유를 중시하는 습관을 만들고 그런 방향의 태도 변화를 가져온다. 중간 집단을 매개로 한 개인들의 정치 참여는 그들로 하여금 정치적 효능을 경험하게 하고, 이런 것이 확대되면서 사회관계 전체가 이런 방식으로 변화하게 된다. 이것이 또한 정치적 권리 확대에 기여하게 됨은 물론이다. 시민은 정부 운영과 작동의 수동적 방관자가 아니라, 정부의 모든 수준에서 정치에 참여하는 권리를 행사하고, 그 효능을 감지하게 되는 것이다. 같은 논리의 반대 방향에서 강력한 집행부의 발전이 시민적 자유를 위협하게 됨은 물론이다.

중간 집단을 매개로 한 지방적 자유의 발전은 국가로부터 개인의 독립성을 강화한다. 요컨대 프랑스 자유주의자들은 제한 정부를 주장한 것이 아니라 정치권력에 최대한 참여하며 권력의 배분과 이를 통한 권력의 하향 분산을 실현하고, 권력의 중앙 집중을 제한하는 문제에 이론적 초점을 두었다. 프랑스 이론가들 사이에서의 이런 자유에 대한 사회학적 접근은, 몽테스키외의 법의 정신의 핵심 주제라고 할 법의 지배와 중간 집단의 존재는 병행한다는 이론으로부터 발전한 것이다. 풀어 말하면 자유의 실현은 권력을 제한하는 법에 대해 독자적으로 하나의 지위를 가지고, 그러므로 그 법을 수호할 수 있는 의회, 신분 집단과 같은 독립적인 중간 집단들이 존재하지 않는 한 충분치 않다는 것이다.

그러므로 프랑스의 자유주의 철학자들은 정치제도와 사회구조를 구분하고 정치 문화, 풍습, 행동 양식의 변화를 관찰했다. 법과 헌법의 분석만으로는 불충분하다고 생각해서 그들은 풍습과 사회적 가치 변화의 중요성을 강조했다. 그들이 자신들의 철학을 발전시키는 동안 보수주의 저작에서 많은 것을 배웠다는 점 또한 중요하다. 그들은 보수파들의 규범적 가치에 대해 부정했지만, 사회질서의 문제, 사회적 권위가 어떻게 창출되는가의 문제를 보고자 했다. 이를 위해 보통 사람들이 일반적으로 권위에 대해 어떻게 생각하느냐 하는 문제에 대해 큰 관심을 가졌다.

당시 보수파들은 그리스 민주주의, 로마공화정 시기의 고전 정치 이론을 바탕으로 민주주의는 무정부 상태와 전제정을 초래한다고 주장했다. 자유주의자들은 보수주의자들이 말하듯이 권위가 위계적 사회를 만들어 내는 데만 작용하는 것이 아니라, 더 큰 사회적 평등을 구현하는 데 정합적으로 작용할 수 있는 것으로 보았다. 경제적·사회적 구조가 정치조직의 기반이라는 관점도 보수주의 이론으로부터 배운 것이다. 따라서 재산권 분할(장자상속권 개혁), 교육 확대, 사회이동의 확대 등은 봉건적 신분 체제 사회를 변화시키려는 자유주의 개혁의 핵심 사안들이 되는 것이다. 자유주의자들의 관심사는 제한된 범위 내에서 정치적 선택의 실제성이었고, 이 점에서 정치혁명과 구분되는 사회혁명의 개념이 중요성을 갖는 것이다.

정치를 이해하는 방법으로서 현실주의적 정치관

자유주의가 관여되는 도덕철학 내지 정치철학의 성격은 두 가지 흐름으로 대변된다.

하나는 무엇이 본질적이고 내재적으로 바람직한가 하는 문제를 추구하는 이론이다. 도덕적인 급진파들은 거의 숙명적으로 이를 추구했다. 다른 하나는 정치철학을 실천이성의 부분으로 이해하는 것이다. 그것은 실제 현실에서 사용하는 지적 능력을 말하는 것으로, 현실 행위에서 좋은 결과나 좋은 도덕적 결과를 만들어 내는 것에 일차적인 관심을 갖는 것이다. 이 방향에서 실천이성은 나쁜 결과나 상황의 가능성을 인정하고 서로 다른 가치 기준의 조율을 허용하는 개방적 자세의 중요성을 강조한다. 따라서 이런 방향을 공유하는 철학자들은 이와 같은 개방적 자세를 정치적으로 진지한 것의 징표로 여긴다.

위에서 말한 두 경향성 간의 논쟁은 플라톤과 아리스토텔레스의 차이로 거슬러 올라갈 만큼 오래된 것이다. 존 던, 퀜틴 스키너, 레이몽 고이스 같은 철학자들의 관점은 후자의 자유주의 흐름을 대표한다(Dunn 1985b, 119-189; Skinner 1978, 41-48; Geuss 2008). 전자는 올바른 도덕 이론과 그에 입각해 도덕을 바로 세우는 것이 좋은 사회를 만드는 데 중요하다고 생각하는 유토피아적 전통에 있는 철학자로서 도덕 이론에 헌신하는 롤스 같은 현대 자유주의 철학자가 대표적이다.

실천이성을 강조하는 철학자들은 위에서 말한 개방성을 허용하는 정치에 선행해 '윤리학 우선'의 경향에 대해 비판적이다. 그들에게 중요한 것은 현실 세계의 부정적인 측면을 비판하는 데서 끝나는 것이 아니라, 현실 변화에 기여할 수 있는 것이다. 이런 흐름의 지적 전통은 아리스토텔레스, 마키아벨리, 몽테스키외, 토크빌, 현대에 와서는 베버와 같은 이론가들에 의해 대표된다. 이 전통에서 정치철학은 기본적으로 현실주의적이고, 정치는 행위와 그 행위를 둘러싼 맥락을 중심으로 한 것이다. 또한 정치 현상, 정치 행위란 역사적인 성격을 갖는 것이기 때문에 정치철학에 있어 영속적인 문제들을 추구하는 규범적인 이론에 관심을 갖기보다 정치를 현실 속에서 가능한 것을 만들어 낼 수 있는 기술 또는 기예로 이해한다. 필자 역시 한국의 정치 현실에서 이 후자의 전통으로부터 더 많은 것을 배울 수 있을 것이라고 생각한다.

플라톤 이래 많은 이상주의적 정치철학자들은 '인간의 선'은 무엇이고, 이를 어떻게 실현할 수 있나, 그리고 이를 실현할 수 있는 공동체는 어떤 내용과 모습을 가져야 하나라는 문제를 둘러싸고 그 해답을 구하고자 노력하고 투쟁해 왔다. 이 문제의 해답을 추구하는 과정에서 이미 아리스토텔레스는 정치에 있어 가장 중요한 가치로서 실천적 지혜 phronesis를 강조한 바 있다(Aristotle 2002, 176-189).

그러나 실천적·현실주의적 자유주의의 흐름은 실천이성이 정치의 가장 중요한 가치라는 점을 인정하면서도, 인간의 선이 무엇인가를 정의하고 그것을 실현할 수 있는 이성적 가이드로서 그것은 일관되고 체계적인 이론을 구축할 만큼 충분한 기초를 제공해 주지 못한다고 생각한다. 실천이성은 포착하기가 무척 어렵거니와 다른 사회나 정치적 조건에 적용하기는 더더욱 어렵기 때문이다.

이 관점에서는 이성에 따라 정치 행위를 하고 판단하는 것이 어렵기 때문에 정치란 굉장한 위험이 따르는 인간 행위로 이해된다. 이런 자유주의적 정치관은 실제로 인간의 선을 구성하는 요소들이 무엇인가에 대해 안다는 문제는 필연적으로 불확실하거나 모호할 수밖에 없다고 생각한다. 현실 정치는 민주주의하에서 선거를 통해 창출되는 권위와 비민주적인 현대의 국가권력이 결합하는 데서 발생한다. 이 문제는 벌써 정치가 할 수 있는 한계, 또는 정치를 통해 이룰 수 있는 이상을 근본적으로 제약한다.

현대 정치의 조건에서 우연히 국가권력을 잡은 사람들이 시민에 대해 국가가 어떤 도덕적·교육적 역할을 해야 한다고 주장할 수 있을까? 아니면 민주주의의 주체인 인민demos들이 현대의 국가권력을 일관되게 행사한다고 주장할 수 있을까? 어느 것이든 그렇게 생각한다면 그것은 순진한 생각이거나 난센스에 가까울 것이다. 경제 문제에 대해서도 마찬가지다. 시장이 효율적으로 잘 작동해서 생산과 분배가 객관적으로 입증 가능한 공공선을 창출할 수 있을까? 이를 실현하기 위해 도구적으로 어떤 합리적·체계적인 계획을 수립, 집행한다면 상정된 공공선을 실현하는 것이 가능하다고 생각할 수 있을까? 그렇게 생각한다면, 어리석은 생각일 것이다.

현실주의적 자유주의철학이 오늘의 정치 현실을 어떻게 볼 수 있고, 어떻게 보는 것이 바람직한가 하는 문제, 즉 그런 정치철학의 성격에 대해 존 던의 말을 들어 보자.

(그것은) 철학적 폭발이나 정서에 자극을 가져올 능력이라는 측면에서 심각하게 결여되고 있는 철학이라 할 수 있다. 그것은 인간 자유와 도덕적 광휘를 향한 현기증 나는 파열에 기초하고 있는 것이 아니라, 인간의 집단적 생활이 항상적으로 노출되는 여러 형태의 혼란스러운 위험에 대한 보다 냉정하고 절망적인 감정에 기초하고 있다. 그것은 방어적이고, 불안한, 그러나 확신에 차고 공격적으로 밀어붙이는 자유주의는 아니다. …… 인간의 사회적 협력은 도덕적으로나 실천적으로 필수 불가결한 것과 마찬가지로 또한 회복할 수 없이 문제덩어리라는 점을 인정하는 기초 위에서 정치 생활에서 가장 중심적인 덕을 주도면밀하면서도 완강하고 용감하게 개발되어야 할 덕으로서, 그러나 강요되어야 할 권리로서가 아닌 정치 생활의 중심적 덕을 생각하는 것이다. 그것은 관용과 언론 자유의 권리에 대한 믿기 어려울 만큼 장대한 형이상학적 거창함보다 성향적인 관용의 덕과 자유로운 탐구의 지(식)적 장점들을 확인한다. …… 이렇게 이해된 자유주의는 실천적 지혜를 정치의 중심 가치로 삼기 때문에 특정 사회, 특정 시점에서 정치적 실천은 사회주의가 될 수도 있고 보수주의가 될 수도 있다 (Dunn 1985b, 168-169).

실천적 지혜와 사회학적으로 민감한 자유주의는 정치적 실천의 영역에서 무엇인가를 만들어 내는 데 창조적일 수 있고, 권력이 실제로 작동하는 상황에서 광범위한 적응력을 가질 수 있다.

냉정한 현실주의를 말할 때, 그것의 핵심적 요소인 갈등의 중요성을 말하는 것이 필요하다. 다시 말해 현실주의는 인간의 선을 함양하고 좋은 사회를 형성하는 요건으로서 정치에 있어 갈등의 역할을 긍정적이고 적극적으로 수용하는 관점을 말하는 것이다. 무엇보다 갈등은 국가와 개인 간의 관계를 통해 이해될 수 있다. 철학적으로 갈등은 대표적으로 칸트를 통해 이해될 수 있다.

그는 개인의 도덕적 자율성을 인간의 가장 중요한 존재 이유라고 생각하기 때문에 누구보다도 온정주의에 대해 비판적이다. 자유주의의 관점에서 국가는 목적 그 자체가 아니라 개인의 자유와 복리를 증진하는 수단이고, 그것이 국가의 목적이라고 이해된다. 그러나 국가/정부는 개인들의 의사/이익/가치가 국가의 그것과 다르고, 그러므로 그에 대해 반대함에도 불구하고 방해받지 않고 복리를 추구하고자 한다. 여기에서 국가가 주도하는 획일성을 한편으로 하고, 개인의 자유와 다양함을 다른 한편으로 할 때, 양자兩者의 대응에서 갈등이 발생한다.

칸트의 관점에서 자유주의의 중요한 요소의 하나는 갈등이 긍정적이고 생산적이라는 것이다. 그는 "인간의 모든 능력의 발전을 가능케 하는 자연에 의해 주어진 수단은 사회에서 인간들 간의 적대적 관계다. 그런 만큼 궁극적으로 갈등은 인간들 간의 법적 질서의 원인이다"(Kant 2001, 15)라고 말한다. 전통적인 유기체적·공동체주의적 사회관은 자유주의와 본질적으로 상이하다.

공동체적 사회관은 조화와 통합을 최우선의 가치로 설정하고, 사회적 합일·통합을 가져오기 위해서는 강제력의 사용조차 용인될 수 있는 것이다. 부분은 규제되고 규율된 틀을 통해 전체에 종속돼야 하고, 갈등은 분열, 혼란, 사회 해체의 요소로 규탄된다. 그와는 달리 자유주의 철학은 개인과 집단 간의 대립은 인간의 기술적·도덕적 발전의 필수적인 조건으로서 유익한 것이라는 관점을 갖는다. 진보는 다양한 의사/의견과 이익들 간의 충돌을 통해서만 이뤄질 수 있다고 믿기 때문에, 갈등은 필수적인 것으로 이해된다.

이와 같이 개인 인격성의 구현과 사회 발전에 갈등의 긍정적 역할을 강조하는 관점이 철학적이라고 한다면, 경제학자이자 철학자인 허시먼의 갈등에 대한 관점은 훨씬 더 사회경제적이고 정치적이다. 허시먼의 저서 『열정과 이익』 *The Passions and the Interests*은 자본주의 초기 발전 과정과 병행했던 근대화 과정에 있어서, 초기 자유주의 철학자들이 어떻게 갈등의 원리를 사용해 근대적 사회질서를 창출할 수 있었는가를 보여 준다.

그 핵심은 하나의 열정이 다른 열정을 통해 견제·제어되는 원리다. 이 원리는 명예와 영광을 추구하고자 하는 전근대적 열정이 자본주의 상업 사회의 이익을 추구하는 다른 종류의 열정에 의해 견제되는 것을 거시 사회 변화를 통해 보여 준다. 열정을 이익과 대립시키고, 이익을 이익에 대립시키는 것이다(Hirschman 1977).

갈등에 대한 자유주의의 관점에서 볼 때, 사회적 갈등은 거시적 사회질서를 만드는 데 기여할 뿐만 아니라, 민주주의와 시장 질서의 공존을 가능케 하는 원리로도 작용한다. 그러므로 민주주의는 자본주의 시장경제에 기초하면서도 시장경제를 다룰 수 있고, 이를 통해 사회 구성원들의 이익과 복리를 증진할 수 있는 메커니즘을 발전시키면서 사회적 조화를 만들어 낼 수 있는 것이다.

자유주의와 자율적 시장경제

자유주의는 그 역사적 전개 과정에서 나라마다 상이한 정치 이념이나 실천 또는 운동과 접맥되면서 정치적 실천을 통해 대중에 의해 수용되었다. 처음에는 산업혁명과 연계된 사회주의 이념, 그 뒤에는 민주주의와 충돌하면서 자유주의 이념에는 여러 가지 변화가 발생했다.

먼저 자유주의는 산업혁명 이후 나타나는 자율적 시장경제를 중심으로 한 경제적 자유주의와 대면했다. 그리고 오늘의 현대적 조건에서 신자유주의와 접맥되기도 했다. 이 점과 관련해 다음과 같은 문제가 발생한다. (고전적) 자유주의는 경제적 자유주의를 포괄하는가? 그리하여 경제적 자유주의는 자유주의의 핵심적 내용을 구성하는가? 나아가 신자유주의는 자유주의의 연장선상에서 이해될 수 있는가?

이들 문제와 관련해 필자의 관점은, 자유주의는 경제적 자유주의 ─ 그것이 시장 자율성을 중심으로 하는 19세기의 경제적 자유주의이든, 20세기 후반 이래의 신자유주의든 ─ 와는 상이한 것이고, 양자는 구분돼야 한다는 것이다. 서구의 산업 발전은 자유경쟁, 국가의 시장 불개입, 영국 맨체스터학파(19세기 전반기 반곡물법운동과 관련되어 나타난 자유방임주의)의 교리에 힘입은 바 컸고, 이들 교리를 경제적 자유주의라고 부르거나 자유주의 철학의 연장선상에서 더 포괄적으로 자유주의라고 말하는 경우가 많아졌다.

그러나 양자의 결합은 우연의 일치이고, 자유주의와 국가의 시장 불개입, 시장자유주의는 엄연히 다른 이념이다. 로크, 블랙스톤, 몽테스키외, 매디슨, 콩스탕 등 대표적인 자유주의자들은 자율적 시장경제 이론가들이 아니었다. 그들에게 자유주의는 법의 지배, 입헌 국가, 정치적 자유를 의미했다. 무엇보다 그들은 경제적인 자유무역 원리를 지지하지 않았다. 우리가 보통 자유주의라고 말할 때, 어떤 때는 정치적 자유의 맥락에서, 다른 때는 시장 자유의 맥락에서 서로 다른 두 이념과 원리를 자유주의라는 말 속에 섞어 혼동해 사용한다.

정치학자 사르토리의 말대로 그것은 "매우 불행한 결합"이 아닐 수 없다(Sartori 1987, 367-382). 자유주의 철학자 존 그레이가 말하듯이 신자유주의를 자유주의의 맥락에서 말하는 것만큼 자유주의를 오도하는 일은 없다(Gray 2000). 그럼에도 위의 문제들은 자유주의를 이해하는 데 있어 커다란 오해의 원천이 되어 왔다.

이론적으로 이런 오해를 더욱 가중시키고 진보파들 사이에서 자유주의를 부정적으로 이해하게 만들었던 요소는 여러 가지가 있다. 그중 로크에 관한 해석, 즉 로크 이론의 핵심을 "소유적 개인주의"possessive individualism라고 해석한 유명한 "맥퍼슨 테제"의 영향을 언급할 수 있겠다. 그 테제는 로크의 자유주의에 관한 마르크시즘적 해석으로 이 테제의 논리는 무척 간단하다. 즉, 재산 소유에 기초한, 그리하여 재산 소유에 강박적이고 자본주의적 정향을 갖는 소유적 개인주의가 모든 인간들의 관계를 경쟁적이고 침탈적인 것으로 만드는 소유적 시장 사회를 창출하는 데 중심 변수라는 것이다.

이 테제를 둘러싸고 많은 논쟁이 뒤따랐는데, 여러 정치철학자, 이론가들은 자본주의 흥기를 17세기 정치사상을 해석하는 지배적인 틀로서 제시하는 문제에 대해 비판적이거나 회의적이다(Dunn 1969, 262-267; Tully 1993, 127; Sartori 1987, 387). 자유주의가 소유적 시장 사회에 기초했다거나 또는 자본주의적 경제 유형의 상부구조라고 주장하는 것은 무엇보다 사실에 전혀 부합하지 않거니와 로크의 이론을 곡해한 것이라 하지 않을 수 없다.

5. 자유주의와 한국 민주주의

한국 사회의 맥락에서 생각할 때, 자유주의의 위상에서 가장 중요한 것은 민주화 이후 그것에 대해 진지하게 생각하는 조건이 형성됐다는 점이다. 그것은 자유주의가 민주화에 기초가 되지 못하고, 민주화가 자유주의를 정치 현실로 불러올 필요를 느끼게 된 현실을 반영한다.

건국 이후 '자유 민주주의'는 국가 건설의 존재 이유로 나타났지만, 민주주의가 정치적 실천을 통해 보편적인 이념으로 자리 잡은 것과는 달리, 자유주의는 그러지 못했다는 것은 아이러니다. 자유주의의 중심적 가치들이 상당 정도 민주주의의 가치와 이념 속으로 포괄되는 동안에도 자유주의가 정치적 이념으로서 중심적인 위상을 가졌다고 말할 수는 없다.

자유주의에 의해 뒷받침되지 못한 민주화는 민주주의의 의미를 과부하 걸리게 하는 데 중요한 요인으로 작용했다고 생각한다.[7] 한국의 민주화가 자유주의적 계기를 가져왔느냐 하는 문제 또한 그렇지 못하다고 할 수밖에 없다. 민주화 과정에서 독재 권력을 타도하는 정치적 목표를 넘어, 인간의 자유와 평등의 구현으로서 얼마나 자유주의적 가치와 원리의 중요성을 일깨웠는가에 대해 그렇다고 말하기는 어렵다. 민주화 과정에서 자유주의적 가치가 얼마나 큰 열정과 감동, 내면적 울림을 가져왔는가에 대해서도 그렇지 못하다고 말할 수밖에 없다. 왜 그러한가?

한국에서의 민주화는 정치체제를 민주화하는 정치적 투쟁의 성격이 강했기 때문이다. 자유주의의 원리들은 민주주의 투쟁의 결과로 획득되기 이전에 이미 헌법 조문을 통해 법적으로 명문화돼 있었다. 법의 실제가 아닌, 형식에서 정치체제가 실제로 민주주의냐 아니냐, 실제로 자유주의의 원리가 실천되고 있느냐 아니냐 하는 문제와는 무관하게 한국은 처음부터 민주주의였고 자유주의 국가였다. 따라서 실제의 자유주의를 보는 것이 필요하다. 앞 장에서 말했던 네 가지 문제 영역에서 이를 검토해 보도록 하자.

7_한국 사회에서 이해되는 민주주의의 의미에는, 역사(주의)적이고, 이상주의적이고, 민족주의적이고, 도덕주의적인 여러 요소들이 포함되어 있다는 문제에 대해서는 김우창·최장집(2010, 111-151)을 참조.

보편적인 인권 사상

자유주의의 이론적 기초를 놓은 로크의 저작은, 명예혁명을 가져왔던 종교적 자유를 억압하는 왕정과 종교적 자유와 프로테스탄티즘을 대변한 의회 세력 간의 정치적 갈등의 맥락에서 씌어졌다. "정부에 대한 제2논설"의 요점은 기존 왕정의 정당성을 뒷받침했던 이론, 즉 왕의 자연적/태생적 권력을 옹호한 주장을 비판하는 것이다. 영국의 자유주의 혁명은 20세기 후반 한국의 민주화 혁명과 유사한 성격을 갖는다. 로크는 인간의 태생적 자유를 기초로 한 보편적 자연권 사상의 핵심 내용을 다음과 같이 말한다.

인간의 자연적 자유는, 지상의 어떤 상위의 권력으로부터 자유로운 것이다. 그것은 인간의 입법적 의사나 권위하에 놓이는 것이 아니라 인간의 지배를 위한 자연적 법만을 갖는다. 사회에서 인간의 자유는 다른 입법적 권력하에 놓이는 것이 아니라, 공화국에서 동의에 의해 수립된다. 어떤 의사/의지의 지배력이나 어떤 법의 제한하에 놓이는 것이 아니라, 입법부에 부여된 신뢰에 따라 그것이 제정한 법의 지배하에 놓인다(Locke 1993, 125-126).

자연법의 지배를 중심으로 한 자유주의 사상을 한국의 맥락에 위치시켜 볼 수 있다. 그러할 때 17세기 영국과 20세기 후반의 한국의 가장 큰 차이는, 한국에서의 자유주의, 그 핵심 내용으로서 보편적인 인권들은 현실의 정치체제나 법의 체계에 선행해서 또는 그 상위에 존재하는 자연법에 의해 주장되고 실효성을 갖는 것이 아니라, 현실적으로 실현되는 민주주의의 실천에 의존적이라는 점이다.

한국의 민주화는 헌법 조문으로 존재했던 정치적 자유를 포함하는 보편적인 인권들에 관해 법의 실제적 효능을 크게 확대하는 계기를 가져왔다. 그러나 자유주의의 이념과 가치들이 현실의 정치체제나 권력으로부터 독자적으로 작용하면서 시민들의 내면적 가치로 보편적으로 수용되고, 사회에 뿌리내렸다고 말하기는 어렵다. 현재 한국의 보수 정부하에서 민주주의 실천이 위축되면서 시민적 기본권들이 곧바로 위협되는 현상들은 이를 잘 보여 준다.

정부에 대한 정치적 반대를 차단하고 약화시킬 목적으로 기본권을 침해하는 정치적·법적 조치들이 일상적으로 널리 시행되는 경우를 찾아보기는 어렵지 않다. 수없이 많은 사례 가운데 "불심검문법 개정안"(경찰관직무집행법 개정안)은 그 하나의 사례다. 경찰이 아무나 범죄의 의심이 있는 사람을 영장 없이 불심검문할 수 있는 권한을 강화한 것이 이 법안의 주요 내용이다. 국가인권위원회는 이 개정안이 인권을 심각하게 침해할 수 있다는 이유로 국회에 수정 보완을 권고했다. 중요한 것은 이 문제가 국회 안팎에서 정치적·사회적으로 별다른 비판과 문제 제기 없이 국회상임위원회를 통과할 수 있었다는 사실이다. 그러면서 사회적인 중대 이슈로 제기되지도 않았고, 정부 여당에 의해 다수결의 원리를 통해 입법으로서 밀어붙이는 것이 가능해지고 말았다.[8]

그러나 민주화 이전 국가보안법의 존재, 그리고 민주화 이후에도 유지되고 있는 그 법의 위상만큼 자유주의의 가치와 규범과 충돌하는 것은 없을 것이다. 필자가 여기에서 말하는 것은, 그 법이 불필요하니 곧 폐기해야 한다는 데 있지 않다. 그보다는 국가보안법과 관련된 한 측면, 즉 헌법과 국가보안법 간의 관계에 대해서만 언급하는 것이다. 그것은 국가보안법이 권위주의하에서 사실상 헌법보다 우위에 있었다는 점을 말한다.

8_이 개정안은 2011년 현재, 국회에 계류 중이다.

탈냉전과 민주화는 헌법의 위상을 높이고, 국가보안법의 지위를 헌법에 종속시키는 변화를 이끌어 냈다. 그러나 민주화에도 불구하고 시민의 자유와 기본권은 여전히 권력에 의해 또는 그 문제의 가치와 규범을 인지하지 않는 입법화를 통해 제한되는 것이 가능하다. 민주주의하에서도 국가의 목표와 의사가 개개 시민의 자유 위에 군림하고 있기 때문에 시민의 자유는 항상적인 위협하에 놓여 있다.

여기에서 민주주의와 자유주의 간의 관계를 생각해 볼 수 있다. 민주주의는 정치적 평등과 다수 지배의 원리에 의해 집합적 결정이 가능하고, 그것이 법으로 구현된다. 그에 비해 자유주의는 기본권이라는 내용을 통해 모든 개인에 평등하게 인신, 양심과 종교, 안전, 재산 소유 등에 대한 권리를 부여한다. 그런데 그것은 실제로는 법적·형식적 자유의 보장을 통해 구현되기 때문에 정치적·사회경제적 조건에서 불평등을 상관하지 않는다. 그로 인해 크든 적든 다수결의 원리를 통해 침해할 수 없는 독자적인 영역이 존재한다. 로버트 달이 미국 민주주의의 근간인 매디슨 민주주의Madisonian democracy는 자유주의적 원리를 헌법으로 구현한 자유주의적 입헌주의의 모델 사례로 민주주의를 제한한다고 말한 것은 그 때문이다(Dahl 2001). 이 점에서 민주주의는 자유주의에 비해 진보적이다. 이것은 한국에서도 그러하다.

그러나 자유주의적 기반을 갖지 않는 한국적 조건에서 민주주의는 법적·절차적 측면에서 개인의 자유를 보장하는 기본권을 구현하지 못할 뿐 아니라, 실질적 측면에서도 그러하다. 왜냐하면 권위주의적 방법이라 할 수 있는 공권력 내지 강권력에 의한 개인 자유의 침해는 그 대상이 기존의 지배적 권력에 대한 비판자들이거나 사회적 소수자들이거나 사회경제적 약자들이기 때문이다. 한국의 보수파들에 비해 진보파들이 민주주의의 원리와 가치를 구현하는 데 더 열성적이라는 점은 분명하다. 그러나 개인의 자유와 기본권을 수호함에 있어 자유주의 가치의 맥락에서 진보파들이 그런지에 대해서는 확신할 수 없다.

개인의 자유, 개인의 자율성, 개인의 기본권이 국가와 공동체의 틀 안에서, 그리고 한 사회에 군림하는 지배적인 목표, 가치관이나 합의를 통해서 만들어진 어떤 집단적 가치에 우선한다는 관념과 문화, 사회적 가치가 자리 잡을 때 실현된다고 할 수 있다. 그러할 때 진보파들이 얼마나 이런 이념과 가치, 정치사회관을 수용하고 있는지에 대해서는 의문이기 때문이다.

국가권력에 대한 견제와 균형: 중앙 집중화에 대응하는 자율적 결사체와 지방으로의 권력 분산

1960년대 미국 정치학자 그레고리 헨더슨은 한국의 정치를 위계적으로 중앙 집중화된 권력의 정점을 향해, 그리고 또한 공간적으로 서울로의 집중을 결과하는 "소용돌이의 정치"로 특징지은 바 있다(Henderson 1968). 그 이후 이 현상은 더욱 강화되어 왔다. 1960~70년대의 국가 주도 산업화는 산업과 경제 엘리트의 구조를 집중화시켰다. 민주화와 신자유주의의 도래는 이 구조를 완화시키지 못하고 더욱 강화시켜, 서울하고도 강남, 경제 엘리트 중에서도 소수의 재벌, 문화·교육에 있어서도 소수의 대학으로 집중되는 구조를 강화시켰다. 이 초집중화의 원인은 무엇인가?

토크빌의 이론을 빌어 말한다면, 분단국가의 건설 과정, 남북 분단과 이념 갈등이 가져온 가장 중요한 결과는 기존의 중간 집단들이 해체되는 과정에서 사회 변화와 발전에 따른 사회의 자율적 중간 집단이 발전할 수 없게 된 것의 결과다.[9] 과거에 일정하게 유지되었던 지방적 자원들과 자율성들은 국가 건설, 전쟁, 산업화 등의 격변적 사회 변화로 급진적으로 해체되었다. 그리고 권위주의 체제는 산업화가 동반한 생산자 집단과 사회적 약자들의 조직들, 기존의 사회질서에 이견을 말할 수 있는 지적·문화적 비주류 엘리트들이 자율적 조직화를 통해 발전할 수 있는 일체의 조건을 허용하지 않았다. 가치와 이념의 다원화, 사회경제적·교육문화적 자원들의 다원화가 허용되지 못하면서 모든 것은 하나의 지배적 가치·이념·정점을 향해 치닫는 일원적 사회구조가 형성되었다.

흥미 있는 것은, 한국 사회의 병폐로 지적되는 지역주의, 지역감정은 지역에 대한 충성, 지역의 자율성과 그에 기초한 발전을 위한 지역의 열정이 충돌하면서 빚어지는 현상이 아니라, 지역의 지지 기반을 배경으로 한 정치 엘리트들이 중앙의 권력과 그 자원을 어떻게 획득하거나 분점할 수 있는가하는 문제로부터 발생한다는 사실이다. 중앙을 향한 지역 간 경쟁은 지역 분권화, 권력과 사회경제적·문화적 자원의 지방 분산을 가져올 수 없다. 서울로의 중앙 집중은 정치적·사회경제적·문화적 엘리트들의 정점을 향한 수렴 현상이 결과한 공간적 특성이라고 할 수 있다.

그러나 몽테스키외-토크빌의 이론은 봉건적 지방분권으로부터 중앙집중화한 절대주의 체제로의 이행 과정에서 지방의 귀족적 권력의 자율성이 해체되면서 중앙 집중화를 가져오는 프랑스의 역사적 경험을 바탕으로 한 것이다. 토크빌이 자율적 중간 집단을 말할 때, 지방에서의 자율성과 근대화로 인한 기능적 분화에 의한 자율적 집단의 형성, 두 가지를 모두 포괄한다. 한국 사회에서는 봉건적 지방분권의 경험을 갖지 않았을 뿐만 아니라, 해방 후 국가 건설과 산업화 이후에도 지방분권화의 경험을 갖지 않는다. 그러므로 한국적 현실에서 정책을 통해 추구되는

9_헨더슨 자신이 토크빌의 이론을 조선 시대의 정치와 현대 한국 사회의 조건에 그대로 적용한다.

분권화는 지역적·공간적 분권화만을 곧바로 시도하는 것으로, 그 자체로서 분권화의 효과를 갖기 어렵다.

이 점에 있어 중앙 집중을 완화하는 기능적·계층적·자율적 집단의 중요성이 강조될 수 있다. 자율적 집단의 발전이 집중화한 중앙권력을, 그리하여 지역적으로 집중화된 서울중심 권력을 완화하는 효과를 가져오게 될 때, 그것이 지방분권화의 효과를 창출할 수 있을 것이다. 다시 말하면, 중앙 집중화와 서울 집중에 대한 해결책은 사회의 주요 영역과 수준에서 이익·가치·열정을 달리하는 사회집단들이 자율적으로 결사체를 형성해 사회관계와 가치의 구조를 다원화하는 데서 찾을 수 있다. 그렇다면 그 방법은 자율적 결사체를 조직·형성하고 민주주의의 제도 안에서 이들이 자기 의사를 대표하는 것을 가로막는 법적·제도적 장치들을 제거하거나 완화하는 데 있다고 할 것이다.

이는 동심원적 엘리트 구조를 해체해 다변화하는 방법을 말하는 것이다. 그것은 또한 국가에 대한 시민사회의 강화를 의미한다. 이런 의미에서 중간 집단의 형성과 강화는 권력 자원과 사회경제적 자원의 지방분권화를 가져오는 효과를 갖는다. 그것은 사회 세력 간 견제와 균형의 사회적 기반을 말하는 것이기도 하다.

두루 알다시피 한국의 헌법은 매디슨 민주주의의 제도화라 할 삼권분립에 입각한 미국 헌법을 모델로 하여 만들어졌다. 자유주의 이념과 가치를 신봉했던 미국 헌법의 기초자들에게 인민의 의사를 대표하는 의회권력을 어떻게 견제할 것인가 하는 문제가 제도 디자인의 초점이었다. 그들은 의회를 견제하는 가장 강력한 제도적 장치로 곧 인민에 의해 직접 대표되지 않는 제3의 국가 부서로서 사법부를 두고, 자유주의의 기본권을 규정한 헌법을 해석하는 권한을 부여했다. 자유주의를 통해 민주주의의 과도함을 견제하는 방책 가운데 하나를 사법부에서 찾았던 것이다(대통령과 집행부가 강력하게 성장한 것은 제2차 세계대전 후의 일이다).

매디슨 헌법의 한국판은 거의 동일한 제도적 골격을 가졌음에도 불구하고 그 정치적 환경은 무척 상이하다. 민주화 이후 한국 정치의 최대 문제는 강력한 대통령과 집행부를 어떻게 견제할 것인가에 있다. 한국의 민주화는 강력하게 중앙 집중화된 권위주의 국가라는 조건에서 발생했다. 대통령으로 대표되는 비대한 국가기구를 어떻게 견제하고, 어떻게 주권자인 시민에 책임지도록 만들 것인가 하는 문제가 곧 민주화의 급선무로 등장했다.

매디슨 헌법이나 한국 헌법은 동일하게 하나의 모순적 문제를 대면한다. 즉, 한편으로 대표를 통해 인민주권을 실현하는 정부를 건설하는 것이고, 다른 하나는 국가/정부의 권력을 견제하고 제한함으로써 개개 시민의 권리와 자유를 보호하는 것이다. 앞의 것이 적극적 자유를 실현하는 역할이라면, 뒤의 것은 소극적 자유를 실현하는 역할이다. 강력한 국가권력을 견제해야 할 책임이 입법부와 사법부에 부여되어 있음은 말할 것도 없다. 특히 사법부의 역할은 매우 중요하다.

그러나 권위주의를 통해 성장한 사법부의 법률 공직자들은 대통령 권력에 대해 허약하고 종속적인 성격이 강하다. 검찰의 법률 공직자들은 민주적·자유주의적 가치를 존중하기보다 거의 전적으로 권력 집행자의 역할과 그들 조직의 이익 유지에 몰입한다. 사법부가 대통령에 대한 견제력을 갖지 못한다면, 그만큼 민주주의는 위협받는다고 말할 수 있다.

토크빌은 권력의 중앙 집중화와 그로 인한 국가 집행부 권력의 강화를 제한하고 한 사회가 자유로운 공동체를 발전시키는 방편으로, 프랑스어로 'moeurs'(영어로 mores)라고 말하는 것의 중요성을 강조했다. 그것은 공동체의 대부분의 사람들이 취하는 행동 양식 또는 도덕적 규칙을 특징짓는 것으로 사회적 가치, 풍습, 문화를 말하는 것이다(Tocqueville 2004, 353-359).

국가권력의 중앙 집중화와 대통령을 정점으로 하는 집행부 권력의 강화는 단지 권력관계가 만들어 내는 구조적 현상만이 아니라, 사회적 가치와 문화적 양식과 깊이 관련된 문제이기도 하다. 허약한 사회의 기초 위에 강력한 국가가 만들어졌을 때, 사람들의 행동 양식과 가치는 국가 중심적이 되지 않을 수 없기 때문이다.

한국 사회에서 국가는 처음부터 민족 공동체의 제도화로 인식되었다. 그것은 그 자체로 내재적으로 정당한 것이고, 국가 목표를 성취하는 가장 강력하고도 효율적인 정치 공동체인 것이다. 이 점에서 한국에서 국가에 대한 인식은 '내재적 국가주의'라고 볼 수 있다. 한 사회의 목표가 무엇인지를 정의하는 것도, 이를 최대의 효율성을 통해 집행하는 것도 이 목표달성을 위한 사회적·이데올로기적 자원을 동원하는 것도 국가이고, 국가의 집행부이고, 대통령이다.

이것은 국가와 시민사회 간의 관계에서, 국가권력의 작동 방식에서 잠재적으로 권위주의적이고 전체주의적인 성격을 갖도록 하는 측면이다. 일이 되게 하는 것도 국가의 행정 기구와 그것과의 연계이고, 비판하고 불평하는 것도 국가를 향한 국가 중심성이 특징을 이룬다. 이런 과정과 조건에서 개개 시민들이 권위주의적·온정주의적 가치관과 사고방식, 행동 양식을 습득하게 되는 것은 당연하다.

시민들의 정치적 의식과 행동 양식은 압도적으로 국가와 개개 시민들이 대면하는 영역에서 형성되고 발전한다. 여기서 자율적 결사체, 그것의 가장 포괄적 정치조직으로서 정당의 역할이 왜 민주주의뿐만 아니라 자유주의적 가치를 습득하는 데 있어서도 결정적으로 중요한가에 대한 근거를 찾을 수 있다. 토크빌이 민주주의에서 결사체가 갖는 의미를 강조하면서도 특히 정치적 결사체(곧 정당)의 역할에 주목했던 까닭은 그것이 다른 자발적 결사체의 활동을 자극하는 효과를 갖는다는 판단 때문이었다(Lipset 2000, 49).

정당은 정치를 경험하고 그 효능을 스스로 터득하는 정치교육의 장場이다. 자율적·자유주의적 인간은 이 장, 이런 공적 공간에서 발생한다. 좁게는 대통령, 넓게는 국가권력을 견제하는 것이 얼마나 중요한가에 대한 문제의식이 좌우를 막론하고 한국 사회의 정치의식 속에 얼마나 깊이 들어와 있는지는 의문이다. 이는 한국 사회가 '소극적 자유'의 가치를 얼마나 수용하고, 얼마나 사회에 뿌리내릴 수 있느냐 하는 문제를 말하는 것이기도 하다.

이 문제에 대한 부정적 인식, 이 문제에 대한 고려를 회피하는 태도는 보수파들에 비해 개혁의 열정이 강한 진보파들 사이에서 결코 더 약하지 않다.

정치를 이해하는 방법으로서의 자유주의

한국의 민주화는 강력한 권위주의적 국가권력에 저항했던 운동에 의한 민주화로 특징된다. 운동이 수반했던 엄청난 열정과 민주주의에 대한 이상은 특정의 민주주의관을 발전시키는 모태가 되었다. 구질서가 존중하고 실현하지 않았던 것은 민주주의만이 아니라 자유주의도 그러했다. 민주주의를 추동했던 중심적인 사회 세력들이 쟁취하고자 했던 것은 민주주의였고, 자유주의를 적극적으로 수용하는 데는 이렇다 할 관심을 갖지 않았던 것은 흥미로운 현상이다. 그 결과 자유주의의 기반 없는 민주주의가 나타났다고 말할 수 있겠다.

민주화 운동을 이념적으로 주도했던 민중주의는 민주주의와 (혁명적/급진적) 민족주의의 결합이라 할 수 있다. 이렇게 형성된 민주주의관은 민주주의의 의미를 현실에서 실현 가능한 대의제 민주주의의 범위를 훨씬 넘어, 관념화되고 추상화된 어떤 이상주의적 체제로 이해하는 경향을 만들어 냈다. 그리고 그것은 이상적인 공동체는 진보적이고 올바른 이론과 그 기획에 의해 일거에 성취될 수 있다고 믿는 진보적 엘리트들 사이에서 정서적 급진주의를 동반했다.

철학에 있어 정서주의emotivism는 어떤 실재성/현실성을 서술하지 않고 또한 무엇이 진실이고 진실이 아닌지를 말하지 않는 것을 중심적인 요소로 한다. 도덕적 진술은 단지 그것을 말하는 사람들의 신념, 또는 신념이 동반하는 감정/정서를 말하는 것일 뿐이다. 어쨌든 이런 급진주의가 수반하는 정치관은 현실에 천착하는 사고와 행동 양식을 발전시키지 못하고 정치적 실천이 현실로부터 괴리되는 경향을 드러냈다. 우리가 자유주의의 냉정한 현실주의로부터 배울 수 있는 것은 이 지점에 있다.

자유주의의 정신적 원천은 신의 명령에 따르고자 하는 도덕적 의무감을 개인 생활의 중심에 놓는 신교, 특히 칼뱅주의Calvinism로부터 왔다. 여기서 매우 인상적인 것은 그들이 현실을 변화시키려하든 또는 수용하려하든 신의 명령에 복무한다는 격렬한 열정을 냉정한 열정으로 그 성격을 전환시킨 힘이다. 그것은 어떻게 격렬한 도덕적 감성이 현실을 냉엄하게 다룰 수 있는 힘으로 전환되는가를 보여 주는 사례다. 이것은 로크의 『정부에 대한 두 개의 논설』이나 베버의 『프로테스탄티즘의 윤리와 자본주의 정신』에서 읽을 수 있는 내용이다. 한국에서 분출되는 정치적 열정은 이런 냉정한 현실주의를 생산해 내지 못했다.

필자는 여기에서 최근에 들어와 보수주의 이념이나 가치, 또는 보수주의적 운동의 관점에서 자유주의를 신자유주의와 동일시하면서 자유주의를 속류화하거나 급진화하는 경향에 대해 언급하지는 않겠다. 다만 진보적 운동이 변혁 이론을 중심으로 어떻게 민주주의를 이해하고 실천하는가 하는 문제에 대해서만 언급하고자 한다.

2010년 6월 지방자치단체장 선거 이후 한 급진적 진보 그룹의 지식인 서클은 한 학술회의를 통해 변혁적 민주주의관을 어떻게 대중과 결합할 수 있는가라는 주제를 내걸고 "반부르주아적 자본주의, 지역 생태주의, 제3세계 민족주의, 글로벌 케인스주의, 사회운동 노조주의, 사회주의" 등 급진적 또는 진보적 이념을 광범하게 포괄하는 "급진 민주주의 프로젝트"를 제시했다(『경향신문』 2010/06/05).

'한국 사회 변혁'을 지향하는 이런 이념과 운동이 한국 사회의 진보 전체를 말하거나 대표하는 것이라고 할 수는 없다. 그러나 이런 변혁적 이론과 운동 전략이 진보파들 사이에서 민주주의관에 미치는 영향은 부정하기 어렵다. 이런 운동 전략과 방향이 한국 사회의 일반 대중, 소외 계층들의 사회경제적 조건을 향상시키는 데 얼마나 기여할 수 있는지는 의심스럽다.

이렇게 추상화된 이념은 현실을 대면하거나 그에 기초해 있지 못하다. 그러므로 그것이 대중과 결합하기는 거의 불가능하다. 한국 민주주의의 현실에 대해 말한다면, 진보파들이 민주주의 발전이 지체된다고 판단한다고 할 때 그것은 민주주의를 실천하는 시민들이 먼저 대의제 민주주의 자체의 한계에 부딪친 결과 때문에 나타난 현상은 아니다. 그것은 대의제 민주주의를 구성하는 제도들과 이를 통해 민주주의를 실천하는 것이 이상적 기준에 접근하지 못하고 있기 때문이다.

냉정하게 생각해 보면 한국 민주주의의 현실은 언론·집회·결사의 자유조차 크게 제한되고 있는바, 무엇보다도 절차적 민주주의가 제대로 실현되지 못한 것의 결과가 아닐 수 없다. 또한 변혁적 운동론에서는 사회경제적 민주화의 내용에 있어서도 반자본주의적 생산 체제, 사회주의가 이념적 준거로서 진지하게 제시된다. 필자의 관점에서 말한다면, 중요한 것은 반신자유주의, 그리고 총체적으로 오늘의 경제 조건을 이상주의적으로 바꾸고자 하는 변혁적 모토나 이론을 천명하는 것이라고 생각지는 않는다.

무엇보다 먼저 모든 사회계층에 예외 없이, 그러나 차등적으로 몰아닥친, 그러나 그것이 현실이 되어 버린 신자유주의의 충격의 실상을 파악하는 것, 다음으로 경제와 시장에서 개혁할 수 있는 범위가 무엇인가를 검토하는 것, 그로부터 어떤 대안이 가능한가를 발견하는 것이다. 마지막으로 가장 중요한 과제로, 민주주의가 허용하는 정치를 통해 이를 어떻게 실현할 수 있는가, 이를 실현할 수 있는 정치적 힘을 어떻게 구축할 것인가를 깊이 있게 사고하고 체계적으로 탐구하는 일이다.

위에서 말한 변혁적 사고에서 문제가 되는 것은 권력과 갈등을 중심으로 한 정치 현상에 대한 이해가 부재하다는 데 있다. 자유주의의 현실주의적 정치철학자들이 강조하는 것으로서의 실천이성은, 정치 현실은 인과관계의 설정과 예측이 이성적으로 파악되기 어렵다는 사실로부터 그 중요성이 부각된다. 그럼으로 그것은 정치 현실을 다루는 문제에 대한 분별 있는 판단과 권력을 사용하는 정치 행위의 결과에 대한 책임 의식을 그것의 중심 요소로 포괄한다.

오늘의 한국적 정치 조건, 정치 문화에서 자유주의로부터 배울 것이 있다면 민주주의가 구현할 수 있을 것으로 상정되는 이상과 목표를 과도하게 높게 설정하면서, 정치를 뛰어넘어 이를 일거에 해결코자 하는 경향성에 대한 어떤 해독제적 역할이라 할 수 있을 것이다. 그러므로 이상과 신념을 갖는 정치의 행위자들은, 과도한 열정을 차가운 열정으로 전환하고, 현실 문제의 복합적 구조를 이해하고, 현실을 변화시킬 수 있는 정치적 능력을 증진하는 방법을 자유주의로부터 배우는 일이다.

변혁적 민주주의관과 관련해 지적될 수 있는 또 다른 문제는, 그것이 정치와 시장경제에 대한 급진적이고 총체적이고 도덕주의적 접근과 행동 정향을 추동하는 동안 사적 이익, 사회적 균열, 정치적 갈등이 정치에 대해 갖는 중요성을 이해하지 못하거나 부정한다는 점이다. 이런 정치관을 갖는 사람들은 공공선과 이익을 여러 다양한 특수 이익과 사적 이익들이 특정 시점에서 힘의 균형이 만들어 낸 구성적 산물이라고 이해하기보다, 이런 이익 갈등이나 균열로부터 자유롭고, 그에 초월적인 어떤 가치나 목표를 상정하는 경향이 있다.

나아가 이런 가치와 목표가 어떤 진보적이고 도덕성을 갖는 개인이나 집단에 의해 정의되고, 사전에 결정된 어떤 것으로 이해하기도 한다. 사회의 공공선은 특정 시점에서 잠정적으로 정의되는 것이고, 정치의 갈등과 타협이 어떻게 만들어지느냐에 따라 다른 내용으로 변화될 수 있다는 점을 잘 수용하려들지 않는다. 민주주의와 그 정치과정은, 이익에 기초한 정치 갈등이 출발점이며, 그런 이유에서 정당은 그 중심적 역할을 담당하는 정치적 결사체다.

필자가 한국의 추상적이고 변혁적인 이론에 대해 비판하는 것은, 그것이 현실을 부정하고 새로운 도덕적 질서를 만드는 도덕적 사명을 선언하면서 거기에 헌신하겠다는 정치경제에 대한 도덕적 접근과 운동의 급진성 그 자체의 문제점에 대해서 말하려는 것이 초점이 아니다. 그것이 현실과의 관계 속에 설 수 있어야 한다는 점을 강조하기 위함이다.

자유주의와 시장경제와의 관계

한국 사회에서 경제적 자유주의 내지 시장경제와 관련해 자유주의가 이해되는 방식은, 자유주의는 경제적 자유주의와 동일한 것이거나 다른 종류의 이념이라 하더라도 양자는 불가분의 관계를 갖는다는 것이다. 이 점은 자주 착시 현상이랄까 자유주의에 대한 오해를 불러오는 원인이 된다. 즉, 보수주의자들이 자유주의자로 인식되는 동안, 진보파들은 반자유주의자로 인식된다. 한국의 진보파들은 그들이 진보적일수록 넓게는 시장경제에 대해 좁게는 신자유주의에 대해 이를 수용하지 않거나 이에 비판적이다.

앞에서 말했듯이 자유주의와 경제적 자유주의 또는 신자유주의는 엄연히 다른 종류의 사상이고 이념이고 교리다. 이 관점에서 볼 때 한국 사회의 보수파들은 경제적 자유주의 또는 신자유주의자일수는 있어도 자유주의자는 아니다. 동시에 진보파들은 경제적 자유주의나 신자유주의자는 아닐지 몰라도 자유주의자일 수는 있다. 그러나 오늘의 한국 현실에서 진보파들을 자유주의자라고 말할 수 있는지에 대해서는 분명치 않다.

자유주의와 경제적 자유주의 간의 관계가 필연적인 것이 아니라는 것은, 자유주의는 시장경제에 있어 넓은 가능의 공간을 열어 놓는다는 것을 의미한다. 자유주의와 민주주의의 역사적 선언들, 즉 미국독립선언, 프랑스 인권선언, 그리고 그 뒤를 따르는 한국의 헌법을 포함해 모든 자유 민주주의의 헌법들은 인간의 평등을 선언한다. 자유주의의 기초를 놓은 로크는 『정부에 대한 두 개의 논설』에서 "모든 인간은 어떤 타자의 의지 또는 권위에 종속됨이 없이 인간의 자연적 자유에 대해 평등한 권리를 갖는다"라고 말한다(Locke 1993, 141).

그러나 이것은 논리이고 이론일 뿐이다. 만약 인간의 행위가 이론을 따라 그대로 행해진다면 이상은 곧 현실이 되었을 것이다. 문제의 핵심은 자연적 본성으로 인간이 갖는 평등의 이념은 실제의 정치적 갈등에 선행했다는 사실이다. 즉, 선언된 인간의 평등은 사회 밖에 존재한다(Przeworski 2009, 285). 그리고 그것은 또한 민주주의의 원리이자 이념이기도 하다. 인간 누구나가 부정할 수 없는 보편적이고 이상적인 논리는 구체적인 사회경제적 관계의 구조로 들어오면서, 현실과 만나는 순간 그것의 실현에서 숱한 장애에 가로막힌다. 여기까지가 고전적 자유주의의 이념이 말하는 것이다.

근대의 정치사를 볼 때, 이 자유주의의 역사적 전개는 두 방향으로 진행되어 왔다. 하나는 이 선언을 곧바로 사회에서 실현하는 것으로, 그것은 루소, 마르크스의 이론과 실천에서 보듯이 혁명에 의한 방법이다. 다른 하나는 그것이 제시한 형식적·규범적 원리를 인간의 지식과 교육의 확산, 사회경제적 발전, 정치적 실천을 배경으로 한 민주주의의 방법으로 점진적으로 실현하는 것이다. 현실주의적 자유주의의 이론과 정치관은 이 과정에 관한 것이고, 필자 역시 이 경로를 중심으로 말하고 있는 것이다.

자유주의의 힘은 그것이 누구도 부정할 수 없는 보편성을 갖는 원리와 가치를 함축하고, 인간의 사회경제적 발전, 문명·교육의 발전과 더불어 그 보편성을 확대시켜 왔다는 데 있다. 그런 평등의 이념은 전 사회적으로 확장되고, 한 사회의 경계를 넘어 확대되어 왔다. 동시에 보편적 인권의 내용은 심화되어 왔다. T. H. 마샬의 시민권 이론이 말하듯 시민적 권리에서 정치적 권리, 그리고 사회경제적 권리로 권리의 개념은 이 평등 이념을 토대로 심화되어 왔다. 또한 초기 고전적 자유주의가 19세기에 들어와 영국에서의 공리주의, 20세기를 전후로 한 시기 국가의 시장경제에 대한 적극적 개입을 주장하는 신자유주의(현대의 신자유주의와는 정반대의 의미를 갖는), 그리고 20세기 후반 롤스의 정의론에서 보는 사회민주주의적 요소를 함축하며 변화해 왔음을 볼 수도 있다.

자유주의의 장점은 그 개방성과 자체 교정 능력을 갖는 유연성으로 인해 현실의 사회경제적 변화와 만나면서 굉장한 현실 적응 능력을 실현해 왔다는 사실이다. 그러므로 자유주의 이념은 한 사회의 사회경제적 문제를 운영함에 있어 그 정치적 환경이 어떠한가에 따라 신자유주의가 될 수도, 사회민주주의가 될 수도 있다.

6. 맺음말

오늘의 한국 정치 현실에서 논의하는 자유주의는 그 이념의 범위가 지나치게 넓은 동시에 지나치게 좁다고 말할 수 있다.

지나치게 넓다는 의미는 그것이 현실 정치의 이념적 지표로서 정당과 정치인들의 가치정향과 행동 양식을 계도하고, 정책 프로그램의 내용을 규정하고, 정당과 정부의 정책을 만드는 이념과 비전으로서의 역할을 훨씬 넘어서기 때문이다. 그것은 일찍이 로크가 대면했던 문제이기도 하다.

그의 정치철학에서 『정부에 대한 두 개의 논설』은 자연권에 의한 개인의 자유와 평등사상을 통해 정당성을 갖지 않는 왕정에 대한 혁명권을 이론화한 것이 핵심이다. 그러나 정치적 권위와 정당성에 대한 그의 이론은 종교적 신앙과 의식儀式에 대한 국가의 억압적인 정책과 "인간은 어떻게 살아야 하나?"를 생각하는 문제를 둘러싼 판단으로부터 발전한 것이기도 하다. 그것은 종교적 자유에 대한 국가의 정책을 다루는 것이지만, 왜 그리고 어떻게 살아야 하는가 하는 문제와 접맥된 것이었기 때문에 정치적일 뿐만 아니라, 정치적·정책적인 문제의 범위를 훨씬 넘어서는 철학적 문제 영역을 포괄한다.

다른 한편 자유주의가 지나치게 좁은 이유는, 오늘의 한국 사회의 정치적·사회적 현실에서 발생하는 복합적인 문제들을 자유주의 이념을 통해 또는 그것만으로 다루는 것이 해답이 될 수 있느냐 하는 점 때문이다. 고전적 자유주의는 오늘날 그것이 다른 이념이라 할 만큼 다른 내용과 이념들을 함축하면서 변화했다. 그리고 민주주의는 그 발전 과정에서 자유주의의 원리를 많이 흡수하면서 그 중심적인 가치들을 공유하기에 이르렀다. 말하자면 자유주의의 분명한 경계를 설정하는 것이 쉽지 않다는 것이다. 그리고 또한 중요한 것은 자유주의가 민주주의와 역사적 실천 속에서 융합되었다는 사실뿐만 아니라 자본주의, 사회주의, 공화주의 등 자유주의 이외의 다른 이념들이 민주주의의 원리와 실천 속으로 흡수되면서 민주주의를 발전시키는 데 중요한 자원이 되었다는 사실이다. 즉, 자유주의 이념 외에도 현실 정치에 필요한 실천적 이념으로서 다른 이념들이 많이 존재한다는 것이다. 그러므로 이념이 실제로 현실 정합적이게 되려면 다수의 이념들을 수용하는 유연한 태도, 이를 통한 이념의 복합적인 연결이 필요할 것이다.

필자는 특정의 이념이 한국의 정치와 정치인들을 위한 이념적 가이드로서 얼마나 긍정적으로 기여할 수 있을 것인가에 대해 회의적이다. 한국 사회에서 정치에 대한 이념적 접근이나 지향성은 한국인들의 정치적 사고의 한 특징이라고 할 만큼 강하게 나타나곤 한다. 그런 경향은 특정의 이념에 과도한 의미를 부여하도록 하는 원인이기도 하다. 이념이 모든 것 혹은 많은 것을 일거에 해결할 수 있다는 생각은 약한 현실주의-강한 이상주의의 한 반영이며, 국가-관료주의적 사고의 결과일 수 있다. 자유주의 또한 이런 역할을 부여받지 않으리라는 보장은 없다.

한국의 이데올로기적·이념적 지형에서 자유주의는 진보와 보수 사이의 어느 지점에 위치지울 수 있을까? 그것은 진보와 보수를 어떻게 정의하느냐에 달려 있다. 만약 진보가 어떤 천명되고 언표화된 이념과 이론, 또는 그것을 표현하는 정치적 언어의 진보성으로 판단되는 것이 아니라, 현실 속에서 권력과 사회경제적 자원에 있어 약자와 소외자들의 권익을 증진하는 데 더 큰 가치를 두고, 자신의 위치에서 실제로 그렇게 행위하는 것에 의미를 두는 것이라고 정의한다면, 한국의 현실에서 자유주의는 진보의 이념에 가깝다고 생각한다.

자유주의를 논의하는 데 있어 다음의 세 가지 맥락이 중요하다. 첫째, 한국 사회는 이데올로기 갈등이 심하고 좌우 이념 대립이 심하다. 이런 맥락에서 자유주의는 어떤 위상과 역할을 가질 수 있는 것인지에 대한 관심이다. 둘째, 더욱 중요하게 한국의 민주주의 발전을 풍요롭게 하는 사회적·윤리적 가치의 이념적 자원을 발견할 수 있을지 모른다는 희망에 대한 고려다. 셋째, 정치적 이념은 비전, 가치, 정책 방향을 통해, 여러 사회 세력들 사이의 정치적 경쟁에서 중요한 역할을 할 수 있다.

앞에서 필자는 이런 맥락을 염두에 두면서 자유주의는 어떤 지위와 역할을 가질 수 있는가에 대해 논의했다. 필자는 위의 문제 영역 모두에서 자유주의는 긍정적인 기여를 할 수 있다고 믿는다. 자유주의를 논의하는 가운데서 필자는 자유주의만이 중요한 이념이라고 생각지는 않는다. 그러나 그것은 현존하는 정치 이념들 가운데 가장 보편적인 이념으로서 한국 사회에 적극적으로 수용되는 것이 바람직하다고 판단한다. 그것을 거부해야 할 이유를 발견하기란 어렵다.

제2부

자유주의인가
사회민주주의인가

| 3장 |

'진보'적 자유주의에 대한 비판적 검토

＿고세훈

1. 개념과 딜레마

개인의 재산권 행사의 자유를 그 핵심적 내용의 하나로 구성하는 한, 자유주의는 시장자본주의의 가장 믿음직한 이념적 버팀목이었다. 현실에서의 시장이 스스로는 청산, 균형, 안정을 산출하지 못한다는 점이 확인된 이래, (아마 존 스튜어트 밀을 기점으로) 자유주의에 진보를 시사하는 수사들 — 사회적, 신new 등과 같은 — 이 늘 따라다녔다. 자유주의의 '진보적' 변형엔 어느 정도 불가피한 측면이 있는 것이다.

그러나 자유주의에 '진보'가 덧붙여지면서, 자유주의는 일종의 포괄 개념/이념이 되었고, 그럴수록 현실적/정책적으로는 실천력 있는 이데올로기로 기능하기가 더 어려워졌다. 19세기 말부터 전간戰間 기간까지 영국 진보적 자유주의 흐름의 중심에 있었던 홉슨John Hobson 자신도 "자유주의의 무한적 성격"an illimitable character of liberalism을 언급한 바 있지만, 자유주의는 처음부터 팽창 지향적 개념이었다. "만약 자유주의 개념이 확대되어, 제어되지 않은 시장을 위험하게 인식하고, 공공의 이익을 사적 이해에 앞세우며, 일반 이익을 보호하고 사회적 유대를 고양하기 위해 국가가 경제에 개입하는 질서를 그 안에 포괄한다면, 그 개념은 너무 탄력적이어서 거의 쓸모가 없게 된다"(Berman 2006, 179). 자유주의는 재산권 행사의 자유, 만인평등, 기회균등, 언론과 결사의 자유, 인권을 말하고 진보적 자유주의는 거기에 시장 실패, 정부 개입의 필요성, 상생 등을 첨가한다. 오늘날의 세계화 환경에서 웬만한 양식과 인도적 심성을 지닌 사람이라면 이런 추상적 가치들을 대놓고 반대하진 못할 것이다.

자유주의가 신Neo이나 진보라는 일견 첨예하게 대립되는 수사修辭 모두와 어울릴 수 있다면, 그것은, 셰리 버먼의 말대로 이제 쓸모없는 — 적어도 현실적·기능적으로 — 개념으로 되었는가, 아니면 진보라는 수사 자체가 자유주의로부터 자연스럽게 추출되거나 그것에 터 잡을 수 있을 정도로 유연한 개념인가. 어느 쪽이든, 오늘날의 세계화 환경에서 자유주의는 가장 많은 '추종자'를 거느린 이념으로 되어 갈지 모르지만, 그것이 확대와 심화일로에 있는 빈곤과 양극화 현상을 해소하는 데 체계적이고 의미 있는 기여를 할 수 있을지 의문이다. 아래에서는 자유주의를 자유주의 되게 만드는 속성 상, 그리고 작금 한국 정치의 담론적 혼돈을 피하기 위해 진보 개념의 외연에 일정하게 제한을 둘 필요가 있다는 인식으로 인해, '진보'적 자유주의가 어색할 뿐 아니라 나아가서 모순적인 조어라는 입장이 개진될 것이다. 거기에 현실에 대한 첨예한 문제의식은 혹시 있을지 모르나, 현실을 넘어서는 전략으로서는 너무 안이하다는 것이 이 글의 주된 인식이다.

무릇 개념의 내포가 풍부해질수록 분류, 범주화의 분석적·현실적 의의는 줄어들기 마련이다. 자유주의가 진보의 수사 아래 모든 선한 것들을 끌어 모은다면, 담론 수준에선 더없이 풍요롭고 아름다워 보일 것이다. 풍요롭고 아름다워서 나쁠 것은 없다. 그러나 그런 담론은 — '제3의 길'류의 담론들이 그렇듯 — 실천성과 불가피하게 충돌할 수밖에 없거니와,[1] 때로는 "가장 신실한 말이 가장 허망한 말"이 될 수 있기 때문이다.[2]

담론이 현실에 응용되려면 새로운 수준의 논의가 필요하다. 정치는 가치와 정책을 둘러싼 엄정한 선택들의 연속이기 때문이다. 모든 이데올로기적 진술은, 그것이 대안적 지위를 획득하려면, 실천과 정책적 함의를 위한 안내, 지침 혹은 방법론을 일정하게 담아내야 한다. 인간의 얼굴을 한 자본주의[a kinder, gentler capitalism]를 주창한다고 해서 자동적으로 대안의 지위에 오르는 것은 아니다. 대안을 위한 수많은 논의들이 종종 풍성한 말잔치로 끝나는 것은 그 때문이다.[3] 개인주의가 너무 멀리 나가면서 자유주의가 내적 모순을 피하기 위해 스스로 변해 가는 것은 먼저 논리적으로 불가피할 것이다. 그러나 그때 그 자유주의에 진보라는 수식어를 붙이는 것은 또 다른 차원의 문제다.

정치경제학의 관점에서 — 그리고 역사(경험, 현실)적으로도 — 자유주의의 핵심은 개인(주체)의 재산권 행사의 자유(내용)에 있다. 재산권의 문제야말로 나머지 모든 기본권과 자유의 현실적 구현 가능성에 결정적인 영향을 미치기 때문이다. 마셜[T. H. Marshall]의 시민권 발전 단계론(시민권 →

1_토니 블레어의 개혁안은 "소극적이며 잡다하"고, '제3의 길'에는 "정치경제학이 없다." 각각 하버드의 영국 정치 전문가인 사무엘 비어와 『가디언』 경제 편집장을 역임한 윌 허튼이 한 말이다(Beer 2001; Hutton 1998).

2_문학평론가 황현산이 영화 〈시〉를 감상하면서 시작법에 관한 강의가 막상 시 입문자의 시 쓰기에는 별로 도움이 되지 않는다는 맥락을 전하면서 했던 표현이다(『한겨레』 2010/07/24).

3_"가방 속엔 고양이가 없었고, 모자 안엔 토끼가 없었으며, 머릿속에는 뇌(腦)가 없었다." 1933년 대공황의 혹독한 여진 속에서 치러진 66개국 지도자들의 세계경제대회(World Economic Conference)가 무기한 정회에 들어갔을 때, 케인스가 성과 없이 끝난 그 요란한 회의를 비난하면서 했던 말이다(스키델스키 2009, 830).

정치권→사회권)의 진정한 의의도, 각 단계가 독립적인 별개로 발전한 것이 아니라, 뒷 단계의 시민권을 보장하지 않는다면, 앞 단계의 시민권 또한 보장될 수 없다는, 적극적 자유가 보장되지 않을 때 소극적 자유도 보장될 수 없다는 각성에 직접적으로 닿아 있다(Marshall and Bottomore 1992; Meyer 2007; 바우만 2010).

존 로크가 가설적으로 구성했던 자연 상태에서 사유재산권은 발견되거나, 자원이 희소해지면, 노동을 투입함으로써 확보된다. 사회계약에 의해 국가가 창출되면서 재산 소유자의 재산권은 새롭게 등장한 두 당사자, 곧 국가와 노동의 권리와 충돌한다. 국가의 조세 징수권과 생산수단의 완전한 활용과 스스로의 생존을 위해 고용돼야 하는 노동의 권리는 재산 소유자들의 소유권 행사와 불가피하게 맞물린다. 물적 조건에서 열세에 있는 노동의 권리는 재산 소유자들이 정한 우선순위에 의해 제약받을 수밖에 없다. 문제는 이런 물적 제약이 재산권 이외의 여타의 기본권적 자유에 가하는 압박이다. 재산권 이외의 기본권적 자유는 현실 세계에서 실제로 어떻게 경험되는가. 법적·정치적·시민적 기본권들은 행사할 만한 변변한 재산권이 없는 사람들에게도 실질적으로 동일하게 주어지는가.

존 스튜어트 밀의 "위해의 원칙"harm principle이나 이사야 벌린의 소극적/적극적 자유 개념 논의는 밀과 벌린 같은 자유주의의 대표적 이론가들이 소극적 자유에 절대적 우선순위를 부여했음을 보여 준다(Norman 1987; 이근식 2006). 이들이 스스로 이론적 난점을 아무리 첨예하게 인식했다 할지라도, 소극적 자유를 의미 있게 만들려면 적극적 자유가 필수적이라는 점은 변함이 없다. 사유재산을 소극적 자유와 연결시키는 주장에는 재산 소유자들에겐 자신의 구상과 계획을 '적극적으로' 실현할 수 있는 물적 능력이 있다는 암묵적 가정이 담겨 있다. 사유재산의 자유가 중요한 것은 그것을 소지한 자가 여타 기본권들의 행사와 관련된 자신의 욕망을 현실적으로 구현하는 데 필요한 재화를 소유했기 때문이다. 재산권 행사에 초점을 맞춘 소극적 자유에는 적극적 자유의 본질적 요소, 곧 행동을 위한 충분한 물적 재원의 존재가 이미 전제돼 있는 것이다. 그런 물적 역량이 결핍된 사람들은, 생존권은 말할 것도 없고 법 앞의 평등, 언론의 자유 등 허다한 기본권의 향유마저 심대하게 제약받지 않을 수 없다. 대다수 사람들은 웬만한 자유 행위의 가능성 자체를 — 재산권 행사의 자유가 고정된 법적 지위를 얻으면서 — 봉쇄당하는 것이다. 두 차원의 자유 — 즉, 보호받아야 될 소극적 자유와 그런 자유를 구현하는 데 필요한 적극적 자유 — 모두에서 나타나는 이런 비대칭성은 소극적 자유가 '원칙적으로' 우선순위를 부여받았기 때문이다. 이런 비대칭으로 인해 개인의 사적·사회적·정치적 자율성은 훼손되고 보편적 기본권 행사는 중지되며, 사회적 행동의 전반적 영역에서 의존 관계는 증대된다. 이때 양 진영이 형식적으로 동등하게 취급된 데서 오는 사실상의 불평등은 종종 부차적인 것으로만 간주된다. 그리하여 문제는 자유 자체의 그것이지만, 자유와는 별도의 범주로 취급되는 정의justice의 문제로 쉽사리 돌려진다(Meyer 2007, 13-16).

개념상의 내적 모순이 그냥 방치될 수는 없을 것이다. 진보적 자유주의는 그런 모순을 완화 혹은 해소하기 위해 발전된 자유주의적 변형이다. 그러나 아무리 이론과 담론 수준에서 이런 딜레마가 인식되고 규범적 처방 — 예컨대 국가 개입, 복지국가, 규제 강화 등 — 이 제시됐다 해서, 그것이 곧바로 진보로 연결될 수 있는 것은 아니다. 예컨대 에드워드 왕조와 전간 시절의 대표적인 진보적 자유주의자였던 홉슨의 경우를 보자. 그는 자유주의 맨체스터학파의 코브던주의자Cobdenite에서 출발해, 자본과 노동의 과소고용은 과도한 저축 때문이라는 과소소비론을 주창하기에 이르렀던 신^{new}자유주의자였다. 정통 경제 이론(세이의 법칙)에 대한 그의 비판에 따르면, 검약과 저축은 미덕이 아니라 오히려 산업적 질환이 만연하게 된 주된 이유이며, 생산을 제약하는 것이 소비이지 생산이 소비를 제약하는 것이 아니고, 과세는 지출 아닌 저축을 억제하는 방향으로 수행돼야 한다. 그는 또한 빈곤을 사회적 문제로 규정하고, 국가적·산업적 치유를 요하는 국가적·산업적 질병으로 간주했다. 과소소비와 빈곤의 문제를 해결하기 위해 국가 개입의 필요성을 역설했던 그의 저작들은 자유방임에 대한 공격들로 채워져 있다(Freeden ed. 1988).

문제는, 우리가 아무리 홉슨의 분석이 보여 준 '논리적' 일관성이나 이론적 인식의 투철함에 동의한다 할지라도, 그것들 자체가 대안을 위한 경험적 통찰로 곧바로 연결될 수 있는 것은 아니라는 데 있다. 시장 체제에 대한 급진적 비판의 공유가, 사람이든 담론이든, 그들을 '진보'라는 이름으로 묶어 낼 충분한 근거가 되는 것은 아니다. 뒤에서 논의할 케이스가 그렇듯이, 홉슨의 경우 무엇이 그를 진보로 분류될 수 없게 만드는가.

2. 진보, 민주주의 그리고 사회민주주의

"본질적으로 논쟁적인 개념들"^{essentially contested concepts}이 그렇듯이, 진보를 논의하거나 정의하는 데도 편견이 불가피하다. 그렇다고 역사와 경험이 가르치는 진보의 의미를 추출하려는 — 혹은 최대한의 간주간적 공감대 inter-subjectivity를 형성해 보려는 — 작업 자체를 포기할 수는 없을 것이다. 그렇지 않다면 민주 사회 작동의 근간이 되는 공론의 장 자체가 성립하기 힘들기 때문이다. 진보의 외연을 소극적으로 사색하는 일에서 시작해 보자.

먼저 진보는 개혁적이지만, 모든 개혁(적 구상)이 진보일 수는 없다는 점이 지적돼야 할 것이다. 가령 아무리 급진적인 내용을 담은 담론이라 할지라도, 그것이 타깃으로 삼은 현실이 다양한 층위에서 진단된다면 그런 현상에 대한 일정한 부정을 전제하는 개혁 또한 다양한 층위에서 평가돼야 한다. 권위주의 정치에 대해 민주적 반기를 들었다고 진보의 이름을 당연히 붙일 수 있는 것은 아니며, 같은 맥락에서 이명박 정부의 성격에 대한 비판자의 평가가 먼저 면밀히 평가되지 않는다면, 반MB(이 명박) 성격의 대안들을 ― 그것이 '좌파'로 분류되는 운동의 형태를 띠든 아니면 거리에서 표출되든 ― 일괄적으로 진보로 부를 수는 없는 것이 다. 특정 정부의 정책 행태가 반민주적 성격을 강화해 가고 '민주주의의 위기' 의식을 증폭시킬수록 광범위한 연대를 통한 저항의 전략적 의의 는 증대될 터지만, 이를 '진보'라는 이름으로 묶어 내기 위해서는 또 다 른 차원의 논의를 필요로 한다. 통상적 민주주의만 내걸어도 충분히 비 판이 가능하다면, 진보라는 수사는 부적절할 뿐 아니라 불필요한 혼선 을 빚을 것이기 때문이다. 모든 이론적 개념이 그렇듯이, 진보라는 말도 그것의 내용을 채울 최소한의 적극적 요건이 먼저 마련되지 않는다면, 그것은 그저 정치발전의 단계에 따라 전략적인 편의를 위해 채용되는 '단어' 이상이 되기 어렵다. 유사한 맥락에서, 반MB를 위한 작금의 다양 한 연대 전략들이 궁극적으로 진보의 발전을 위해 필요하다는 것과 ― 이에 관해서도 논란은 분분하다 ― 그 자체가 진보로 가름될 수 있다고 주장하는 일은, 전혀 다른 것이다.[4]

4_최근 튀니지와 이집트에서 권위주의 정권이 붕괴되는 과정에서 노동운동이 전면에서 핵심적
역할을 한 것은 자연스러운 일이었지만, 그런 민주화 투쟁 자체를 노동운동이 주도했다는 이
유로, 진보로 부를 수는 없다. 이런 점에서 조국·오연호의 『진보집권플랜』(오마이북, 2010)

정치의 주된 책무는 사회의 본질적 갈등을 평화적으로 교정하고 해소해 구성원들 간의 공동체적 의식 혹은 연대를 최대한 회복하는 데 있다. 자본주의 체제에서 진보 정치, 곧 특정 정당·이념·정책에 진보라는 수식어를 붙이려면 다소 비탄력적인 기준 두 가지가 담겨 있어야 할 것으로 본다. 먼저 자원배분의 주된 메커니즘으로서 시장의 개혁에 대한 의지와 구상(내용)이다. 그것은 시장이 생산한 것들의 분배를 위한 국가 개입의 형태를 띨 수도 있고, 권력적이고 위계적 현장으로서의 시장의 작동 논리 자체에 대한 좀 더 근본적인 문제 제기의 형식을 취할 수도 있다. 역사적으로 시장의 작동 자체가 국가 개입의 성격과 방향에 일정하게 의존해 왔고(폴라니 2009), 오늘날 대부분의 자본주의국가들에서 정치/사회/시장이 하나의 통합된 제도의 망으로서 다양한 방식으로 엮여 있다는 점을 고려하면,[5] 이것만으론 불충분하다. 개혁의 내용 자체를 규정하는 일도 '시간의 길이'가 개입하기 때문에 자의적이기 쉽다. 가령 히틀러의 국가사회주의에서 보듯이, 명백히 반동적 조치들로 보이는 것도 권력자가 긴 안목에서 보면 전향적인 것이라고 우겨대면 어쩔 수 없는 일이다. 오늘날처럼 실용을 내걸든 중도를 들이대든 개혁이 정치(인)

을 두고 김규항, 진중권, 손호철이 펼친 논쟁은 의미심장하다(『한겨레』 2011/02/09; 02/28; 03/02; 『프레시안』 2011/03/09). 보수에 시대를 넘은 일정한 원칙과 내용을 담기를 거부한 다면 보수는 늘 수구로 귀착된다. 같은 맥락에서, 자본주의하에서 진보라는 개념에 일정한 보편적 의의가 부여돼야 한다면, 거기에 비추어 『진보집권플랜』(제목과 내용)의 '진보'성 여부를 따지는 것은 자연스럽고도 불가피해진다. 그런 작업은 진보를 독점하려는 것이 아니라 오히려 그것의 최소공배수적 의의를 드러냄으로써, 한국의 보수(주의)와 자유(주의)에 덧씌워진 개념적 남용과 오염이 가져다준 폐해를 새삼 경계하고 한국 정치, 나아가서는 진보 정치의 이념적 위상을 정립하고 그것의 미래를 차분히 구상해 나가는 일에 도움을 줄 것이다. 반MB는 ― 특히 선거 연합의 수준에서 전선을 구축한다면 ― 진보의 궁극적 도약을 위해 기여할 수 있지만, 그 자체가 진보가 될 수는 없다. 반MB 전선에 도취돼서 진보가 스스로 진보(의 잠재력)를 허무는 일만은 피해야 한다.

5_'자본주의 대(對) 자본주의'를 다룬 연구서들, 예컨대 Hollingsworth and Boyer eds(1997), Kitschelt et al. eds(1999), Coates(2000), Hall and Soskice eds(2001) 참조.

의 보편적 구두선으로 되는 마당이라면, 진보를 규정하는 엄정한 잣대의 필요성이 커갈 수밖에 없다.

무엇보다 진보라는 말에는 개혁의 방법과 관련해 일정한 시사가 있어야 한다. 우리가 19세기 말 독일의 비스마르크나 전간 기간 영국 보수당의 개혁 조치들을 진보와 연결시키지 않는 이유는 개혁의 내용 자체보다는 그것들이 정책화되는 방법, 곧 그 조치들이 아래로부터 지지되고 동원된 것이 아니라 엘리트들에 의해 ― 전략적이든 온정주의에서 비롯됐든 ― 위로부터 일방적으로 부과됐기 때문이다. 서유럽 복지국가 발전사에서 보수주의가 사회민주주의 못지않은 기여를 했을지라도 그로 인해 보수주의가 진보적 이념이 될 수 없는 것도 같은 이치다. 개혁의 내용, 그것의 유효성 있는 실천 가능성, 한계 등 또한 그것이 제안되고 추진되는 방법에 의해 심대한 영향을 받으리라는 점은 두 말할 필요가 없겠다. 선진 복지국가들의 발전 경로와 도달된 체제적 양상은 다양할지라도 노동운동의 강도가 복지국가성의 정도를 규정하는 가장 보편적이고 강력한 요인이었다는 점은 부인하기 어렵다.

이런 점에서 진보는 민주주의와 별개로 사유될 수 없다. 진보가 터 잡고, 지향하며, 견인하는 민주주의는 시민적 참여와 책임성의 고양 그리고 기본권 향유를 일상적 현실 세계에서 점진적이고 구체적으로 담보해 줄 수 있어야 한다. 민주주의의 종류가 3백여 개에 달한다는 데서 알 수 있듯이, 이는 민주적 가치들의 문서적 선언과는 다른 차원의 인식이다(Dahl and Stinebrickner 2006). 1966년 148개국의 인준을 거쳐 채택된 국제연합UN 세계인권선언 규약은 시민적·정치적·사회적·문화적 그리고 경제적 기본권을 포괄적으로 연결시켰다(Meyer 2007, 20-24). 선언된 내용만으로 본다면 동 인권 규약은 오늘날의 어떤 기준에서 보더라도 충분히 진보적이며, 어쩌면 인류가 합의한 역사상 가장 진보적인 문건으로 불린대도 손색이 없다. 그러나 인준 당사국들이 거기서 천명된 고도의 사회민주주의적 가치들을 현실에서 여하히 제도화시킬 것인지는 전혀 다른 차원의 문제다. 그것이 선언 이상의 의미를 지니려면, 주창된 가치들이 현실에서 구현될 수 있는 요건이 먼저 구비돼야 하거니와, 오늘날까지 그 문건은 현실과 대체로 무관한 공허하거나 '죽은' 선언으로 남아 있다.

무엇보다 진보의 개념에는 개혁의 방법으로서 '아래'가 하나의 집단/계급으로서 조직되거나 동원된다는 사상이 제시돼야 한다. 논리적으로 사람(평등)의 원리에 기반을 둔 민주주의(정치)는 돈(불평등)의 원리에 입각한 자본주의(시장)를 제어하거나 교정해 낼 수 있는 정치체제다. '시장을 거스르는 정치'politics against market야 말로 민주주의의 자연스런 본령인 것이다. 역사의 진행과 더불어 그런 민주주의가 보편적 정치형태로 자리 잡을 수 있었던 데에는 계급적 이해관계가 추동한 계급 권력이라는 엄정한 매개가 작용했다. "부르주아 없이 민주주의 없다"(배링턴 무어)거나 "민주주의는 노동계급의 이해관계와 조응하는 체제다"(디트리히 뤼시마이어) 같은 언명들이 이런 관찰/인식을 뒷받침한다.

민주주의는 시장을 어떻게 거슬러 왔는가. 지향하는 바는 다를지언정, 권위주의나 전체주의에서라면 물리적 강제력에 의존하면 그만이다. 발전 자체가 계급 이익과 연대에 의해 추동된 오늘날의 민주주의는, 당연하게도, 그 작동 또한 원자화된 개별 시민이 아니라 사회경제적 수준의 집단 혹은 단체를 동원함으로써, 즉 계급 권력으로 매개될 때 비로소 실효성을 지닌다. 선진 복지 체제가 '시장을 거스르는 정치'의 산물이라면, 그것은 정치적 민주주의가 파편화된 개인들이 아니라, 노동의 집단적 혹은 계급적 동원을 제도화했기 때문에 가능했다. 아래에서 언급되겠지만, 서유럽의 복지 체제가 사회민주주의 체제로 불리는 이유도 거기에 있다. 상이한 운행 원리에 입각한 자본주의와 민주주의가 현실 세계에서 — 가령 복지국가의 형태로 — 양립할 수 있었던 것은 계급 권력 간의 길항 혹은 긴장이 동반된 잠정적 타협이 역사의 특정 국면마다 다양하게 형성됐기 때문이다. 절차적 민주주의의 역동성이 열어 준 계급 정치의 전망이야말로 진보 이념이 '민주주의의 항구적 민주화' 가능성을 여전히 신뢰하는 이유일 것이다. 이런 맥락에서 우리는 민주주의를 "자본(이 우위를 점하는 위계적 권력 현장인 시장)에 대한 노동의 상쇄력을 시장 안팎에서 정치적으로 제도화하는 체제"로 정의해도 무방하며, 이런 정의야말로 진보의 방법론으로서의 민주주의에 닿아 있는 것이다.

요컨대 진보는 민주주의로 인해 정치의 가능성에 신뢰를 보내지만 — 그리하여 고전적 좌파와 우파 모두로부터 스스로를 차별화시키지만 — 동시에 정치의 위기는 민주주의가 안이한 '시민' 민주주의에 머무르며 오히려 개인의 파편화를 조장하리라고 인식한다. 앞에서 논했던 개혁의 방법과 내용과 관련하면, 진보는 민주주의의 운행이 계급이나 사회경제적 집단을 주된 단위로 이루어질 때 비로소 유효한 실천력을 지니며 그때 비로소 정치에 대한 신뢰가 회복될 수 있을 것으로 진단한다.

이념이 현실적으로 작동하려면 보편적 기본권의 형식적 부여 그리고 그것들을 실천에 옮기는 데 필요한 물적 수단의 사실상 거부 사이의 편차·괴리 문제와 관련한 일정한 방법론적 시사를 줄 수 있어야 한다. 그렇지 않을 때 그것은 담론에 머물 뿐, 대안 모델로서 기능하거나 그것의 창출을 도모할 수 없다. 정치경제란, 잡다한 정책 노선들의 추상적 조합들이 아니라, 가치와 정책과 관련한 일련의 엄정한 선택의 문제를 현실에서 부단히 대면해야 하기 때문이다. 만일 담론의 문제라면, 자유주의를 사상적으로 견인했던 존 로크, 아담 스미스, 존 스튜어트 밀에서 — 이들은 모두 노동가치설을 주창했거나 아니면 노동이 가장 중요한 생산요소임을 강조했다 — 이미 충분한 '진보성'을 발견해 낼 수 있다. 그러나 우리는 (아마 밀을 제외하면) 이들에게 진보의 수식어를 붙이는 데 낯설어 한다. 자유주의의 담론적 '진보'성 자체를 문제 삼을 필요는 없겠지만, 기본적으로 그것은 실천의 차원과는 무관하다. 홉슨 등 급진 자유주의자들이 전쟁이나 빈곤 등 모든 문제는 민주주의의 문제라고 갈파했을지라도, 그때의 민주주의는 통상적인 자유민주주의 수준을 넘어서지 못한 것이었다.

19, 20세기 전환기에 영국의 신자유주의 지성을 견인했던 그린, 홉슨, 홉하우스 세 사람은 모두 재산권 개념의 재규정을 요구했고, 그런 주장에는 명시적 묵시적으로 사회주의적 함의가 내포돼 있다(Clarke 1978, 153-154; 192). 전간 시절의 신자유주의자들은 민주주의의 심화가 재분배와 자유무역을 가능케 하고, 소득재분배와 자유무역을 통해 보호무역, 제국주의, 전쟁을 해결할 수 있다고 보았다. 예컨대 홉슨은 재산 소유자들의 막대한 영향력으로 인해 민주주의가 위협받고 있으며, 진보 진영의 관제가 민주주의를 심화시키는 데 있음을 여러 차례 환기시켰다. 민주주의만이 소수 자본가의 금권정치, 곧 정치를 자신의 사익을 위해 사용하는 것을 막을 수 있다는 것이었다. 이런 '진보적' 진술들은 충분히 동의할 만한 것들이다. 그러나 아무리 자유주의의 내용이 풍부하다 할지라도, 그것이 현실에 적용되는 문제는 새로운 차원의 논의를 필요로 한다. 이들의 문제의식에는, '어떻게? 민주주의의 심화라면, 어떤 민주주의의 어떤 심화?'라는 질문과 관련된 방법론적 통찰이 빠져 있다. 이들은 민주주의를 전체주의, 혹은 프러시아주의Prussianism에 대한 대항 개념으로, 곧 수세적으로 사용했고, 민주주의는 시민으로서의 개인의 자유, 효율의 이름으로 — 여기에서 자유와 효율은 갈등하지 않는다 — 막연하고도 추상적으로 옹호되었을 뿐, 이론과 현실을 매개하는 계급의

중심성은 빠져 있다

진보의 관점에서 가장 중요한 것은 기본권들의 실질적 향유를 위한 사회적 요건들을 어떻게 정치적으로 창출할 것인가의 문제와 관련해 국가와 시장에서 대항 권력 혹은 계급의 상쇄력을 제도화하는 일이다. 계급 권력의 문제에 대한 첨예한 인식이야말로 진보 이념으로서 사회민주주의가 스스로를 자유주의와 차별화하는 지점이다. 무엇보다 사회민주주의는 앞에서 언급했던 자유주의에 내재된 모순을 직접적으로 건드린다. 그것은 기본적으로 기본권의 형식적 타당성이 실세계의 실효성과 동일하다는 가정에 대한 비판 — 동일성 허구identity fiction 혹은 괴리 문제 discrepancy problem의 인식 — 에서 시작한다(Meyer 2007, 26-28). 이런 비판의 발단은 사람들이 기본권들을 구현하는 데 필요한 물적 수단을 추가적 권리의 형태로 보장받지 못한다면, 구체적 상황에서 그것들을 향유할 실질적 능력을 결여한다는 인식이다.

누구든 태어나면서 법적으로 어떤 지위status에 속했던 중세에는 적어도 개인을 낙인찍는 일은 없었다. 자본주의는 인간을 법적·정치적으로 해방시켰지만, 동시에 개인들은 파편화되고 사회적 유대는 무너져 내렸다. 파편화된 개인은 해방된 개인이 아니며 자본의 권력 앞에 외롭고 취약한, 모든 것을 자신의 책임으로 — 특히 도덕적으로 — 짊어져야 하는 개체일 뿐이다. 이런 개인들을 연대와 계급의 이름으로 다시 규합하는 것, 그것이 진보 진영의 핵심적 과제가 돼야 한다. 이런 과제가 일정한 수준까지 달성되어 계급 권력의 제도적 대등성이 웬만큼 확보되기 전까지, 사회경제적 약자에 대한 일체의 도덕적 비난은 먼저 제도와 경제적 관행을 향해야 한다. 사회민주주의는 점진적 개혁, 의회주의, 헌정주의 등의 원칙에서 자유주의에 동의하지만, 개혁의 방식은 계급을 동원해야 한다는 인식에 입각해 있다. 이런 인식에 따르면, 정치에서 계급이 배제되면, 자본주의에 대한 혹은 그것의 교정을 위한 근본적 성찰은 불가능하다. '노동(의 집단적 참여) 없는 민주주의'는 형용모순의 조어다.

3. 케인스의 경우[6]

케인스는 시장에 대해 누구보다 급진적 성찰을 했던 이론가요, 행동가였다. 우리는 전후 반세기에 걸쳐 발전돼 온 사회민주주의적 복지국가를, 정확한 것은 아니지만 케인스주의와 등치시키기도 하며, 사회민주주의 체제의 경제 이론적 근거로 케인스주의를 드는 데 주저하지 않는다. 자타가 공인하는 자유주의자였던 케인스를 동시에 가장 진보적인 '진보적' 자유주의자로 부를 수 있는 것은 그 때문이다. 자유주의의 한 급진적 전범으로서 케인스의 한계는 개혁을 위한 대안 담론으로서 진보적 자유주의가 갖는 한계와 가능성에 일정하게 닿아 있다고 볼 수 있다.

　　케인스 주장의 핵심에는 균형과 조화를 산출하는 자유시장은 현실에서 가능하지 않으며, 시장 체제의 불확실성과 가격 기제의 근본적 불완전성으로 인해 국가의 금융적·재정적 개입은 불가피하다는 문제의식이 놓여 있다. 케인스는 고전학파(시장자유주의)가 애초부터 현실과 유리된 이론(예로, 사회로부터 탈각된 시장)을 들고, 그것이 현실에서 유리된(실현 안 된) 이유와 책임을 다시 현실에 ― 정부나 노동조합 같은 시장 외부의 세력의 개입 등에 ― 귀착시키는 순환론적 오류를 범한다고 질타한다.[7] 케인스에 따르면, 화폐와 생산은 시간을 개입하게 만들고, 시간이

6_이 절은 고세훈(2009)에 많이 의존했다.

7_"우리가 살고 있는 세상은 두 직선이 어디선가 결국 만날 수밖에 없는 비유클리드기하학의 세계이지만(엄밀한 평행은 수학적으로만 가능하다), 시장주의자들은 두 직선이 평행이 아니

개입되면, 불확실성의 문제가 발생하며, 미래의 불확실성은 가격이 담지해 낼 수 없기 때문에, 균형은 "손에 잡히지 않는다." "우리는 그저 모를 뿐"인 미래에 대한 불안이 커질수록, 불신 또한 증대되고, 시장 행위자들은 화폐의 퇴장 욕구, 곧 "유동성에 대한 병적인 집착", "유동성 물신주의"에 빠지기 쉽다(Hutton 2001). 투자, 산출, 고용의 안정을 위해서는 저축자의 유동성 요구와 투자가의 비유동성 필요 사이의 조정이 필요하지만, 미래를 고려할 수 없는 가격(이자율)은 그 역할을 할 수 없고, 균형은 도처에서 틀어진다. 금융기관들마저도, 일반 투기가들과 다름없이, 유동성을 선호하며 포트폴리오투자에 집착하기 때문에 금융 체제의 리스크 조정 기능을 떠안기에는 부적절하다.

금융 체제가 유동성과 불확실성의 문제를 오히려 악화시킬 때, 이를 교정하기 위한 국가의 역할이 긴요하게 된다. 국가는 금융 체제가 좀 더 많은 투자신용의 제공을 위해 정향되고, 경기 안정적 영향과 자본축적율의 극대화를 위해 기능하도록 만들어야 한다. 케인스가 "투자의 사회화"라는 급진적 주장을 하기에 이른 것도 이런 맥락이었으니, 케인스주의의 정책적 의의는 총수요관리나 정부 지출 확대 등 비유동적 실물 자산을 산출하는 재정정책을 훨씬 뛰어넘는 것이었다. 미래 일들을 다루는 시장 곧 '데우스엑스마키나'Deus ex machina가 결여된 상황에서, 국가는 부득불 수량 조절과 기대 형성 모두를 만들고 유지하며 또 조절하는 역할을 해야 한다. 세계정부가 부재하고 세계 정치가 민주적 결손democratic deficit의 문제로 수렁에 빠져 있으며 국가 간 경쟁의 조정 필요성은 더욱 커가는 오늘날의 세계화 환경에서는, 창의적이고 전략적인 국가의 역할은 더욱 확대되고 부각될 수밖에 없다.

라고(만난다고) 직선들을 책망하는 유클리드 기하학자들과 같다"(Keynes 1997[1936], 16-17).

문제는, 케인스 경제학이 방법론적으로 주류경제학에 편입돼 가면서 화폐, 시간, 불확실성이라는 케인스혁명의 핵심적 개념들이 지닌 원래 의의가 점차 소실돼 갔다는 점이다. 이른바 과학의 이름으로 경제학 연구에 도입된 과도한 도식론으로 인해 논증은 점차 추상화되고, 방법(론)이 내용을 압도할수록 적실성은 상실되어 갔다. 불확실성과 확실성 사이에는 질적인 간극이 존재하지만, 시장 체제에 내재된 근본적 불확실성에 온갖 방법론적 기교를 덧씌워, 계산 가능한 확률로 치환하고, 마치 불확실성이 정도의 문제인 것처럼 확실성의 외양 혹은 확실성과 동일한 지위를 부여하려는 시도가 이와 관련된다.[8]

　물론 미래가 수학적 확실성으로 예측될 수 있다고 가정하는 것은 현실을 호도하는 것이다(Keynes 1997[1936], 297-298). 이런 점에서 미래를 알 수 있는 과학적 기반을 지니지 못하기는, 국가도 시장 행위자와 다를 바 없다. 그러나 전후 이른바 '실천적' 케인스주의자들이 정책 입안자로서 전면에 나섰을 때, 그들은 경제에 대한 경제학자들의 권한은 사실상 무제한적이라는 신념에 차있었다. 그 결과 계량경제학적 도식이 무분별하게 차용됐고 정부 정책에 과도한 예측성과 확실성이 부여됐지만, 막상 위기의 관리와 예측에는 이렇다 할 효과를 보지 못했다. 그들은 케인스의 이론은 상속받았지만, 그 방법론적 도구의 범위와 효율성에 제한을 두는 그의 철학은 물려받지 못했던 것이다. "케인스혁명은 결코 일어나 본 적이 없다"는 진단이 가능한 것은 바로 이런 맥락 때문이다(Hutton 2001).

8_이런 관점에 따르면, 오늘날 금융 위기도 결국은 경제학의 방법론적 '탈선' — 자연과학 방법론에 대한 병적인 집착, 경제학 연구에 철학, 역사, 인식론적 논쟁이 사실상 사라져 온 현실 등 — 에서 비롯된 바 크다. 1980년대 자본자유화 이후 갈수록 정교해진 금융 기법들이 이와 무관치 않고, 경제학의 이런 방법론적 오만이 불가피하고도 극적으로 표출시킨 것이, 월가가 수많은 수학 박사들을 고용해서 만들었다는 기상천외한 파생 상품들일 것이다. 투자자와 전문가들조차 전모 파악을 못하는 파생 상품들에 수많은 헤지펀드, 연금기금, 투자은행, 보험회사들, 그리고 개인들이 올인했다가 속수무책으로 무너져 내린 일이 그래서 생겨났다.

거칠게 말하면, 케인스혁명은 자유시장 이데올로기(이론적 전제, 가정, 방법론)에 갇혀서 질식되었다. 케인스 이론이 충분히 급진적이지 못했기 때문이 아니다. 케인스가 활동하던 전간 시절, 신자유주의에는 집산주의와 사회주의와 구분이 불분명할 정도로 급진적인 주장이 담겨 있었다. 그런 주장은 시장, 산업, 기업의 민주적 조직이 갖는 중요성뿐만 아니라 국가, 분배, 재정정책, 조세 등과 관련된 광범위한 논의를 동반한 것이었다. 거기엔 케인스뿐만 아니라 웹 부부Sidney and Beatrice Webb 등 사회주의자들이 참여했고, 이들 간에는 광범위하고도 왕성한 개인적·학문적 교류가 이루어졌다(Clarke 1978). 자타가 공인하던 자유주의자 케인스도 "투자의 사회화" 주장을 서슴지 않았거니와, "집산주의적 사회주의 노선에 따라 사회를 진보적으로 재편하는 것은 불가피할 뿐만 아니라 바람직"했다(Clarke 1978, 132). 그리고 제2차 세계대전 종전이 왔다. 자본주의의 유례없는 황금기로 불리던 전후 30년의 서유럽의 자유주의국가 경제는 케인스주의의 이름으로 관리되고 규제되었으며, 서유럽 국가들에서 국가와 노동운동의 잠재적 권력 자원은 최고조에 달했다. 그러나 진정한 의미의 케인스혁명은 없었다. 케인스 이론의 기조는 사회민주주의적 방법론에 접목돼서야 비로소 현실 정치적 의미를 띨 수 있었다. 전후의 복지국가는 주로 사회민주주의 정치의 결과물로서 보수정당들의 묵인하에 발전된 것이었으며, 방법론적으로 자유주의는 무관하거나 무력했다(Berman 2006).

　　문제는 케인스의 경제 이론이나 철학의 결함이 아니라, 그 자신의 급진적 분석과 진단을 정책으로 연결시킬 방법론적 통찰의 취약성이었다. 그는, 통상의 '진보적' 자유주의자들이 그랬듯이 시장의 문제 — 특히 시장의 본래적 불안정성 — 에 초점을 맞췄지만 시장이 지니는 강제적 성격을 고려하지 않았다. 시장은 중립적 교환의 영역이 아니며, 경제

행위자들의 경쟁적 자원이 차별화되어 있는 권력적 공간인 것이다. 노동시장과 노동과정에서 이뤄지는 계약과 협상에서 자유로운 당사자 간의 대등성은 형식적으로만 존재한다(보울스 외 2009). 따라서 시장의 불완전성 문제는 경제적 분석을 넘어서는 문제다. 그것을 해명하려면 시장의 권력성·위계성·강제성에 대한 정치적 성찰 그리고 그것의 근본적 교정을 위한 민주적(대항 권력의) 제도화에 대한 논의를 거치지 않을 수 없다.

시장의 권력적 속성이 애초에 탐구 대상이 아니었던 케인스에게 계급성에 기반을 둔 민주 정부만이 실효성 있는 시장 개입을 가능하게 하리라는 인식 또한 낯선 것이었다. 그는 국가 개입의 필요성이나 정치의 역할을 강조했지만, 시장 개입의 내용과 범위가 정치의 계급적 성격, 혹은 민주화의 정도에 따라 심대한 차이를 낳을 것이라는 점을 보지 못했다. 그에게 민주주의는 과학과 함께 가야 하는 중립적 개념일 뿐, 그 자체가 계급 이익이 부딪치고 타협을 일궈 냄으로써 시장 개혁을 추동할 계급 갈등(투쟁)의 공간은 아니었다. 시장에 대한 정부 개입은 정직하고 열정에 불타며 올바른 경제 이론으로 무장한 지식인, 전문가 공무원, 정치인들의 소관일 뿐이었다. 케인스는 당대의 영국 정부와 당대의 영국 민주주의를 기본적으로 신뢰했기 때문에, 민주주의에 대한 본격적이고 체계적인 탐구를 할 필요가 없었을지 모른다. 그에게 민주주의는 단순히 주어진 어떤 선한 것, 보호의 대상이었으니, 시장의 교정을 통해 당시까지 영국이 이룩한 민주주의를 지켜 내는 일이 그의 주 관심이었다. 시장이 방치되면, 다수의 불행이 초래되고, 다수의 경제적 삶이 피폐하면 정치적 민주주의가 제도로 작동할 수 없거니와, 시장의 파탄은 민주주의의 파탄, 곧 파시즘과 볼셰비즘으로 이어질 것이었다. 민주정치는 정부 개입을 위한 윤리적 근거를 마련해 주기도 하지만, 시장과 민주주의가 다른 원리(불평등/평등)에 입각해 있다는 사실 자체가, 역설적으로 시장에 대한 정치적 개입을 필연적으로 만든다는 권력적 측면을 케인스는 이해하지 못했던 것이다.

케인스가 시장과 민주정치의 계급적 속성을 이해하지 못했다는 점이야말로 케인스를 사회민주주의적 체계와 갈라서게 만드는 지점이며, 케인스주의의 현실 정치적 한계, 혹은 케인스 이론이 실질적 대안 모델로서 작동될 수 없었던 근원적 한계가 이로부터 비롯됐다.

4. 진보적 대안으로서의 사회민주주의

자본주의는 노동의 일정한 희생 위에서, 곧 실업과 저임을 일정하게 가정하는 체제이며, 따라서 노동 권력의 항구적 열세를 일정하게 전제한다. 국가 거시 정책의 목적이 경제를 안정화시키는 데 있다면, 자본주의가 (실업과 저임에서 기인한) 고용, 투자의 불안정을 필요로 한다는 점이야말로 자본주의의 본질적 딜레마다(보울스 외 2009). 이런 맥락에서 보면, 노동운동에 대한 비판도 노동을 자본에 비해 열등한 구성원이 아닌 대등한 구성원으로 편입시킨 후에야, 즉 계급 권력이 길항할 수 있는 제도가 웬만큼 마련된 후라야 정당성을 갖는다.

민주주의는 분산되고 원자화된 개인의 참여를 넘어 개인들의 연대와 조직을 통한 참여, 곧 경쟁(유연) 아닌 교섭(경직) 개념 위에 터 잡아야한다. 이는 사회경제적 약자의 집단적·계급적 의사표시가 제도화되는 것을 의미한다. 일대일, 개인 대 개인이 되면 노-자의 대등한 관계는 원천적으로 불가능하다. 현실에서의 사회와 시장이 계급적으로 분화되고, 무엇보다 자본이 계급적으로 결속돼 있다면 ─ 일찍이 아담 스미스가 간파한대로, 필요할 때마다 자동적으로 계급적 연대를 실천해 온 자본이야말로 가장 계급적이다 ─ 노동이 계급 정치를 지향하지 않을 방도는 없다. 자본이 이미 불가피하게 '제도이자 권력'이라면, 그것은 또한 사회를 상식과 정상으로 복귀시키는 일 ─ 사실상 본전치기 ─ 에 다름 아닐 것이다. 참여의 평등을 1인 1표의 문제로 귀착시킨다면 이는 본질을 가리는 일이다. 그때 노동의 유일한 자산인 숫자는 오히려 치명적인 약점이 되며, 민주주의는 자본의 민주주의일 뿐이라는 비판에 무력할 수밖에 없다.

따라서 계급 혹은 계급 정치라는 담론엔 이미 계급 이익이 깊숙이 개입돼 있다. 그럼에도 불구하고, 혹은 그렇기 때문에, 자본은 이런 담론들을 끊임없이 경멸적인 것으로 만들어야 자신의 계급적 헤게모니를 유지할 수 있다. 1950년대 이후 간단없이 제기돼 온 계급 해체 담론에도 불구하고 서유럽 정당 체제의 골격은 여전히 계급적 분화 위에 서있다. 거기에서 시장에 대응하는 정치 곧 민주주의는 일차로 대항 권력(상쇄력)의 제도화로 인식된다. 민주주의에서 계급 개념은 불가피하다.

자유주의는, 아무리 개혁을 표방할지라도, 엘리트주의를 암암리에 지향해 왔다. 민주주의가 시대적 대세로 될 때부터 이미 다수의 폭정, 즉 민주주의가 가난한 자와 교육받지 못한 자의 중우정치로의 타락할 가능성을 우려했거니와, 이런 인식은 토크빌과 존 스튜어트 밀 그리고 20세기의 신New자유주의에서도 면면히 이어져 왔다. 자유주의적 전통이 엘리트에 의한 위로부터의 개혁을 그 근저에서 상정하는 한, 그것은 기본적으로 노동의 권력화, 계급적 연대에 부정적일 수밖에 없다. 전후의 서유럽 복지국가는 무엇보다 노동운동의 계급적 조직, 연대, 타협에 빚진 것이다. 그것은 노동 정치, '노동 있는 민주주의'의 산물이었다.

익히 알다시피 제2차 세계대전 직후의 황폐화된 세계, 정치적·사회적 혼란과 불안정은 전전의 경제적 원인에서 주로 비롯된 것이었다. 전

간 시절의 방임된 시장 ― 혹은 자유주의 시장 원리의 실험 ― 은 대공
황으로 파국을 맞았고, 대공황 이후 발흥한 우익 전체주의는 전쟁이 종
식시켰으며, 좌파 전체주의는 서유럽 아닌 러시아로 빠져나가 실험되고
있었고, 서유럽의 공산 세력은 정치적으로 무관한 것이 되었다. 대공황
과 그것이 격발시킨 미증유의 일련의 사태들을 끔찍한 악몽으로 기억하
는 사람들에게 중요한 것은 시장과 자본주의를 통제하는 것이었다. 경
제의 우월성을 믿는 진영과 정치의 우월성을 믿는 진영 ― 전자는 자유
주의와 마르크스주의, 후자는 사회민주주의와 국가사회주의 ― 가운데
사회민주주의만이 유일한 대안으로 살아남았다. 새 질서는 전전에 존재
했던 국가, 사회, 경제의 관계가 결정적으로 재정립될 것을 요구했으며,
사회의 수호자는 경제가 아니라 국가이고, 경제적 요구는 사회적 요구
의 하위 개념으로 취급돼야 했다. 전후 질서는 정통 마르크스주의뿐만
아니라 전통적 자유주의의 전면적 부정 위에서 구축된 것이었다(Berman
2006, 177-199).

사회민주주의에서 국가(정치)의 기능 혹은 역할은 잔여적이 아니라
우선적이다(박상훈 2011 참고). 자유주의와 그 변형들로부터 사회민주주
의가 분기하는 지점이다. 국가, 경제, 사회 간의 관계에 관한 사회민주
주의적 인식에 기대면, 국가 개입을 활용해 경제를 관리하고, 개인의 시
장적 지위와 그들의 전반적 인생기회들 간의 직접적인 연계를 절연시키
며, 전면적 국유화에 기대지 않고도 경제에 대한 사회적 통제를 강화하
고, 그리하여 자본주의가 파괴시킨 사회적 유대와 공동체적 가치를 회
복시켜야 한다. 근대 자본주의가 파괴한 사회적 가치, 사회적 유대, 통
합을 복구해 내기 위해 민주정치를 활용해 시장을 견제한다는 사상이
다. 그것은 사회적·정치적 삶에 대한 시장의 영향을 가능하면 제한하는
것, 즉 가능하면 높은 수준의 탈상품화를 달성해 개인의 정치적·사회적

삶이 시장에서의 지위에 의존하는 정도를 될수록 축소시킨 세계를 목표로 한다(Berman 2006, 213).

사회민주주의적 합의가 성공적으로 진행됐던 전후 30년은 자본주의 역사상 가장 번성하고 조화로운 시기였다. 셰리 버먼이 반복적으로 지적하듯이, 전후 질서에서 오직 사회민주주의만이 자본주의, 민주주의, 사회 안정 등 도저히 양립 불가능해 보이는 가치들을 성공적으로 결합시켜 실천적 정책으로 구현하는 데 성공했다. 그 방식은 자본주의의 계급적 속성, 민주주의의 권력적 속성을 투철히 인식했던 계급 정치였다. 사회민주주의적 복지 체제가 근대화가 파괴했던 사회적 통합을 재창출하려 했을 때, 자원배분의 주된 도구는 시장 아닌 정치 — '시장을 거스르는 정치' — 였으며, 노동의 탈상품화가 진행될수록 그것은 다시 노자의 힘의 균형, 곧 노동의 권력 자원 강화에 기여했다(Korpi 1998). 이를 위한 전략적 고려나 계급적 타협도 선행하는 계급 정치의 터 위에서 진행된 것이었다. 논리적으로도 원자화된 시민이 고도의 공동체 의식, 공유된 가치 체계를 발전시키기란 쉬운 일이 아니다. 자본주의가 만든 사회적 혼란, 불안, 개인의 원자화 등을 적절히 해소하지 못하면, 전간 시절에서 보듯, 오히려 공동체, 사회적 유대에의 열망은 전체주의를 지지하는 방향으로 귀결되기 쉽다. 이런 인식은 자본주의, 민주주의, 사회적 안정 간의 긴장이 갈수록 고조되는 세계화 맥락에서 더욱 절실하다. 강하고 개입주의적인 국가, 활수하고 보편적인 복지 정책은 민주주의와 시장에 대한 계급적 인식이 적어도 그 출발점이 되어야 한다.

그러나 우리는 신자유주의의 부상 자체가 이미 전후 사회민주주의의 취약성을 드러낸 것임을 예민하게 인식해야 한다. 자유주의 논리의 돌연하고도 급격한 확산은 전후의 사회민주주의적 합의 체제 혹은 전후 사회민주주의 정치가 성취한 사회 세력들 간의 타협 체계마저도 실은 얼마나 허약한 것이었나 혹은 시장은 ― 그간의 사회민주주의적 타협에 길들여지기는커녕 ― 상황에 따라 언제고 그 호전성을 백일하에 드러낼 수 있는, 그 자체가 여전히 얼마나 막강한 권력적 현상이었던가를 새삼 확인시켜 주었다. 지난 세기말 이후 사회민주주의적 복지 체계가 권위주의, 관료주의와 등치되며 반국가·반노동의 정서가 선동, 유포되기 시작했을 때, 민주주의는 우익이 자신의 공세를 정당화하기 위해 채용한 가장 강력한 무기였다. 물론 이때의 민주주의란 실상 그 내용에서는 자유주의 곧 시장을 견제하거나 거스르는 것이 아니라 오히려 국가로부터 시장의 자율성을 확보하는 데 초점이 두어진 것이었다. 이런 개념적 전도顚倒야말로 민주주의(의 재창출)가 좌파의 대안 모색을 위해 재차 의미를 띨 수밖에 없게 되는 중요한 단초다. 결국 시장의 권력적·계급적 속성으로 인해 시장에 대한 외부로부터의 정치적 민주주의의 견제와 개입은 시장 자체의 민주화로 나아가야 된다는 인식에 닿는다.

전후의 사회민주주의적 복지 체계는, 생산은 시장에 맡기되 분배와 재분배에는 국가가 개입한다는 암묵적·명시적 합의에 입각한 것이었다. 그러나 사회민주주의 체계가 국가 복지에 취해 있는 사이에, 자본주의의 근본적 개혁(성찰)을 위한 계기와 기회는 소실됐고, 경제 환경이 변화하면서, 오히려 분배 중심의 기존의 국가 복지마저 위기에 몰리는 일이 발생했다. 오늘날 사회민주주의는 성장주의, 복지국가 위기론, 세계화 등 신자유주의적 담론과 정치적 공세 앞에서 변변한 대응을 못한 채 무력감에 빠져 있으며, 최근의 금융 위기들에도 불구하고 노동이 발언할 역량과 기회는 갈수록 위축되고, 자본 중심의 담론과 정책은 여전히 압도적이다.

이제 과제는 생산과 절연된 구매력의 재분배를 넘어서서, 국가와 시장 모두에서의 권력의 행사 자체를 민주적으로 규율하는 제도적 틀을 정립하는 일, 곧 사회민주주의의 재정립 혹은 공세적 재편을 모색하는 일이다. 민주화가 국가와 정치를 넘어 시장으로 확대되는 것이야말로 민주주의의 민주화의 요체가 돼야 한다. 통상 실질적 민주화는 전통적 복지국가에서 중시하는 탈상품화 조건의 확립, 즉 실업자, 노약자, 장애자 등과 같이 시장의 외부로 밀려난 사람들의 사회경제적 조건과 관련해서 주로 논의되어 왔다. 그러나 시장 자체가 일정하게 민주화되지 않으면, 오늘날 보듯이, 이런 전통적인 사회민주주의적 재분배 체계마저도 잠정적인 취약한 체제에 머물 수밖에 없다. 이때 시장의 민주화란 시장의 가장 중요한 행위자인 기업(자본)의 행태에 대한 규제를 주로 의미한다. 무엇보다 그것은 생산의 결과물(이미 생산된 것)의 분배를 넘어서, 기업지배구조의 민주화라는 내적 견제를 주된 내용으로 포괄해야 한다. 시장 밖(으로 밀려난 사람들)을 주목하는 '외적 민주화'는 이제 기업의 내부자들, 곧 종업원, 주주, 하청업체 직원, 지역 주민, 소비자 등 이해관계자의 삶의 조건과 관련된 기업지배구조의 민주화, 즉 '내적 민주화'로 보완돼서, 시장 안팎의 모든 이해관계자들을 체제의 떳떳한 구성원으로 편입시키는 일, 그것이야말로 위기 시대에 사회민주주의의 공세적 갱생을 위한 새로운 목표가 되어야 하는 것이다.

물론 실질적 민주화의 이 두 범주(내적·외적 민주화)는 피차 긴밀하게 연계되어 있다. 외적 민주화 수준이 취약하면, 탈상품화의 정도가 낮아 '어두운 실업' ― 즉, 보호받지 못하는 실업 ― 이 발생하고 이는 다시 시장으로 강제적 (재)편입이 이어지며, 그때 내적 민주화를 통해 이 문제가 적절히 제어되지 않는다면 저임금이나 불안정 고용 등과 같은 '어두운 고용' ― 즉, 보호받지 못하는 고용 ― 이 늘어나고, 결국 시장 안팎에서 복지의 총량은 저하된다. 또한 내적 민주화 수준이 낮아서 기업지배구조가 주주의 이해를 일방적으로 보호할 때 저임금노동이나 해고 등으로 인한 종업원이나 하청업체 직원과 같은 여타 이해관계자들의 권익이 침범당하고 그럴수록 국가 복지, 즉 외적 민주화의 필요성은 증가하기 마련이다. 세계화, 주주자본주의 등 담론들이 대세를 이루고 규범화되어 가면서 시장 안팎에서 불안과 불평등이 고조되는 오늘의 상황에서는, 근로 복지workfare, welfare to work, productive welfare(사회투자국가 등) 개념에 입각한 정책은 무리한 시장 편입을 강제하기 쉽다. 그러나 그로 인해 어두운 고용(저임, 불안정 고용 등)의 문제는 더욱 심각해질 것이며 그럴수록 다시 국가가 떠안아야 하는 복지부담은 늘어날 수밖에 없다. 존 갈브레이스는 "기업 권력의 규제 없이 자본주의의 미래는 없다"는 말을 남기고 세상을 떠났다. 노동운동을 규제하기 위해 수많은 반노조 입법들이 국가에 의해 제정되고 활용되어 온 점을 상기하면, 시장이나 기업에 대한 규제를 국가 입법의 영역 밖으로 방치하는 일은 논리적으로나 윤리적으로 정당화될 수 없다. 위계적 권력 공간인 시장 혹은 기업의 민주화 문제를 시장의 자발성에 맡길 수 없으며, 국가의 이니시어티브에서 시작돼야 한다. 당연히 그리고 여전히 국가영역의 민주화, 즉 정치적 민주화의 중요성은 아무리 강조해도 지나치지 않거니와, 정치적 민주화야말로 입법의 주체인 국가가 스스로 도덕적 권위를 확보하는 선결 조건이며 내적·외적 민주화를 위한 직접적 수단이 되기 때문이다.

이를 위해 소유권에 대한 전통적 관념 또한 일정하게 수정될 필요가 있다. 원래부터 시장자유주의와 사회주의는 모두 소유권을 단일의 통합체로 파악한다는 공통점을 지닌다. 이 둘은 각각 소유의 사적 주체를 신성시하거나(전자), 사적 주체를 공적으로 전환해 문제를 근본적으로 해결한다는(후자) 사상에 입각해 있다. 그러나 인류가 선진 자본주의국가들의 시장 실패와 현실 사회주의 국가들의 정부 실패를 모두 겪어 온 마당에, 이런 전통적 소유권 개념의 유효성은 점차 소실되고 있다. 그리하여 만일 새로운 정치경제의 질서가 모색돼야 한다면, 그것은 소유권이란 하나의 다발bundle로서 이해되고 또 이전되기보다는 다양한 이해관계자들의 참여에 의해 내부로부터 공유되고 견제될 수 있다는 인식의 전환이 필요하다. 예컨대 우리는 사회화를 생산수단의 공공 소유라는 협의의 개념에 가두기보다는, 오히려 경제에 대한 민주적 통제를 확대한다는 광의의 개념으로 전환시켜야 한다. 자본주의의 핵심 분야들 commanding heights, 특히 케인스가 주창했던 투자의 사회화를 실효성 있게 만들 금융 분야나 공적 산업들utility industries의 공적 이전을 예외로 한다면, 이는 소유권의 법적·형식적 전환이 아니라 전통적으로 자본의 특권으로 간주되어 온 생산, 투자, 고용 등에 대한 결정권에 이해관계자들의 참여 기회를 확대함으로써 소유권의 기능과 실질적 행사에 제한을 가하자는 취지다(Berman 2006, 196).

이 모두는 민주정치의 계급적 성격을 복원하고 시장의 권력적 성격을 새삼스럽게 각성하는 데서 시작된다. 내적 민주화와 외적 민주화 모두 기본적으로는 자본 권력에 대한 제도적 견제 장치이며, 따라서 민주화의 확대, 심화 과정에서 하나의 계급 혹은 집단으로서 노동의 참여는 여전히 중심적 요소를 형성한다. 앞에서 언급했듯이, 자본주의의 문제는 계급이라는 개념을 매개로 한 정치만이 해결할 수 있다. 이때의 노동은 고용 여부와 관계없이 시장에서 사실상 배제된 모든 계층을 포괄하는, 즉 세계화와 생산 체제의 변화 등으로 인해서 새롭고도 광범위하게 창출되는 사회경제적 약자 그룹과 소외 집단, 저임금과 불안정 고용에 시달리는 계층과 만성적 복지 의존층으로 분류되는 사회 저변 계급 등을 모두 담아내는 광의의 개념으로 정의된다. 즉, 노동의 연대와 동원은 어떤 선험적 이론이나 이념이 아닌 현실 세계에서의 사회경제적 지위의 문제에 귀착하는 것이다.

이와 관련해 우리는, 여러 구조적 장애 요인들에도 불구하고, 작금 노동운동이 처한 상황에 대해 지레 낙담할 필요는 없다. 오히려 빈곤과 불평등 정도가 증가하고 노동시장 안팎에서 소외된 노동이 늘어나는 현 상황은 정치적 선택을 위한 노동계급의 잠재력과 가능성, 그리하여 사회민주주의 정치의 회생을 위한 호기로 작용할 수도 있다. 노동운동의 강도는 사회민주주의 정치에 영향을 미치는 독립변수일 뿐 아니라 그것에 의해 영향을 받는 종속변수적인 성격을 지닌다. 복지국가가 위기 상황에 몰리고 노동의 탈정치화가 진행될수록 소비적 복지의 확대를 중심 내용으로 하는 복지 개혁은 노동의 집단적 정체성 혹은 정치적 충성을 재차 담보해 낼 수 있다. 원래부터 민주정치(선거정치)는 단기적 분배 전략을 선호한다. 분배 전략을 통한 사회민주주의 정당의 계급 형성 전략이 세계화 담론 등으로 인해 빈곤과 불평등 구조가 범세계적으로 심화되는 오늘날처럼 자연스럽고도 긴요하게 요구되는 때는 찾기 힘들다 (Garrett 1998). 우리는 너무 늦기 전에 계급 간 권력의 상쇄력, 혹은 대항적 계급 권력의 대등성을 정치를 넘어 시장으로 확대, 제도화하기 위한 사회민주주의 '정치'의 재창출에 최대한 노력을 기울여야 한다. "민주주의의 재창출 없이 사회민주주의 정치의 재창출은 불가능하다"(Hutton 1994, 163).

자유주의가 아무리 진보라는 수사를 전면에 내건다 해도, 자유주의의 틀 내에서 이런 인식은 불가능하다. 자유주의는 시장의 권력적·위계적 본질에서 눈을 돌리고, 정치에서 계급 문제를 배제함으로써 자본주의에 대한 근본적 성찰을 어렵게 만들고, 스스로 그 모든 담론적 미덕을 현실에서 부인한다. 그것은 가장 먼저 방법론에서 실패했고, 유의미한 변혁을 일궈 내는 데 무력했다. 예컨대 20세기 영국사에서 자유주의, 혹은 자유당이 개혁 정치에서 이렇다 할 기여를 했던 역사를 찾기란 쉽지 않다. 20세기 초 이후 진보 자유주의의 담론이 최고조로 융성했고 자유당을 개혁 진영의 전위로 간주하던 시절이 있었다. 그러나 원칙과 정치적 실천 사이의 괴리는 컸다. 개혁의 팡파르를 울리며 출발했던 제1차 세계대전 전의 자유당 정권은 몇몇 단속적이고 분산된 개혁안을 제외하면, 자유무역, 관세, 전쟁, 국가 등의 문제로 사분오열됐고, 종전 직후에는 마침내 항구적인 제3정당으로 수권 정당의 자리를 노동당에 내주어야 했다. 자유주의 경제 논리가 대공황으로 파국을 맞은 것은 익히 알려진 사실이다. 제2차 세계대전 이후 영국의 복지국가 발전에서 자유주의의 역할은 미미했으며, 모든 유의미한 복지 개혁들은 오히려 보수당(주의)의 온정주의 혹은 사회민주주의당(주의)의 계급 정치에서 발원했고 수행되었다(고세훈 2011). 전후 합의 체제가 형성되기 시작한 이래, 개혁과 관련해 자유주의의 총은 장전되었지만, "전기 스파크는 일어나지 않았고, 총알은 발사되지 않았거나, 혹은 발사될 수 없었다." 오늘날 보수당과의 연정에 참여하고 있는 영국의 자유당(자민당)은 보수당보다 오히려 더 우편향적인 시장주의를 주창하고 있거니와, 거기에서 진보적 자유주의 계열은 좀 더 노골적인 시장자유주의 진영에 소리 없이 흡수됐거나 현실 정치적 영향력을 거의 상실한 상태다.

5. 한국적 함의

진보적 자유주의가 지닌 한계에도 불구하고, 우리에겐 자유주의를 놓기를 매우 꺼리는 정서적 경향이 있거나, 아니면 우리는 이미 자유주의를 거부할 수 없는 심리 상태에 와있을지 모른다. 냉전의 최전선에 있던 한국의 정치가 자유주의를 반세기 가깝게 오염시켰고, 그런 자유주의에 제자리를 찾아 줘야 한다는 심리적 압박감에다, 분단 구조가 내면화시킨 좌파 이론에 대한 저항 의식 그리고 한국의 이론적·추상적 좌파 운동권에 대한 반발 심리가 작용했을지도 모른다. 대안 이념으로서의 자유주의를 과장하고 그 내포를 확장해 자유주의 안에 모든 가능성이 있는 것처럼 낙관하려는 심리가 과연 이와 무관치 않을 것이다.

과거 민주화 투쟁이 목표로 삼았던 최소한의 절차적 민주주의에 대한 과도한 기대가 또한 그런 심리와 멀지 않다. 그러나 절차적 민주주의와 실질적 민주주의를 가르는 것은 분석적 차원에서는 의미가 있지만, 실제로는 그렇지 않다. 민주주의에는 반드시 실질적 사회경제 차원이 추가돼야 한다는 말은, 반만 맞는 말이다. 그런 주장에는 한국이 절차적 민주화가 완결됐다는, 그래서 실질적 차원의 민주화는 좀 더 시간을 기다려야 한다는 기대와 함께, 실질적 민주화가 지지부진한 것은 우리가 전자의 성취를 일궈 낸 것에 너무 자만했다는, 터무니없는 인식이 들어 있기 쉽다. 성숙한 절차적 민주화는 그 자체로 반드시 실질적 민주화를 부른다. 절차/실질 민주화의 이분화는 유효하지만, 전자는 홀로 성취된 채, 그냥 남아 있을 수 있는 것이 결코 아니며, 이 둘은 전자가 반드시 후자를 견인한다는 의미에서 연속적인 개념이다. 이 둘을 단절적 개념으로 본다면, 오히려 우리는 (절차적) 민주주의에 대해 절망하기 쉽고 — 실질이 동반되지 않는 공허한 민주화일 수도 있다는 의미에서 — 이런 절망은 다시, 오늘날에서 보듯이 정치적 허무주의, 반정치 담론, 경제(성장) 만능론 등으로 연결되기 십상이다. 과거 권위주의에 대한 느닷없는 향수가 또한 여기서 멀지 않을 것이다. 이 둘을 연속적 개념으로 파악한다는 것은, 민주주의를 그 내용이 부단히 채워져야 하는 동적 민주화란 개념으로 이해한다는 의미다.

자본 편향적일 수밖에 없는 시장 권력의 불평등은 어차피 시장 외부, 곧 정치를 통해 견제하고 제약돼야 한다. 이때 정치적 방식은 권위주의나 전체주의 그리고 민주주의의 두 종류가 있을 수 있다. 물리적 폭력에 의존하는 전자를 논외로 친다면, 민주적 방식에는 다시 개별화된 시민에 의존하는 자유주의적 민주주의와 종교, 인종, 지역 등을 불러들이는 보수주의의 정체성 정치 그리고 계급적 연대와 동원에 의존하는 사회민주주의가 있다. 자본의 계급적 결속이 자동적이고 신속할 뿐 아니라 자본주의 체제에서 자본이 구조적으로 누리는 헤게모니적 지위 그리고 그로 인한 노동의 다양한 분화 경향 등을 상고하면, 실효성과 도덕적 정당성의 측면에서 사회민주주의적 방법론이 갖는 우월성은 자명하다. 진보란 정치와 시장의 양 영역에서 노동의 계급적 대항 권력 혹은 상쇄력의 제도화를 부단히 추구하는 민주주의에 터 잡아야 한다는 인식 혹은 신념과 맞물려 있거니와, 노동이나 계급 개념을 동원하지 않는다면, 진보라는 개념은 애초에 불가능하며 또 진보는 현실적 정치 세력으로 존립할 수 없다. 진보 정치에서 민주정치는 계급 정치일 수밖에 없는 것이다.

진보적 입장에 따르면, 절차민주주의의 핵심은 약자의 목소리를 수렴, 표출할 수 있는 제도적 장치, 곧 계급 간 권력적 길항의 제도화를 마련한다는 데 있다. 선거법, 정당 체제, 법 앞에 평등, 언론 관계법, 노조 관련법, 기업법, 기업지배구조, 허다한 분야에서 한국 민주주의의 '절차'는 여전히 불완전하며, 그마저도 실제로 퇴보하거나 퇴보의 조짐을 곳곳에서 드러내고 있다. 선거제도는 계급적·집단적·이념적 투표를 그 뿌리에서 좌절시키고, 집회 결사, 공정한 재판을 받을 권리 등은 도처에서 벽에 부딪친다. 기업지배구조의 비민주성과 고용구조의 분화 양상은 사회경제적 약자의 목소리가 하나의 집단이나 단위로 표출될 수 있는 시장적 기회가 원천적으로 봉쇄돼 있음을 드러내 준다. 한국 노동운동의 권력 자원이 모든 산업적·정치적 지표에서 극도로 핍진한 상태라는 것은 익히 알려져 있다. 계급 권력의 대등성 혹은 노동의 상쇄력과 관련된 제도화가 이처럼 그 초입에서 막혀 있는 상황이라면, 도덕적 잣대는 개인이나 노동운동이 아닌 제도와 경제적 관행에 먼저 들이대는 것이 옳다.

계급 권력의 제도화, 그리하여 상쇄력의 점진적 대등성을 확보하려면 무엇보다 국가 복지가 점진적으로 확대돼야 한다. 복지는 그 자체로 노동의 협상력을 제고시키기 때문이다. 그러나 서유럽 복지를 발전시켰던 두 기둥, 즉 보수주의와 사회민주주의의 전통이 모두 결핍됐고 절차적 민주화가 미성숙한 상태에 있는 한국에서 복지국가의 발전을 기대하는 것은, 적어도 단기적으론, 쉬운 일이 아니다. 이처럼 복지를 위한 역사적·제도적 토대가 부재한 상황에서 복지라는 말이 좌우를 넘어 시대적 담론으로 융성하는 오늘의 현상이 반드시 긍정적일 수만은 없다. 국가 복지가 엄청난 자원의 이전과 그것을 추동하는 계급의 제도적 역량을 웬만큼 전제하는 한, 정치에 대한 실망이 또 한 차례의 정치적 환멸을 불러일으킬 수 있기 때문이다. 그러나 쉽지 않다는 것이 반드시 복잡하다는 의미는 아니다. 사회적 연대, 공동체적 유대가 깨졌다면, 자본주의가 산출시킨 불확실성과 불안이 결과한 시장 탈락자들을 다시 복귀시키는 것이 우선적 과제가 돼야 할 것이고, 사회경제적 약자를 타깃으로 한 계급 정치는 불가피하다. 자본이 계급적으로 강고하게 결속돼 있고, 계급 권력이 현저히 불균등한 상황에서 계급 정치를 폄하하거나 경멸하는 일은 그 자체가 자본편향적인 계급적 태도다. 계급 정치는 분파적이라기보다는 오히려 사회의 공적 가치, 공동체적 유대의 제고에 기여한다.

물론 한국에서 진보의 과제는 힘겹다. 부자들은 지연, 학연으로 분열된 것처럼 보이다가도 계급 앞에서는 쉽게 연대하며, 약자들은 계급문제에서 결속된 것처럼 보일지라도, 각종 인연과 단기적 이해관계로 인해 쉽게 분열한다. 더욱이 한국 사회의 진보 진영은 역사적 유산과 제도의 부재 속에서 싸워야 한다. 그러나 상황이 아무리 부당하더라도 그것은 진보 진영이 극복해야 할 주어진 조건일 뿐이다. 그런데도 오늘날 진보 진영의 이념 가게(정책 가게)ideology shop, policy shop에는 계급 정치를 적극적으로 일궈 내기 위한 경쟁력 있는 상품이 없다. 한국의 노동은 한나라당이나 민주당 이전에 진보 진영을 먼저 견뎌 내야 하는 것이다. 지금은 진보라는 말을 앞세우기보다, 진보의 내용을 구상하고 성찰하는 것이 더 중요하고 절실한 때다. 예컨대 영국의 페이비언들은 스스로 진보를 내세우기보다는 진보의 내용(집산주의)을 채우는 일을 더 서둘렀다. 그들은 집산주의가 과학적으로 타당하다는 신념에 흔들리지 않았으며, 초조하지 않고 끈질기게 기다렸다. 진보의 내용보다 진보라는 깃발을 더 중시하면, 진보 자체가 단기적 권력투쟁을 위한 수단으로 활용되기 쉽다. 무엇보다 진보 진영은 시간의 흐름과 관계없이 변치 않는 사회민주주의적 가치들, 원칙들, 도그마를 새롭게 정비해야 한다. 그 위에, 예컨대 금융과 공익 산업의 국유화, 분배를 위한 제 조치, 비례대표제, 기업지배구조의 개선 등 잠재적 계급 역량을 규합하고 동원하기 위한 정교한 정책적 내용을 제시해야 한다.

반복하거니와, 자본주의하에서 민주주의는 자본에 대한 계급과 집단으로서 노동의 대항 권력이 국가와 시장 양 영역에서 항시적으로 제도화될 것을 제1의 원리로 요구한다. 원자화되고 취약한 개인을 집단, 조직, 연대, 계급의 이름으로 다시 묶어 내는 일, 그것이 모든 진보 진영의 핵심적 과제가 돼야 한다. 계급 연대도 계급 정치의 존재를 전제하는 것이다. 원칙이나 이념보다는 당장의 정치적 곤궁을 벗어나기 위한 실용적·탈이념적 접근에 얽매일 때, 진보 진영은 스스로의 운명을 일반적 경제 상황에 내맡기는 것과 다름없다. 사회민주주의적 개혁을 위한 이론적 기반이 결여된 데다, 불황 등으로 인해 물적 토대마저 붕괴된 상황이라면, 그때 진보 정당은 항구적으로 선거에 취약한 과잉의 정당으로 남을 수밖에 없다. 역사, 제도, 이념의 유산이 없다면, 아무리 시간이 걸리더라도, 만들어야 하고, 진보 진영은 체제에 통합되거나 체제의 성공적 관리에 초점을 둘 것이 아니라 오히려 체제 변혁의 전망과 비전을 원칙과 정책을 통해 구체적으로 제시해야 한다. 이는 진보의 가치 자체를 위해 필요할 뿐만 아니라, 이로부터 계급 정치를 핵심으로 하는 정치과정에 대한 관심이 촉발될 수 있기 때문이다.

예컨대 파이를 나누는 방법에 먼저 합의하지 않고 파이를 키우자는 전략에 동조하는 것은 기만적이다. 파이를 키우는 과정 자체가 권력적 과정이고, 분배의 원칙이 미리 정해지지 않는 한, 파이가 커질수록 분배는 시혜(즉, 자본의 결정)에 더욱더 의존할 것이기 때문이다. 그리고 분배의 원칙과 파이의 크기(도대체 파이는 얼마나 더 커져야 하는가?)를 정하는 일은 '노동 있는' 민주주의에서만 실효를 볼 수 있다. 선거 연합도 정책 연대도 확고한 계급 정당의 존재를 전제하거니와,[9] 이념적·정책적 차원에서 명료하고도 전면적인 진보의 대치선을 구축하는 일이 오늘날보다 절실한 때는 별로 없었다. 사회경제적 약자의 곤궁과 불안이 날로 커가며 그 규모가 날로 증대되는 상황에서, 그런 대치선은 선거 전략적으로도 상당한 의의를 지닐 것이다. 무너지고 있다는 중산층은 '호의적 중립'의 태도를 취하기 쉬우며 따라서 적극적 구애 대상으로 간주할 필요는 없다. 노동 없는 진보라면 진보의 존재 이유는 무엇이며, 그렇지 않아도 진보가 말할 수 없는 수적 열세와 정치적 궁지에 몰린 상황에서, 도대체

9_1930년대 파시즘에 저항한다는 그럴듯한 명분으로 추진된 인민전선(Popular Front)의 계급 협력 전략은 결국 자본 진영을 더욱 강고하게 만들 뿐이라는 비판을 받았다. 조지 오웰은 당시 영국에 전해 오던 오행시를 인용해 이를 요약하고 있다. "나이지리아에서 온 젊은 여인이 있었네/ 그녀는 호랑이의 등에 올라 여행을 떠났다네/ 그들이 여행에서 돌아왔을 때/ 그 여인은 호랑이의 뱃속에 있었고/ 호랑이 얼굴에는 미소가 있었네"(Davison ed. 1998, 124, 각주 2).

누가 진보를 지지할 것인가.

　　아마 이 글의 주된 논지는 '진보적' 자유주의가 주창하는 가치들을 현실에서 구현하려면 사회민주주의적 방법론이 절실하다는 역설, 정도가 될 것이다.

4장

사회적 자유주의와 사회민주주의

__박동천

1. 머리말

이승만과 박정희의 시대를 거치면서 한국 사회는 반공이라고 하는 표어가 여타 정치적 가치 모두를 압도하는 시절을 오랫동안 거쳐 왔다. 그렇게 된 직접적인 까닭은, 주지하다시피 한국 전쟁 때문에 생성된 응어리와 그것을 의식적이든 무의식적이든 정권 안보용으로 착취해 온 기득권 세력의 전략적 동기를 들 수 있을 것이다. 어쨌든 그 까닭을 파고들어가는 것은 이 글의 주제가 아니다. 이런 반공주의는 인민의 정치의식을 지독한 수준의 레드 콤플렉스로 물들여, 스스로 진보적인 성향이라고 여기는 사람들조차 행여 '빨갱이', '좌익', '좌파' 등의 낙인이 찍힐까봐 언행을 자기 검열해야 하는 풍조를 만들었다.

늦게 잡아도 1997년 김대중의 집권 이후 이런 풍조는 상당히 약화되었다. 물론 이명박 정권이 등장한 이후 냉전적 사고에 물든 극우 세력의 발호가 다시 고개를 들고 있듯이, 한국 사회에서 좌파의 정치적 가치가 사회 발전을 위한 한쪽의 기틀로 정당한 대접을 받아야 한다고 믿는 사람들의 숫자는 아직 충분한 수준에 한참이나 못 미친다. 그러나 적어도 정치적으로 약간이나마 의식이 있는 유권자들, 자기가 지지하는 정당이 어떤 가치를 지향하는지를 어렴풋이라도 인식한 위에서 자신의 정치적 정향을 타산적으로 선택할 만큼 지적인 역량을 갖춘 시민들 사이에서는, 상대를 '좌빨'이라는 식으로 몰아붙이는 낙인만으로 자신의 정치적 주장을 정당화할 수는 없는 상태가 되었다고 봐도 좋을 것이다.

비록 전체 인구 가운데서는 과반수에 미치지 못하더라도 여론의 형성에서는 상당한 영향을 미칠 수 있는 유의미한 소수가 이처럼 좌파의 가치에 적극 동조까지는 않더라도 진지하게 고려해 볼 만한 가치는 있다고 인정하는 상태는, 과거의 야만적인 레드 콤플렉스에 비하면 다행스러운 것이 틀림없다. 이승만-박정희-전두환 체제의 무자비한 우리-저들 이분법의 한 가닥이 젖혀져서 완화된 것이 틀림없다. 그러나 이처럼 다행스러운 진전의 와중에 많은 사람들이 간과하고 넘어가는 대목은 좌파 진영에 속했다고 자임하는 사람들 사이에서 우리-저들의 흑백논리가 강화되는 경향이다. 무도한 탄압이 자행되던 시대에 나름의 정체성을 유지하기 위해서 내부적 충성과 조직적 순결을 강조하던 전통이 이미 그럴 필요가 없어진 시대까지 남아서 좌파 가운데 상당한 일부의 사유구조를 경직화하고 있는 것이다.

미국의 요청을 받아들여 이라크에 파병한 일을 가지고 지금까지도 노무현 정부를 용서할 수 없는 대표적인 이유 가운데 하나라고 들먹이는 태도 따위가 이런 경직성의 전형적인 사례에 해당한다. 아래에서 다시 논의하겠지만, 노무현의 이라크 파병은 보수·진보의 단선적 이분법 척도로 바라보기보다는 여러 가지 복잡한 계산 속에서 나온 시의적時宜的인 결정이라고 봐야 한다. 물론 당시에 현실의 불가피성을 다르게 인식한 사람이라면 시의성의 판단을 다르게 내릴 수 있다. 그러므로 노무현의 정책을 비판할 권리는 누구에게나 있다. 그러나 이미 노무현이 파병했던 한국군은 철수했고, 그 정책으로 말미암아 발생했다고 특정할 만한 불행한 결과가 없는 지금에 이르기까지, 그 일을 가지고 '노무현은 진보가 아니'라고 고집하는 태도는, 진보라는 표어를 부당하게 독점하려는 전제적인 폐쇄성이 아니라면 무절제한 감정의 충족을 이치인 것으로 착각하는 혼동일 따름이다.

이 글에서 나는 자유주의적 사회조직 원리, 또는 적어도 그 판본 중 하나는 사회주의의 이상을 실현하는 데 걸림돌이 아니라 견인차가 될 수 있다고 주장할 것이다. 아울러 특히 한국 사회처럼 오랜 세월 동안 축적된 전통 자체가 비자유주의적인 사회에서는 사회주의적 이상에 도움이 되느냐 여부와 상관없이 자유주의적 가치들은 자체로 사회를 진보 쪽으로 이동시키는 의미를 가진다고 주장할 것이다. 그러나 이런 논지가 제대로 이해되려면 먼저 단어들이 표피적으로 풍기는 이미지에만 몰각된 무분별한 이분법에서 벗어난 사유의 형식이 반드시 필요하다. 그러므로 이런 주제들과 관련해서 이분법적인 사고가 왜 단견인지부터 따져 보기로 한다.

2. 이분법적 사고와 평면적 사고 비판

『한겨레』 칼럼을 통해 김규항은 오연호·조국이 펴낸 책 제목을 『진보집권플랜』에서 『민주집권플랜』으로 고치라고 충고한다(『한겨레』 2011/02/09). 오연호·조국은, 부르주아 시민에 속하는 사람들이라 이명박과 노무현의 차이를 크게 보지만, 민중의 입장에서는 이명박이나 노무현이나 "그

밥에 그 나물"이라는 것이다. 우석훈은, 민주당이 "진보"라는 불투명한 기치를 내걸고 두 번의 집권에 성공했지만, 그 불투명성이 실패를 예비했다고 보는 듯하다. 그리하여 뭉뚱그려서 진보라고 말하지 말고 리버럴인지 프로그레시브인지 정체를 밝히라고 요구한다(『한겨레』 2010/05/12).

김규항이나 우석훈이 김대중, 노무현의 성과와 민주당의 행태에 대해서 불만을 가지는 것은 충분히 있을 수 있는 일이고, 그런 불만을 표명하는 것은 그들의 권리다. 하지만 내가 여기서 그들의 주장을 예시한 까닭은 어떤 실제적인 정책과 관련된 입지선정의 문제를 논의하기 위해서가 아니라, 진보, 보수, 리버럴, 프로그레시브, 시민, 민중, 개혁, 민주 등의 용어와 관련해서 그들이 드러내 보이는 사유의 형태를 논의하기 위해서다. 물론 진보가 무엇이고, 리버럴은 무엇이며, 자유주의는 또 무엇인지 등의 질문은 굉장한 혼란의 원천인 경우가 대단히 많은 만큼, 이들 두 논객 역시 이런 질문들에 관해서 아주 뚜렷하고 일관적인 사유의 형태를 드러내고 있는 것은 아니다. 더구나 개인들의 일상생활에서 이런 질문들에 관해 뚜렷하고 일관적인 사유의 형태가 반드시 필요한 것도 아니다. 하지만 사회생활의 기본적인 틀을 좀 더 나은 방향으로 개선한다는 꿈이 빠진다면 진보라는 단어는 순전히 말장난에 불과한 허사로 전락할 것이며, 사회생활의 기본적인 틀을 개선한다는 목표를 위해서는 무엇보다 공동체 구성원 사이에 소통이 필수적이고, 관련되는 핵심 용어들을 최소한의 명확성과 일관성도 없이 단순히 말초적 감정을 분출하는 수사적 도구로만 사용해서는 소통이 불가능할 것이다.

위에 인용한 두 논객의 글에서 바탕이 되는 사유 형태를 내 나름대로 유추해 보면 다음과 같은 〈그림〉이 나온다. 진보라면 모름지기 이 그림에서 왼쪽에 위치한 사회주의나 공산주의 정도는 되어야 명칭에 부합하는 것이고, 자유주의는 어떻게 봐도 우파 이데올로기라는 인식이

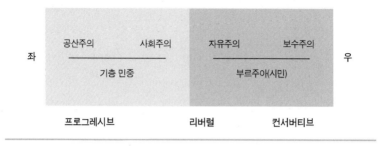

| 정치 이념의 일차원적 지도 |

좌 ｜ 공산주의　　사회주의 ──── 기층 민중 ｜ 자유주의　　보수주의 ──── 부르주아(시민) ｜ 우

프로그레시브　　　　　리버럴　　　컨서버티브

다. 이런 이해(또는 오해)는 김규항이나 우석훈만이 아니라 한국 사회에서 정치 이념에 조금이라도 관심이 있는 사람 사이에서는 아주 광범위하게 퍼져 있는 흔한 생각이다. 더구나 자체로만 보면 특별히 틀린 것도 아니다. 특별히 어떤 심오한 의미를 전달하려는 듯한 가식을 부리지 않고 통속적인 수준에서 한마디 아는 척하고 넘어가는 정도에 머무르는 한, '자유주의는 보수 이념이고 사회주의 정도는 되어야 진보'라는 말은 충분히 통용될 수 있을 것이다.

하지만 가볍게 아는 척하는 정도의 무해한 의도에서 비롯된 말이라도, 사회적인 유행어가 되어 마침내 인민의 상상력을 구획하는 프레임의 지경으로까지 고착화된다면 심각한 폐해를 낳을 수 있다. 이 도식의 문제로는 경계 구분 및 평면성과 관련해서 두 가지를 중요하게 거론할 수 있다. 이 도식은 좌파와 우파 사이의 경계가 마치 자명할 것 같은 착각을 심어 준다는 점이 경계 구분과 관련된 문제다. 그리고 어떤 정파, 어떤 개인이 사회주의자인지 자유주의자인지를 분간하는 일은 결코 이 도식처럼 평면적인 척도로는 달성될 수 없다는 점이 평면성과 관련되는 문제다. 이 두 가지 논점을 이제 차례로 검토해 보자.

먼저 모든 사회집단 또는 공동체에 일반적으로 해당하는 명제 하나를 확인할 필요가 있다. 어떤 집단의 속성이라는 것은 집단 구성원들을 빠짐없이 대표하는 것이 아니라 개별적 구성원들이 가지는 속성들 가운데 일부를 부각하고 나머지를 무시한 결과라는 점이다. 예컨대 철학자가 어떤 사람인지를 묻는 질문에 어떻게 대답할 수 있을지를 생각해 보기만 해도 이를 쉽사리 알 수 있다. 대학에 적을 둔 철학 교수가 가장 먼저 떠오를 답이지만, 개개 철학 교수들이 하는 일은 그야말로 천차만별일 것이다. 철학이 무엇인지에 관해서도 각자의 입장들이 크게 다를 것이지만, 그들 모두가 각자 생각하는 철학의 상을 실천하는 데에 매진하고 있는 것도 아닐 것이다. 어떤 사람은 지금까지 자기가 추구했던 철학의 상에 관해 회의를 느끼고 다른 방면의 취미에 심취하고 있을 수도 있는데, 그런 와중에 인간과 지식의 본질에 관해 더욱 깊은 깨우침을 얻을 수도 있다. 물론 회의가 격심한 좌절감으로 연결될 수도 있다. 더군다나 철학 교수 말고도 철학자라 불릴 수 있는 사람들은 여러 종류가 있다. 거리의 철학자라든지, 대학이라는 제도권 바깥에서 독자적으로 연구·저술하는 사람도 있을 수 있고, 이른바 역술이나 명리학이라 불리는 철학을 생업으로 삼은 사람들도 있다.

이 간단한 사례를 통해 알 수 있는 것은 통상 X라는 명칭으로 일컬어지는 분야에서 벌어지는 일들은 결코 어떤 동일한 단일 집합이 아니라는 점이다. 비트겐슈타인이 『철학탐구』 §66에서 게임에 관해 말했듯이,[1] 철학이라는 활동들을 살펴보더라도 개별적 사례 사이에서 발견되

1_예컨대 '게임'이라 불리는 활동을 생각해 보라. 판 위에서 하는 게임, 카드 게임, 공으로 하는 게임, 올림픽 게임 등 말이다. 이 모두에 공통점이 무엇인가? — "뭔가 공통점이 틀림없이 있을 것이다. 그렇지 않다면 '게임'이라고 불리지 않을 테니까"라고 말하지 말고, 그 모두에 공통되는 것이 있는지 살펴봐라. 왜냐하면 실제로 살펴보게 되면 공통점은 볼 수 없고, 다만 비슷한 점들, 이런저런 관계들, 그리고 그런 유사성과 관계들이 죽 이어지는 광경을 보게 될 테

는 여러 가지 유사성들, 개별적 구성 원소들이 맺고 있는 이런저런 관계들, 그리고 그런 유사성들과 관계들이 길게 이어지는 모습은 볼 수 있지만, 철학이라는 이름으로 불리는 모든 원소들을 아우르는 공통점 같은 것은 없다(Wittgenstein 1953). 철학이라는 단어 하나에 대응하는 속성 하나가 반드시 있어야 한다는 생각이 눈을 가리지 않는 한, 이는 누구에게나 분명하다.

집단성의 본질에 관해 막스 베버가 포착한 요소들도 현재의 논의에 대해 커다란 적실성을 가진다. 베버는 사회적 집합체가 언급되는 경우에 그것이 가리키는 의미는 실제로 벌어지고 있거나, 언젠가 벌어지는 것이 가능한 개인들의 사회적 행동뿐이라고 말한다. 그러나 이는 사회적 집합체가 실체가 아니라는 뜻이 아니다. 집합체는 "개인들의 마음속에서 일면 실제로 존재하는 것으로, 다른 면에서는 규범적 권위를 가지는 것으로서 의미를 가진다"는 뜻이다(Weber 1968, 14). 사회집단이란 개인들이 자신의 행동 및 다른 사람들의 행동으로부터 읽어 내는 의미를 통해 표상되는 것으로서, 개인들 사이의 관계를 통해서 구성된다는 말이다.[2]

그러므로 무엇이 자유주의인지, 무엇이 사회주의인지 역시 이런 의론에 참여하는 사람들이 자신과 다른 사람들의 언행으로부터 읽어 내는 의미를 통해 표상된다. 이 점을 강조하는 이유는 당사자들의 인식이나 믿음과 상관없는 객관적인 지평에서 자유주의 또는 사회주의의 진정한 의미가 있어야 할 것처럼 여기는 착각을 고발하는 데 있지, 각자 아무렇게나 자유주의나 사회주의라는 용어를 갖다 붙이기만 하면 그것이 자유

니 말이다(Wittgenstein 1953, §66).

2_민족이 어떤 종류의 실체인지를 논의한 박동천(2008)의 해명을 참조할 것. 상징적 실체라는 점은 민족의 경우나 자유주의자의 집합 또는 사회주의자의 집합의 경우나 마찬가지다.

주의 또는 사회주의가 된다는 뜻은 물론 아니다. 일례로, 자본의 횡포를 정부가 규제해야 한다는 목소리에 대해서는 시장 원리를 핑계로 딴청을 부리다가도, 물가 폭등이 정권의 인기를 훼손할 지경에 이르자 석유회사와 통신회사에게 가격을 올리지 말라고 압박하는 이명박 정권이 얼마나 자유주의 정권인지 따지고 비판할 수 있다. 다른 예로, 족벌 세습을 감행하는 김일성-김정일 체제가 어떻게 사회주의인지도 따지고 비판할 수 있다.

하지만 어떤 체제나 정권이나 정당이 표방하는 이념과 그 안에서 벌어지는 실천 사이에 괴리가 있다는 논란과 비판은 마오쩌둥, 스탈린, 티토, 카스트로, 블레어 등만이 아니라 케네디, 닉슨, 클린턴, 레이건, 오바마 등, 누구를 대상으로든 일어날 수 있고 실제로 일어난다. 자유주의를 곧 냉전적 반공주의와 동일시하도록 학습받고, 아무런 비판 정신 없이 그렇게 가르쳐진 내용에 묵종해 매몰된 이회창이나 조갑제의 시선에서 보면 이명박은 북한에게 충분히 강경하지 못하다는 이유에서 자유주의적이지 못하다. 세 문장 앞에서 제기한 질문과는 거의 정반대 방향에서 이명박의 비자유주의성을 제기할 수도 있는 것이다. 사회주의를 지배가 없는 체제로 본다면 현재 중국은 관료와 당에 의한 철저한 지배라는 점에서 사회주의가 아니라는 비판이 가능하지만, 사회주의를 경쟁 시장의 반명제로 파악하면 사회주의적 시장경제라는 측면이 사기극이 된다. 이처럼 주어진 체제가 표방하는 자유주의 또는 사회주의가 얼마나 명실상부하게 실천되고 있는지도 항상 의문시될 수 있지만, 그 의문 자체도 완전히 상반되는 이유에서 제기될 수가 있는 것이다.

자유주의이든 사회주의이든 그 밖에 민주주의, 민족주의, 법치주의, 복지, 평등, 정의, 연대, 인권, 기타 등등, 정치적인 어떤 가치나 이념이든 그 의미가 무엇인지에 관해서는 언제나 의문 제기가 가능하고, 또한 의문들은 완전히 상반되는 방향에서 제기될 수 있다. 이는 "인간사의 모든 분야에서 실천이 학문보다 선행"(밀 2010, 1권, 27)한다고 하는 사회생활의 본질적인 성격에서 비롯되는 특질이다.[3] 인간들로 구성된 어떤 집합체를 보더라도, 그 집단의 정체성은 어떤 요약된 강령이나 선언문의 형태로 먼저 정해진 다음에 개별적인 행태들을 통해서 적용되고 표현되는 것이 아니라, 개별적인 행태들이 먼저 있는 가운데 요약된 강령은 그런 것이 필요할 때 가서야 비로소 작성된다. 그러므로 항상 그것을 작성하는 사람의 관점이나 동기라는 변수가 첨가될 수 있는 여지가 발생하며, 그렇기 때문에 그렇게 작성된 요약문이 해당 집단의 정체성을 제대로 요약하고 있는지를 둘러싼 논쟁의 여지 또한 본질적인 속성의 하나로 등장하게 된다.

이와 같은 이유 때문에, 사회주의(자유주의)가 무엇인지 또는 무엇이어야 하는지를 묻는 질문은 자칭·타칭 사회주의자(자유주의자)들이 생각하는 사회주의(자유주의)의 핵심 지향과 상관없는 지평에서 결정될 수 없다. 사회주의(자유주의)의 정의를 개인적인 동기나 관점을 최대한 멀리하고 객관적으로 내린다고 한들, 객관적인 정의를 내리려고 하는 하나의 동기가 작용할 수밖에 없으며, 그와는 다르게 정의 내리는 사람들로부터 이와 같은 주제와 관련해서 그처럼 객관적인 정의가 과연 적합할지 나아가 무슨 효력이 있을지를 반문당하는 처지를 벗어날 수가 없는 것이다.

지금까지의 고찰은 사회주의나 자유주의가 무엇인지를 정할 수 없다는 회의주의를 정당화하기 위함이 아니다. 정반대로 이 글의 목적은

3_존 스튜어트 밀은 『정치경제학 원리』를 저 문구로써 시작하면서도, 실상 사회생활의 이런 본질적인 특질에 담겨 있는 논리적인 의미와는 상반되는 추구에서 완전히 탈피하지는 못했다. 이에 관한 비판은 Winch(1958, 66-94)를 볼 것.

사회주의와 자유주의가 각각 지향하는 핵심적 가치, 그리고 사회주의와 자유주의 사이의 관계라는 주제에 관해서 일정한 입장을 제시하는 데 있다. 하지만 이 글에서 제시하는 입장은 어떤 의미에서든 표준적인 정답인 척하는 가식이 전혀 섞여 있지 않다. 이는 단순히 수사적인 겸사로 하는 말이 아니라 훨씬 적극적으로, 표준적인 정답이라는 발상 자체가 이런 주제에 관한 담론의 본령과 필연적으로 충돌할 수밖에 없다는 명제에서 나오는 논리적인 귀결이다. 누가 어떤 '표준'을 표방하든지, 그것이 어떻게 표준의 자격을 참칭할 수 있느냐는 반문이 항상 가능하다. 물론 이런 주제에 관해 상식과 판단을 일정 수준 이상으로 갖춘 사람들 가운데 충분한 수가 어떤 정의에 수긍할 수는 있을지도 모른다. 하지만 그처럼 행복한 경우가 있다 하더라도, 그 정의는 옳기 때문에 수긍된다고 말할 수 있는 정도에 전혀 손색이 없이 충분한 다수가 합의하기 때문에 옳은 것으로 간주되는 것이라고 말할 수도 있다.

이는 현재 논의하고 있는 주제에 대해 매우 중요한 함의를 가진다. 자유주의와 사회주의 사이에 있어야 할 것처럼 보이는 경계라는 것이 남한과 북한의 영토를 가르는 경계처럼 획일적인 기준에 따라 구획될 수 있는 것이 아니다. 이와 관련해서 두 가지 점을 고찰하는 것으로써 이 절을 마무리한다.

먼저 모든 개념에는 소위 경계의 문제라는 것이 있다. 빨간색과 노란색 사이, 인간과 짐승 사이, 사회생활 가운데 경제라 불리는 영역과 정치라 불리는 영역 사이, 기타 등등, 어떤 두 개의 항목을 두고 말하더라도 그 사이의 경계에는 모호한 대목이 있기 마련이다. 국가 사이의 영토 구분처럼 첨예한 이해관계가 맞물리기 때문에 많은 전문가들이 진지한 관심을 기울여 획정하는 경계에도 모호한 구석이 적지 않아서 걸핏하면 분쟁의 빌미를 제공한다. 엥겔스는 헤겔을 따라 이 근처에 질과 양의 변증법이 있다고 보았고, 윈치는 그런 엥겔스가, 온도가 내려가다 보면 물이 얼음으로 바뀌는 구분과 대머리가 아니던 사람이 머리숱이 줄어들어서 대머리로 되는 구분이 어떻게 다른지를 이해하지 못했다고 비판했다(Winch 1958, 71-75; 박동천 2010, 210-211).

물과 얼음 사이의 경계에 비한다면, 빨간색과 노란색 사이의 경계나 국경선이나 자유주의와 사회주의 사이의 경계 등은 모두 대머리와 대머리가 아닌 사람을 구분하는 경계에 가깝다. 그러나 색채 구분(a)이나 국경선(b)이나 대머리의 경계(c) 따위에 견준다면 정치 이념 사이의 경계는 훨씬 모호해서, 체계적인 모호성이 개념의 본질적 속성이라고까지 말할 수 있을 정도다. a, b, c의 경우는 모두, 어떤 하나의 대상이 어느 쪽에 속하는지를 정하기는 곤란할 수가 있지만, 각각 경계 선상에 위치한다고 말할 수 있는 두 대상을 비교하면서 어느 것이 어느 쪽이 더 가까운지를 말하기는 훨씬 쉬워진다. 즉, 어떤 사람을 두고 그가 대머리인지 아닌지를 묻는다면 가와 부의 응답이 반반으로 나와서 더는 명확한 답을 구하기 어려운 경우라 할지라도, 그를 다른 한 사람 곁에 세워 두고 누가 더 대머리에 가까운지를 묻는다면 대답하기가 한결 수월해지는 것이다. 기어이 필요하다면 머리카락 수를 세서라도 누가 더 대머리인지를 확정할 객관적인 지표가 가능하기 때문이다.

하지만 사회주의와 자유주의 사이의 경계는 전혀 그렇지 않다. 예컨대 조봉암이나 존 스튜어트 밀이 사회주의자였는지 아니면 자유주의자였는지를 확정해서 대답하기가 곤란할 뿐만 아니라, 이 두 사람 가운데 누가 더 사회주의 쪽에 가깝고 누가 더 자유주의 쪽에 가까웠는지를 확정해서 대답하기도 지극히 곤란한 것이다. 사실을 좀 더 꼬집어 밝히자면, 이와 같은 경우에 '확정해서 대답한다'는 발상이 설자리 자체가 거의 없는 것이다. 그런 자리가 있기 어려운 까닭 가운데 하나는, 지금까지 논의해 왔듯이, 누가 그 답을 어떻게 확정하느냐는 차원의 의론이 근본적으로 열려 있는 문제이기 때문이다. 조봉암과 밀이 서로 다른 시대에 발본적으로 서로 다른 정치사회적 환경에서 활동했다는 점도 물론 그런 비교의 표준을 찾아내기 어렵게 만드는 하나의 요소임에 틀림없다. 하지만 가령 조봉암을 조소앙이나 하기락과 비교한다든지, 밀을 거의 동시대에 활약했던 토머스 힐 그린이나 라쌀레 또는 심지어 비스마르크와 비교해도, 누가 더 자유주의적이었고 누가 더 사회주의적이었는지를 확정적으로 답한다는 것은 불가능에 가깝다. 자유주의 또는 사회주의에 얼마나 가까운지를 측정할 척도 자체가 두 이념의 경우에 공히 무수하게 다양할 수밖에 없고, 그런 다양한 척도 각각에 대해 그것이 각 이념에게 얼마나 핵심적인 원소인지를 둘러싼 논란이 또한 근본적으로 열려 있을 수밖에 없기 때문이다.

3. 자유주의의 적실성

앞 절의 논의를 통해서 나는 자유주의와 사회주의 사이에 경계가 체계적으로 모호할 수밖에 없는데, 그 이유로는 자유주의와 사회주의의 핵심적 가치라는 것이 말하는 사람에 따라 다양하기 때문임을 강조했다. 아울러 이처럼 다양한 해석의 가능성 때문에 발생하는 경계의 모호함이라는 것이 사회적 개념 및 사회생활의 본질에 깃들어 있는 특징적인 속성에서 비롯되는 것이지, 인간의 지식이 아직 이상적인 수준에 미치지 못했다든지 아니면 사회생활의 형식이 아직 충분히 발전되지 못했기 때문에 빚어지는 어떤 결핍 또는 병폐가 아님을 나는 강조해서 부각했다.

하지만 그렇다고 해서 자유주의 또는 사회주의의 핵심적인 가치가 무엇인지 또는 무엇이어야 하는지에 관해 합리적인 논증이 불가능해지는 것은 아니다. 지금까지의 논의는 이런 주제를 둘러싼 담론에서 기대할 수 있는 합리성에 어떤 형태적인 한계가 있는지를 밝힘으로써 지금부터의 논의가 불필요한 혼동에 빠지지 않고 생산적인 방향으로 인도될 수 있는 나침반을 마련하기 위한 것이었고, 무분별한 기대에서 비롯되는 속수무책의 회의주의나 냉소주의를 사전에 차단할 수 있는 사유의 틀을 설정하기 위함이었다. 이제부터는 자유주의의 핵심적 가치가 무엇인지, 그리고 그것이 현재 한국 정치사회의 진보를 위해서 왜 적실성을 가질 수밖에 없는지를 이 절에서 다루고, 다음 절에서는 사회주의의 이상과 자유주의의 조직 원리가 결합된 형태의 가치 지향이 어떻게 가능하며 한국 사회에 얼마나 필요한지를 논의하기로 한다.

먼저 자유주의의 핵심적 가치로 흔히 운위되는 시장의 자유경쟁이라는 개념이 내부적으로 얼마나 일관적일 수 있을지를 검토해 보자. 이를 논의하기 위한 좋은 소재는 1970년대에 롤스(Rawls 1971)와 노직(Nozick 1974) 사이에 있었던 논쟁에 의해 마련된다. 널리 알려져 있듯이, 롤스는 나름의 탐구를 통해서 두 단계로 구성되는 정의의 원칙을 주장했다. 즉, 각 개인들이 타인의 자유를 침해하지 않는 한에서 시장 경쟁에 참여하고 그 결실을 자신의 몫으로 차지하는 것이 정의의 출발점이다. 하지만 19세기 후반 이후의 자본주의 체제가 실제로 보여 줬듯이, 이와 같은 무제한적 시장 경쟁은 사회불안을 야기할 정도의 불평등을 낳을 가능성이 농후하다. 자유주의의 이념은 봉건제의 신분 질서가 다수 인민의 성취 동기를 억압함으로써 결국 사회적 생산성을 전반적으로 위축시킨다는 자각에서 출발한 도전이었다. 하지만 시장 경쟁의 결과 축적된 자본이 대를 이어 세습되어 가진 자의 자식들이 누릴 수 있는 기회와 가지지 못한 자의 자식들이 누릴 수 있는 기회 사이에 구조적인 격차가 발생하기에 이른다면, 다수 무산계급이 기존 체제 안에서 개인적인 노력을 통해 삶의 질을 개선할 수 있는 희망은 싹이 잘리게 된다. 그러므로 17~18세기의 자유주의 혁명을 정당화했던 이유와 똑같은 이유에서 민중의 성취 동기를 진작할 수 있을 만큼 구조적인 장벽을 허물어야 할 사회적 필요가 발생하게 된다. 롤스는 그 때문에 두 번째 단계의 정의 원칙, 즉 차등의 원칙이 필요하다고 본 것이다. 그래서 국가권력에 의한 불평등의 배분이라는 차원이 필요할 수 있음을 인정하면서, 그 차원에 국가가 개입한다면 오로지 최소 수혜자에게 이익이 되는 방향의 개입만이 정의에 부합한다고 주장했다.

이에 대해 노직은 자유 경쟁에서 낙오한 사람들의 형편을 돌봐 주기 위한 재원을 마련하기 위해 국가가 경쟁의 승자들에게서 추가적인 세금을 거둔다는 것은 그들에게 강제노동을 강요하는 셈과 같다고 반박했다. 국가가 할 일은 시장에서 절도, 폭력, 사기 등의 반칙이 자행될 수 없도록 질서를 유지하는 데서 그쳐야 하고, 그런 기능을 수행하는 데 필요한 재원만큼만 세금 징수가 정당화되며, 가난한 사람들을 위한 구호는 어디까지나 부자들의 개인적인 자비심에 맡겨야 한다는 자유주의의 고전적 해석, 라쌀레가 19세기에 "야경꾼 국가"night-watchman state라고 조롱했던 국가상을 노직은 그대로 고집한 것이다. 노직의 입장은 이미 19세기 말에서부터 20세기 전반부에 밀이나 케인스 등이 제시한 자유주의에 대한 개혁적인 해석을 자유주의의 탈을 쓴 사회주의라고 몰아붙였던 미제스-하이에크 계열의 충실한 후예에 해당한다.

밀은 고전적 자유주의의 아류다. 특히 생의 후기로 가면서는 자기 부인의 영향 아래 우유부단한 타협으로 가득 찼다. 서서히 사회주의로 미끄러져 들어가서 자유주의의 관념들과 사회주의의 관념들을 생각 없이 혼동하는 풍조의 창시자가 됨으로써 영국 자유주의가 쇠락하고 영국 인민의 생활수준이 무너지는 길을 열었다. …… 밀을 철저히 연구하지 않고는 지난 두 세대 동안의 사건들을 이해하기가 불가능하다. 밀이야말로 사회주의의 대응호자이기 때문이다. 사회주의 편에서 나올 수 있는 모든 논증은 밀에 의해서 사랑이 깃든 정성으로 다듬어졌다. 다른 모든 사회주의 저술가들은 — 심지어 마르크스, 엥겔스, 그리고 라쌀레마저도 — 밀에 비하면 별로 중요하지 않다(Mises 2005).

정부 간섭을 구현하거나 정당화하는 정책을 단순히 어떤 시장의 거래나 어떤 민주적 절차에 따라서 설혹 자유롭게 합의되었다는 전제만으로 자유주의적이라고 일컫는 것은 온당하지 않다. 자유주의란 그 대신에 정책과 제도의 본질과 동기 및 확률적인 결과에 입각해서 정의된다(Yeager 1971).

어떤 상품의 정당한 가격이 무엇인지를 시장주의자에게 묻는다면 시장에서 결정되는 가격이 정당하다고 말할 것이다. 어떤 정책이 옳은지를 민주주의자에게 묻는다면 민주적으로 결정되는 정책이 옳다고 말할 것이다. 시장주의와 민주주의 사이의 상사관계相似關係는 다운스(Downs 1957)나 달(Dahl 1956)에 의해서 선명하게 부각된 바가 있다. 그런데 미제스, 예거, 노직은 정의로운 가격은 시장에서 결정된다고 보면서도, 같은 논증을 정의로운 정책에는 적용할 수 없다고 본다.

앞의 2절에서 언급했듯이, 밀 역시 무엇이 옳은가에 관한 결정이 초사회적으로 이뤄질 수 있어야 한다는 계몽주의 특유의 착각을 철저하게 꿰뚫어 보지는 못한 것이 사실이다. 경제학에서도 밀은 예컨대 "자연 가치"라고 하는 리카도의 개념에서 탈피하지 못해서 제본스로부터 비판을 받았고(박동천 2010b, 407-408), 『대의정치론』과 『자유론』에서 민주주의가 중우정치로 전락할 위험을 우려하고 경고한 것은 주지의 사실이다. 그러나 밀은 사회의 건강한 유지와 발전은 공론의 건강에 궁극적으로 달려 있다고 믿었다. 시장에 대한 정부의 규제나 개입을 미제스나 노직처럼 어떤 교조에 따라서 배척하기만 해야 할 병폐로 파악한 것이 아니라, 어디까지나 건강한 공동체를 위한 공론의 시의적 판단에 따라서 필요 여부를 결정할 일로 본 것이다.[4]

시의적 판단은 당연히 잠정성을 함축한다. 주어진 시점에서 필요하다고 간주되었던 일이 사정이 달라짐에 따라 불필요해질 수 있을 뿐만 아니라, 한 시점에서 공론의 압도적인 지지를 받은 판단이라고 할지라도 오판이었을 가능성이 인간의 조건 안에 항상 도사리고 있기 때문이다. 이와 같은 잠정성을 근본적으로 초월할 수 있는 길은 인간에게 허용되어 있지 않다. 엘리트에 의한 지배든 다중에 의한 지배든 전횡으로 전락할 위험을 밀이 경고하고, 그에 대한 유일한 예방책으로 공론장이라고 하는 의견의 자유시장에 착안하게 된 것은 바로 이런 점들을 깊이 깨달았기 때문이다.

자유주의의 전통에서 자유라는 개념이 반드시 최소 국가를 지향해야 한다고 생각하는 견해는 미제스에서 비롯하는 오스트리아학파 경제학자 및 그로부터 영향을 받은 노직과 같은 사람들이 얼마나 편협한 사고에 매몰되어 있는지를 보여 주는 단서에 해당한다. 정당한 가격이 상품 시장의 수급 균형에 따라 결정되듯이, 정의로운 정책도 의견 시장의 수급 균형에 따라 결정된다고 보는 것이 자유주의적 원리의 일관적인 적용이라는 점은 이치에 귀를 기울이는 사람이라면 누구나 쉽게 알아챌

4_"한쪽에서는 참을성 없는 개혁파들이 공중의 지성과 성향보다는 정부를 장악하는 것이 더 쉽고 더 빠를 것으로 생각하면서, 정부 관할 영역을 온당한 한계 너머에까지 잡아 늘이려는 유혹을 끊임없이 받고 있다. 반면에 다른 쪽에서는 …… 단지 정부의 간섭 그 자체에 대해 처음부터 저항하고, 정부의 활동영역을 가장 좁은 한계선 안에 제한하려는 성향도 자라났다." (밀 2010, 4권, 155-156)

수 있는 진실이다. 소련 등 공산권에 대한 봉쇄정책을 지지했던 외교적 보수주의자이자 시온주의 유대인이었던 벌린조차도 "서구 자유주의자들의 양심을 괴롭힌 문제는 …… 지금 자유를 소유하고 있는 소수가 어떤 경로로 그것을 획득했느냐는 문제다. 지금 자유를 향유하지 못하는 대다수 사람들을 착취한 대가로, 또는 적어도 그 많은 사람들로부터 눈길을 돌려 버림으로써 이들 소수는 자유를 획득할 수 있었다"고 말한다 (Berlin 2006, 348). 불평등의 구조화가 사회 구성원들 사이에서 건강한 성취 의욕을 박탈할 정도에 이르지 않도록 공론의 뒷받침을 받는 국가가 배분적 정의를 실현해야 한다는 정도의 일반적인 주장을 자유의 원리에 위배된다는 이유로 배척한다는 것은 전형적으로 "자유"라는 단어를 특정 계급의 이익에 봉사하는 구실로 악용하는 셈이 된다.[5]

지금까지는 오스트리아학파 경제학자들에 의해 유포된 경제적 자유주의라는 교조가 자유의 개념을 얼마나 편협하게 해석하고 있으며, 그 때문에 어떤 내부적 부정합이 발생하는지를 살펴보았다. 이제부터 이 절의 남은 지면에서는 정치사회의 조직 원리로서 자유주의가 지향하는 핵심적인 내용이라고 내가 생각하는 바를 개진하고, 그것이 현재의 한국 사회에서 왜 시의적인 적실성을 가지는지를 피력하고자 한다.

자유주의의 핵심적인 내용으로서 첫 번째로 부각할 필요가 있는 것은 국가를 이익과 관련해서 인위적으로 결성된 집단으로 바라보는 인식의 틀이다. 이것은 국가 또는 민족의 기원에 관한 설명과는 상관이 없다. 우리가 현재 러시아, 독일, 일본, 중국, 기타 등등의 이름으로 통칭하는 정치적 실체가 발생한 연원에는 어떤 혈연적인 일체감도 작용했을 것이고, 우월한 폭력에 의한 병합과 지배도 작용했을 것이며, 종교를 비

5_이에 덧붙여, 자유와 평등이라는 개념이 어떻게 서로 얽혀 있는지에 관한 대단히 명석한 논의로 Carritt(1967)을 참조할 만하다.

롯해서 단순한 이익 계산을 벗어난 여러 가지 초월적 상징도 작용했을 것이 틀림없다. 이런 이익 이외의 고려들은 지금도 저들 정치적 집합체들이 유지되고 진화하는 데 지대한 영향을 미치는 것도 틀림없다. 자유주의는 이런 사실들은 그대로 인정하되, 사회 구성원들 사이에서 이익이 상충해서 벌어지는 갈등을 조정하는 기능을 국가가 담당해야 한다는 측면에 논의의 초점을 맞추는 것이다.

국가가 어떤 정책을 정해서 시행하더라도 찬반의 의견이 갈리기 마련이다. 따라서 어떤 정책이든지 유사시 강제력을 발동해서 집행할 수 있다는 배경이 없다면 실효성을 가질 수 없다. 강제력을 행사할 때에는 물론 강한 편의 의사가 득세한다는 무력의 원리 말고, 그 정책이 옳기 때문에 시행되어야 한다는 정당화가 수반되는 것이 보통이다. 그러나 정당화를 어떻게 하든지 그에 대해 다시 찬성과 반대의 의견이 갈리게 되고, 이런 사정은 무한히 반복될 수 있다. 그러므로 옳다는 판단을 모두가 공유할 때까지 구성원들을 설득해야 한다는 발상은 더는 시간을 지체할 수 없는 시점에 도달했는데도 반대의 태도를 견지하는 의견을 없는 것으로 치부하거나 아니면 침묵을 강요하는 결과로 이어지고 만다.

복수의 구성원들이 모여서 하나의 정치 공동체를 이룬다. 여기서 이론적·실천적으로나 어려운 난제는 여럿이 하나를 이룬다고 할 때, 그 하나의 의미가 무엇인가다. 모든 사람들이 똑같은 가치와 선호를 가진다는 의미는 있을 수 없는 일일 뿐이다. 그러므로 정치사회에 하나의 정부가 있다는 말은 구성원 가운데 주류에 해당하는 세력이 정부의 정책을 지지하고, 비주류의 반대가 완강하지 않거나 나름대로 완강하더라도 충분히 약해서 방해할 수 없다는 뜻일 수밖에 없다. 그렇지만 이를 순전히 힘겨루기의 결과에만 내맡긴다면 끊임없는 무력 충돌이 벌어지고 말 것이다. 만약 한 번의 결정에서 소수의 처지였던 사람들에게 노력 여하에 따라서 나중에 주류의 지위를 차지할 수 있는 가능성이 열려 있다면, 그리하여 지금 자기들이 잘못이라고 판단하는 정책이 현재의 주류에 의해 채택되더라도 자신들이 주류가 되는 날 노선을 수정해서 자기들이 우려하는 피해를 줄일 수 있는 가능성이 있다면, 현재의 비주류도 막무가내의 반대보다는 타협하는 가운데 미래를 기약할 바탕이 생성될 것이다.

정책을 일단 시행해 보는 경험을 통해서 그 효과를 검토하고 그에 따라 보완하거나 수정하는 체제가 가능하려면 공론의 향방에 따라 정부의 정책이 조절되는 반응성이 높아져야 하고, 아울러 정치적인 의제에 관해 진지한 관심을 기울이면서 나름의 판단력을 가지고 공론에 참여하는 시민들의 수가 충분히 늘어나야 한다. 아무리 개명된 사회라고 할지라도 책임 있는 선택 행위 자체를 두려워하는 노예근성의 소유자 또는 판단력이 부족해서 쉽게 조작당하는 사람들은 상당한 수로 존재할 수밖에 없기 때문에, 개명된 시민의 수가 그들의 비중을 상쇄하고 남을 정도는 되어야 한다.

이는 19세기의 자유주의자들이 꿈꿨던 바인데, 한국 사회에서는 오래 묵었다는 이유만으로 이 이상을 견지하는 사람의 수가 많지 않다. 나는 유럽이나 북아메리카 사회에서도 권력의 조작에 넘어가지 않을 만큼 개명된 시민의 수가 아직도 증가해야 할 필요가 많다고 보거니와, 한국 사회의 구성원들은 유럽과 북아메리카에 비교해서 정치적 주권자로서 자기 위상을 확고히 자각하는 사람이 현저히 부족하다고 본다. 무엇보다 이견의 표명 자체를 반역 또는 배신과 동일시하는 지독한 교조주의가 국가 차원은 물론이고 군대, 기업, 학교, 정당 등 온갖 수준의 조직에서 지배적인 문화로 확립되어 있기 때문이다. 단적인 예로서, 자유주의는 진보 이념일 수가 없다고 여기는 심성만 해도 자유주의와 진보 이념이 각각 어떤 교조들의 획일적인 집합으로 구성되어 있다고 보는 사유

구조를 드러내는 좋은 예에 해당한다.

자유주의의 핵심적인 내용으로서 한국 사회에 적실성이 높은 두 번째 요소는 입헌민주주의의 이념을 수용하는 자세와 관련된다. 한국 사회에서는 1987년 인민의 주권 발동에 의해 개헌이 이뤄진 후로 마치 입헌주의와 민주주의가 일단락된 것처럼 여기는 풍조가 나타났다. 그러나 이 두 이념은 현실에서 완성이란 있을 수 없는 가치를 지향한다. 그만큼 언제나 더욱 철저한 입헌주의 더욱 많은 민주주의를 향한 개선의 여지가 있는 것이다.

입헌주의는 정치 공동체 구성원들 사이에 분포하는 기본적 가치에 관한, 롤스의 문구를 빌리면, "중첩적 합의"overlapping consensus를 사회의 조직 원리로 삼고, 그 원리가 규율하는 한도 안에서 제반사를 처리하는 방식을 말한다(Rawls 1996). 다시 말해서, 국가의 규제적 권력이 어떤 문제에 관해, 어느 정도까지 개입해서, 유사시 어떤 수준의 강제력을 행사할 수 있는지가 사회의 기본적 합의에 따라 대체로 구획되어 있는 상태를 지향하는 것이다. 한편 민주주의란 인민의 뜻이 정책으로 반영되는 상태를 지향한다. 헌법적 원칙에 관한 합의의 주체도 인민이고 정책적 선호의 주체도 인민이기 때문에 입헌주의와 민주주의 사이에는 이론적으로나 현실적으로나 긴장이 엄존한다. 인민이 과거에 이룩했던 합의를 나중에 민주주의에 따라 뒤집고자 한다면, 입헌주의의 원리는 무산되고 말 것처럼 보이기 때문이다. 이런 긴장이 해결될지 아니면 폭발할지, 해결된다면 어떤 식으로 해결될지 등은 결국 실제 역사의 진행 안에서 결정될 일이다. 이 긴장에 공동체가 대응하는 방식에 일관성이 어느 정도로 표현되느냐에 따라서 해당 정치체제가 얼마나 안정적인지 여부가 달려 있게 될 것이다.

물론 일관성이란 자체가 해석에 따라 판단이 달라질 수 있는 개념이다. 그렇기 때문에 입헌민주주의가 자유주의 이념에서 중요한 자리를 차지하는 것은 사실이지만, 그 문구보다는 자유주의자들이 입헌민주주의라고 하는 문구를 현실 안에서 어떤 방식으로 이해하고 적용하는지를 살피는 것이 필수적이다. 나는 이 대목에서 권력의 차원과 공론의 차원을 구분하는 것이 상당한 도움이 된다고 생각한다. 공론이 정책으로 반영되어야 한다는 대의정치의 이상은 모든 사람의 의견이 정책으로 반영되어야 한다는 불가능한 상태를 지향하는 것이 아니다. 공론의 차원에서는 모든 쟁점에 관해서 의견이 분분할 수 있다. 반면에, 권력의 차원에서는 하나의 의제에 관해 통일되고 일관적인 노선이 정해져야 한다. 그러므로 공론이 정책으로 반영되는 상태란 곧 공론 가운데서 강제집행까지를 염두에 두고 내려지는 사회적 결단이 정책으로 반영되는 상태를 뜻한다. 그리고 이 결단은 대단히 다양한 종류의 주제에 관해서 내려질 수 있고, 이것이 사회적 결단인 만큼 개인들의 의도 안에서는 명시적인 형태로 의식되지 못할 수도 있다. 예를 들면, 이명박 정부를 선택한 것도 사회적 결단이고, 이명박 정부의 미국산 쇠고기 수입에 대한 불만의 표시도 사회적 결단이며, 그런 불만을 진압하고 넘어간 정부를 퇴진시키기까지는 않은 것도 사회적 결단이다. 보기에 따라서는 여기서 한국 인민의 정치적 선택이 일관적이지 못하다는 의견도 가능하겠지만, 그 정도의 일관성 부족은 참아 낼 수 있다고 보는 결단이 개인들의 의식적·묵시적·습관적 또는 준봉적인 작위 및 부작위를 통해서 사회적으로 이뤄졌다고 볼 수도 있는 것이다.

이처럼 자유주의에 이념적 지향이라는 면모만이 아니라 정치가 무엇인지에 접근하는 하나의 관점이라는 면모도 포함되어 있음을 음미하는 것이 표어를 둘러싼 말다툼을 지양하고 실질적인 과업을 지향하는 정치를 증진하는 데 도움이 된다고 나는 믿는다. 다음 절에서 케인스의 예를 들어 거론하겠지만, 정치 공동체가 해결해야 할 과업들은 거의 모두가 어떤 이념적인 강령을 논리적으로 연장해서 적용하는 식이 아니라 그 자체의 본령 및 주어진 상황의 성격 사이에서 균형점을 찾아나가는 방식으로 접근해야 하는 문제들이다. 현안 자체의 본령에 초점을 맞춰서 문제를 파악하고 해결책을 모색하는 방향의 행태는 전형적으로 조직이나 전통이나 권력의 압박에서 독립된 사유능력이 있어야 배양될 수 있다. 그리고 두 말할 필요도 없이, 사유의 능력이란 국가든 민족이든 다양한 사회집단이든 집합체가 보유할 수 있는 사항이 아니라, 오직 인간 개개인, 그것도 인격의 존엄성은 영혼의 주체성과 비례한다고 보는 문화적 토양 위에서 훈련받은 개인만이 가질 수 있는 속성이다.[6]

어떤 현안에 직면했을 때 그 일에 관해 주체적인 판단을 내릴 수 있으려면 우선 사안의 진상을 나름대로 확인해 본 다음 자신이 추구하는 가치 및 주변 사람들의 사정들을 종합적으로 고려해서 자신의 행동 경로를 선택하는 사유의 능력이 반드시 필요하다. 각자가 추구하는 가치는 철저하게 이기적일 수도 있을 테니까, 바람직한 공동체를 지향하는 고려에서 반드시 포함되어야 할 요소는 아니라고 일단 접어 두자. 하지만 사안의 진상과 다른 사람들의 사정이라는 두 항목은 자체 안에 공공성을 가질 수밖에 없는 개념이다. 어디서 어떤 일이 벌어졌느냐는 문제는 각 개인의 해석에 따라서 달라져서는 안 되고, 그 일의 진상이 객관적으로 선행하고 사람들의 해석이 거기에 뒤따르는 것이며, 어떤 사람

6_지금 여기서 내가 말하는 '개인' 및 '주체성'이라는 개념들은 어디까지나 공유되는 언어의 의미라고 하는 사회적 맥락의 한도 안에서 상대적인 의미이지, 모든 사회성보다 선행한다는 식으로 추상화된 (따라서 무의미할 수밖에 없는) 허상을 가리키는 것이 아님을 강조할 필요가 있다. 여기서 '개인'은 물론 '사회' 또는 '집단'과 대조되는 뜻이지만, 이 말을 하고 있는 나는 한국이라고 하는 사회성 안에서 한국어 문구들의 의미를 독자들이 나와 공유하리라고 믿어 의심치 않으면서 이런 말을 하고 있는 것이다.

이 어떤 사정에 처해 있느냐는 문제 역시 확정될 수 있으려면 관찰자가 보는 관점과 당사자가 보는 관점 사이에 어떤 식으로든 소통이 이뤄져야 하기 때문이다(원지 2011). 그렇기 때문에 주체적인 개인의 발견과 성장이야말로 공공 현안의 진상에 관한 사회적 합의, 이웃의 처지에 대한 배려, 그리고 건강한 정치의 작동에 필수 불가결한 소통을 증진하는 기본 전제에 해당하는 것이다. 개인성에 대한 강조는 물론 악용·오용·남용·착취될 수 있다. 하지만 악용의 가능성은 인간 생활의 보편적인 조건에 해당하는 일이다. 그리고 악용의 가능성이란 논리적으로 항상 선용의 가능성과 병존할 수밖에 없다. 사회가 진보할 수 있다는 희망은 악용의 가능성이 두려워 선용의 가능성까지 차단하는 공포의 논리로는 결코 생성될 수가 없는 것이다.

4. 사회적 자유주의와 사회민주주의

앞 절에서 내가 자유주의의 핵심적인 가치이자 한국 사회의 현실에서 적실성을 가지는 요소로 제시한 내용들을 일정한 용어의 형태로 축약한다면 대략 다원주의적 정치의식과 개인의 주권 의식이라고 명명할 수 있다. 그런데 이런 내용이 반드시 자유주의에서만 중시되는 것이냐는 반문을 누가 제기한다면, 나는 전혀 그럴 필요가 없다고 대답할 것이다. 실제로 예컨대 고대 로마의 키케로를 비롯한 공화주의자들, 또는 이율곡과 같은 조선 유학자의 정치사상에서도 입헌주의의 원칙, 다양한 의견의 존중, 인격의 존엄성과 같은 가치들은 대단히 중요한 비중을 띠고 나타나는 것이 사실이다. 물론 이런 가치들이 실제 정치제도로 얼마나 표현되있는시를 살핀다면 서양의 근대 이후에 발전한 자유주의 정치체제와 고대 로마나 조선의 정치체제 사이에는 질적인 차이라고 보지 않을 수 없을 정도의 양적 차이가 있다. 무엇보다 대다수 민중이 신분제라는 족쇄에 묶여서 입헌주의, 다양성, 존엄성과 같은 원리들이 기본적으로 소수 상층부에게만 적용되었다는 사실은 누구도 부인할 수 없을 것이다. 그렇다고 하더라도, 그런 이상들이 자유주의 특유의 것일 수는 당연히 없다.

이런 가치들을 자유주의가 독점할 권리도 필요도 없다는 점은 어떻게 사용하더라도 하나의 표제에 불과한 성격을 벗어날 수 없는 자유주의라는 네 음절 단어가 인간의 실제 삶에 대해 지닐 수 있는 의미의 한계를 보여 준다. 내가 앞 절에서 제시한 내용들을 자유주의가 독점할 수 없다고 해서 그것들이 자유주의의 핵심 가치가 아니라는 말은 성립할 수 없다. 단, 고전적 공화주의라든지, 유학의 성왕 사상에서도 그와 비슷한 이상이 관념상으로나 실제상으로나 부분적으로나마 존재했다는 사실을 염두에 두면, 인간의 실제 삶에서 중요한 초점은 구체적인 현안들을 어떻게 하면 잘 처리할 수 있는지에 있고, 그런 방식의 표제를 자유주의라고 붙이느냐 아니면 다른 이름으로 붙이느냐는 차원의 관심은 기껏해야 부수적인 관심임을 보여 준다.

버먼은, 20세기의 승리자는 후쿠야마 등이 역사의 종언이라는 구호 아래 주장하듯이 자유주의가 아니라 사회민주주의임을 역설한다. 공동체주의에 대한 믿음을 간직하되 사회생활에 대한 전면적 통제라는 발상에는 빠지지 않고, 개인 생활의 자유를 폭넓게 허용하지만 동시에 사회적 보호라는 차원에도 끊임없는 관심을 기울임으로써, 사회민주주의는 자유주의와 마르크스주의를 넘어서는 진정한 대안이라는 것이다(버먼 2010, 13-21). 이 주장은 흥미롭게 여길 사람만큼이나 반대할 사람도 많을 것이다. 20세기에 세계의 전반적인 추세로 나타난 정치경제적 처방에 관한 저작권이 자유주의의 몫일지 사회민주주의의 몫일지를 확정하려면 '20세기에 세계의 전반적인 추세로 나타난 정치경제적 처방'이 무엇인지를 먼저 확정해야 할 것이고, 덧붙여 그 처방에서 가장 특징적으로 나타나는 요소들이 '자유주의적'인지 아니면 '사회민주주의적'인지를 또한 확정해야 할 것이다. 하지만 이런 질문들은 2절에서 밝혔듯이 최종적인 확정이란 있을 수 없고, 기껏해야 후속될 논란에 하나의 실마리를 제공할 뿐이기 때문에 여기서 다룰 주제는 아니다. 여기서 착안하고 싶은 대목은 20세기 서유럽과 북아메리카 등지에서 개발된 정치의 방식에 다른 지역의 사회들로서도 참고로 삼을 만한 어떤 성과가 있다면, 그것은 법 앞의 평등과 기회의 평등이라는 입헌민주주의의 이념이 실제 생활에 스며들어 정착된 정도, 그리고 사회경제적으로 자칫하면 소외될 수 있는 소수자 또는 약자들이 주류 권력의 횡포에 굴복하지 않을 수 있는 정치적 대안들을 마련해 주는 것이 전체 사회의 건강에 도움이 된다는 인식이 확산된 정도에 비례할 것인데, 바로 이것을 나는 앞 절에서 자유주의의 적실성이라는 이름으로 거론한 데 비해 버먼은 그것을 사회민주주의의 성과라고 부른다는 사실이다.

버먼의 주장은 정치의 우선성에 관한 그녀의 입장을 바탕 삼아 나온다. 그녀가 이해하기에, 수정주의 논쟁 이후의 사회민주주의는 사회 진보를 위해 인간 행위자들의 역할을 주동력으로 파악한다는 점에서 결정론적인 함축을 털어 내지 못한 마르크스주의보다 낫고, 경제적 불평등이라는 것이 단순히 시장 경쟁의 결과만이 아니라 정치적 권위가 어떤 가치를 추구하느냐에 따라 근본적으로 달라지는 질서의 형태에 따라 규정되는 면이 크다는 사실을 인정한다는 점에서 고전적 자유주의보다 진일보한 것이다. 버먼의 이런 관점은 국가의 개입과 자유시장을 마치 양자택일의 문제인 것처럼 보면서 접근하는 모든 이분법적 (따라서 그만큼 현실에 대한 적실성이 떨어지는) 이념에 대해 굉장한 충격파를 던진다. 애당초 국가권력에 의한 전면적인 사회통제라는 발상은 현실적으로 히틀러, 스탈린, 김일성 등의 패거리처럼 조직폭력배나 다름없는 부류에 의한 전횡을 정당화하는 구실로 전락하기 십상일 뿐만 아니라, 나름의 사고력과 판단력을 갖춘 개인의 존엄성이라는 관념을 빼면 사회 진보라는 이념 자체가 초점을 상실할 수밖에 없기 때문에 사실은 개념 자체가 성립할 수 없는 허상이다. 그리고 자유시장이라고 할 때의 자유가 구체적으로 누구를 위한 어떤 자유를 얼마만큼 의미하느냐는 문제는 결국 국가로 대표되는 공동체의 권위에 의해 인위적으로 결정될 수밖에 없기 때문에, 자유시장을 무엇으로 정의하려고 하든 그 배경에는 정치권력의 가치 지향이 자리 잡고 있을 수밖에 없다. 전면적인 통제도 있을 수 없고 완전한 무규제의 상태도 있을 수 없다면 결국 사회의 진보를 위한 관심이 물어야 할 질문은 국가가 언제 얼마나 어떻게 개입할 것이고, 어떤 영역의 어떤 행태들은 자율에 맡겨 둘 것이냐는 데로 수렴한다.

이는 정치 이론이 수행해야 할 책무가 무엇인지에 관해 더는 심중할 수 없는 함의를 가진다. 국가 개입의 필요 또는 자유시장의 효율성을 정당화할 수 있는 일반 명제의 수립을 목적으로 삼는 정치 이론들은 자본의 전횡 때문에 노동자들이 죽어 나가는 상황에서도 국가의 개입에 반대한다든지, 또는 역으로 국가권력이 경직화되어 창조적인 잠재력을 가진 사회의 모든 역량이 권력 주변에서 기생만 하려는 습성이 날로 증식되는 상황에서도 '국유화'나 '사회화'를 외치는 공허한 논리로 전락하기가 쉽다.[7] 반면에 정치사회가 해결해야 할 진짜 문제는 바로 언제 얼마만큼의 국가 개입이 필요하고, 언제 얼마만큼의 자율성이 어떤 방식으

7_정당화를 목적으로 삼는 정치 이론에 이와 같은 맹점이 있다는 점은 박동천(2010c)이 논의한 바 있다.

로 허용되어야 할지를 개별적인 상황에서 선택하고, 나아가 그런 선택의 결과에 어떤 식으로 대처하느냐는 등의 현실이다.

한국 사회에서 현재 자유주의와 사회주의를 두고 벌어지는 논쟁의 형태는 대부분 개입 대 시장이라는 도식적 이분법에서 벗어나지 못한다. 그러나 예컨대 밀이나 케인스는 그런 이분법이 정치의 실제적 과제, 즉 공동체를 위한 실존적 선택에 대해 별 도움이 되지 못한다는 사실을 분명히 깨닫고 있었다. 지면을 절약하기 위해 여기서는 케인스의 경우만을 거론한다.[8] 노동당이 창설된 지 20여 년이 지나 잉글랜드의 전통적인 보수-자유 양당 체제가 보수-노동 양당 체제로 개편되는 와중에 자유당의 입지가 날로 좁아지던 1925년의 한 연설에서, 케인스는 피상적으로는 노동당에 매력을 느끼지만 계급적으로 부르주아에 속하고, 더구나 노동당이 지성에 의해 이끌릴 가망이 없기 때문에, 자기는 노동당원은 아닌 것 같다고 서두를 뗐다(Keynes 1972, 297). 그리고는 ① 최대한 평화주의를 추구하고, ② 민주주의의 원리를 훼손하지 않으면서 자율적인 기업과 행정기관들에게 권력을 분산하는 방향으로 정치를 개혁하며, ③ 피임, 혼인법 완화, 성적 소수자에 대한 관용, 여성의 경제적 지위 향상을 추구하고, ④ 마약, 알코올, 도박 등은 금지만이 능사가 아니며, ⑤ 경제적 세력들을 사회정의와 사회 안정이라는 관점에서 통제하고 지도하는 방향으로 움직이는 체제를 자기는 원한다고 밝힌 다음, 그런 자신을 자유주의자로 볼 수 있을지 자유당원들로 구성된 청중에게 되물었다(Keynes 1972, 301-305).

방금 언급한 다섯 번째 목표를 케인스는 레세페르laissez-faire 자본주의의 무질서와 불안정을 극복하기 위한 처방으로 보면서도, 사회주의라는

8_밀의 사유가 도식적 구분보다는 실질적인 문제의 해결을 지향했다는 논의는 박동천(2010b, 414-426)을 참조하라.

명칭은 쓰지 않고 그런 처방을 "새로운 자유주의의 진정한 종착점"이라고 불렀다(Keynes 1972, 305).[9] 하지만 레세페르를 신봉하는 교조적 시장주의자들로부터는 케인스 자신이 사회주의자로 분류되었다는 점을 염두에 두면, 사회주의라는 이름을 갖다 붙일 수 있는 모든 신조에 그가 반대하고 있는 것은 아님이 명백하다. 그가 반대했던 사회주의란 곧 민주적 견제와 균형의 원리 위에서 국가가 작동해야 한다는 전제를 무시하고 단지 국가권력이 자의적으로 규정한 선善을 일방적으로 사회 구성원들에게 강요하는 발상을 겨냥한 것이 틀림없다. 이렇게 볼 때, 20세기의 승자는 사회민주주의였다고 보는 버먼의 입장과 케인스가 말하는 "새로운 자유주의의 진정한 종착점"은 결국 민주적으로 결정되는 정책에 따라서 필요한 만큼 국가가 시장에 개입함으로써 사회정의와 사회평화를 도모한다는 목표에서 일치함을 확인할 수 있다. 슈메이커가 19세기 후반 이래 밀, 그린, 홉하우스, 케인스 등이 표방한 개혁 자유주의 또는 복지국가 자유주의를 통해 현대 자유주의가 고전적 자유주의와 다른 길을 걷기 시작했다고 보면서(슈메이커 2010, 148-154), 현대 자유주의를 구성하는 요소라고 열거한 대의민주주의와 조응하는 민주주의(563-567), 부당한 불이익을 보상해 줄 수 있을 만큼 강력한 국가(613-618, 666-672), 근본적인 변화를 점진적으로 달성한다(726-729)는 등의 이념은 사실 사회민주주의자들이라도 국가권력을 장악한 다음 전면적인 사회변혁을 꾀한다는 발상만을 포기한 사람이라면 모두 동의할 수 있는 개혁 과제에 해당하는 것이다.

9_고전경제학, 즉 자유주의 경제학의 기틀을 놓은 스미스와 리카도의 저술에는 laissez-faire라는 용어가 한 번도 나오지 않는다. 고전경제학을 자유방임 경제학으로 혼동하는 풍조에 관한 비판적 성찰의 실마리 하나는 박동천(2010b, 414-420)에서 찾아볼 수 있다.

5. 맺음말

케인스가 사회 진보를 위해 1925년에 제시한 목표들은 당대 잉글랜드
의 자유당원은 물론이고 노동당원으로서도 쉽사리 수용하기 어려울 정
도로 발본적인 의미를 가지고 있었다. 그로부터 80여 년이 지난 현재의
잉글랜드에서도 이런 목표들은 그가 원했던 만큼 충분히 실현되고 있지
는 못하다. 그의 이상들은 기본적으로 개인들, 특히 사회적 약자들에게
자율적인 정치적 주체로서 자아를 주장할 수 있을 만큼 경제적 기회를
제공하는 방향으로 국가권력이 작용해야 하는데, 그렇게 되기까지의 과
정은 계몽과 설득을 통한 공론의 조성이 유일한 방법이라는 것으로 요
약된다. 버먼이 말하는 사회민주주의와 슈메이커가 말하는 현대 자유주
의는 물론 세부적인 차이가 없는 것은 아니지만 대략적인 지향이 대동
소이하다고 나는 생각한다.

아울러 나는 현재 한국 사회가 당면한 사회변혁의 과제로 평화와 복
지와 민주주의를 꼽고자 하는데, 이 역시 케인스가 지향하는 이상과 본
질적인 성격이 비슷하다. 먼저 한반도의 평화는 북한의 변화를 요구하
는데, 북한의 변화는 어디까지나 북한 인민이 스스로 주권을 자각한 후
북한 사회 내부의 동력에 근거해야지, 만약 외부에서 강요되는 방식이
라면 북한 인민의 수동성은 더욱 심화되는 결과를 낳고야 말 것이다. 복
지를 강조하는 관심도 만약 불쌍한 이웃에게 자비를 베푼다는 수준에
머무른다면, 과거에 박정희가 농부에게 금일봉을 전달하는 미담을 〈대
한늬우스〉로 홍보하던 광경에서 그다지 진일보했다고 보기 어렵다. 현
재의 한국에서 복지가 강조되어야 하는 까닭은 주권을 가진 정치적 주
체로서 독자적 선택의 역량을 배양하기에 그것이 필수 불가결이기 때문
이다. 그러므로 민주주의의 증진이라는 이상과 결부되지 않는 평화나

복지는 진보의 이념일 수가 없고, 평화와 복지를 지향하는 민주주의가 아니라면 또한 진보라고 봐주기가 어려운 것이다.

한국 민주주의의 증진과 관련해서 내가 보기에 가장 중요한 개혁 과제는 사법의 민주화다. 지금까지 한국의 법조계는 권력을 가진 자와 가지지 못한 자 사이를 관통할 수 있는 공정성을 창출함으로써 사회 연대의 폭과 깊이를 확장하고 심화하는 기능은 거의 아랑곳하지 않고, 현존하는 구조적 권력의 유지를 위해 봉사하는 기능에만 치중하고 있다. 일상생활을 구성하는 온갖 부문에서 권력을 가지지 못한 사람들의 맘속에 법의 보호를 받을 수 있다는 자신감이 생성되려면, 무엇보다 그들이 주관적으로 억울함을 느낄 때 항의할 수 있는 권리가 보장되어야 하고, 그런 항의를 사회적 의제로 올려서 검토하는 제도가 마련되어야 한다. 사법 개혁을 위한 상세한 청사진을 여기서 제시할 수는 없지만, 일단 대강의 목표로 배심재판제의 확대, 영미법의 대배심처럼 수사 과정과 기소 여부를 통제할 수 있는 최종적인 권위체의 설치, 그리고 판검사의 민주적 선출제 등이 필요하다고 판단된다. 이런 개혁의 의제들은 서구의 경우 전통적으로 자유주의자들이 자주 주장하는 것이지만, 사회민주주의자들이라고 주장하지 말아야 할 까닭은 전혀 없다. 근본적인 변화를 지향하되 점진적인 개선을 추구한다는 자세는 변혁을 추동하는 힘이 결국 정치력에서 나올 수밖에 없다는 사실을 직시하는 사람이라면 사회주의자라도 내면화해야 하는 자세이고, 그런 자세를 가진 사회주의자라면 이와 같은 이상들을 사회 진보를 위한 핵심적인 목표로 설정하는 데 주저할 까닭이 없을 것이다.

민중 개개인의 정치적 역량 강화를 동시에 고려하지 않은 상태에서 정의나 형평을 구상할 때 어떤 결과가 나오는지는 최근에 이른바 "초과이익 공유제"라는 것을 주장했다가 이건희로부터 사회주의인지 공산주

의인지 모르겠다는 식의 비아냥을 듣고 좌절해야만 했던 정운찬의 사례
가 아주 잘 보여 준다. 겉보기에 아무리 형평을 지향하는 것처럼 보이는
정책이라도, 인민 다수가 나름의 판단력을 갖춘 상태에서 공론의 수렴
을 거쳐서 결정되는 과정이 생략된다면, 그것은 세종과 같은 선량한 절
대군주의 모델과 쉽사리 겹치게 된다. 정운찬은, "공정 사회"라고 하는
이명박의 표어를 액면 그대로 해석한 위에, 최고 권력자의 환심을 기대
하면서 "이익 공유제"를 들고 나온 것이지만, 이명박의 후원이 뒤따르지
않는다는 사실이 드러나는 순간 그의 기획은 좌절될 수밖에 없다. 정운
찬이 자신을 주권자로 자리 매김하지 않고 하수인 노릇에 만족하는 것
은 개인적인 취향의 문제일 것이다. 그러나 어떤 정책이 필요한지를 결
정하는 요인으로서 공론장의 소통 여부에서 초연한 객관적인 지평이 있
다고 본 정운찬의 시각은 실제로 한국의 사회주의자들 사이에서도 매우
팽배해 있다는 것이 나의 진단이다. 하지만 이런 시각은 민중이 권력의
주체로 활약하기까지 어떤 이유로든 시간이 많이 필요할 것처럼 보이는
순간, 권력 자체의 속성을 변화시키려는 노력을 포기하고 어떻게든 기
성 권력을 등에 업으려는 해바라기성 행태로 연결되기가 쉽다. 이재오,
김문수를 비롯해서 현대 한국 정치사에서 좌파의 선명성을 과시하느라
분주했던 인물들이 보수 진영으로 투항해 들어간 사연은 바로 이와 같
은 심성의 발로였던 것이다. 따라서 사회민주주의를 어떻게 정의하든
지, 한국의 현실 정치에서 적실성을 가지려면 민중 개개인의 정치적 자
율성 강화를 통한 공론장 질서의 확립, 그리고 그렇게 확립된 공론장 안
에서 민주적 소통을 통한 점진적 진보라고 하는 원리를 반드시 수용해
야 할 것이다.

개인의 자율성을 강화하고, 자율적 개인들로 이뤄진 공론을 통해 무
엇이 사회정의인지를 결정하고, 그렇게 결정된 정책을 국가권력으로 집

행함으로써 근본적인 변혁을 점진적으로 이룩한다는 대략적인 방침에 동의한다고 할지라도, 물론 진보를 지향하는 사람들 사이에 온갖 이견과 차이는 불가피할 것이다. 지난 250여 년 동안 지구상에서 발현된 진보 정치의 궤적을 고찰한 어떤 책을 보더라도 이견과 차이가 분열과 투쟁으로 이어진 사연들로 가득 차 있다(Cole 1953-1960; 일리 2008). 흥미로운 점은 이런 책에서 서술되고 있는 당대의 행위자들은 차이를 용납하지 못해서 하나의 정치적인 동맹을 엮어 내는 데 장기적으로 성공한 경우가 극히 드물지만, 역사가의 후견지명에 따르면 예외 없이 그들은 서로 영감들을 주고받았을 뿐만 아니라 민중의 정치적 자율성과 경제적 조건을 개선하는 방향으로 19세기 후반 이래 현실 역사가 진행하도록 큰 기여를 했다는 사실이다. 다시 말해, 19세기 이래 진보를 표방한 인물들은 사회적 자유주의, 마르크스주의, 사회민주주의, 무정부주의, 기타 등등 어떤 명칭으로 분류되든지 별로 상관이 없이, 실제 역사가 조금이라도 진보를 향해 움직였다고 한다면 그런 진보의 동력으로서 협동적인 기여를 한 것이 틀림없다. 단, 그들 자신은 목전의 이견과 차이에 파묻혀서 진보 운동이 역사에 협동적으로 기여하고 있다는 의미를 과소평가했던 것이다. 오늘날 한국에서 사회의 진보를 원하는 사람들이 과거의 역사에서 배움으로써 도움을 받을 수 있는 점이 있다면, 이것도 그중에 결코 사소하지 않은 한 자리를 차지할 것이 틀림없다.

제3부

진보적 자유주의의 제도적 모색 1

: 민주적 시장경제

5장

김대중 정부의 진보적 자유주의 실험

__홍종학

1. 김대중 정부의 새로운 실험

1997년 12월 대한민국 국민들은 국제통화기금IMF과의 협상 결과를 숨죽이며 기다려야 했다. 고도 경제성장 과정에서 덮어 두었던 구조적 모순이 심화되면서 연초부터 시작된 기업들의 연쇄도산으로 한국 경제의 토대가 흔들리고 있었다. 동남아시아에서 시작된 경제 위기가 전이되면서 한국 경제는 금융 위기로 인해 외환 부족에 시달리게 되었다. 심지어 국가 부도 사태까지 거론되는 상황에서 임기 말의 김영삼 정부는 허둥대며 미국과 IMF의 굴욕적 요구를 받아들일 수밖에 없었다. 대가는 컸다. 환율은 달러당 2천 원에 달했고 금리는 20퍼센트까지 치솟았다. 시중에는 자금을 확보하지 못한 기업들이 줄지어 도산했고 실업자가 쏟아져 나왔다.

　1960년대 이후 세계에서 가장 빠르게 성장한 한국 경제를 망친 김영삼 정부와 여당에 대한 분노가 보수의 강고한 토대를 무너뜨리며 사상 최초의 평화적 정권 교체가 이루어졌다. 김대중 정부가 출범하면서 우려와 희망이 교차했다. 외환 부족을 해결할 방법은 보이지 않았으며, 이미 도산한 기업과 늘어난 실업자를 해소하기는 불가능해 보였다. 갑작스런 위기였기에 준비된 대책도 없었으며, 더욱이 최초의 평화적 정권 교체를 달성한 김대중 정부에 전문 인력은 부족하기만 했다.

한편에선 새로운 진보적 정부에 대한 기대도 없지 않았다. 민주주의의 이상을 한층 더 고양시키고 한국 경제의 구조적 모순을 일거에 해결할 수 있는 기회였다. 김대중 정부에서 파격적인 정책 전환을 기대하는 것도 무리가 아니었다. 예를 들어 지금도 명연설로 손꼽히는 1971년 장충단공원 유세 당시 김대중 대통령 후보의 연설에서 그가 집권한 이후의 정책을 가늠해 볼 수 있을 것이다.

내가 정권을 잡으면 돈을 많이 버는 사람이 세금을 많이 내고 적게 버는 사람은 적게 냅니다. 돈이 많다고 해서 나라나 사회의 형편도 생각지 않고 사치와 낭비하는 사람들에게 엄청난 부유세와 특별세를 받는 일대 조세 혁명을 단행할 것을 공약합니다. …… 이중곡가제와 도로포장, 초등학교 육성회비 폐지, 기타 지금까지 내가 한 공약에 모두 690억 원이 필요합니다. 지금 우리나라 예산 5,200억 원의 1할5부만 절약해도 750억 원이 나옵니다. 오늘날 특정 재벌과 결탁해 합법적으로 면세해 준 세금만 1,200억 원입니다. 정권을 잡아 받아들일 것을 받아들이면 이 같은 일을 하면서도 오히려 돈이 800억 원이나 남는다는 것을 여러분에게 말씀드립니다(김대중, 1971년 장충단공원 유세 연설 중에서).

최근의 복지국가 논의에서 거론되고 있는 부유세와 특별세를 언급하고 재벌에 대한 면세를 비판하는 등 그가 지향하는 국정 운영 방향을 짐작할 수 있다. 당시에도 재산권을 비롯한 시장경제의 핵심 요소를 부정한 것은 아니기 때문에 진보적인 방향으로 경제를 운영하리라 기대할 수 있었다.

그러나 김대중 대통령은 30년 전의 김대중 후보는 아니었다. 무엇보다도 불안정한 경제성장을 이어가던 1970년대와 고도성장 이후 안정을 유지하지 못할 것이라는 불안감에 싸인 1997년의 상황은 크게 달랐다. 모든 것은 불확실했다. 김대중 정부에서 '민주주의와 시장경제의 병행 발전'을 국정 목표로 제시했을 때도 그 의도를 정확히 파악하기는 쉽지 않았다. 이전 정부에서 이어 온 자유주의적 경제 운영을 포기할 의도는 없는 것으로 보였다. 그러나 민주주의를 강조해 진보적 정책을 가미하리라는 기대도 다소 충족시켰다.

시간이 지나면서 김대중 정부의 진보적 성향을 우려했던 사람들은 안도한 반면, 기대가 컸던 사람들은 실망했다. 기대를 충족하지 못했다고 해서 김대중 정부가 진보적 정부였음을 부정할 수 없다. 진보적 자유주의를 처음 실험한 정부라는 중요한 의의를 찾을 수 있다. 진보적 정책을 구현하려는 노력에 의해 많은 성과를 냈지만, 군부독재 시대에 굳어진 불균형 성장 전략을 극복하지 못하고 민주적 시장경제로 대변되는 새로운 체제를 구축하지 못한 것에 대한 아쉬움이 크다.

김대중 정부를 사후적으로 평가할 때 경제 위기라는 상황으로 인해 많은 제약이 있었음을 부인할 수 없지만, 체제의 전환을 이룩하기에는 진보 진영의 내적 역량이 부족하기 때문이라는 더 근원적인 진단이 가능하다. 신자유주의라는 강력한 이념이 전 세계를 지배하던 시기에 미국이나 IMF의 도움이 절실했으며, 진보적 토대가 부실한 한국에서 진보적 이상을 펼쳐 보이기는 불가능했다. 세계적 경제 위기를 겪으며 신자유주의가 퇴색하고 있는 현재, 최초의 진보적 정부로서 김대중 정부의 의의와 한계를 되짚어 보는 것은 향후 진보적 정부의 성공을 위한 중요한 교훈을 제공할 것으로 기대한다.

2절에서는 간단하게 김대중 정부의 성과를 개관한다. 김대중 정부에 대한 아쉬움이 전체적 조망을 왜곡하게 할 가능성이 있기 때문에 먼저 공식적 성과를 소개한다. 3절에서는 김대중 정부가 추구했던 민주적 시장경제를 평가한다. 김대중 정부의 인식의 한계와 전략적 착오를 지적하는 시각과 상황의 한계를 극복하고자 했던 김대중 정부의 과감한 시도였다는 상반된 시각이 교차하는 부분이다. 4절은 한국 경제에서 관경官經유착의 문제점을 지적하는 필자의 독특한 시각을 반영한 부분이다. 민주화로 인해 관료의 직업 안정성이 약화되었고, 그 빈틈을 재계가 파고들어 관경유착의 가능성이 높아지던 시기였다. 보수정당과의 연립정부를 구성함에 따라 경제를 구경제 관료들에게 다시 맡길 수밖에 없었지만, 그로 인해 경제 부문과 노동·복지 등의 사회 부문 정책을 분리해야 했다. 이 절은 미래의 진보 정부를 위해 포함했다. 5절은 민주적 시장경제를 구축하려는 김대중 정부의 노력을 평가하기 위한 기준점으로 미국의 뉴딜 개혁을 소개하고 있다. 경제 위기 한복판에서 재계의 반발을 극복하며 국민의 지지를 얻으며 장기 집권에 성공했으며 동시에 구조개혁을 성공시킨 사례를 소개해 보수적인 국가에서 진보적 정부의 성공 가능성을 대비해 본다. 6절 이후는 재벌 개혁, 생산적 복지, 노동시장의 각론 분석을 통해 김대중 정부에서 추구했던 진보적 정책의 성과와 한계를 되돌아본다. 김대중 정부의 취약한 지지 기반은 체제적 전환을 추구하기에는 역부족이었으나 진보 진영의 장기적 역량을 강화할 수 있는 노력이 충분하지 않았음을 지적하고 있다. 마지막으로 김대중 정부의 실험에 대한 냉철하면서도 긍정적 평가를 통해 진보적 정책을 성공시킬 수 있다는 미래 지향적 자세를 요구하는 것으로 평가를 마치고 있다.

2. 김대중 정부의 성과 개관

사후적으로 평가할 때 김대중 정부는 설정된 목표를 달성하는 데 있어 큰 진전을 이루었다. 많은 비용을 지불했지만 경제는 다시 안정을 되찾았고, 수출을 비롯해 일부 부문에서는 빠른 성장을 회복했다. 임기 말에 국무조정실 정책평가위원회는 "IMF 외환위기 속에서 출범한 '국민의 정부'는 '민주주의와 시장경제의 병행 발전'과 '생산적 복지' 이념을 바탕으로 지난 30여 년간 이룩한 고도성장 이면에 누적된 경제·사회·정부 등 각 부문의 구조적 문제 해결에 총력을 경주"했다고 총괄 평가한 바 있다. 긍정적 부분을 강조하는 편향성을 지닌 공식적 평가임을 감안하면, 김대중 정부의 핵심적 업적을 파악하는 데 도움이 된다.

구체적으로 경제 분야에서는 다음과 같이 주요 성과를 나열하고 있다.

- 외환 보유액을 조기에 확충해 국가 부도 위기를 해소하고, 외환·자본자유화를 통해 자본시장 선진화에 노력
- 기업, 금융, 공공, 노동 등 4대 부문 구조 개혁을 추진해 각 부문의 투명성·건전성·효율성을 제고
- 적극적인 거시경제정책을 추진해 경제 활력을 회복
- 사회간접자본SOC 확충, 정보통신산업 육성, 중소·벤처 기업 육성 등으로 새로운 성장 기반을 마련
- 성장 잠재력의 확충을 위해 과학기술 분야에 대한 투자를 확대하고 IT, BT, NT 등 신기술 분야를 전략적으로 육성
- 일자리 창출, 주택 공급 확대, 물가 안정 등을 적극적으로 추진해 중산·서민층 생활 안정을 도모

사회·복지 분야에서는 획기적인 성과들을 보고하고 있다.

- 생산적 복지의 이념에 따라 국민기초생활보장제도와 4대 사회보험 제도의 확충을 추진하고, 의약 분업 등 보건·의료 개혁을 통해 국민 건강 증진을 도모
- 중산·서민층과 노인·장애인 등 취약계층의 생활안정을 지원하고 실업자의 새로운 일자리 창출에 노력

같은 보고서에서 향후 추진과제를 나열하고 있는데, 경제 분야의 큰 과제들은 다음과 같다.

- 경제의 안정적 성장 기반 마련
- 경제구조의 선진화
- 지속 성장을 위한 산업구조 효율화
- 동북아 비즈니스 중심 국가로 도약
- 지역 간·계층 간 격차 해소

"경제구조의 선진화 항목"에 "기업 구조 등에 대한 직접적인 규제보다 자본시장 활성화 등 시장에 의한 감시 및 규율 강화", "노사정위원회 운영의 유연성 제고", "내실 있는 공기업 민영화 추진을 위한 전략 및 추진체계 강구" 등이 포함되어 있다. "동북아 비즈니스 중심 국가로 도약" 항목은 주로 공항·철도·도로 건설을 촉진하고 규제완화를 통해 외국인 투자 지원 시책을 확대해야 한다는 정책 위주로 구성되어 있다. "지역 간·계층 간 격차 해소" 항목에는 임대주택 공급의 확대 정책이 주요 정책으로 제시되어 있고, 지역 균형 발전을 위한 대책을 촉구하고 있다.

이 정책들 중 상당수는 이어진 노무현 정부에서 중점적으로 추진했다. 새로운 정부가 출범할 당시에 작성된 보고서이기 때문에 새 정부의 국정 운영 방향과 교감이 있었기 때문으로 추정된다. 김대중·노무현 정부로 이어지는 이른바 '민주 정부 10년'간 추진된 정책에는 일정한 일관성을 발견할 수 있다. 이런 '민주 정부 10년'의 성과를 통해 민주주의와 시장경제는 큰 진전을 이루었음은 부정할 수 없다.

3. 민주적 시장경제와 진보적 자유주의

1990년대에 들어서 정치인 김대중은 자신의 과격한 이미지를 희석시키기 위해 노력해 왔고, 그 이후 그가 피력한 정책들은 이전과는 상당한 차이가 있다. 1997년 3월 발간된 『김대중의 21세기 시민경제이야기』는 집권 바로 이전에 발간된 저서이기 때문에 김대중 정부의 기본 구상으로 볼 수 있다.[1] 이 책에는 경제개혁과 민주적 시장경제에 대한 김대중 대통령후보의 시각이 잘 드러나 있다.

> 기존의 권위주의적 관치경제를 과감하게 청산하고 민주적 시장경제를 확립해야 한다. 권위주의적 관치경제의 틀을 깨뜨리지 않는 한 우리 경제의 발전은 기대하기 어렵다. 관치경제로는 비대화된 우리 경제 규모와 WTO 체제하의 세계경제 질서 그리고 다원화된 사회적 추세와 정치적 민주화 욕구를 감당할 수 없는 상황에 이르렀다.

1_정치적 거부감을 완화하려는 선거용 저서의 성격상 실제 의도와 다르다고 볼 수도 있다. 그러나 집권 이후 실제로 집행한 정책이 이 책에서 기술한 내용과 일관성을 지니고 있다는 점에서 이 책의 내용을 중심으로 분석하는 것은 타당하다.

따라서 더 늦기 전에 권위주의적 관치경제를 청산하고 민주적 시장경제를 확립해야 한다. 민주적 시장경제는 정치적 민주화에 맞추어 경제 운영에 민주주의 원리, 원칙의 적용을 확대하고 정부의 불필요한 규제를 철폐하여 진정한 시장경제 질서를 확립하는 것을 의미한다(김대중 1997, 43-45).

김대중은 과거의 경제 운영 방식을 권위주의적 관치경제로 정의하고 대립적인 개념으로 민주적 시장경제를 제시했다(김대중 1997). 민주적 시장경제는 경제 운영에 민주주의 원리, 원칙의 적용을 확대하는 것으로 정부의 불필요한 규제를 철폐하면 시장 원리가 제대로 작동할 것으로 보았다. 그런데 이런 구상이 정부의 역할을 강조하는 진보적 개혁보다는 재계의 개혁 방안에 가까웠음은 역설적이다.

외환위기의 혼란 속에서 출범한 김대중 정부가 어떤 경로를 선택할 것인가는 초미의 관심사가 되었다. 김대중 정부는 한국 경제의 근본적 변화를 요구하는 세 가지 구조 개혁론에 직면했다. 첫째, 외환위기로 인해 발언권이 강화된 IMF와 미국으로 대표되는 외부로부터의 구조 개혁 요구를 무시할 수 없었다. 긴급하게 외화자금이 필요했던 정부로서는 이들이 강제하는 노동시장 유연화 등의 구조 개혁 방안을 받아들여야 했다. 둘째, 김대중 정부의 중요한 지지 세력이었던 진보 진영에서는 1980년대 후반부터 한국 경제의 불균형 성장 전략으로 인한 구조적 모순을 혁파하고 재벌 중심의 경제에서 벗어나 중소기업과 노동자 중심의 경제구조를 구축하고 복지를 강화해야 한다고 주장해 왔다. 셋째, 정부 주도의 성장 전략이 한계에 달했으므로 규제완화와 관치의 해소를 통해 시장경제를 활성화하는 방안이 재계를 중심으로 제기되어 있었다. 김영삼 정부에서 추진하다가 제대로 성과를 내지 못하고 오히려 외환위기를 불러왔지만, 재계로부터의 요구는 강력했다. IMF와 미국으로 대표되는 외부의 개혁론인 첫 번째 방안은 재계의 세 번째 방안과 일맥상통했다. 당시 시대적 흐름인 신자유주의 사조에도 맞았다.

김대중 정부는 자신이 구상한 청사진을 바탕으로 이런 서로 다른 방향에서의 구조 개혁 압력을 조정해 수용해야 했다. 정부 주도의 불균형 성장 전략으로 고도성장을 달성한 한국 경제였지만, 외환위기라는 구조적 모순을 드러냈기 때문에 새로운 구조적 전환이 요구되던 시기였다. 정부 주도의 긍정적 측면도 많았지만 경제가 성장하면서 관치로 불리며 민간의 자율성을 침해하는 부작용이 드러났다. 따라서 정부와 시장 간 역학 관계가 변해야 한다는 명제에 대해서는 이론의 여지가 없었다. 신자유주의가 작은 정부를 통한 고전적 자유주의의 복원을 전제하고 있다고 했을 때, 시장의 기능을 강조하는 이런 접근은 신자유주의와 상통할 수 있는 가능성이 있었다.

반면, 그동안 개혁적 자유주의자들이 주된 비판의 대상으로 삼은 것은 불균형 성장에 의한 구조적 모순이었다. 따라서 불균형 성장이 핵심적 원인이라면, 특히 그것이 정부 주도로 이루어졌다면 다시 정부가 균형 성장의 경로로 이동시켜 놓아야 할 책무가 있었다. 불균형 성장 정책에 의해 비대해진 한국의 재벌을 그대로 놓아둔 채 시장의 자율을 기대하는 것은 논리적 모순이었다. 역사적으로 자유주의적 개혁을 요구받았던 20세기 초반의 자유방임주의에 의한 자본주의 시장경제의 병폐가 다시 발생할 가능성이 높기 때문이다. 그러나 외환위기는 재벌조차도 존립 가능성을 위협받을 정도로 기업의 기반을 흔들어 놓았기 때문에 재벌에 의한 부작용은 큰 주목을 받지 못했다.

앞서 지적한 대로 김대중은 민주적 시장경제를 제기하면서도 관치 해소를 강조하고 경쟁을 통해 시장을 규율하는 방식을 추구하는 재계의 요청을 수용한 것으로 보였다(김대중 1997). 김균·박순성은 여기서 제기된 민주적 시장경제 유형을 소극적 해석으로 정의했다.

민주적 시장경제에 대한 소극적 해석은 민주주의에 대한 소극적 해석과 시장에
대한 긍정적 해석의 결합에 기초하고 있다. 이에 따르면, 시장은 본래적으로 자
유로운 경제행위자들간의 공정한 경쟁에 기초하여 형성되는 경제질서다. 따라
서 '민주적'이란 수식어는 시장이 본래적으로 지닌 속성인 자유경쟁과 공정 경
쟁을 강조하기 위한 것으로 이해되고, 민주적 시장경제는 시장이 자신의 속성
에 따라 민주적으로 움직일 수 있도록 외부적 방해가 제거된 상태를 의미하는
것으로 해석되었다(김균·박순성 1998).

김균·박순성은 그동안 시장이 '권위주의적이고 개입주의적 국가의
지나친 간섭, 재벌의 비경쟁적 경제행위, 정부와 재벌의 정경유착 등으
로 올바르게 작동하지 못했으므로' 이를 강조하기 위해 원래의 시장 기
능을 복원한 민주적 시장경제로의 복원을 꾀했다고 분석했다. 이런 해
석과 대비해, 민주적 시장경제에 대한 적극적 해석은 "시장경제에 민주
적 요소를 결합시키는 것 혹은 자유주의 시장 원리에 국가의 사회보장
정책과 시민사회의 시장에 대한 민주적 통제를 결합하는 것"으로 정의
했다(김균·박순성 1998).

유종일은 적극적 해석을 더 확대하기도 했는데, 민주화가 경제에 미
치는 영향으로 첫째, 공정한 경쟁의 규칙과 사회복지제도의 정립, 둘째,
보건이나 교육 등을 통한 인적 자본에 대한 투자, 셋째, 정부가 적극적
으로 경제안정화를 위해 노력하는 것을 들었다(김상조·유종일·홍종학·곽정
수 2007, 36-39). 정치적 민주화를 통해 일반 시민들에게 혜택이 돌아가는
방식의 경제 운영이 이루어진다는 의미다.

시민사회의 시장에 대한 민주적 통제를 결합하는 방식은 최장집의

주장과도 유사하다. 당시 대통령 자문 정책기획위원회 위원장이었던 최장집은 형평성을 강조하는 민주주의와 불평등을 전제로 하는 시장경제는 항상 긴장 관계에 있음을 지적했다. "시장은 1원 1표의 원리에 의해 자원이 불평등하게 분배되는 메커니즘인 반면, 민주주의는 1인 1표라는 평등하게 분배된 권리를 보장하는 체제"이므로 항상 긴장 관계에 놓여 있다는 것이다. 다시 말하면 "시장에 의해 초래된 소비의 분배는 불평등을 전제로 하는 반면에, 민주주의는 생산 자원의 사적 소유의 결과로 가난하거나 소외된 사람들에게 국가를 통한 치유책을 찾을 수 있는 기회를 제공하는 평등을 전제로 하기 때문"이라는 것이다(최장집 1998b).

최장집은 유럽의 코포라티즘corporatism적인 노사정 3자 협의 기구를 본 딴 노사정 위원회가 정리해고를 공식화하는 기구로 전락한 것을 비판하고 강력한 노조가 필요하다고 주장했다. 노조 가입률이 15퍼센트에 불과한 현실을 지적하며 산업별 노조의 합법화 등을 통해 노조의 대표성을 높여야 한다는 점도 강조했다. 그가 인식하는 김대중 정부의 과제는 한국의 시장경제 체제를 전면적으로 수정하는 것이었다.

> 노동문제를 어떻게 풀어 나가느냐 하는 문제는 한국 사회에서 '민주주의와 시장경제의 병행 발전'이라는 김대중 정부의 국정이념의 성패 여부를 가르는 시금석임. 지금까지 개발독재모델의 핵심 축은 재벌에 대한 지원을 한 축으로 하고 노동에 대한 배제와 억압을 다른 한 축으로 하는 것이었음. 따라서 민주적 시장경제를 통한 자율적 시장경제의 실현은 노동이 어떠한 위상과 역할로 자리매김되느냐 하는 것으로 파악해 볼 수 있음(최장집 1998a).

외환위기 이전 한국 사회에서 규제완화를 주창하는 목소리가 매우 컸던 반면, 적극적 해석에 따른 민주적 시장경제의 구축을 요구하는 목소리는 진보 진영에 국한되어 있었다. 예를 들어, 1997년 매일경제신문사에서 주관하고 고위 관료 출신들과 재계 인사들로 이루어진 비전코리아 추진위원회가 발주하고 '부즈•알런과 해밀턴 컨설팅'에서 작성한 한국보고서는 강력한 규제완화를 요구하고 있다. 이 보고서에서는 '자유경제원'Liberalization Policy Board을 대통령 직속에 설립해 경제기획원을 대체하라고 주장할 정도로 파격적인 규제완화를 주장했다(매일경제신문사 1997, 256).

2000년에 발간된 경제협력개발기구OECD의 한국경제보고서 역시 "더욱 시장 지향적인 경제 구축"을 권고했다. 김대중 정부에서 재벌을 통제하기 위해 사용했던 다양한 규제의 부작용을 거론하며, "이해관계자들의 압력, 국내외의 경쟁 압력, 그리고 도산 위협 등이 재벌의 행태를 규율하는 자유시장경제로의 이행"을 촉구한 바 있다.

이렇듯 안팎의 압력에 직면한 김대중 정부로서는 절충안을 채택할 수밖에 없었다. 정권 창출에 기여했던 일부 개혁적 학자들도[2] 우선적으로 관치를 해소해 민주적 시장 질서의 확립을 촉진할 것으로 기대했다. 관치가 재벌에 대한 특혜로 이어져 왔기 때문에 이런 특혜를 해소하면 정상적 시장으로 복원하리라 기대했던 것이다. 따라서 김대중 정부는 시장을 활성화하자는 해외와 재계의 요구를 적극적으로 수용하면서 복지를 강화하는 것이 위기를 극복하면서 동시에 진보적 정부의 정체성에 부합하는 정책으로 파악했을 것으로 추정할 수 있다.

이런 분석에 따라 김대중 정부는 시장 영역에서 국가의 역할을 축소했지만, 복지 부문에서는 국가의 역할을 강화하는 경로를 따랐다고 평가할 수 있다. 앞서 지적한 대로 적극적 의미에서의 민주적 시장경제의

2_김대중 정부에서 한국개발연구원장을 역임한 이진순은 집권 초기 관치를 해소하여 시장의 민주적 질서를 확립하는 질서자유주의를 추구하려 노력했다고 밝힌 바 있다.

중요한 요소가 복지를 강화하는 것이라면, 김대중 정부는 민주적 시장경제를 적극적으로 추구했다고 평가할 수 있다. 그러나 이런 접근은 비대해진 재벌이 마음대로 시장을 유린하는 것에 대해 정부가 방치하는 의도하지 않은 부작용을 초래했다.

김균·박순성(1998)의 적극적 해석에 따르면 10여 년이 지난 현 시점에서도 민주적 시장경제는 달성되지 않았다. 경제 위기 상황에서 재계의 협조가 절실했던 김대중 정부의 입장에서 민주적 시장경제를 추구하는 전면적 개혁은 추진하기 어려웠을 것으로 짐작할 수 있다. 그래서 김대중 정부는 관치를 제거해 시장경제를 복원시키는 작업에 먼저 착수했다. 이론적으로는 반대의 전략도 가능하다. 장하준·정승일이 주장하는 대로 국가의 역할, 즉 관치를 통해 시장의 민주성을 복원한 이후 국가의 간섭을 줄이는 방식을 고려할 수 있다(장하준·정승일 2005).

그러나 두 가지 전략 모두 김상조의 비판을 벗어날 수 없다.

지금처럼 경제력이 소수 재벌에 집중된 상황에서 시장을 강화한다면 결국은 경제 권력을 가진 재벌의 독점적 의사 결정권을 인정하고 강화하는 결과로 이어질 수밖에 없습니다. 또한 국가의 공공성이 확보되어 있지 않은 상황에서 국가의 통제를 강조하다 보면 이 역시 일부 기득권 세력의 이익이 관철되는 방향으로 갈 수밖에 없는 것 아니겠습니까? 저는 경제성장의 문제이든, 정치적인 민주주의의 문제이든, 결국은 거대기업과 국가가 가지는 의사 결정권의 독점화 현상을 막아내는 게 관건이라고 생각합니다. 이 문제를 해결하려면 경제적·정치적 의사 결정 과정에서 법적·계약적 권리를 침해당한 사람들이 그 권리를 효과적으로 회복할 수 있는 장치를 계속 만들어 주는 수밖에 없다고 봅니다. 그런 과정에서 시장도 합리화되고 국가도 민주화되는 것이지요(김상조·유종일·홍종학·곽정수 2007, 47).

김균·박순성(1998) 역시 앞에서 설명한 적극적 해석조차도 경제와 정치를 분리해서 생각하는 한계를 지녔다고 지적하고, 한 걸음 더 나아가 민주적 평등주의를 주창했다. 시민의 참여와 연대를 통해 민주적 절차에 입각해 시장을 통제해 1원1표주의가 아니라 1인1표주의를 시장 질서의 구성 원리로 설정할 것을 대안으로 제시했다. 궁극적으로는 민주적 협조주의를 지향하는데, 독일의 사회적 시장경제에 근접한 형태가 될 것으로 추정했다. 이런 주장을 진보적 자유주의와 대비해 볼 수 있다.

외부의 압력과 당시 정·관·재계의 분위기로 보아 이런 파격적인 개혁을 성공적으로 수행할 가능성은 매우 희박했다. 시장이나 국가를 제대로 통제할 수 있는 장치가 전무한 상황에서 모든 것을 처음부터 만들어가야 했던 김대중 정부는 관치 철폐를 선결 과제로 선택했던 것으로 보인다. 그 결과 김상조가 주장하는 "신자유주의의 과잉과 자유주의의 부족" 현상이 발생했다. 즉, 19세기 이전 자유주의적 과제인 "법 앞의 평등, 관료 기구의 공정성, 시민사회의 윤리 의식 등과 같은 사회적 자본, 또는 사회 규율의 집행"이 제대로 정립되지 않은 상황에서 20세기 후반의 신자유주의가 과도하게 수용되었다는 것이다(김상조·유종일·홍종학·곽정수 2007, 30).

김상조는 자유주의적 개혁을 주장하고 있다. 그가 지적한대로 전통적 자유주의가 미국의 진보 시대[3]를 거치면서 시장경제에 대한 정부의 개입을 강조하는 개혁적 요소의 강화와 더불어 미국의 사회안전망을 구축한 이론까지 제공하며 변화하게 되었음을 감안한다면, 미국식 진보적 자유주의는 개혁적 자유주의에 복지까지 포함하는 방식으로 진화했다

3_19세기 말에서 20세기 초의 기간을 지칭하는 'progressive era'를 의미하는데 국내 역사학계에서는 '혁신 시대'로 번역하고 있으나, 미국식 진보적 자유주의가 태동한 시기이기에 '진보 시대'로 번역한다.

고 평가할 수 있다. 김균·박순성(1998)이 민주적 시장경제에 대해 내린 다양한 해석이 이렇듯 개혁적 요소, 복지 강화의 요소, 그리고 민주적 결정 과정의 요소를 포함하는지 여부를 구별했다면, 진보적 자유주의는 이 모든 것을 포괄하는 개념으로 이해해야 할 것이다.

김대중 정부에서 정권의 강력한 후원자였던 진보 진영의 의견을 반영하려 노력했음은 부인하기 어렵다. 그러나 당시 진보 진영이 합의하고 지지하는 일관된 정책이 구체화되지 못했기에 진보적 담론을 대안으로 채택하기도 어려웠다. 특히 재벌은 위기 상황을 맞아 좁아진 입지를 확대하려 노력했고, 위기 극복을 위해 재벌의 협조를 필요로 했던 정부의 입장에서 일방적으로 진보적 정책을 추진하기 힘들었다. 위기 국면에서 관료를 대체할 경제 정책 전문가도 뚜렷이 부각되지 않았고, 세계적으로 신자유주의가 영향력을 확대하는 시기에 이와 배치된 진보적 정책을 채택하기에는 진보 진영의 역량은 매우 부족했다.

결론적으로 김대중 정부의 한계는 곧 진보 진영 담론의 한계로 보아야 한다. 시민사회의 역량이 부족하고 이에 따라 진보 진영의 담론이 실천적 정책으로 구체화되지 못한 상황에서, 김대중 정부는 민주주의와 시장경제의 병행 발전이라는 진보적 담론을 국정 목표로 제시했다. 이런 담론을 구체화하는 경제개혁을 추진했으나 진보 진영의 기대에는 못 미칠 정도로 대증적 요법에 치중한 것은 당연한 귀결이었다. 향후 이런 시행착오에 대한 성찰을 바탕으로 내실 있는 개혁을 추진할 수 있다.

이 글은 김대중 정부의 한계를 당시 진보 담론의 한계로 해석한다는 관점에서 기술되었다. 이는 실천력이 있는 새로운 담론을 형성하는 것이 향후 진보 정책을 구현하는 데 매우 중요하다는 함의를 지니고 있다. 지배적인 진보 담론이 형성되지 않은 상태에서 진보적 정부가 들어섰을 때, 정치 지도자 한 사람의 의지에 의해 진보적 정책을 구현하기는 매우 어렵다. 반면, 구체화된 진보 담론을 실현하는 것은 정치적으로 훨씬 수월하다. 그런 의미에서 김대중 정부의 실천적 의지를 폄하하는 것은 '가지 않은 길' 혹은 '갈 수 없었던 길'을 기준으로 한 자의적 평가로 전락하는 위험이 상존한다. 그보다는 민주주의와 시장경제의 병행 발전을 위한 구체적인 진보 담론의 개발이 중요하며, 그런 의미에서 진보적 자유주의라는 담론의 중요성을 강조하고자 한다.

4. 관료의 문제

김대중 정부의 전략적 선택을 출범 초기 각료의 임명에서 엿볼 수 있을 것인데, 자유민주연합(약칭 자민련)과 공동 정부를 구성했기 때문에 대부분의 경제 부처 장관을 관료 출신들로 임명했다. 자민련 측 요청에 따라 이규성 전 재무장관을 재경부 장관에, 이헌재 비상경제대책위 실무기획단장을 금융감독위원장에 임명했다. 노동부는 이기호 장관을 유임시켰고, 보건복지부 장관도 자민련이 추천한 주양자 전 의원을 임명했다. 경제, 금융, 노동, 복지의 담당 장관들을 자민련 측 인사들로 채웠다. 김대중 정부는 경제 위기를 극복하기 위해 불안감을 최소화하는 데 역점을 둔 의도적 선택을 했다고 평가할 수 있다.

반면, 정부 임기 내에 내각에서 진보적인 인사를 찾기 어려웠다. 이것은 대통령이 관료들을 신뢰했지만, 진보적 인사들의 역량에 대해서는 확신을 갖지 못하고 있음을 반증하고 있다. 외환위기 이후 경제구조가 재편되는 상황에서 민주적 시장경제를 주창하는 세력은 관료를 대체할 능력을 갖추고 있지 못했다. 외환위기를 초래한 관료의 권위는 무너졌고 잠시 민간의 금융 전문가들이 언론에서는 주목을 받았지만, 구관료 출신들이 대거 등용되면서 곧 이들 전문가들의 영향력은 줄어들었다.

1970년대의 발전 국가 모형을 대체할 새로운 경제 모형을 모색해야 하는 시대적 욕구가 있었지만, 외환위기로 인한 불확실성이 컸기 때문에 발전 국가 모형을 고수하는 새로운 관료의 등장이라는 모순적 현상이 발생했다. 따라서 김대중 정부의 개혁은 대증요법의 한계를 내포하고 있었다. 더욱이 김대중 대통령은 이들 관료들을 매우 신임했음을 회고록에서 밝히고 있다.

> '국민의 정부' 초기에 벌어진 경제전쟁의 장수들은 거의가 자민련이 추진한 인사들이었다. 이규성 재무부 장관, 이헌재 금감위원장은 자민련 몫으로 입각했지만 외환위기를 극복하고 경제를 개혁하는 데 뛰어난 능력을 보여 줬다. 또 김용환 자민련 부총재의 활약도 잊을 수 없다. 장관직을 몇 번이나 제의했지만 거듭 고사하면서도 고비마다 특유의 돌파력으로 정책들이 시장의 신뢰를 받게 만들었다. 그는 또 이헌재, 이규성 같은 인재를 추천했으니 사람 보는 눈 또한 예사롭지 않았다.
>
> 다른 분야에서도 자민련이 추천한 장관들은 열심히 일했다. 나는 각료들을 결코 차별하지 않았다. 일 잘하는 장관을 제일 아꼈다. 그들 또한 대통령인 나를 중심으로 보필했다. 그들의 국정 경험을 나는 신뢰했고, 그들은 믿음을 저버리지 않았다. 그들은 저력이 있었고, 경제 위기를 돌파하는 데 적임이었다(김대중 2010, 70-71).

한국 경제는 관치에 의한 불균형 성장 전략을 지속해 왔고, 그 결과 재벌이라는 강고한 기득권 세력이 만들어졌다. 이런 관치와 불균형 성장 전략의 부작용으로 인해 외환위기가 발생했기 때문에 새로운 경제운용 방식의 출발점이 될 수 있었으나, 관료와 재벌 간의 결탁이 공고화된 시점에서 다시 관료에 의존한 전략은 불균형 성장을 혁파하지 못하는 한계를 노정했다.

　그 결과 다시 관료와 재벌의 결탁이 강화되기까지 했다. 독재 정부 하에서 관료들에게 보장했던 출세의 기회가 사라지면서 직업의 안정성이 훼손되는 상황에서 집중화된 경제력을 보유한 재벌은 관료들에게 미래의 안정성을 보장해 주는 보험의 역할을 해주었다. 새로운 환경에서 관료들이 재벌에게 유리한 정책을 추진할 동기는 충분했다. 경제 회생을 위해 국가의 재정이 재벌 지원에 집중되었고, 이로 인해 복지 정책의 확대를 억제하는 결과를 초래했다. 관경유착에 의한 개발과 불균형 성장 전략을 지속하려는 세력과 균형성장과 복지국가를 추구하는 세력 간의 갈등에서, 김대중 정부의 운신의 폭은 크지 않았다.

5. 루스벨트의 뉴딜 개혁의 교훈

경제 위기로 인해 진보적 정부의 집권 가능성은 높아진다. 미국의 경우에도 민주당 정부는 경제 위기를 기회로 집권하는 경우가 많았다.[4] 이를 역으로 해석하면 진보적 정부는 항상 경제 위기 상황에 대처할 준비를 하고 있어야 한다. 김대중 정부의 핵심 세력이 정권 교체에 대한 확신을 갖지 못했고 또 한국에서 처음 겪는 일이었기에 경제 위기를 사전에 예측하고 대비하는 것은 불가능했다. 앞으로는 충분한 대비를 해야 한다.

4_미국의 경우 경기 호황기에는 시장의 자율을 강조하는 공화당이 집권 가능성이 높으며, 장기 호황으로 인해 거품이 발생하고 이 거품이 꺼지면서 침체가 오면 민주당이 집권하는 경우가 많다. 1932년의 프랭클린 루스벨트, 1976년의 지미 카터, 2008년의 버락 오바마가 그런 경우다. 1992년의 빌 클린턴도 일시적 경기 침체기에 대통령으로 당선되었다.

미국의 경우 대공황 시기에 집권한 프랭클린 루스벨트가 뉴딜을 성공적으로 수행하면서 미국의 경제구조를 변화시킬 수 있었다. 그에 앞서 진보 시대 개혁 대통령을 자임했던 우드로 윌슨은 개혁적 자유주의의 기치를 앞세우고 특권 세력의 전횡을 민주적으로 통제하기 위해 노력했으나 실패했다. 윌슨 이후 다시 자유방임적 자유주의가 득세하며 보수의 시대가 이어졌으나 결국 대공황으로 이어졌다. 루스벨트는 윌슨이 성공하지 못했던 자유주의적 개혁을 추진하는 한편, 사회적 안전망을 갖추고 누진세를 강화하는 진보적 색채를 강화하며 경제체제 자체의 전환을 추구했다. 1930년대판 미국식 진보적 자유주의의 승리라고 평가할 수 있다.

루스벨트는 취임 초기 신속한 입법을 통해 대공황의 침체에 대응하기 위해 노력했다. 전임 공화당 대통령인 후버가 위기에 처한 서민 경제를 구하기 위한 정부의 역할을 부정했기 때문에, 확실한 차별을 두며 전방위적인 구호에 착수했다. 그러면서도 한편으로 시장의 구조를 개혁하는 입법에도 착수했다.

무엇보다도 대공황을 통해 문제가 제기된 은행 부문에 대해 근본적인 조치를 취했다. 1933년 '은행법'Banking Act은 '글래스-스티걸법'Glass-Steagall Act으로 불리는 집권 초기 가장 중요한 개혁 입법이었다. 이른바 금융자본의 불법·탈법 행위를 근본적으로 억제하기 위해 은행과 투자은행을 분리하는 법이다. 1999년 '그램-리치-브라일리 법'Gramm-Leach-Bliley Act에 의해 완화될 때까지, 66년간 미국 금융시장의 성격을 규정했다.

1933년 '증권법'Securities Act에 의해 증권시장에서 일반 투자자를 보호하기 위한 장치를 강화했다. 1934년 '증권거래법'Securities Exchange Act을 법제화해 '증권거래위원회'Securities and Exchange Commission를 설립해 국가기관에 의한 증권시장의 감독을 제도화했다.

이때까지 자유주의적 개혁에 치중했다면, 루스벨트의 진보적 구조 개혁이 본격적으로 시작한 것은 1935년이었다. 루스벨트는 취임 초기부터 지주회사를 중심으로 한 거대 기업집단에 의한 폐해를 자주 거론했다. 루스벨트는 이 기업집단을 방치한다면 "사적 사회주의"private socialism에 빠지게 될 것이라고 호소했다. 뉴딜 정책을 비판하는 데 사용되던 사회주의를 역으로 사용해, 거대 기업집단을 움직이는 몇몇 금융가들에 의해 좌지우지되는 경제가 미국이 지향하는 바가 아니라고 강조했다.

> 대부분의 시민들, 한때는 자기의 사업을 독립적으로 운영하던 사업자들이 매일의 식량을 위해 절망 상태에서 매우 소수의 선심에 기대게 하는 권력의 집중 현상을 되돌릴 시간이 되었습니다. 그 소수는 지주회사와 같은 수단을 이용해 스스로 정당화될 수 없는 경제 권력을 확보했습니다. 나는 정부의 사회주의에 대해서 만큼이나 집중된 사적 권력의 사적 사회주의에 대해 철저하게 반대합니다. 사적 사회주의는 정부 사회주의만큼이나 위험합니다. 사적 사회주의를 무너뜨리는 것은 정부 사회주의를 피하기 위해 매우 필수적입니다(1935년 루스벨트의 의회 서한 중에서)

루스벨트는 1935년 일명 '부유세'Wealth Tax라는 이름으로 누진소득세와 상속세 등을 강화할 것을 요구했다. 부자들과 적대적으로 대치하는 것을 피하지 않겠다는 정치적 수사의 성격이 강했으나, 기업집단의 해체를 촉발하는 중요한 입법이 포함되어 있었다. 이른바 기업 간 배당에 대한 과세였다. 1936년에는 재선을 위한 선거를 앞두고 다시 기업의 '내부유보이윤'undistributed profits에 대한 과세를 추진했다. 이 법은 재계의 반발로 인해 1938년 폐지되었으나, 재계와 타협하지 않겠다는 의지를 대내외에 천명하는 것과 같았다.

루스벨트는 1938년에는 집단소송제를 법제화해 기업에 대해 개인이 집단을 이뤄 대등하게 소송을 할 수 있도록 했다. 이런 루스벨트의 정책 의지에 의해 미국에서는 기업집단이 사라지는 계기가 되었다.

한편, 루스벨트는 노동의 권익을 보장하기 위해 노력했다. 최저임금법을 법제화했는데, 이미 1912년 매사추세츠 주에서 최초로 도입한 이후 여러 주에서 시행 중이었다. 1933년 '국가산업부흥법'National Industrial Recovery Act의 한 법조문으로 도입되었으나 1935년 대법원이 위헌으로 판결해 무효가 되었다. 1938년 다시 '공정노동기준법'Fair Labor Standards Act에 포함되어 주 40시간 노동제와 함께 연방법으로 공식화되었다. 1935년의 '사회보장법'Social Security Act은 실업·노령·빈곤에 대한 보험금을 지급하는 연방 단위의 복지제도로 실업보험·노령연금·빈곤에 대한 지원 제도를 포함했다.

루스벨트는 뉴욕 주지사 시절 알게 된 프랜시스 퍼킨스를 노동부 장관에 임명해 노동 관련 개혁을 강력하게 추진했다. 퍼킨스는 미국에서 여성 최초의 각료이면서 1933~45년까지 루스벨트 임기 내내 노동부 장관을 역임했다. 루스벨트의 절대적 신임을 받으며 최저임금제도나 실업보험, 근로시간 준수, 아동 노동조건 개선에 큰 성과를 남겼다.

노동시장과 관련해 가장 중요한 성과는 이른바 '와그너법'Wagner Act으로 알려진 '전국노동관계법'National Labour Relations Act이었다. 노동자들의 단결권을 최대로 보장하기 위해 사측의 방해를 철저하게 규제했고, 노사관계에 있어 노동자의 협상력을 높이는 데 기여했다. 그 결과 미국에서 노동조합 조직률이 크게 증가했으나, 재계의 격렬한 반대로 1947년 '태프트-하트리 법'Taft-Hartley Act으로 대체된다. 1960년대 이후 미국의 노동조합 조직률이 낮아지기 시작해 최근에는 선진국 중 최저 수준을 기록하고 있다.

그림 1 | 미국 민간 부문 노조 조직률 추이(1929~2006년)

출처: Hirsch(2008).

루스벨트의 개혁은 미국 경제에 광범위하고 오래 지속되는 영향을 남겼다(크루그먼 2008, 23). 신중한 루스벨트가 성공적으로 개혁을 추진할 수 있었던 것은 당시 대공황으로 인해 경제개혁에 대한 요구가 강했기 때문이었다. 그러나 루스벨트가 금융자본가의 횡포를 사적 사회주의로 규정하며 기업집단을 해체하는 한편 노동조합을 활성화하기 위해 노력하고 또한 소비자와 노동자의 권익을 보장할 수 있는 집단소송제를 법제화한 것은 시장경제에서 세력의 균형을 맞추기 위한 사려 깊은 정책이었다. 미국 경제가 나아가야 할 방향에 대해 명확한 청사진을 기반으로 한 정책을 일관성 있게 추진한 결과 커다란 성과를 얻었던 것이다.

미국에서 금융자본을 중심으로 한 기업집단의 문제가 제기된 것은 1910년대다. 1912년 민주당 대통령 후보였던 윌슨이 3대 특권의 하나로 지목하며 그 근절을 공약할 정도로 국가적인 비판의 대상이었다. 20여 년이 지나 대공황이라는 경제 위기를 거치면서 루스벨트에 의해 비로소 해결의 실마리가 제공된 셈이다.

민주적 시장경제나 진보적 자유주의의 측면에서 루스벨트 개혁의 특징은 시장에서 강력한 힘을 가진 금융자본을 해체하는 한편 노동조합 등의 견제 세력을 복원했다는 점이다. 또한 집단소송제 등을 통해 시장 내에서 소수의 소비자나 주주, 노동자가 거대 기업집단에 저항할 수 있는 수단을 마련하기 위해 노력했다는 점이다. 첫 번째는 세력으로, 두 번째는 개인의 저항이 가능하도록 이중의 견제 장치를 마련했다. 루스벨트가 개혁적 자유주의를 넘어 진보적 자유주의의 지평을 열었다고 평가할 수 있는 대목이다.

그러나 루스벨트 개혁에 의해 확립된 민주적 시장경제의 기틀은 1980년대 이후 서서히 무너져 내렸다. 마치 1920년대를 연상하게 하듯 규제완화의 열풍이 불었고, 루스벨트 개혁 입법이 대부분 철폐되었다. 2008년 경제 위기를 맞아 다시 점검해 본 결과 미국 경제는 1920년대 상황으로 회귀해 있었다. 노동조합 가입률은 선진국 중 최저 비율을 기록하고 있고, 금융자본이 경제를 지배하고 있으며 소득 불균등이 심화되었다. 민주적 시장경제를 위한 세력 균형을 일시적으로 이루었다고 해도 지속되기 힘들다는 교훈을 남기고 있다.

6. 김대중 정부의 재벌 개혁

경제 위기 이전 이미 김대중은 민주적 시장경제의 핵심을 규제완화로 설정한 바 있다. 당시 그를 중심으로 하는 학자들 사이에서 재벌의 문제보다는 관치에 따른 정경유착을 더 중시하는 시각을 반영한 것으로 보인다. 민주적 시장경제를 확립하는 데 최대의 걸림돌은 정부의 과도한 규제와 대기업으로의 경제력 집중이다. 현 정부의 경제정책 입안가들도 규제완화가 시급함을 인정하면서도, 대기업에의 경제력 집중 문제 때문에 규제완화, 금융 개혁, 공기업 민영화도 추진할 수 없다고 주장하고 있다.

> 대기업에의 경제력 집중을 사후적으로 억제하려고 하기보다는 경쟁 질서를 확립함으로써 미리 발생 자체를 억제하는 데 초점을 맞추어야 한다. 이를 위해서는 일차적으로 지난 30여 년 동안 대기업에의 경제력 집중을 초래한 권위주의적 관치경제부터 청산하여야 한다. ……
>
> 경쟁이 활성화되면 대기업의 지위 남용 등 공정거래당국이 지극히 다루기 어려운 과제들이 시장메커니즘을 통해 자연히 해소될 것이다. 사실 재벌 기업의 횡포를 막기 위한 가장 유효한 대책은 동종 재벌 기업 혹은 해외 동종기업의 경쟁을 통한 견제이다. 규제완화를 통해 진정한 시장경제를 확립함과 동시에, 대기업에의 경제력 집중을 억제한다는 명분으로 도입된 대증요법적이고 반법치주의적인 각종 정부규제도 철폐되어야 한다. 이처럼 고비용 구조의 극복과 경제력 집중 문제의 해소는 결코 상충되는 목표가 아니고 둘 다 민주적 시장경제체제를 확립하면 극복될 수 있는 것이다(김대중 1997, 43-45).

당시 김대중 대통령 후보는 권위주의적 정부에 의한 관치와 재벌에 대한 특혜를 철폐하면 공정한 경쟁을 위한 환경이 조성될 것이고 자연스럽게 대기업에의 경제력 집중이 해소될 것이라는 판단을 하고 있었다.

반면, 김대중 정부 초기 대통령 자문 정책기획위원회 위원장이었던 최장집은 국가의 역할을 강조했다. 국가가 시장의 자율성을 허용하는 대신 민주적 시장경제의 질서가 받아들여지도록 요구해야 하고, 이를 재벌의 입장에서 보면 과거와 같은 정부의 간섭에서는 해방되는 대신에 기업지배구조 개선을 비롯해 구조조정이 요구된다는 의미라는 것이다

(최장집 1998a). 그러나 기업지배구조를 어떻게 변화시켜야 하는가에 대한 청사진이 없는 상황에서 개혁을 추진하기는 쉽지 않았다. 당시 재계와 보수 진영에서 최장집을 집요하게 공격한 배후에는 이런 최장집의 의견이 확산되는 것을 염려한 탓도 있을 것이다.

규제완화를 중시하는 재벌 문제의 해결책은 이규억 등 산업 조직 전문가들의 주장과도 일맥상통했다.

> 지금까지의 재벌의 비대화는 국내경쟁구조의 취약과 독점적 지대의 산재에 기인한 면이 컸음. 국내 시장의 경쟁이 치열해질수록, 그리고 기업의 생존을 위한 환경이 엄격해질수록 비효율적 다변화나 재벌의 부실한 양적 비대화는 어렵게 됨. 재벌의 복합결합에 대해서는 공정거래법상의 기업결합규제제도의 개선과 함께, 기업집단에 대한 경쟁의 압력을 가중시킴으로써 시장 기능에 의해 비효율적인 복합결합이 지양되도록 하는 것이 바람직함(이규억 1996, 40).

외환위기로 인해 재벌의 재무 상태가 취약해지며 오히려 재벌에 대한 외국자본의 지배를 우려하는 여론이 높아지는 상황에서 강력한 재벌 개혁을 추진하기 어려운 현실적 한계도 있었다. 재벌은 여전히 논쟁의 대상이다. 재벌은 이제 무소불위의 권력 집단이 되어 불법행위에 대해 단죄할 수 없는 초법적 지위를 누리고 있다. 진보적 자유주의의 입장에서 민주적 시장경제의 운영에 심각한 위협이 되고 있다. 재벌 문제를 염려해 온 이근식의 입장은 여전히 같다.

> 국가권력이나 빈곤 말고 자유의 중요한 또 하나의 위협은 대자본(재벌)이다. 고전적 자유주의자나 사회적 자유주의자들과 달리 이를 강조한 것이 2차 대전 이후 서독의 질서자유주의를 제시하였던 오위켄Walter Eucken이다. 오위켄은 19

세기의 자유방임주의가 결과적으로 독점자본을 낳았고 독점자본이라는 사권력이 국가라는 공권력과 더불어 현대 사회에서 자유를 억압하는 주된 적이므로 물가 안정과 더불어 독점의 금지가 정부의 주된 두 가지 임무의 하나라고 강조하였다. 오위켄은 국가도 독점자본의 영향력으로부터 자유롭지 못하다고 보았다. 강자만이 다른 사람의 자유를 억압할 수 있다. 민주화 이전에는 국가권력이 강자였지만 민주화 이후의 현대 사회에서는 국가권력보다 오히려 대자본이 자유에 대한 더 큰 위험인 것 같다. 하이에크를 비롯한 신자유주의자들은 국가권력의 횡포에 대해서는 매우 예민하지만 대자본의 위험은 간과하고 있을 뿐만 아니라 정부의 독점규제의 완화를 주장함으로써 오히려 대자본에 우호적이다. 실제로 지난 30년간의 신자유주의 시대에 독과점화는 더욱 강화되었고 모든 면에서 대자본의 힘은 더욱 증대하였다(이근식 2010).

재벌이 자유로운 시장경제에 대한 중요한 위협이 된다는 점은 누구나 동의하지만, 그 문제 해결에 있어서 정부의 의지가 부족한 때문으로 해석하기도 한다. 김종걸(2010)은 "현행법의 틀 안에서도 재벌에 대한 '견제'는 충분히 가능하다는 점을 인식하는 것도 중요하다"고 주장하고 있고 정석구도 유사한 견해를 피력하고 있다.

결국 재벌을 견제하는 힘은 민주적인 권력일 수밖에 없음. 현재도 재벌을 견제할 수 있는 정부 권한은 막강함. 단지 친 재벌 등 권력과 재벌이 한 몸이 됨으로써 이런 기제가 작동하지 못하고 있음. 재벌 견제 가능한 민주정부 탄생만이 재벌 독점을 막을 수 있는 가장 효과적인 대안 아닌가. 실제로 검찰이나 공정위, 금감원, 국세청 등 재벌 통제할 수 있는 부처 몇 개만 제대로 관리해도 재벌 횡포는 상당 부분 제어할 수 있음(정석구 2010).

오히려 재벌의 권력을 실감하는 현실 정치인은 이 문제를 훨씬 더 심각하게 보고 있다.

발제문의 뒷부분에서는 현대자본주의에서 가장 경계해야 할 것이 대자본, 즉 재벌이 국가를 포획하는 것이라 분석하고 이를 해결하기 위해서는 법의 공정한 집행, 그리고 일반 시민들의 의식수준과 사회 분위기가 이런 문화를 허락지 않도록 성숙해야 함을 강조함. 큰 틀에서는 동의하나 시민들의 의식수준과 사회 분위기, 혹은 정책이나 제도를 만들어야 하는 많은 언론, 학자, 정치인들이 이미 자본에 포획되어 있는 상황 속에서, 어떻게 이런 연결고리들을 끊을 수 있을 것인가하는 의문이 생김(원희룡 2010).

김대중 정부에서 재벌의 구조조정을 위해 많은 노력을 기울였고, 그 결과 재벌 기업의 재무 건전성은 획기적으로 개선되었다. 그 덕분에 한국 경제에서 재벌의 지배력은 더욱 강해지는 모순이 발생했다. 재벌의 구조적 해체 내지는 구조 개편이 충분하지 않았다는 비판을 듣는 이유다.

김대중 정부의 정책 방향을 결정한 것은 대략 네 가지 정도다. 첫째, 당시 김대중 정부에 우호적이었던 경제학자들은 질서자유주의에 입각해 관치의 철폐를 최우선 정책으로 설정했다. 이들 질서자유주의자들은 관치와 재벌의 경제력 집중 해소라는 두 가지 과제에 대해 관치를 해소하면 재벌 문제가 완화될 것으로 판단했다. 관치를 해소하기 위해서는 규제완화를 해야 했으며, 이 과정이 나중에 신자유주의 정책의 수용으로 이어졌다는 비판을 받게 되었다. 외환위기의 원인을 김영삼 정부의 세계화 전략으로 판단했기 때문에 민족주의적 입장에서 재벌을 보호해야 한다는 의중도 영향을 미쳤을 것이다.

독일의 질서자유주의는 재벌의 문제를 인식하면서 재벌 해체 후에 제기된 반면, 한국의 질서자유주의는 재벌이 공고화된 후 해외 자본의 위력을 실감하면서 재벌을 보호하자는 민족주의적 측면과 상충된 상황에서 수용되었다는 점이 차이를 가져온 것으로 보인다.

둘째, 진보 개혁 진영 내에서 재벌 문제를 처리하는 방법에 대한 공감대가 형성되어 있지 않았으며, 재벌 문제의 심각성에 대해서도 다양한 이견이 존재했다. IMF나 미국의 압력하에서 개혁이 이루어지는 상황이었기 때문에, 그들이 원하는 재벌의 해체가 국익에 반할 수 있다는 재계의 주장을 극복하기 힘들었다.

셋째, 외환위기를 극복하는 과정에서 재벌의 구조 개혁을 동시에 시도하는 것은 위험한 전략이었다. 외환위기와 경기침체, 금융경색으로 인해 건전한 기업도 무너지는 상황에서 자칫 재벌의 대규모 도산이 발생하면 장기 불황에 빠질 위험이 있었다. 위기 극복 이후에 재벌의 구조 개혁을 추진하는 것이 합리적이었다. 1999년 8·15 경축사를 통해 김대중 정부는 재벌 개혁의 5+3원칙[5]을 천명하며 다시 재벌 개혁을 추진하려 했다. 이 여덟 가지 과제는 대부분의 재벌 개혁론자들이 동의할 정도로 합리적으로 제시되었으나, 그 이후 큰 진전을 보지 못했다.

넷째, 재벌의 영향력도 무시할 수 없었다. 재벌의 영향력을 압도하는 사회적 압력이 없었기 때문에, 정권 교체는 했지만 친재벌적인 관료들로 이루어진 각료를 구성한 정부에서 재벌의 구조 개혁을 달성하기는 불가능했다. 대우, 현대 등 굴지의 재벌들이 사실상 해체되고 있는 상황에서 재벌들은 기득권을 지키기 위해 역량을 총동원했을 것으로 추정할 수 있다.

5_김대중 정부가 출범시 재계와 약속한 경영 투명성 제고, 상호지급보증 해소, 재무구조 개선, 업종 전문화, 지배주주와 경영자 책임 강화 등 '5대 기본 과제'에 더해 금융 지배 차단, 순환출자 억제, 부당 내부 거래 근절 등 '3대 보완 과제'를 더한 것을 의미한다.

결국 많은 성과를 냈지만 김대중 정부는 외환위기라는 한계로 인해 재벌의 근본적인 구조 변화를 이끌어 내지 못했다. 사후적으로 보면 뒤이은 노무현 정부에서도 재벌을 시장경제 내의 공정한 경쟁의 틀 내로 견인하는 것의 중요성을 인식하지 못한 것으로 보인다. 결국 한국 경제에서 민주적 시장경제의 기본적 구조가 갖추어져 있지 못하고, 그것을 견인할 사회적 압력이 충분하지 못했음을 의미한다.

7. 생산적 복지

김대중은 분배 정책을 통해 시장경제의 효율성이 최대한 발휘되도록 사회적·경제적 화합 분위기를 조성해 성장에 대한 긍정적 효과를 극대화하는 한편 성장에 대한 부정적 효과를 최소화할 것을 강조하고 있다(김대중 1997). 재정경제부에서는 "생산적 복지는 국가 복지 규모의 확대를 전제로 하면서 동시에 시장의 질서와 기능을 최대한 담보할 수 있는 방법을 모색한다"고 그 취지를 설명했다(재정경제부 1999, 269).

즉, 재정경제부에서는 생산적 복지를 제3의 길과 대비해 설명하고 있다. 제3의 길에 대해서는 "1980년대 만성적인 저성장과 재정 적자 구조로 인해 복지국가의 위기를 맞게 되었다"고 전제하고 "제3의 길은 복지의 적극적 확대를 주장하는 과거의 사회민주주의 노선과 복지의 축소와 시장경제의 활성화를 주장하는 신자유주의 노선을 통합적으로 극복하려는 역사적 맥락에서 제기된 것"으로 평가했다. "생산적 복지는 우리 사회의 발전 단계를 종합적으로 고려해 국가 역할을 충실하게 하고 민간 참여의 활력 부양에 높은 비중을 두고 있다는 점에서 제3의 길을 발전적으로 수용하고자 하는 것"으로 제시하고 있다. 신자유주의의 거부가 아니라 통합적으로 극복한다는 주장에서 볼 수 있듯이 신자유주의 내에서 복지를 포용하려는 관료들의 인식을 드러내고 있다.

구체적으로 생산적 복지는 "공정한 시장 질서 확립을 통한 분배", "국가에 의한 재분배적 복지", "자활, 자립을 위한 사회적 투자"의 세 가지 축으로 이루어져 있음을 밝히고 있다(재정경제부 1999, 274).

생산적 복지 정책이 한국 경제에 있어 새로운 복지 체제를 구축하는 데 크게 기여했음은 부정할 수 없다. 김대중 정부의 경제정책이 신자유주의적 색채를 띠고 있기 때문에 그 복지 정책인 생산적 복지 역시 신자유주의적 복지 내지는 보수적 복지로 해석하는 경향이 있다(정무권 2000; 조영훈 2000). 그러나 김대중 정부의 복지 정책에서 "국가와 사회의 책임을 강화시킨 국가 복지 강화 노선이 확연히 드러나고"(김연명 2001) 있기 때문에 신자유주의적 복지로 보기 힘들다는 김연명의 주장이 더 타당하게 보인다.

김대중 정부의 복지 정책에서 국가의 역할을 강화했다는 장점은 노동시장과 연관된 '생산적' 복지 정책의 측면에서의 단점과 대비되고 있다. 신동면은 노동시장 사업에 대한 정부 지출의 추이를 근거로 하여 "생산적 복지에서 표방하고 있는 인력개발에 대한 강조에도 불구하고 아직까지 실업자의 생활 안정을 도모하기 위한 실업 급여의 제공이라는 수동적 노동시장 사업에 의존"하고 있음을 밝히고, 이는 "한국 정부와 IMF 간의 정책 협약에서는 구조조정의 핵심 사항으로 노동시장의 유연성 강화를 포함"하고 있기 때문으로 평가했다. 따라서 "스웨덴의 생산적 복지는 사회보장과 평등을 경제적 효율성과 민주주의의 전제라고 이해하며 포괄적·보편적 사회보장 체계를 갖추고" 있음에 반해 "국민의 정부의 생산적 복지는 스웨덴의 생산적 복지와 동일한 명칭임에도 불구하고 질적으로 다른 제도"이며 "오히려 정부의 생산적 복지는 근로 연계

복지의 한국적 표현이라고 보는 편이 적절하다"고 비판하고 있다(신동면 2000). 결국 적극적 노동시장 사업이 미비함을 중요한 단점으로 지적하고 있다.

결과적으로 김대중 정부의 복지 정책은 이중적 성격을 띠고 있다고 볼 수 있다. 구관료들이 중심이 되어 추진한 경제정책은 신자유주의적 성격이 강했던 반면, 복지 정책에 있어서만큼은 국가의 역할을 강화하는 모순적 성격을 띠고 있다. 복지를 강조한 대통령과 집권 세력의 의지가 반영된 것으로 평가할 수 있다.

구관료들이 중심이 된 경제팀에 의한 한계는 제3의 길에 대한 해석에서부터 비롯되었다. 제3의 길을 사회민주주의 노선과 신자유주의 노선을 통합적으로 극복하려는 역사적 맥락으로 해석하는 것은 지금에 와서 보면 매우 보수주의적인 접근이다. 지금의 시점에서 생각해 보면, 제3의 길은 국가의 역할을 인적 자원 육성에 둔 새로운 사회민주주의 노선으로 평가하는 것이 더 타당하다. 규제완화를 중심으로 국가의 역할을 최소화하려는 신자유주의 노선과는 뚜렷한 차별성을 지니고 있음에도, 보수적 입장에서 제3의 길을 신자유주의 노선에의 굴복으로 해석했던 것이다. 바로 이런 잘못된 해석이 한국에서 새로운 경제체제를 모색하는 데 제약이 되었고, 그 결과 노동시장 정책이 주변화되는 치명적 부작용을 노정하게 되었다.

8. 노동시장

김대중은 변화된 국제 환경에 부응하기 위해 노동의 유연성 확보가 중요한 과제라고 파악했다. 김대중은 "유연한 정리해고 절차, 계약 근로인 단기계약 근로나 임시 근로, 다양한 시간제 근로 등"의 수량적 유연성, "외부 하청, 공장 내 하청, 인력 파견 회사로부터 파견되는 파견근로제 등 다양한 형태"의 작업의 외부화를 외부 노동시장의 변화로 인식하고, "변형 근로시간제, 변형 근무일제"의 내부 노동시장에서의 수량적 유연성과 근로자의 다기능화를 의미하는 기능적 유연성을 모두 인식하고 있었다(김대중 1997, 173). 김대중은 "노동의 유연성 확보가 중요한 정책적 과제인 점은 누구나 공감"하고 있다고 전제하면서도 부작용을 최소화하기 위해 단계적으로 접근하고 보완대책을 마련해야 한다고 주장했다. 이는 대선 공약으로 이어져 정리해고제의 2년 유예를 약속했으나 미국의 압력에 굴복해 정리해고제를 받아들였다(김대중 2010, 20).

미국의 요구 사항은 "정리해고제 수용, 외환관리법 전면 개정, 적대적 인수 합병 허용, 집단소송제 도입"이라고 김기환 당시 대외협력특별대사가 전했다고 한다. 외환위기를 극복하기 위해 미국의 도움이 절실했던 김대중 대통령은 이를 받아들일 수밖에 없었고 대신 노동계를 설득하는 데 나섰다.

정리해고에 버금갈 명분이 필요했다. 노조의 정치 활동을 허용하고 교원노조를 1999년 7월부터 합법화하기로 약속했다. 또 노동기본권을 대폭 확대했다. 이는 노동계의 숙원이었다. 공무원 직장협의회도 1999년 1월부터 설치할 수 있도록 했다. 4조4,000억 원이던 실업 대책 재원도 5조 원으로 증액하여 실업자들을 지원하기로 했다. 대신 정리해고제를 즉각 시행하고, 근로자 파견제를 도입하기로 했다. 노·사·정이 핵심 쟁점을 주고받는 대타협이었다(김대중 2010, 27).

당시 노동계가 이 정도로 타협할 수밖에 없었던 것도 정부와 마찬가지로 외환위기 충격의 여파를 가늠하기 힘들었기 때문이었다. 재계에서 끊임없이 외환위기의 원인으로 경직적인 노동시장과 고비용 구조를 거론하고 있는 상황에서 협상력은 크게 약화되었다. 기업부터 살려야 한다는 외부적 압력으로부터도 자유롭지 못했다. 그 결과 실업이 급증했다.

노동시장의 구조를 바꾸는 문제는 뒷전에 밀릴 수밖에 없었다. 김대중 대통령은 실업 문제 해결을 최우선 과제로 중시했다.

> 나는 실업 문제 대책으로 네 가지를 줄기차게 이야기했다. 첫째는 기업에게 종업원 해고를 늦춰 달라 권고하고 그럴 경우 정부가 보상을 해줄 것, 둘째, 중소·벤처 기업을 육성하여 일자리를 만들 것, 셋째, 새로운 일자리에 적응할 수 있도록 직업훈련을 시킬 것, 넷째, 사회안전망을 만들어 최소한의 생계를 국가가 책임질 것 등이다. 아마 관련 공무원들은 귀에 못이 박혔을 것이다(김대중 2010, 70).

정부가 1998년 3월에 발표한 실업 문제 종합 대책의 사업별 예산 내역을 보면 대통령의 의지가 어떻게 구현되는지 알 수 있다. 총 규모 10조1,719억 원 중에서 새로운 일자리 마련을 위해 5조1,944억 원이 배정되었다. 그중에서 공공 근로 사업 확대 1조444억 원, 한전 송배전 시설확대 6천억 원, 중소 건설업체 지원 등 3천억 원 및 주요 SOC 시설 투자 확대 및 지역 경제 활성화에 2조7,500억을 쓰고 있다. 다시 말하면 실업 대책의 핵심은 건설 경기 부양에 있었다.

결국 노동자에게 고통 분담을 요구했지만 성과를 함께 나누는 방법은 제시되지 못했다. 더욱이 당시 이미 한국의 노동시장은 이분화되었다. 노동조합 조직률은 지속적으로 떨어지고 있었고, 이것은 한국 사회의 미래에 매우 중요한 결과를 초래할 것이었다. 한국 경제가 유럽의 합의제 조정 경제에서 멀어지고, 대신 미국식 시장경제로 접근하고 있는

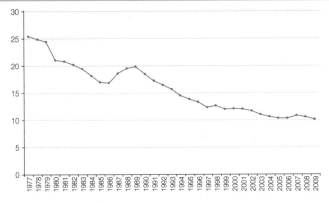

그림 2 | 한국의 노조 조직률 추이(1977~2009년)

출처: 고용노동부(교원노조 포함, 공무원은 제외).

상황에서 그 추세를 되돌리지 못했다. 지금까지도 노동조합 조직률을 복원하자는 진보 진영의 주장은 세력을 확대하지 못하고 있다.

앞에서도 언급한 대로 사회적 합의에 따른 한국형 모형의 정립에 대해서는 현 시점에서 상당한 공감대가 형성된 것으로 판단된다. 그러나 김대중 정부 당시에는 윤진호(1998)가 지적하는 대로 시장적 유연화를 강조하는 데서 크게 벗어나지 못했다. 이제 노동문제에 있어 사회적 합의주의를 복원하기 위한 실천력을 발휘할 수 있는 전략을 개발해야 할 것이다.

9. 맺음말

김대중 정부는 민주주의와 시장경제의 병행 발전을 추진하기 위해 노력했다. 민주적 시장경제에 대한 다양한 해석에 기반을 둔 김대중 정부의 정책을 평가할 때 많은 성과를 냈으면서도 동시에 한계를 노정했다. 진보적 자유주의의 입장에서 볼 때 자유주의의 개혁적 요소도 부족했다. 복지제도의 근간을 마련한 업적을 달성했으나, 반면 적극적 노동시장 정책이나 노동자의 단결권을 고양하는 데는 크게 기여하지 못했다. 특히 사회 통합을 통한 성장이라는 진보적 자유주의의 이상에 대한 공감대를 형성하지 못한 것은 향후의 역사적 발전의 입장에서 볼 때 아쉬움을 남긴다.

이 글은, 1980년대 후반경 개발 연대 방식의 성장은 한계에 도달했고, 이를 극복하기 위해 구조 개혁이 요구되었으나 이를 달성하지 못했다는 전제하에 작성되었다. 김대중 정부는 쇠락해 가는 한국 경제에서 발생한 경제 위기 상황에서 집권했고, 경제 위기를 극복하면서 동시에 구조 개혁을 추진해야 하는 이중의 어려움에 직면했다. 민주주의적 제도가 제대로 정립되지 않은 상황에서 최초의 진보적 정권이었기에 기존의 보수적 체제와 부합하지 않는 진보적 정책의 추진에 따른 부작용으로 인해 여론의 지지를 받기도 어려웠다. 진보적 시민사회의 역량도 김대중 정부를 이끌어 나가기에는 부족했다.

경제구조 개혁이 목표를 달성하기 위해서는 목표에 대한 인식의 공유가 필수적이며, 이런 목표를 달성하기 위한 경로에 대한 합의가 필요하다. 진보적 시민사회의 역량이 구체화되기 위한 제도적 장치가 있으면 훨씬 수월할 것이다. 이런 점에서 최태욱의 지적은 시의적절하다.

실제로, 정치적 자유와 사회적 자유 수호에 유능한 합의제민주주의의 이 포괄성은 (자유시장경제보다 분배 친화적인) 조정시장경제와의 친화성으로도 이어진다. 유럽의 합의제 조정시장경제 국가들은 거의 예외 없이 비례대표제, 구조화된 온건다당제, 그리고 연립내각제를 유지하고 있다. 합의제민주주의의 핵심 요소들인 이 포괄성 높은 정치제도들이 정치과정에서 노동 등 사회경제적 약자 집단들의 효과적 이익집약을 가능케 함으로써 분배의 정의가 왜곡됨을 방지하는 것이다. 정치제도의 시장 조정 효과가 정당 체계를 중심으로 직접적으로 나타나는 경우라 할 수 있다. …… 사회합의주의는 합의제 조정시장경제의 근간을 이루는 경제 거버넌스이다. 따라서 합의제민주주의의 정치제도들이 갖고 있는 이 사회합의주의와의 친화성은 합의제민주주의 그 자체와 조정시장경제 간의 친화성으로 발전할 수 있는 것이다. 즉, 합의제민주주의와 조정시장경제의 교집합에 해당하는 사회합의주의가 양 체제를 친화성의 관계로 이어준다는 것이다(최태욱 2010b).

김대중 정부에서 목표로 삼았던 민주주의와 시장경제의 병행 발전은 아직도 달성하지 못했다. 정권 교체를 처음 이루었고 신자유주의가 기승을 부리던 당시로서는 무리한 목표였다. 현재 신자유주의의 한계가 명백해진 만큼 다시 추진해야 한다. 미래 지향적인 입장에서 김대중 정부의 공과 과를 정확히 평가해 합리적 전략을 세울 때다.

6장

민주적 시장경제의 구성 요소와 핵심 과제

__유종일

최근 정치권과 학계에서 복지국가 담론이 빠르게 확산되고 있다. 이는 소득의 양극화가 심화되고 고용 사정이 악화한 지난 20년간의 경제 상황에서 비롯된 현상이다. 특히 민주개혁 세력의 정권이 10년간 지속되는 동안 이런 문제가 심화되었고, 그래서 국민은 정권을 바꿨다. '경제대통령'과 '747 공약'[1]을 내세운 보수 진영의 후보를 선택한 것이다. 그런데 기대했던 것처럼 고도성장이 이루어지는 것도 아닐 뿐더러, 성장으로 양극화와 고용 문제를 해결할 수 없음이 더욱 분명해졌다. 게다가 2008년에 발생한 세계 금융 위기로 인해 시장 만능주의 정책의 처참한 실패가 입증되었다. 이런 맥락에서 이제는 시장과 경쟁만 강조할 것이 아니라 국가와 복지를 확대할 필요가 있다는 생각이 확산된 것이다.

1_'747공약'이란 7퍼센트 성장, 국민소득 4만 달러, 경제 규모 세계 7위를 달성하겠다는 것이었다. 이명박 정부 4년이 경과한 현 시점에서 보면 이러한 목표의 절반 정도밖에 달성하지 못할 전망이다. 성장률은 3퍼센트대 초반, 국민소득은 2만 달러대, 경제 규모는 세계 14위에 머물 것이다.

정치 민주화 20년 만에 실망했던 국민이 이제 경제 민주화를 요구하기 시작했고 그것이 복지국가 담론으로 표현되고 있다. 이는 지극히 자연스러운 현상이다. 자본주의와 민주주의의 관계에 관한 표준적 견해에 의하면 민주주의 발달은 자본주의 시장경제의 불평등을 완화하기 위한 소득재분배와 복지의 확대를 추구하는 복지국가를 낳는다고 한다. 그러나 이런 관계에 관한 깊은 연구가 진행되면서 민주주의와 복지국가 사이의 관계가 그렇게 단순하지만은 않다는 사실이 드러났다. 민주주의에도 여러 유형이 있고 자본주의에도 다양한 유형이 있어서 그 유형에 따라 재분배의 정도나 복지 체제의 유형에 커다란 차이를 가져온다는 사실이 밝혀졌다(Iversen 2010). 정치제도 면에서는 특히 비례대표제냐 소선거구제냐의 차이가 중요하고, 경제제도에서는 '자본주의의 다양성' Varieties of Capitalism 연구에서 제기한 자유시장경제냐 조정시장경제냐 하는 구분이 중요한 것으로 드러났다(Hall and Soskice 2001). 두터운 복지는 비례대표제 및 조정시장경제와 친화성을 갖는다.

한국의 경우에도 복지국가 논쟁을 생산적으로 이끌기 위해서는 이와 관련된 논의를 진전시켜야 할 것이다. 구체적으로 어떤 유형의, 어느 수준의 복지가 가능하고 바람직한지 검토해야 하며, 나아가 이와 조응하는 정치제도와 경제체제를 어떻게 형성해 나갈지에 관해 전략을 수립해야 한다. 특히 복지만을 얘기하고 경제체제를 논하지 않는 것은 위험하다. 과거의 경험이 입증하듯이 경제개혁에 관한 분명한 비전이 없으면 보수적 경제 엘리트의 논리와 영향력을 극복하기 어려울 뿐더러, 기존의 경제구조를 온존시킨 채 복지를 확대하는 것만으로 양극화를 극복하기는 어렵기 때문이다. 나아가 복지 체제와 경제체제 사이에 친화성이 확보되지 않으면 복지 체제가 제대로 정착될 수 없다. 이 글은 이런 문제의식에 기초해서 경제체제와 관련한 민주 진보 진영의 대안을 모색해 보고자 한다.

여기서 먼저 철학적 기반을 분명하게 할 필요가 있다. 그래야만 일관된 관점을 유지할 수 있으며, 생산적인 논의가 용이해지기 때문이다. 이 글은 '진보적 자유주의'의 시각에서 경제적 대안을 논의하고자 한다.[2] 자유주의는 특정한 역사적 상황 가운데서 특정한 내용으로 구성되는 것도 사실이지만, 그 가장 근본적인 핵심, 즉 만인의 자유와 인권에 대한 존중과 법 앞의 평등이라는 핵심적인 내용은 인류사를 통해서 보편적 가치로 확립되었다고 할 수 있다. 따라서 자유주의가 충분한 답이 되지 못한다는 입장은 가능하지만 자유주의 자체를 부정하는 이념은 보편적 이념으로 성립하기 어렵다.

자유주의의 가치가 충분히 구현되지 못한 사회에서 자유주의는 그만큼 진보적인 이념이 된다. 한국의 경우 배타적 집단주의 문화의 잔존, 국가 주도 산업화 과정에서 형성된 재벌 중심 경제구조, 권력투쟁 중심의 후진적인 정치 문화 등 일정하게 자유주의적 해법을 요구하는 역사적 과제들이 남아 있다. 따라서 자유주의가 진보적인 성격을 지니게 되지만, 그럼에도 불구하고 굳이 '진보적'이라는 수식어를 추가하는 데는 두 가지 이유가 있다. 하나는 현대 한국의 역사에서 자유민주주의라는 용어가 반공주의라는 의미로 사용된 데서 유래하는 혼란의 가능성이다. 또 하나는 자유지상주의나 신자유주의와 같은 시장의 자유를 절대시하는 사조와 분명하게 선을 긋기 위해서다. 개인의 경제적 자유에 관한 자유주의의 입장은 가급적 자유를 보장하는 것이다. 하지만 존 롤스가 명확하게 주장하듯이 생산수단에 대한 사유재산권이나 계약의 자유는 개인의 존엄성이나 정치적 자유와 같은 근본적 가치가 아니어서 필요에

2_진보적 자유주의의 개념과 적실성에 관해서는 이 책에 실린 이근식(1장)과 최장집(2장)의 글을 참조할 것이다.

따라 제약을 가할 수 있다(Rawls 1971). 즉, 진보적 자유주의는 시장경제를 기본으로 하되, 사회적 필요에 따라 시장에 대한 적절한 개입과 통제를 정당화한다.[3]

경제체제는 모든 사회제도가 그렇듯이 경로 의존성과 상호 연관성이 있기 때문에 백지에 그리는 대안이 아니라 구체적인 역사적 맥락과 조건을 고려한 대안을 만들어야 한다는 점 또한 중요하다. 세계사적인 경험과 한국적 맥락을 함께 고려해야 한다. 이런 관점에서 '민주적 시장경제'가 하나의 유력한 대안이 될 수 있다. 이는 김대중 정부 시절의 경제개혁을 일정 부분 뒷받침한 개념이었으며, 경제민주화의 역사적 요구를 담고 있는 개념이기 때문이다. 경제에 관한 진보적 대안이 비시장적이거나 반시장적인 것이 아니라 시장경제의 한 형태라는 것을 분명하게 하면서도, 경제력 집중과 양극화라는 구조적 문제를 극복하려는 지향을 담아내는 개념이다. 또한 시대적 요구로 등장한 보편적 복지와 유기적으로 결합되기에 적합한 개념이라는 점도 중요하다.[4]

아래에서는 민주적 시장경제의 개념을 논의하고, 그 구성 요소를 살펴본 후 핵심 과제를 제시한다.

3_이런 점에서 보면 한국 헌법은 진보적 자유주의에 입각해 있다. 헌법 제23조 2항은 "재산권의 행사는 공공복리에 적합하도록 하여야 한다"고 규정하고 있으며, 제119조 2항은 "국가는 균형 있는 국민경제의 성장 및 안정과, 적정한 소득의 분배를 유지하고, 시장의 지배와 경제력의 남용을 방지하며, 경제주체 간의 조화를 통한 경제의 민주화를 위하여 경제에 관한 규제와 조정을 할 수 있다"고 규정하고 있다.

4_더불어 삶 기획위원회(2011)는 바로 이러한 결합을 중심으로 한 사회경제 모델을 제시하고 있다.

1. 민주적 시장경제의 개념

민주적 시장경제는 학문적으로 널리 사용되는 용어도 아니고 그 의미가 명확하게 정의되어 있는 개념도 아니다. 〈위키피디아〉에도 '민주적 자본주의'라는 항목은 있지만 '민주적 시장경제'라는 항목은 없다. 민주적 자본주의라는 개념도 학문적으로 정립되어 있는 것은 아니다. 일반적으로 구미 선진국에서 나타나는 민주정치와 자본주의경제가 결합된 체제를 말한다. 그러나 민주주의에도 시장경제에도 다양한 형태가 존재하기 때문에 이런 느슨한 개념은 경제체제에 대한 대안 담론으로 발전시키기에 충분하지 못하다. 따라서 민주적 시장경제의 개념을 적극적으로 발전시키기 위한 논의가 필요하다. 이를 위해서 먼저 한국의 경제개혁 과정에서 제기되었던 민주적 시장경제의 개념을 간단히 살펴보고자 한다. 그리고 민주적 시장경제에서 '민주적'은 단순히 정치적 민주주의와 공존한다는 의미를 넘어서서 경제체제 자체의 특성을 의미하는 것으로 보고 그 내용을 논의한다. 민주주의의 이상과 시장경제의 이상을 고려하면서 경제민주화의 요구와 관련한 세계사적 경험을 농축해 그 내용을 추출하려는 시도다.

한국의 경제개혁과 민주적 시장경제

소위 개발독재 아래서 고도성장을 한 한국 경제는 양적 성장이라는 성과를 이루었지만 경제 불안정과 분배 불균형 등 심각한 구조적 결함을 지니게 되었다. 1997년 발생한 외환위기는 이런 구조적 문제가 폭발적으로 표출된 것이었다. 1980년대부터 경제개혁이 점진적으로 추진되었으나, 개혁이 철저하지도 못했을 뿐더러 방향 설정도 잘못되어 있었다. 개혁의 주된 내용은 국가 주도의 관치경제를 극복하고 정상적인 시장 기능이 작동하는 것을 목표로 하는 소위 시장 자유화 개혁이었다. 시장 기능 확대는 필요한 것이었지만 자유화 이후 공정하고 투명한 시장 경쟁 질서를 확립하고 시장의 실패를 보정하기 위한 제도적 기반을 조성할 필요성에 대한 인식이 부족했으며, 또한 이미 재벌을 중심으로 경제력 집중이 심화된 상태에서 시장 경쟁이 왜곡되는 문제를 해결할 비전과 의지도 부족했다(You 2006). 자본시장 개방과 금융 규제 완화는 대표적인 개혁정책 실패의 사례이자 외환위기의 직접적인 원인이 되었다.

한국의 경제개혁은 외환위기를 계기로 중대한 전기를 맞게 된다. 위기 극복을 명분으로 포괄적이고 심도 있는 개혁이 이루어졌다. 하지만 개혁의 성과는 잘해 봤자 절반의 성공이었고, 부작용은 심각했다. 시장 기능의 확대와 투명성의 증대는 어느 정도 이루어졌지만, 경제력 집중과 양극화가 심화되었다. 김대중 정부가 추진하고 이후 노무현 정부가 이어받은 개혁의 한계는 세 가지 원인에서 비롯되었다.[5] 첫째, 당시 국제통화기금IMF 구제 금융 체제 아래서 IMF를 앞세운 외국자본의 요구가 과도하게 관철되었고, 이는 개혁 프로그램에서 금융시장 개방, 노동시장 유연화 및 공기업 민영화 등 소위 신자유주의적 요소의 강화로 나타났다(이제민 2007). 둘째, 개혁의 청사진이 미비했다. 요즘은 김대중 정부의 경제개혁이 신자유주의 개혁이라고 매도되기도 하지만, 사실 당시의 경제개혁은 복합적인 성격을 지니고 있었고 나름대로 경제민주화의 방향도 담고 있었다(김기원 2007; 유종일 2007). 재벌 개혁과 복지 확대, 금융 감독 강화 등 시장 실패를 보완하려는 노력이 개혁의 중요한 구성 요소였던 것이다. 그러나 개혁의 각 구성 요소 사이에 존재하는 상호 보완성에 관한 인식이 부족했고, 단기적인 경제성장에 대한 욕심이 개혁 의지

5_개혁의 내용과 성격 및 한계에 관한 정치경제학적 분석은 You(2010)를 참조.

를 쇠퇴시켰다. 셋째, 개혁 세력의 정치적 기반이 취약했다. 재벌과 보수 언론을 등에 업은 야당의 공세 앞에서 개혁은 흔들렸고, 김대중 정부 후반기에 들어서면서 개혁 후퇴의 조짐이 뚜렷하게 나타났다.

경제개혁은 단순히 기술적인 문제가 아니라 상이한 비전과 이해관계를 가진 세력들의 정치적 각축에 의해 결정된다. 여기서 개혁 주체의 청사진이 적합하면서도 확고하면 개혁의 성공에 상당한 도움이 될 것이다. 김대중 정부 개혁의 밑바탕에는 외환위기라는 상황 논리와 더불어 민주적 시장경제의 개념이 있었다. 김대중 대통령은 "민주주의와 시장경제의 병행 발전"을 국정 목표로 제시해 민주적 시장경제를 구현하고자 했다(김대중 1997). 그런데 그의 병행 발전론에 담긴 민주적 시장경제는 경제민주화의 요구를 충분히 담아내고 있지 못했다. 권위주의적 관치경제의 청산과 진정한 시장경제 확립만을 강조했고, 경제민주화의 또 다른 핵심 축인 경제력 집중 문제의 해결과 시장의 실패에 대한 국가의 적극적 역할에 대해서는 인식이 부족했다. 과거에 '대중 경제론'을 제창했던 것에 비추어 후퇴한 것으로, 이는 신자유주의가 풍미하던 당시의 시대적 상황을 반영한 것이었다. 사실 김대중 정부 초기에 민주적 시장경제에 대한 적극적 해석론이 제기되기도 했지만(김균·박순성 1998; 최장집 1998a), 정부는 이를 경계하며 소극적 해석이라 할 수 있는 병행 발전론에 머물렀다. 이런 한계는 외국자본과 재벌 등 신자유주의로 포장한 기득권 세력의 요구 앞에서 개혁 프로그램이 쉽사리 왜곡되고 좌절되는 여건을 제공한 한 원인이 되었다.

이런 역사적 경험은 오늘날 민주적 시장경제의 개념을 다시 적극적으로 발전시키는 것의 중요성을 일깨워 주고 있다. 단순히 정치적 민주주의와 공존하는 시장경제가 아니라 민주주의와 시장경제 간에 화학적 결합이 형성되고(최장집 1998b), 그리하여 시장경제 자체가 '민주적' 특성을 지니는 경제를 모색함으로써 과거 개혁 실패의 역사를 극복하고 미래로 나아가자는 것이다.

경제적 평등과 민주적 거버넌스: 민주적 시장경제의 핵심

민주적 시장경제에서 '민주적'을 경제체제 자체의 특성을 의미하는 것으로 볼 때, 그 의미는 구체적으로 무엇인가? 자본주의적 시장경제가 민주적이 될 수 있는가? 자유주의적 전통에서는 흔히 민주주의와 자본주의 시장경제의 정합성을 주장하는 반면, 사회주의적 전통에서는 진정한 민주주의는 자본주의와 양립할 수 없다고 본다. 전자의 입장에서 보면 민주주의와 자본주의 시장경제는 개인의 자유, 공정한 경쟁, 자기 책임이라는 중요한 기본 원칙을 공유하고 있다. 양자 간에는 상승효과가 존재해 어느 한쪽이 발달하면 다른 한쪽도 자연스럽게 발달하는 것이 일반적이다. 하지만 후자의 입장에서 보면 민주주의가 추구하는 인권과 자본주의가 추구하는 재산권이 충돌하고, 민주주의가 추구하는 평등과 자본주의가 생산하는 불평등이 충돌한다(Bowles and Gintis 1987). 그래서 사회주의자들은 민주적 시장경제를 사회주의적인 시장경제로 정의하기도 한다(Stauber 1977).

이렇게 자본주의적 시장경제와 정치적 민주주의 사이에는 친화적인 관계와 긴장 관계가 공존한다. 긴장 관계의 핵심은 민주주의의 평등 원칙과 자본주의의 불평등 사이에서 발생한다(Przeworski 1990). 만약 민주주의가 다수결의 원칙에 입각해서 지나치게 결과의 평등을 요구한다면 자본주의 시장경제는 크게 억압될 것이며, 반대로 만약 자본주의 시장경제의 결과가 소수 엘리트에 의한 부의 독점으로 귀결되면 이는 민주주의를 위협할 것이다. '민주적 시장경제'는 이런 긴장 관계에 대한 해법 혹은 균형점을 제시하는 것으로 볼 수 있을 것이다. 필자는 과거에 민주적 시장경제를 "민주주의의 평등 이념을 시장경제의 틀 안에서 구현한 경제"라고 정의한 바 있다(유종일 2008a). 다시 말해 민주주의의 평등과 시장경제의 효율을 화학적으로 결합한 체제를 말한다. 개인의 자유와 자율은 민주주의와 시장경제가 공유하고 있는 전제다. 따라서 경제의 특성으로서 '민주적'이란 것은 개인의 자유와 자율을 토대로 하여 만인의 평등을 실현하는 경제라는 것이다. 아직까지 현실적으로 시장경제는 자본주의적 시장경제를 벗어나지 못하지만 장기적으로는 민주적 특성이 강화되면 자본주의를 극복한 시장경제를 구현할 수도 있을 것이다.[6]

민주적 시장경제를 평등을 시장경제에서 구현한 것으로 이해할 때 평등은 구체적으로 무엇을 의미하는가? 평등이라고 할 때 '무엇의 평등'을 말하는 것인가? 경제적 평등에는 네 가지 차원이 있다. 기회의 평등, 분배의 평등, 의사 결정 참여의 평등, 그리고 소유의 평등이다. 평등의 성취도가 높아지고 차원이 높아질수록 경제민주화가 고도화되는 것으로 볼 수 있다. 하지만 유념해야 할 점은 평등을 어떻게 구현하는가에 따라 시장경제의 효율성을 제고할 수도 파괴할 수도 있다는 것이다. 민주적 시장경제는 시장경제의 효율성을 저해하지 않는 범위 내에서 평등을 실현하는 방법을 모색하는 것이다.

경제적 평등 중에서 가장 기본이 되는 것은 기회의 평등이다. 기회의 평등은 민주주의의 최소한의 요구일 뿐더러 시장경제가 효율적으로 작동하기 위한 전제 조건이기도 하다. 분배의 평등은 완전한 평등을 목표로 하는 것이 아니라 지나친 불평등을 방지하는 것 혹은 가급적 분배를 평등화하는 것을 목표로 한다. 참여와 소유의 평등은 좀 더 고차원적인 요구다.

6_현실의 시장경제에도 국유 기업이나 협동조합 또는 사회적 기업 등 비자본주의적인 기업들이 존재하므로 순수한 자본주의 시장경제만은 아니다.

민주적 시장경제에 대한 이런 정의는 평등을 지나치게 강조한 면이 있다. 평등이 민주주의의 핵심적 원칙이기는 하지만 평등만이 민주적 가치인 것은 아니다. 또한 현실의 시장경제는 원자화된 개인들 사이의 비인격적 거래와 경쟁의 관계로만 이루어지지는 않는다. 기업, 노동조합, 사회조직, 국가에 이르기까지 다양한 수준의 위계적 질서와 협력적 관계가 존재한다. 따라서 이들의 거버넌스 혹은 협치協治가 민주적으로 잘 이루어지는 것도 민주적 시장경제의 중요한 요소로 보아야 한다. 특히 자유시장경제가 아닌 조정시장경제에서는 위계적 질서와 협력적 관계의 기능과 역할이 중요하게 부각된다. 평등의 원칙에 더하여 민주적 거버넌스의 원칙을 포함해 민주적 시장경제를 정의한다면 '적절한 민주적 통제가 가해지는 시장경제' 정도로 폭넓게 정의하면 될 것이다. 실제로 민주주의 발달 과정에서 나타난 경제에 대한 다양한 민주적 요구를 살펴보면 평등에 대한 요구를 넘어서는 부분들이 존재하고, 이들은 대체로 다양한 수준에서의 민주적 거버넌스와 관련된 것이다. 특히 자본주의 시장경제에서 경제적 평등을 확대하는 데 결정적인 역할을 한 케인스주의가 한계에 부딪친 까닭과 그 한계를 극복하기 위한 방안을 살펴보면 바로 이 거버넌스의 문제와 직결되어 있음을 알 수 있다.

케인스주의의 한계에 대응해 경제민주화의 새로운 요구로 부각되고 있는 대표적인 이슈로는 노사 갈등을 제어하기 위한 사회적 타협, 기업의 사회적 책임, 그리고 세계화에 대한 대응 등을 꼽을 수 있는데, 이는 각각 사회, 기업, 국민경제 및 세계경제 수준에서의 거버넌스 문제에 다름 아니다. 다양한 수준에서의 민주적 거버넌스라는 것은 경제적 평등과 안정을 위한 정부의 적극적 역할이라는 케인스주의를 넘어서는 내용이다. 이런 점에서 민주적 시장경제를 케인스주의 이후의 새로운 대안으로 규정하고 그 내용을 모색할 수 있을 것이다.

2. 민주적 시장경제와 기회의 평등

기회의 평등은 민주적 시장경제의 가장 기본적인 원칙이다. 기회의 평등은 먼저 경제적 자유를 보장하는 데서 출발한다. 누구나 권력에 의한 자의적인 통제나 신분에 따른 제약 등에 구애받지 않고 시장에 참여해 자유롭게 경쟁할 수 있다는 것은 자유시장경제의 기본 원칙이다. 역사적으로 보아도 민주주의 정치가 발전함에 따라 자의적인 권력의 행사를 제한하고 신분의 속박을 제거함으로써 시장경제가 본격적으로 발달하게 되었다. 국가는 사유재산권과 인신의 자유를 보장하고 계약의 이행을 강제하는 사법 체계를 확립함으로써 자유로운 시장 거래를 통한 경제활동을 뒷받침하는 틀을 제공하게 되었다. 그러나 법적으로 경제적 자유가 만인에게 보장된다고 해서 시장경제하에서 기회의 평등이 손쉽게 보장되는 것은 결코 아니다. 기회의 평등이 실질적으로 보장되기 위해서는 네 가지 조건이 요구된다.

특권의 철폐

법에 의해 인권과 재산권이 보호되고 계약의 자유가 누구에게나 주어진다고 해도 만약 법치주의와 법 앞의 평등이 제대로 확립되지 않는다면 기회의 평등이 실현될 수 없다. 현실적으로 법치주의와 법 앞의 평등은 민주정치의 핵심적 요소일 뿐만 아니라 기회의 평등을 실현하기 위한 가장 기초적인 조건이다. 민주주의 발달에 따라 사법부의 독립이나 배심원 제도 등 공정한 사법 시스템을 만들기 위한 노력들이 전개되었다. 하지만 완벽한 공정을 실현하기란 여간 어려운 일이 아니다. 특히 자본주의 시장경제에서 부의 영향력이 사법 판단에 미치는 영향력을 완전히 제거하기란 쉽지 않다. 미국에서도 피고의 피부색이나 경제력에 따른 형량의 차이가 끊임없이 논란이 되고 있다. 공식적으로는 특권계급이 인정되지 않는다고 하더라도 사실상은 법 앞에서 특권을 누리는 집단이 존재한다는 것이다. 민주적 시장경제는 당연히 법치주의와 법앞의 평등을 좀 더 완벽하게 실현하도록 노력해야 한다.

이런 면에서 한국의 현실은 민주적 시장경제와는 거리가 멀다. 유전무죄 무전유죄 현상이 만연하고, 정치권력에 대한 종속과 눈치 보기가 일상화되어 있다. 재벌 총수들은 천문학적 액수의 탈세와 횡령을 해도 대부분 집행유예로 풀려나는 반면, 서민들은 사소한 범죄로도 복역을 한다. 살아 있는 권력이 사법부의 심판을 받는 경우는 보기 어려워도, 흘러간 권력이나 정치적 반대자에 대해서는 엄중하다. 재벌과 각계의 권력 엘리트들이 사실상 특권층화되어 있으며, 이들이 혼인관계와 혈연, 지연, 학연 등 연고 관계를 통해 소위 '이너 서클'을 구성하고 있는 것이 현실이다.[7]

민주적 시장경제를 향한 첫 걸음은 사법 개혁이어야 한다. 기소독점주의와 검사동일체의 원칙을 폐기하고 검찰권 행사에 민주적 압력을 가하고 투명성을 제고해야 한다. 고위 공직자 비리 수사처 설립 및 검찰총장 및 검사장의 직선제가 유력한 대안이 될 수 있을 것이다. 또한 검찰과 법원의 인사는 독립적인 인사위원회를 통해 매우 엄정한 검증 과정을 거치도록 해야 할 것이다.[8]

7_이것이 바로 조정래의 소설 『허수아비춤』에서 "로열 클래스"와 "골든 클래스"라고 표현한 것이다(조정래 2010).

8_사법제도뿐만 아니라 법률 자체의 개혁이 필요한 부분도 많다. 특히 명예훼손죄와 사생활보호는 개인의 인권을 보호하는 수준을 넘어서서 과도한 수준으로 적용되고 있는데, 이는 특권층을 감시와 비판으로부터 감싸기 위한 수단이 되어 있다(김용원 2011).

사회안전망과 의무교육

형식적으로는 경쟁의 기회가 주어지더라도 유의미한 경쟁을 하기 위한 준비를 할 수 있는 여건이 되지 않는다면 이 또한 기회의 평등이라고 볼 수 없다. 실질적으로는 시장으로부터 배제되고 말기 때문이다. 어린 시절 교육을 받지 못하거나 청년 실업의 장기화로 직업 능력 배양의 기회를 박탈당하는 경우 등이 이에 해당된다. 이렇게 유의미한 경쟁을 위한 준비를 하지 못해 경쟁에서 배제되면 불가피하게 자기 파괴적인 거래에 나설 수밖에 없다. 자기 파괴적 거래란 거래의 결과가 미래의 경제적 전망을 현저하게 악화시키는 거래를 말한다. 아동노동을 비롯해서 경제적 궁핍에 의한 성매매나 장기 매매, 고리 사채 등이 이에 해당한다. 자기 파괴적인 거래는 정상적인 시장 거래로 보아서는 안 된다. 정상적 시장에서 배제된 결과 택하는 극단적인 선택이기 때문이다. 민주적 시장경제는 당연히 자기 파괴적인 거래를 금지하고, 어느 누구도 이런 거래를 택하게 되는 상황에 처하지 않도록 보완 조치를 취해야 한다. 즉, 사회의 생산력 수준에 걸 맞는 의무교육과 사회안전망이 마련되어야 한다. 그리고 능력과 의지가 충분한 경우에 경제적 여건 때문에 교육의 기회가 박탈되어서는 안 될 것이다.

한국은 아직도 사회안전망이 매우 부실하다. 사각지대가 광범하게 존재하고 있다. 그 단적인 결과가 경제협력개발기구(OECD) 국가 중 자살률 1위라는 통계다. 그러다 보니 자기 파괴적인 거래도 횡행하고 있다. 법으로 금지되어 있는 성매매가 여전히 대규모로 이루어지고 있으며, 살인적인 고리의 사채 거래도 상당히 이루어지고 있다. 경쟁을 준비하기 위한 교육의 측면에서도 문제는 있다. 절대다수의 학생이 고등학교를 졸업하고, 고졸자의 80퍼센트가량이 대학에 진학할 정도로 교육에 대한 접근성은 높다. 그러나 이는 표피적인 현실이고, 내부를 들여다보면 심각한 문제들이 존재한다. 고등학교까지는 학업성적이 미흡한 학생들이 교육적 관심을 제대로 받지 못하는 경우가 흔히 있으며, 대학생의 경우에는 과도한 등록금 부담으로 인해 집안 형편이 어려운 학생들은 아르바이트에 시간을 빼앗겨 제대로 공부하기가 힘든 것이 현실이다. 민주적 시장경제로 나가기 위해서는 튼튼한 사회안전망을 구축함과 동시에 이런 교육현장의 문제도 해결해야 한다.

공정거래 규제와 노동권

누구나 경쟁을 할 수 있는 여건을 갖추었다고 하더라도 만약 시장에서 독점적 혹은 지배적 힘을 가진 경제주체들이 경쟁을 제한하는 행위를 할 경우에 기회 평등의 원칙은 위배된다. 기회가 누구에게나 평등하게 주어져 있다면 시장이 경쟁적이어야 한다. 그러나 자연독점이나 행정 규제 등 다양한 이유로 현실의 시장에서는 독과점이 발생한다. 독점적 사업자에 의한 부당거래나 과점적 사업자들의 담합 등 경쟁제한행위는 기회 평등에 대한 중대한 위협이다. 이런 문제들을 방지하기 위한 공정거래 규제는 민주적 시장경제의 중요한 조건이다.[9] 단, 혁신에 의해 경쟁적 수익률을 상회하는 초과이윤을 획득하는 것은 정당한 경쟁 행위로 간주된다. 혁신으로 인한 혜택의 일부는 혁신 주체에게 초과수익으로 돌아오지만 나머지는 사회 전체로 퍼지게 된다.

전통적 의미의 공정거래 규제는 아니지만 힘의 불균형에 의한 경쟁

9_원래 시장 경쟁이 효율적인 까닭은 수단과 방법을 가리지 않는 약육강식의 무한 경쟁이 아니라 혁신에 의한 경쟁만 허용되는 제한적인 경쟁이기 때문이다. 따라서 시장경제를 약육강식과 무한 경쟁이 지배하는 정글에 비유하는 것은 지극히 잘못된 것이다. 경쟁에 따른 적자생존의 원리가 적용되는 것은 동일하지만, 시장 경쟁은 무한 경쟁이 아니고 공정 경쟁의 규칙하에서 경쟁하는 제한 경쟁이기 때문이다. 또한 적자생존도 기업이나 제도 등에 적용되는 것이지 개인에게 적용되는 것은 아니다. 파산법에서 기업과 개인에 대한 파산 처리의 원칙이 확연히 다른 것이 이를 반영한다.

의 왜곡 혹은 착취가 발생하는 것을 방지하기 위한 제도들이 있다. 자금력, 정보력, 로비 능력 등에서 비대칭이 존재할 때 일방에게만 유리한 거래가 성립될 수 있다. 미국 서브프라임 사태의 근저에 있었던 약탈적 대출이 대표적인 예다. 종속적 하청 관계에 있는 중소기업에 대해 재벌 기업이 기술 빼앗기나 단가 후려치기를 하는 경우도 약탈적 거래에 해당한다. 이렇게 약탈적인 불공정거래를 규제하고 또한 정보가 부족한 소비자를 보호하기 위해 제품의 안전성이나 광고에 관한 규제를 하는 것 등도 시장경제에서 기회 평등을 보장하기 위해 필요한 요소다. 고용주에 비해 상대적으로 경제적 지위와 힘이 열악한 노동자들에게 그들이 노동의 정당한 대가를 받고 노동조건을 향상시키기 위해 단결해 노력할 수 있도록 노동권을 보장해 주는 것도 마찬가지 맥락에서 이해할 수 있다.

한국에서도 민주화 과정에서 공정거래 규제의 강화, 소비자 보호의 확대, 그리고 노동권의 신장이 이루어졌다. 하지만 아직 현실은 민주적 시장경제의 이상과는 거리가 멀다. 특히 중소기업들이 대기업에 하청 계열화되지 않고는 살아남기 어려운 산업구조가 형성됨으로써 대기업과 중소기업 간의 하도급 관계를 둘러싼 불공정거래 문제는 고질화되어 있다. 노동권도 충분히 보장되고 있지는 못한 실정이다.

양적 할당 문제: 완전고용과 금융 접근권

시장의 실패로 인한 양적 할당rationing도 기회의 평등을 제한하는 원인이 된다. 정상적인 시장경제에서 상품시장에서는 양적 할당이 흔히 발생하지 않지만, 노동시장과 금융시장에서는 일상적으로 존재한다. 효율 임금에 의한 일자리 할당(그리고 그 결과로서 비자발적 실업)과 정보 비대칭에 의한 신용 할당이 그것이다. 이런 경우에 시장에서 배제된 자들은 좀 더 낮은 임금이나 좀 더 높은 이자율 등 기존 시장 참가자들에 비해 더욱 매력적인 거래 조건을 제시한다고 하더라도 아무 소용이 없다. 원천적으로 유의미한 경쟁을 할 수 없게 되는 것이다.

따라서 비자발적 실업과 금융 소외의 문제는 민주적 시장경제가 해결해야 할 중요한 문제이며, 실제로 서구의 역사를 보면 대중민주주의의 확산에 따라 정부가 이런 문제를 해결하는 책임을 떠맡게 된 것을 알 수 있다. 대공황 이후 뉴딜 개혁의 일환으로 금본위제가 철폐되고 적극적인 실업 구제를 실시한 것이 중요한 진전이었으며, 1946년에 미국 의회가 제정한 '완전고용법'Full Employment Act은 완전고용을 국가의 책임으로 명확하게 규정하기에 이르렀다. 신용 할당에 대해서도 정부가 적극 대처하게 되었다. 대표적인 예가 미국에서 1977년에 제정된 '지역사회재투자법'Community Reinvestment Act이다. '붉은 선 긋기'Redlining라고 불리는 저소득층 주거지역에 대한 대출 배제의 문제가 드러나면서 예금보험에 가입된 모든 금융기관이 영업허가를 받은 지역 내의 모든 지역사회에서 차별 없이 대출을 시행하도록 권장한 법이다. 이외에도 저소득층이나 중소기업 등 상대적으로 취약한 입장에 있는 경제주체들에게 금융시장에서 접근성이 평등하게 보장되지 않는 현실을 개선하려는 다양한 정책들이 실시된다.

한국의 경우 실업률은 낮은 편이지만 통계가 실상을 정확히 반영하지 못하고 있음을 직시해야 한다. 고용보험이 적용되지 않는 사각지대가 광범위하고, 적용된다 하더라도 급여의 수준도 낮고 급여 기간도 짧아서 구직자들이 구직을 포기하고 실망 실업자로 돌아서는 경우가 많다. 청년층의 경우 실업 상태가 되는 것을 회피하려고 노동시장 진입을 미루는 일이 비일비재하며, 실업 상태를 감당할 수 없어서 자영업에 진입하는 사람들이 많아서 자영업이 과잉 비대화되어 있기도 하다. 노동시간이 본인 의사에 반해 매우 적은 비자발적 부분 실업도 실업통계에는 반영되지 않는다. 비정규직의 오남용으로 대표되는 고용의 질도 문제다. 차별을 감수하면서 비정규직 일자리에 취업하는 것은 결국 정규직 노동시장에서 배제되었기 때문이다. 정규직 시장만 본다면 일자리 할당이 매우 심각하다는 것을 알 수 있다. 금융 소외의 문제 또한 심각하다. 금융기관의 담보대출 관행과 실적 요구 관행으로 인해 다수의 중소기업과 신생 기업이 자금 조달에 큰 어려움을 겪고 있다. 불법 고리 사채 시장으로 내몰리고 있는 신용등급이 낮은 서민들의 문제는 두말할 나위도 없다.

3. 민주적 시장경제와 분배의 평등화

기회의 평등을 실현하기 위한 요건이 모두 갖추어져 있다고 가정하더라도 이로써 민주적 시장경제가 완성되었다고 볼 수는 없다.[10] 아무리 기회가 평등하게 주어졌다고 하더라도 경쟁의 결과 발생하는 소득과 부의 분배가 지나치게 불평등하면 곤란하기 때문이다. 과도한 사후적 불평등은 기회의 평등을 퇴색시킬 수 있으며, 재분배에 대한 사회적 요구를 낳게 되고, 민주주의를 위협할 수도 있다.

기회 평등의 일환으로서의 분배의 평등

기회의 평등과 분배의 평등이 현실적으로 완전히 분리될 수는 없다.

10_자유지상주의적 입장에서 본다면 기회의 평등, 즉 자유롭고 공정한 경쟁을 보장하는 것 이외의 모든 국가 개입은 부당하다. 설령 극심한 사후적 불평등이 발생한다고 해도 이는 결코 불공정한 것이 아니다. 오히려 누진적 과세 등 사후적 불평등의 시정을 위해 자발적 동의를 하지 않는 개인들에게 부담을 강제하는 것을 불공정한 것으로 본다. 물론 기회의 평등을 보장하기 위해 국가가 해야 할 일도 최소한으로 해석한다.

기회 평등을 실현하기 위해서는 법 앞의 평등이나 계약의 자유와 같은 형식적 평등뿐만 아니라 유의미한 경쟁을 준비할 수 있는 여건이 모두에게 확보되어야 한다. 따라서 기회의 평등이 기본적인 사회안전망과 인적자본에 대한 사회적 투자를 요구한다는 점은 이미 지적한 바와 같다. 그런데 더욱 완벽한 기회 평등을 구현하기 위해서는 경쟁을 준비하는 데 필요한 여건을 모두에게 동일한 수준에서 확보해 주어야 할 것이다. 현재의 사후적 분배는 미래의 경쟁에 대해서는 사전적 여건의 일부가 된다는 것이다. 경쟁의 낙오자에게 재기의 기회를 제공하기 위해서 사후적 분배에 개입하는 것은 바로 이런 연관성을 극명하게 보여 준다.

좋은 대학에 들어가기 위한 경쟁이 한 예다. 아무리 입시가 공정하게 치러진다고 하더라도 순전히 개인의 능력과 노력에만 의해서 경쟁의 결과가 결정되지는 않는다. 운도 따르겠고, 무엇보다 가정환경이 중요한 요인으로 작용한다. 사후적 불평등이 심하다면 이는 곧 경제적인 여건에서 가정환경의 편차가 크다는 것이고, 대학 입학 경쟁은 불공정 경쟁이 되고 만다는 것을 의미한다.

바로 이런 점 때문에 민주 사회는 부의 대물림을 통해서 커다란 불평등이 발생하는 것을 쉽게 용납하지 않는다. 소득과 부의 차이는 대체로 네 가지 요인에 의해 비롯된다. 본인의 능력과 노력, 운, 그리고 상속받은 재산 등이다. 일반적으로 본인의 능력과 노력에 의한 차이는 상당부분 정당한 것으로 받아들인다. 운 또한 소득과 부의 편차를 유발하는데 중요한 요인인데, 운에 의한 부는 정당성이 조금 떨어진다고 하겠다. 하지만 운은 대개 본인의 선택과 연관되어 작용하기 때문에 운에 따른 차이도 비교적 용인하는 편이다. 하지만 부의 대물림에 의한 편차에 대해서는 본인의 선택이나 노력이 전혀 작용하지 않은 것이라는 점에서 수용도가 더 떨어진다. 그것도 자기 복이라고 인정하기도 하지만 인생의 출발선부터 큰 편차가 나는 것에 대해선 만인평등 사상에 어긋나는 것으로 보는 경우가 많다. 따라서 분배의 평등을 위한 국가 개입에 대해서는 비판적이면서도 부의 대물림만큼은 반대하는 사람도 많이 있다.

그러나 엄밀히 따지면 본인의 능력이나 심지어 노력도 상당 부분 상속받는 것이다. 상속은 재산으로만 하는 것이 아니고 유전자로도 한다. 그리고 교육 및 가정환경도 상속의 유력한 방법이다.[11] 가치관이나 절제력 등 성격적 특성도 상당 부분 출생 배경에 의해 결정된다는 것이다. 그렇다고 모든 사후적 불평등을 부정할 수는 없는 노릇이다. 그래서는 능력을 개발하고 노력을 기울일 동기부여가 전혀 안 되기 때문이다. 운이나 상속 효과와 본인의 노력을 정확하게 구분할 방법도 없다. 그래서 결국은 기회의 평등과 분배의 평등 사이에서 적절한 균형을 찾는 수밖에 없다. 적절한 균형이란 역사적으로 형성된 사회적 합의에 입각한 것일 수도 있고, 롤스가 주장하는 것처럼 철저한 평등주의적 입장에서 한 사회의 최저 소득 계층에게 혜택이 돌아가는 한에서만 사후적 불평등을 용인하는 것일 수도 있다.

한국의 경우 지난 20년간 소득분배의 불평등이 점차 확대되어 왔다. 소위 양극화 문제가 발생한 것이다. 이는 사회적 합의가 더 큰 불평등을 수용하는 방향으로 변화한 결과는 결코 아니다. 빈곤층의 증가를 보면 롤스의 미니맥스minimax 원칙에 입각한 불평등의 증가가 아닌 것도 분명하다. 따라서 양극화의 극복은 민주적 시장경제를 구현하는 과정에서

11_교육이 계층 상승의 통로가 될 수도 있지만 일반적으로 가정환경이 자녀 교육에 지대한 영향을 미치는 것은 불가피하다. 양질의 공교육이 제공되어 그런 영향을 최소화시키는 것이 그나마 할 수 있는 일이다. 그런데 한국의 교육 체제는 갈수록 사교육의 역할이 확대되어 부의 대물림을 강화하는 수단이 되고 있는 것이 현실이다. 일례로 2011학년도 서울대학교 합격자 중 서울의 일반 고등학교 출신 가운데 강남·서초·송파구 출신이 무려 42.5퍼센트인데 반해, 구로·금천·마포구 출신은 겨우 2.7퍼센트였다.

중요한 과제다. 양극화를 극복한다는 것은 재분배 이전에 시장 경쟁에 의한 소득분배의 불평등을 완화한다는 것이다. 산업구조와 고용구조를 개선하는 것이 핵심적인 과제다(유종일, 2006b).

소득재분배와 복지국가

기회의 평등이 잘 보장될수록 사후적 불평등은 작아질 것이다. 그러나 시장경제의 역사를 보면 능력, 노력, 운, 상속재산 등의 편차로 인해 민주 사회가 수용하기 어려운 정도의 사후적 불평등이 나타나는 것이 일반적이다. 따라서 민주주의의 발달은 국가의 소득재분배 기능 확대를 낳았다. 소득재분배는 누진과세와 사회 지출을 통해서 이루어진다. 현실적으로는 누진과세보다는 재정 지출이 재분배 효과가 훨씬 크다. 따라서 사회 지출의 규모가 큰 나라들이 재분배의 정도도 높은 것이 일반적이다. 그러나 재분배를 무조건 많이 하는 것만이 능사는 아니다. 재분배가 경쟁의 의미를 퇴색시킬 정도로 심하게 이루어진다면 효율성이 완전히 파괴될 것이기 때문이다. 재분배의 정도뿐 아니라 그 방법에 따라서도 효율성에 미치는 영향은 달라진다.[12]

선진적인 시장경제에서 사회 지출은 꾸준히 확대되는 경향을 보여왔다. 이런 사회 지출의 확대는 곧 복지국가의 발달을 의미한다. 복지국가의 구체적 내용과 관련해서는 다양한 선택이 존재한다. 시장형 복지와 탈시장형 복지, 선택적 복지와 보편적 복지, 시혜적 복지와 사회 투자형 복지 등 사이에서 사회경제적 여건에 부합하는 적절한 조합을 선택해야 한다. 효율성에 대한 고려, 경제구조와의 정합성, 정치적 여건 등에 대한 면밀한 검토가 선행되어야 할 문제이고, 일률적으로 어떤 복

12_서구 복지국가들의 경우 복지의 확대가 경제성장에 도움이 되었으면 되었지 부정적 영향을 끼치지는 않았다는 것이 정설이다(Lindert 2004; Mares 2010).

지가 최선이라고 주장하기는 어렵다.

한국은 과거 개발독재 시기에 굳어진 성장 지상주의적인 재정정책의 결과 재정의 소득재분배 기능이 크게 위축되었다. 조세수입 면에서도 누진적인 직접세보다는 역진적인 간접세에 대한 의존도가 컸고, 그나마 고소득 자영업자나 자유직 종사자에 대한 소득 파악이 매우 미흡했다. 재정 지출이 경제개발 예산에 크게 편중되었고, 소득재분배 효과가 높은 교육이나 보건 의료, 주택, 복지 등 공공서비스 제공은 부족했다. 복지는 개인과 가족의 책임으로 치부되었고 사회복지가 경제발전 수준에 비해 현저하게 낙후되었다. 국가가 산업 발전을 주도하던 정부 주도 경제하에서 일반적으로 국가가 주도적 역할을 하는 교육, 보건 의료, 주택 등 소위 가치재의 공급은 오히려 민간 부문과 시장에 과도하게 의존했다.[13] 민주화 이후 조금씩 확대된 사회보험 등 사회안전망이 외환위기 이후 김대중 정부에서 대폭 확대되기는 했지만 여전히 복지국가의 수준에는 크게 못 미치고 있으며, 광범위한 사각지대와 낮은 혜택 수준이라는 커다란 한계를 안고 있는 것이 현실이다.

부의 집중에 의한 과두 엘리트 형성 방지

만약 시장경제의 결과가 소수 엘리트에 의한 부의 독점으로 나타나면, 이는 민주주의를 위협할 것이다. 부를 독점한 소수 엘리트가 특권계급화해 민주주의의 발달을 저지하거나 민주주의를 왜곡시킬 가능성이 높다. 민주적 시장경제 혹은 경제민주화를 말할 때 경제력 집중의 문제

13_그 결과 사립학교의 비중이 높을 뿐만 아니라 영리를 목적으로 사학을 운영하는 것을 눈감아 주어 사학 비리를 낳게 되었고, 의료 기관도 압도적으로 민간 부문에 의존함으로써 의료 서비스의 제공도 시장 논리에 지나치게 좌우되는 폐해가 나타났으며, 주택 부문에도 공공 주택의 비중이 미미하고 주택시장이 투기의 장이 되어 버렸다.

가 부각되는 까닭이다.

민주주의와 시장경제의 병행 발전 혹은 '민주적 자본주의'의 대표적인 모델이라고 인식되었던 미국 경제의 최근 모습이 이런 문제를 잘 드러내고 있다. 1980년대 이후 미국 경제에서 최상위 계층으로 소득과 부의 집중이 일어난 것은 잘 알려진 사실이다. 최근에는 상위 1퍼센트가 전체 소득의 24퍼센트가량을 가져가고, 그중에서도 최상위 0.1퍼센트가 전체 소득의 10퍼센트가량을 가져갈 정도로 분배가 악화되었다. 이것은 과거 '강도 귀족'Robber Baron 시대에 비해서도 더욱 극심한 불평등이다. 이렇게 불평등이 심화된 원인에 관해서는 무수한 논의가 있지만 가장 유력한 가설은 소위 "기업 정치"corporatocracy다. 1980년대 이래 전개된 신자유주의 시대에는 정치에 대한 대기업의 영향력이 대폭 강화되어 정부 정책과 사회 문화 전반에 걸쳐 다양한 변화를 가져왔고 이것이 분배의 악화로 귀결되었다는 것이다(Noah 2010).

이렇게 경제력이 집중된 결과 민주주의가 후퇴하는 현상이 나타났다. 폴 크루그먼은 "만약 이 나라에 미국 정부를 소유할 수 있을 만큼의 부자들이 있다면 그들은 실제로 정부를 손아귀에 넣을 것이다"라고 한 1913년 우드로 윌슨 대통령의 말을 인용하면서 최근에도 미국의 소득 불평등 심화가 정치의 부패와 타락으로 이어지고 있다고 주장한다(Krugman 2007). 엄청난 고액 연봉을 받는 헤지펀드 매니저들이 대부분의 소득을 최고 세율이 35퍼센트인 소득세가 아니라 15퍼센트의 세율이 적용되는 자본이득세에 따라 과세되도록 특혜를 준 2007년 법안을 하나의 예로 들고 있다.[14] 클린턴 정부의 노동부 장관을 지낸 로버트 라이시도 기업의 영향력 확대로 자본주의는 강화되고 민주주의는 위축되었다고 지적

14_이것이 바로 최근에 워렌 버핏이, 자신은 자신의 비서보다 세금을 덜 낸다면서 부자 증세를 주장하게 된 배경이다.

한다(Reich 2007). IMF 부총재를 지낸 사이먼 존슨도 금융 위기와 구제금융 사태를 보면서 월가의 금융자본이 미국 정치를 좌지우지하는 "조용한 쿠데타"quiet coup가 일어나 "월가-워싱턴 유착"Wall Street-Washington Corridor이 형성되었다고 주장한다(Johnson 2009). 이들은 한결같이 미국의 자본주의 시장경제가 민주적이지 못하고 과두 엘리트의 영향력하에 놓여 있다고 보는 것이다.[15] 대자본의 영향력이 과도하게 되면 민주주의가 위축될 뿐만 아니라 자본주의 시장경제 자체가 왜곡되고 만다는 자유주의 경제학자의 지적도 있다(Rajan and Zingales 2003).

한국의 경우 기업 정치, 금권정치의 문제는 심각하다. 재벌의 성장 과정이 정경유착으로 얼룩져 있다. 김대중 정부는 민주주의와 시장경제의 병행 발전을 주장하면서 정경유착의 종언을 고했지만, 그것으로 재벌의 과도한 영향력이 차단된 것은 아니었다. 최고 권력층과 재벌 총수가 직접 뇌물과 특혜를 주고받는 적나라한 정경유착은 억제되었지만 정부와 사회에 대한 재벌의 영향력은 오히려 과거보다 더욱 확대되고 있다. 행정부의 정책 결정과 입법부의 입법 활동, 사법부의 법집행에 이르기까지 재벌의 힘이 과도하게 미치고 있으며, 언론을 비롯해서 학계와 문화계에 이르기까지 막강한 영향력을 과시하고 있다. 소위 '현대 공화국'이니 '삼성 공화국'이니 하는 말이 나올 정도가 되었다. 단적으로 '삼성 X파일 사건'과 김용철 변호사의 폭로는 재벌이 민주주의를 어떻게 공중 납치해 왜곡하는지 보여 주었다. 재벌 문제는 민주적 시장경제 실

15_이것이 미국만의 얘기는 아니다. 프레데릭 솔트의 22개 국가를 대상으로 한 실증 연구에 따르면 일반적으로 소득 불평등이 높아지면 최상위 엘리트층을 제외한 나머지 대중의 정치 참여가 저하된다고 한다(Solt 2008). 엘리트층은 우월한 자원을 동원해 자신의 이해관계를 관철시키고 정치적 논의의 의제를 선정하는 데도 막대한 영향력을 행사하고, 결과적으로 저소득층은 정치 참여가 무의하다고 느끼게 되어 투표율이나 정치적 논쟁에 대한 참여 등이 저조해진다는 것이다. 한마디로 경제력 집중은 권력의 집중을 낳고 민주주의를 위협한다는 것이다.

현의 길목에서 부딪치는 가장 중요하면서도 어려운 과제일 것이다.

참여와 소유의 평등

민주주의가 요구하는 분배의 평등화가 소득분배에만 국한되는 것은 아니다. 의사 결정권의 분배나 부의 분배에 관해서도 평등화에 대한 지향이 존재한다. 즉, 참여에 대한 요구와 소유의 평등에 대한 요구다.

의사 결정 과정에서의 평등, 즉 참여에 대한 요구는 복지국가를 넘어서는 경제민주화의 고차원적인 단계로서 산업민주주의라는 이름으로 불리기도 한다. 최근 시장경제의 논의에서 지배 구조governance 문제가 갈수록 중요하게 부각되고 있다. 전통적으로 지배 구조와 관련해서 투명성과 책임성이 강조되었지만, 민주적 지배 구조론은 갈수록 참여를 중시하고 있다. IMF나 세계은행 등도 경제개혁 프로그램을 일방적으로 강요하는 것보다는 개혁 프로그램의 영향을 받게 되는 사람들의 의견을 수렴하고 참여를 유도함으로서 주인 의식을 고취하는 것이, 프로그램 성공을 위해서 긴요하다고 인식한 것이 그 단적인 예다. 같은 원리에 의해 기업지배구조 차원에서도 참여를 제도화해 권리의 보장뿐만 아니라 생산성 제고를 도모할 수 있다. 하지만 경영 참여의 긍정적 효과는 투명성과 책임성을 토대로 노사가 상호 신뢰를 구축한 위에서 얻을 수 있는 것이지, 만약 노사 간 불신과 대립이 있는 가운데 일종의 투쟁 수단으로 경영 참여를 추구한다면 이는 오히려 갈등의 증폭과 생산성 하락을 가져올 것이다.

민주주의의 발전은 의사 결정 참여의 평등에 대한 추구를 낳을 수밖에 없다. 독일의 공동결정제도가 대표적이지만 미국의 경우에도 상당수의 선진적인 기업들이 노동자 경영참가제도를 성공적으로 운영하고 있으며, 일본에서도 경영 참여가 많이 시행되고 있다. 한 표준적인 연구에

의하면 미국에서 노동자 경영 참가를 실시하는 기업들은 그렇지 않은 기업들에 비해 생산성이 훨씬 높다고 한다(Levine 1992). 한국에서는 아직도 경영 참여는 극단적으로 과격한 주장으로 여겨지고 있는 실정이다.

마지막으로 소유의 평등을 고려할 수 있다. 이는 사실 자본주의를 넘어서는 것이다. 기업들의 자유로운 경쟁과 가격기구에 의한 자원배분이라는 시장경제의 틀은 유지하지만 자본을 소유하는 소수의 자본가들이 기업을 지배하고 사회적인 의사 결정에 막강한 영향력을 발휘하는 것을 방지하고 민주주의를 완성하기 위해서는 소유의 평등까지도 이룩해야 한다는 것이다. 고전적인 시장 사회주의는 생산수단의 집단적 소유와 시장경제를 결합하자는 것인데, 과거 동유럽 사회주의국가들의 개혁 과정에서 난관에 부딪친 경험이 있다.

서구에서 소유의 민주화를 추구한 대표적 사례는 1970년대에 스웨덴의 노동조합이 "노동자 기금"Workers' Fund을 적립해 자본가들의 소유 독점을 해소하겠다고 한 것이다. 하지만 이런 과격한 시도는 1930년대 이후 유지되어 온 사회적 타협을 무너뜨렸고 결국 최초로 사회민주주의당 정권이 붕괴하는 결과를 초래하기도 했다. 미국에서도 지방정부의 투자 기금을 통해 기업 소유권을 사회화하자는 제안도 있었지만 어디까지나 상아탑 속의 논의에 불과했다(Stauber 1977). 중국의 경우는 '사회주의 시장경제'를 내세우고 있지만 갈수록 사적 소유를 인정하고 확대해 나가고 있는 형편이다. 아직까지는 야노스 코르나이의 지적처럼 시장경제는 사적 소유와 제도적 친화성이 있는 것처럼 보인다(Kornai 1990). 하지만 시장경제 틀 안에서도 공기업, 협동조합, 종업원 소유 기업 등 다양한 소유 형태를 활성화시킬 수는 있을 것이다.

4. 케인스주의의 한계와 민주적 거버넌스

민주적 시장경제는 기회의 평등과 분배의 평등화를 핵심적 원칙으로 한다. 역사적으로 이런 민주적 시장경제의 요구를 반영한 경제 패러다임이 바로 케인스주의였다. 물론 케인스주의가 등장하기 이전에도 기초적인 사회안전망과 의무교육, 노동권의 신장, 반독점 및 공정거래 규제 등이 경제민주화의 흐름으로 등장했다. 그러나 대공황 이후에 케인스주의가 득세하면서 경제민주화는 크게 진전되었다. 케인스주의는 자유방임주의적인 경제철학에 대항해 국가의 경제 개입을 옹호했기 때문에 '경제에 대한 민주적 통제'라는 면에서 훨씬 적극적인 역할을 하게 되었다. 특히 완전고용을 국가의 책임으로 하고, 소득의 재분배와 복지국가의 발달을 가져오는 데 결정적인 역할을 했다.

사실 전후의 "자본주의 황금기"Golden Age of Capitalism는 케인스주의에 입각한 것이었다. 많은 규제와 높은 세금과 강력한 노동조합, 그리고 복지국가의 확대 등 시장에 대한 '민주적 통제'가 강화되었다. "대압착"Great Compression이라고 불리는 소득분배의 급격한 평등화가 일어나고 중산층이 두터운 경제구조가 되었으며, 경제의 안정성도 크게 향상되었고 경제의 성장률도 역사상 최고를 기록하면서 가히 황금시대를 구가한 것이다. 그중에서도 핵심적인 성과가 완전고용이었다. 그러나 바로 이 완전고용이 케인스주의의 본원적 한계를 내포한 것이기도 했다. 일찍이 미하우 칼레츠키가 지적했듯이 완전고용이 장기간 지속되면 노동규율이 문제가 될 수밖에 없다(Kalecki 1971). 실제로 1970년대에 경제 위기가 온 중요한 요인은 여기에 있었다. 1960년대 말 선진 각국에서 공히 일어난 과도한 임금 상승과 생산성 저하가 그것이다. 케인스주의 위기의 본질은 바로 칼레츠키의 난제에서 비롯된 것이다.

1970년대의 경제 위기와 이에 따른 케인스주의의 쇠퇴에는 달러화 위기에 이은 브레턴우즈 체제의 와해와 석유파동 등 원자재 가격 상승도 역할을 했다. 이런 문제들은 케인스주의의 또 다른 한계를 노정한 것이다. 케인스주의는 본질적으로 하나의 국민경제 단위에서 작동하는 것으로서 자본 이동이 자유화되는 등 세계화가 진전되면서 여러 가지 어려움에 봉착하게 된 것이다. 최근에 세계화가 급속하게 진전되면서 이에 대한 적절한 대응은 민주적 시장경제의 가장 중요한 현안으로 부각되고 있다.

케인스주의의 또 다른 한계는 관료주의 문제 혹은 정부의 실패 문제다. 케인스주의는 국가의 역할에 의해 시장의 실패를 해결하려 하지만 정부가 전지전능한 것은 아니다. 부패와 무능, 형식주의와 사익 추구 등 정부의 실패 문제에 대한 답이 없었다. 정부의 역할이 확대되고 관료 기구가 비대화되면서 이런 문제가 더욱 부각되었다. 소위 신고전파 정치경제학이 정부의 실패 문제를 과장하고 시장의 실패 문제를 축소해 신자유주의 정책을 뒷받침하는 이론으로 등장하기도 했다. 하지만 정부를 축소하고 시장에 모든 걸 맡긴다는 것이 해법은 아니다. 정부와 기업과 시민사회가 적절한 역할 분담을 해야 하며, 여기서 특히 경제민주화와 직접적으로 관련된 이슈가 기업의 사회적 책임이다. 기업이 과거처럼 단지 이윤창출만을 목표로 하는 조직이 아니라 사회의 구성원으로서 책임을 다하는 조직으로 변화할 필요가 있다는 것이다.

사회적 타협

칼레츠키의 난제를 단순화하면 실업률과 물가 상승률의 상반관계를 나타내는 필립스곡선으로 표현할 수 있다. 완전고용은 기회 평등이라는 관점에서나 분배의 평등화라는 관점에서도 매우 중요한 민주적 시장경제의 원칙이지만, 실업률이 낮아지면 물가 상승률이 올라간다는 것이다. 이는 자본가와 금리생활자들의 정치적 반대를 초래한다. 1970년대에 높은 인플레를 경험한 후 구미 각국은 1980년대에는 강력한 통화주의 정책에 입각해서 물가 안정을 추구했다. 그래서 인플레 문제를 해결하는 데는 성공했으나 거꾸로 높은 실업률이 사회문제로 대두하게 되었다. 그런데 북유럽을 중심으로 오스트리아 등을 포함한 일군의 국가들은 필립스곡선이 무색하게 완전고용과 물가 안정을 동시에 달성하고 있었다. 이들 국가들의 특징은 강력한 노동조합에 의해 중앙 집중화된 임금 교섭이 일어난다는 것이었다. 이런 국가들을 사회조합주의 국가라고 부른다(Bruno and Sachs 1984). 개별 노동자나 파편화되어 있는 노동조합은 자신의 임금 인상이 물가 상승이나 국제경쟁력 하락 등 국민경제 전체에 미치는 영향을 고려할 필요가 없지만 중앙 집중 교섭을 하게 되면 당연히 이를 고려하게 된다는 것이다. 따라서 이런 나라들은 완전고용에도 불구하고 임금 인상을 자제하게 되며, 노사 갈등이 적고 노사 협력이 잘되는 경향이 있다.

사회조합주의는 중앙 집중 교섭을 뒷받침할 제도적 여건이 갖추어져야 가능하다. 그런 여건이 갖춰지지 않은 경우에는 노사정 간에 사회적 대화 혹은 사회적 타협을 통해서 문제를 해결하려는 시도들이 이루어졌다. 네덜란드, 아일랜드 등이 대표적인 사례다. 한국도 외환위기의 와중에서 노사정위원회가 만들어졌으나 대표성이나 구속력이 부족한 탓에 유명무실화되고 말았다. 임금 결정뿐만 아니라 교육 훈련과 복지 정책 등을 함께 논의할 수 있는 사회적 대화의 효과적인 틀을 만드는 것이 민주적 시장경제로 향한 길목에서 중요한 과제로 남아 있다.

세계화에 대한 대응

세계화 비판론자들 사이에서는 세계화가 민주주의를 제약하고 위축시킨다는 소위 '민주주의 부족'democratic deficit 문제가 심각하게 제기되고 있다. 심지어 세계화 예찬론자인 토머스 프리드먼도 세계화를 받아들인 나라들은, 경제성장은 얻지만 경제정책의 선택권은 잃는다는 소위 "황금 구속복"Golden straightjacket론을 주장했다(프리드먼 2000). 대니 로드릭은 개방경제의 트릴레마를 확장해 세계화의 트릴레마를 제시하면서 세계화와 국민국가, 그리고 대중민주주의가 병존할 수 없음을 주장했다(Rodrik 2011). 특히 한국을 비롯해서 외환위기를 겪은 나라들은 IMF 구제 금융과 더불어 찾아오는 심각한 경제 주권의 훼손을 경험했다. 그리고 2008년의 세계 금융 위기는 규제되지 않는 세계화의 위험성을 만천하에 드러냈다. 이런 맥락에서 세계화를 어떻게 규제하고 관리할 것인가는 민주적 시장경제의 핵심적 과제가 되었다.

필자는 개별국가의 경우에 전략적 개방을 대응방안으로 제시한 바 있다(유종일 2006a). "전략적 대외 개방은 혁신 역량과 혁신 유인의 강화에 기여하는 방향으로 개방을 추진하는 정책이다. 대외 개방에 있어서 수동적이고 방어적인 입장에 서기보다는 능동적이고 공격적인 입장에서 개방이 우리 산업의 경쟁력을 강화하고 소비자의 후생을 증진하면서도 국민경제의 거시경제적 안정성과 사회정치적 안정성을 해치지 않도록 전략적으로 접근하는 것이다. 이를 위해서는 개방의 전후 순서 및 선결 조건에 관해 신중한 판단이 요구된다. 즉, 대외 개방 이전에 대내적으로 개혁·개방이 먼저 이루어지는 것이 순서이며, 대외 개방에 따른 피해 산업 종사자에 대한 적절한 보상책 또한 미리 마련되어야 한다."

필자는 또한 세계적 차원에서 거버넌스 개혁이 필요하다는 지적을 한 바 있다(유종일 2010). 세계적 차원에서 경제의 안정성을 높이기 위한 규제를 도입하는 한편 기회의 평등과 분배의 평등화를 제고하기 위한 일대 개혁이 필요하다. 로드릭은 특히 각국의 규범을 통일하려는 시도를 중단하고 각국이 자신만의 사회적 합의, 규제, 제도를 지킬 권리를 인정해 주는 "얇은 세계화"를 대안으로 제시한다(Rodrik, 2011). 국제 경제 기구들의 거버넌스를 민주화하는 것도 빼놓을 수 없는 부분이다(Stiglitz 2006).

기업의 사회적 책임

근래에는 경제민주화의 한 흐름으로서 기업의 사회적 책임이 부각되고 있다. 시장경제에서 기업은 핵심적 역할을 한다. 그런데 기업이 오직 이윤 추구만을 목적으로 하면 사회가 원하는 다른 가치들을 마구 희생하거나 저해할 수 있기 때문에 이윤 추구와 사회적 책임을 병행해야 한다는 요구가 등장한 것이다. 기업의 사회적 책임이란 "기업이 자발적으로 영업 행위에 있어서나 이해관계자들과의 상호 관계에 있어서 사회적 고려와 환경적 고려를 통합하는 개념"이라고 정의된다(Commission of the European Communities 2001). 결국 사회적으로 바람직한 가치의 보호를 위해 법과 규제 등으로 공식화되어 있는 부분은 법적 책임의 영역으로 들어오지만, 그렇지 않은 부분은 사회적 책임의 영역이 되는 것이다.

기업의 사회적 책임을 담보하는 수단으로는 행위 규범(인권, 노동권, 환경권, 부패 방지 등과 관련해 기업 행위에 대한 규범을 준수하는 것), 경영 준칙(일상적 경영 행위에 사회적·환경적 이슈들을 포함시켜 경영 시스템을 확립하는 것), 측정과 보고(기업이 사회적·환경적 성과에 대해 측정해 보고하는 것), 상품 표시(상품생산 과정의 사회적·환경적 영향에 대한 관심이 증대하고 있는 소비자들에게 이와 관련된 정확한 정보를 알기 쉽게 전달하는 것), 사회적 책임 투자(투자자들이 투자 대상 기업을 선정함에 있어 기업의 사회적 책임 이행에 대한 평가를 반영하는 것) 등이 있다.

기업의 사회적 책임이 경쟁력 증진으로 이어질 수 있다는 인식은 '책임적 경쟁력'이라는 개념을 낳았다. 이 개념을 옹호하는 많은 단체들 중에서 대표 격이라 할 수 있는 어카운터빌리티^{AccountAbility}는 2003년에 책임적 경쟁력 지수를 개발해 51개국을 대상으로 지수를 작성했다. 이 지수는 기업책임성, 기술 수준, 공공 제도, 거시경제 등 네 개의 하위 지수를 평균한 것이며, 국민소득수준에 비해 지수가 상대적으로 낮은지 높은지를 회귀분석으로 측정했다. 그 결과 51개국 중 22개국이 '책임성 적자'를 보였으며, 한국은 미국과 대만에 이어 적자규모 3위의 불명예를 받았다. 반면에, 덴마크나 코스타리카 등은 '책임성 흑자'를 보이는 대표적인 나라였다. 기업책임성 지수만 놓고 볼 때 한국이 얻은 51.6은 덴마크의 73.9, 스위스의 75.9 등 유럽 선진국들에 비해 현저히 뒤질 뿐더러 일본의 60.0은 물론 우리보다 소득수준이 낮은 태국의 58.3, 칠레의 56.0, 말레이시아의 58.4, 멕시코의 53.9, 심지어는 인도의 53.4에 비해서도 낮다.

한국에서는 재벌 기업들이 거액의 사회공헌기금을 내놓는 사례들이 있었는데, 사실 이는 바람직한 것이라고 볼 수 없다. 금전적 기부가 흔히 불법행위로 인해 악화된 여론을 무마하고 법적 책임을 회피하기 위한 수단으로 사용되고 있기 때문이다. 또한 사회 공헌은 사회적 책임의 작은 부분일 뿐이라는 점도 인식해야 한다. 인권, 노동권, 환경권, 부패 방지 등 다양한 영역에서 책임 있는 경영을 하는 것이 우선이다.

5. 민주적 시장경제의 핵심 과제 및 실현 전략

한국에서 민주적 시장경제를 발전시키기 위해서는 위에서 논의한 민주적 시장경제의 개념과 구성 요소를 고려하면서 또 한편으로는 한국 경제의 특수성과 역사성을 감안해야 할 것이다. 한국 경제의 현실적 조건 위에서 기회의 평등, 분배의 평등, 그리고 민주적 거버넌스를 확대 발전시키기 위한 핵심 과제로는 크게 다음의 네 가지를 꼽을 수 있다. 먼저 생산을 조직하고 분배를 주도하는 기업 부문, 특히 재벌의 개혁이 중요하다. 그리고 자원의 배분과 이에 따른 보상을 결정하는 노동시장 및 금융시장의 민주화가 필요하다. 사전적 및 사후적 평등을 제고하기 위한 복지의 확대 또한 필수적인 요소다. 마지막으로 정부와 공공 부문의 개혁이다. 이것은 그 자체로서도 필요하지만 여타 분야의 개혁이 성공하기 위해서도 반드시 필요한 것이다.[16]

이런 각 분야의 개혁 과제는 오랫동안 논의되어 왔고 또한 일정하게 추진되어 왔다. 하지만 방향이 잘못된 부분도 있었고, 저항 때문에 개혁이 좌초되기도 했다. 여기서는 이런 경험에 주목해 각 분야의 개혁에 관해 특기할 만한 사항들과 실현 전략에 관해 간략히 논의하고자 한다. 자세한 개혁 방안은 방대한 분량의 논의를 필요로 하는 것으로서 이 글의 범위를 넘어서는 것이다.

재벌 개혁

재벌 대기업에 의한 경제력 집중은 공정 경쟁을 해치고 경제 양극화를 초래하는 핵심적 원인이다. 이들은 압도적인 자본력과 시장 지배력

16_이미 최장집은 재벌, 복지, 노동을 민주적 시장경제의 3대 개혁 과제로 꼽은 바 있다(최장집 1998a). 이 글은 여기에 금융과 정부 및 공공 부문의 개혁을 추가할 따름이다.

에 의거해서 불공정 경쟁을 일삼는다. 또한 중소기업 영역 잠식, 납품 단가 인하 강요 등 하청기업에 대한 압박, 사내 하청 등 비정규직 남용 등을 통해서 초과수익을 추구함으로써 기업 양극화와 고용 양극화의 주된 원인을 제공하고 있다.

나아가 재벌의 불법 로비와 각계에 걸친 과도한 영향력은 민주주의를 왜곡하고 심지어 그 기반을 송두리째 위협하고 있다.[17] 경제력 집중이 권력의 집중을 낳는다는 프레데릭 솔트의 주장이 한국에서도 입증되고 있는 것이다. 재벌의 로비는 정부의 정책을 자신에게 유리하게 이끌기 위한 것도 있고 이권과 관련한 정보를 얻기 위한 것도 있지만, 총수지배 체제 자체를 유지하기 위한 것도 있다. 총수 지배 체제는 체제 유지와 세습을 위한 비자금 조성과 횡령, 탈세 등을 당연시하는 풍토를 조장할 수밖에 없다. 삼성그룹과 현대차그룹을 비롯해 굴지의 재벌 집단들의 총수들이 연이어 법정에 서는 현실이 이를 웅변으로 말해 주고 있다. 사건이 터지면 이들은 사회 공헌과 지배 구조 개선 등을 약속해 여론을 무마하고, 사법부는 최대한의 관용을 베푼다. 그러나 삼성그룹의 전략기획실 부활과 이건희 회장의 경영일선 복귀에서 보듯이 시간이 조금만 지나면 언제 그랬나는 듯이 과거로 회귀하기 일쑤다.

외환위기 이후 강력한 재벌 개혁이 추진되어 차입 경영 등 재벌의 행태에 상당한 변화를 초래하기도 했지만 재벌에 의한 경제력 집중과 총수 중심의 낙후된 지배 구조라는 핵심 문제에 있어서는 오히려 악화하거나 제자리걸음을 하고 말았다. 계열사 출자에 의한 총수의 지배력을 바탕으로 황제 경영, 선단식 경영, 경영권 세습 등이 지속되고 있다. 출자총액제한제도는 2000년 이후 점차 완화되더니 급기야 완전 폐지되

17_특히 삼성그룹의 독보적인 영향력이 부각되면서 '삼성 공화국'이라는 신조어가 회자되고 있다(김용철 2010; 김상봉 외 2010).

고 말았다. 이후 재벌의 문어발식 확장이 재현되어 계열사 수가 급증하고 있다.[18] 이런 경험은 재벌 개혁이 얼마나 어려운 것인지 보여 준다.

따라서 재벌의 막강한 영향력을 극복하고 개혁이 성공하기 위해서는 강력한 여론의 힘이 뒷받침되어야만 한다. 외환위기 당시에는 개혁의 절박성에 대한 국민적 공감대가 워낙 컸기 때문에 개혁 추진의 동력이 있었던 것이다. 그런 비상한 상황이 아니라면 결국 국민 대다수가 동의할 수 있는 잣대에 의해 개혁이 추진되어야 재벌 개혁이 가능할 것이다. 논란의 여지가 있는 서구의 제도를 모방하는 방식으로는 어렵다는 것이다. 오히려 지배 구조 개혁 자체와는 직접적인 관계가 없는 탈세, 횡령 등 재벌 그룹에서 일상적으로 벌어지는 범죄행위에 대한 엄정한 처단이 개혁의 지름길이 될 수 있다. 이것이 철저하게 되면 불법 로비를 막을 수 있고, 경영권 세습이 어려워진다. 재벌 문제의 핵심인 황제 경영에 종지부를 찍을 수 있는 가장 유효한 방법이 될 것이다. 재벌 개혁의 가장 유력한 수단이 사법 개혁이라는 말이다. 경제민주화의 가장 지난한 과제인 재벌 개혁의 출발점은 사실 민주 사회의 가장 기본적인 토대인 법 앞의 평등을 실현하는 데 있다.

재벌의 행태에 관한 개혁에 대해서도 짚어야 할 점이 있다. 외환위기 이후 재벌 개혁 과정에서는 차입과 투자 행태를 교정해 재무구조를 개선하는 데에 주력했지만 최근에는 소위 대기업-중소기업 상생 정책에 초점을 맞추고 있다. 이와 관련해서도 참여정부 시절부터 다양한 정책들이 논의되고 시도되었지만, 근본적으로 하청기업의 협상력을 제고하지 않는 상태에서 정부가 일시적인 압력을 가하거나 부분적 제도 개선

18_공기업을 제외한 30대 그룹의 계열사는 2006년 1월 500개에서 2011년 4월 1일 현재 1,087개로 두 배 이상 늘었다. 그런데 신규 편입된 계열사의 절반 가까이가 작년에 적자를 낸 것으로 나타났다(『조선일보』 2011/06/22).

을 해봤자 효과가 별로 없다는 것이 증명되었을 따름이다. 협동조합에 교섭권을 부여하는 것이나 징벌적 손해배상제도를 전면 도입하는 것이 바로 그런 정책에 해당한다.

기업의 사회적 책임을 강화하는 것은 민주적 시장경제의 발전을 위해서뿐만 아니라 향후 세계시장에서 경쟁력을 발휘하기 위해서도 필요한 일이다. 한국의 기업들도 미약하나마 이런 인식을 갖기 시작했다. 하지만 준법과 인권 존중, 공정 경쟁 등 가장 기본적으로 지켜야 할 것들도 지키지 않는 상황에서 사회적 책임을 운운하는 것은 위선에 불과하다. 사회적 책임 경영이 구두선에 그치지 않고 실질적인 변화를 가져오기 위해서는 기업지배구조의 변화가 있어야 한다. 총수만이 아니라 소액주주의 이익도 고려되고, 주주만이 아니라 종업원과 소비자 및 지역사회 등의 이익도 대표되는 참여적 지배 구조를 발전시켜야 한다.

노동시장과 금융시장의 민주화

민주적 시장경제는 기회가 평등하게 주어지고 경쟁이 공정하게 이루어지는 것을 최소 요건으로 한다. 대다수의 사람들은 자신의 노동력을 팔아서 살아가기 때문에 특히 노동시장의 기회 평등과 공정 경쟁은 민생 경제의 핵심이다. 지금 한국 경제의 노동시장은 이런 기본적인 요건이 충족되지 않고 있어서 과도한 불평등과 시장 왜곡이 나타나고 있다. 특히 비정규직 문제가 심각하다.

비정규직의 규모가 과도하게 크다는 것과 정규직과 비정규직 사이에 차별이 크다는 것은 잘 알려져 있다. 정부의 추계 방식에 의하면 비정규직은 전체 임금노동자의 약 33퍼센트, 노동계의 추계 방식에 따르면 약 50퍼센트에 이른다. 비정규직의 시간당 임금은 정규직 임금의 48퍼센트에 머물고 있으며, 여타 근로조건, 그리고 사회보험 혜택이나 직업훈련 등에서도 정규직에 비해 현저히 열악한 조건에 처해 있다(김유선 2011). 생산성 격차만으로는 설명할 수 없는 이런 과도한 격차는 노동시장의 분절화를 보여 주는 것이다. 즉, 정규직 노동시장과 비정규직 노동시장 사이에는 유효경쟁이 미미해 '동일노동 동일임금'이라는 등가교환의 원리가 파괴되고 있다. 비정규직과 관련해 가장 심각한 문제는 '비정규직 함정'의 문제다. 노동시장 분절화의 결과 한번 비정규직이 되면 이것이 마치 낙인처럼 되어서 다시 정규직 시장에 진입하기가 매우 어렵다는 것이다. OECD 국가들의 경우 임시 노동자가 2년 이내에 상용직으로 이동한 비율이 34~71퍼센트에 이르는 데 반해 한국의 경우 비정규직이 4년 이내에 정규직으로 재취업되거나 전환된 경우가 불과 9퍼센트밖에 되지 않는다고 한다(이시균·윤진호 2007).

비정규직 문제는 이렇게 오남용의 문제와 함께 분절화와 차별의 문제를 안고 있다. 이런 문제들에 대한 직접적인 대응도 필요하다. 예컨대 강력한 사용 사유 제한이나 차별 금지 등으로 비정규직 고용을 제한하고 또 기업들이 비정규직 고용을 통해 얻는 이익을 감소시켜야 할 것이다. 나아가 비정규직 노동자들의 협상력 제고를 위해 이들이 노동조합을 좀 더 용이하게 조직할 수 있도록 제도적 개선이 이루어져야 할 것이다. 그러나 시장의 힘을 무시하고 규제와 협상만으로 고용 문제를 제대로 해결하기는 어렵다. 비정규직 문제의 이면에는 전반적인 한국 경제의 고용 창출력 약화가 도사리고 있기 때문이다.

1990년대부터 이전의 고도성장 → 고용 창출 → 성장의 과실 분배로 이어지던 메커니즘이 파괴되고, 경제성장을 해도 고용 창출은 미약한 '고용 없는 성장' 현상이 나타나기 시작했다. 기업의 해외 이전과 더불어 아웃소싱이 증가하고 과도한 자동화 투자가 일어나면서 제조업 고용이 감소하게 된 것이다. 특히 대기업들의 고용이 절대적으로 줄어들면서 소위 '좋은 일자리' 부족 현상이 나타났고, IMF 외환위기를 계기로 공공 부문과 금융권마저 구조조정이 이루어지며 고용 문제가 심각해진 것이다. '좋은 일자리'의 감소는 전반적인 고용의 하향 이동을 초래해 자영업의 이상 비대중과 함께 비정규직 문제의 심화를 불러일으켰다. 앞서 논한 것처럼 비자발적 실업이나 양적 할당의 또 다른 형태인 노동시장 분절화 등은 고용에 있어서의 기회의 평등을 무너뜨린다. 향후 경제 정책의 최우선순위는 질 높은 고용 창출에 두어야 한다.

질 높은 고용 창출의 부족과 노동시장 분절화의 모순이 집약적으로 표현된 문제가 청년 실업이다. 경제는 성장하는데, 청년들의 취직은 갈수록 어려워지는 현실이다. 공공 행정 부문의 청년층 고용 비중이 1993년 26.5퍼센트에서 2008년에는 12.1퍼센트로, 300명 이상 대기업에서는 동 기간 중 39.3퍼센트에서 23.6퍼센트로 감소되었다고 한다(전병유 2011). 괜찮은 일자리 찾기는 어렵고, 비정규직 함정에 빠지기는 싫으니 취업 준비와 직업 탐색 기간이 늘어나고, 그래서 공식적인 실업률에 포함되지는 않지만 실업자와 다름없는 비경제활동 청년층이 청년 실업자의 네 배가 넘는 130만 명에 이르고 있다. 청년층에 대한 고용 기회라는 측면에서 청년층 고용 보조 정책은 물론이고 고용 할당제와 같은 특단의 방법까지 도입할 필요가 있다.

금융시장의 민주화도 중요한 문제다. 금융시장은 시장경제에서 자원배분을 하는 과정에서 핵심적인 역할을 하며 위험의 분산 등 여타 중요한 기능을 담당한다. 경제적 기회의 평등을 제고하기 위해서뿐만 아니라 이런 금융시장 고유의 기능이 효율적으로 이루어지기 위해서도 금융시장의 민주화가 요구된다. 금융시장의 민주화에는 세 가지 측면이 존재한다. 하나는 수도권과 지방, 대기업과 중소기업, 부유층과 서민층 간에 나타나는 금융 자원에 대한 접근에 있어서의 불평등이다. 이런 불평등이 적어도 부분적으로는 시장의 실패에 기인하는 것이니만큼 적극적인 정책 대응이 필요한데도, 현실은 오히려 거꾸로 가고 있다. 또 하나의 불평등은 금융 소비자의 정보 부족에 의한 정보의 비대칭 현상이다. 그래서 금융 소비자 보호 또한 금융정책의 핵심 과제가 되어야 한다. 최근에만 해도 저축은행 문제, KIKO^{Knock-In Knock-Out}, 펀드 불완전 판매, 상조 문제 등 여러 문제들이 불거졌으며 신용카드 남발과 대부업계의 약탈적 대출 등이 지속적으로 일어나고 있다. 마지막으로 금융 시스템의 안정성 문제다. 금융 불안은 시장 기능의 마비를 초래하고 경제적 약자를 가장 먼저 시장에서 배제하기 때문에 이를 막는 것도 금융 민주화의 요구 사항이다. 1997년의 외환위기 이후 금융 개혁의 일환으로 금융 감독 기구를 개편하고 금융 규제를 강화했음에도 불구하고 여전히 2003년 카드채 위기, 2008년 제2의 외환위기, 최근의 부동산 PF 위기 등 금융 불안정 사태가 빈발하고 있다.

이와 같이 금융시스템 안정화와 금융 소비자 보호가 미흡하고 금융 자원 접근 기회의 불평등이 심화된 것은 정부 정책의 우선순위가 잘못되었기 때문이다. 정부는 금융 허브니 금융 선진화니 허울 좋은 구호를 내세우면서 금융 규제 완화, 인수 합병에 의한 금융기관 대형화, 외국 금융기관 유치, 선진 금융 기법 도입 등을 추진했다. 과연 이런 정책이 금융시장의 효율성을 위해 바람직한 지는 차치하고라도 금융정책의 기본을 망각한 채 추진되었다는 것이다. 향후의 금융 개혁은 금융 민주화를 중심에 놓고 추진해야 할 것이다.

복지국가

최근 정치적 논의에서 민주적 시장경제의 핵심 과제로 부각되고 있는 부분이 바로 복지다. 지난 20년간 진행되어 온 양극화의 결과이고 더는 고도성장이 해법이 아니라고 하는 자각의 결과다. 복지는 인적자원 형성을 위한 투자를 사회화함으로써 기회의 평등을 제고함과 더불어 사회안전망과 소득 보장을 제공해 분배의 평등을 제고하는 데도 핵심적 수단이 된다. 따라서 복지 정책은 민주적 시장경제의 핵심적 구성 요소다. 한국은 외환위기 이후 김대중 정부의 '생산적 복지' 정책에 힘입어 4대 사회보험과 기초생활보장 등 복지국가의 틀을 갖추기는 했지만 광범위한 사각지대가 존재하고 급여 수준이 낮아서 내용적으로 보면 복지가 매우 부실하다. OECD 국가 중 가장 높은 수준의 빈곤율과 자살률 등의 암울한 통계가 그 결과다. 이런 현실에서 복지를 대폭 확대하는 것은 너무나 당연한 과제다. 그러나 이와 관련해서도 몇 가지 중요한 쟁점이 제기되고 있다.

첫째, 복지보다 정의가 우선이라는 주장이다.[19] 복지 이전에 시장과 사회의 불공정을 개선하는 것이 더욱 급선무라는 것이다. 정의 우선론은 다양한 언어로 표현된다. 노동문제, 특히 비정규직 문제의 해결이 복지보다 중요하다는 주장이 진보 진영에서 많이 거론되고 있다. 좀 더 일반적으로 재분배 이전에 시장 소득의 분배 자체를 개선해야 한다는 주장도 일맥상통하는 논리다. 이런 정의 우선론은 분명 나름대로 타당한 논리다. 가치의 우선순위에 관한 논란은 제쳐 놓더라도 경제적 효율성 면에서 정의 우선론은 강점을 가진다. 재분배는 아무래도 경제에 부담을 줄 수밖에 없지만, 시장을 공정하게 함으로써 시장 소득분배를 개선하는 것은 오히려 효율성을 증가시키기 때문이다. "경제구조가 양극화를 확대재생산하고 있는데, 이를 방치하고 사후약방문死後藥方文식으로 재

19_김대호 사회디자인연구소장이 이 주장에 대표적이지만(김대호 2010), 이런 견해는 비단 소수 논객들뿐 아니라 상당한 공감대를 형성하고 있다. 이명박 정부가 내세운 '공정 사회'도 이와 일맥상통한다고 볼 수 있다.

분배와 복지 확대로 양극화에 대처하고자 하는 것은 매우 비효율적인 정책"이라는 것이다(유종일 2006b).

이런 면에서 정의 우선론이 원칙적으로 옳지만, 현실적인 정책 추진에 있어서 정의 우선론을 고집하는 것은 잘못이다. 무엇보다 정의의 실현은 어렵다는 것이다. 인류 사회는 끊임없이 정의를 추구해 왔지만 아직도 현실은 불의하기 이를 데 없다. 원죄와도 같은 인간의 무한한 욕망이 사라지지 않는 완벽한 정의란 불가능할 것이다. 정의 추구는 물론 포기할 수 없는 과제다. 하지만 정의의 실현은 장기적 과제라는 것, 꾸준히 추진해 나감으로써 점진적인 진보를 이룰 수 있을 따름이라는 점을 망각해서는 안 된다. 공정한 시장, 동반 성장을 위한 경제구조 개혁이라는 것도 마찬가지로 다면적인 접근과 상당한 시간을 요하는 문제다. 반면에, 복지는 정치적 의지만 있으면 비교적 쉽게 실현할 수 있다. 법 만들고, 세금 걷고, 정책 집행하면 되는 것이다. 따라서 자칫 정의 우선론이 정의 실현부터 먼저하고 그 후에 복지를 추구해야 한다는 주장으로 흐르면 이는 잘못이다.[20]

둘째, 보편적 복지냐, 선별적 복지냐에 관한 논쟁이 일고 있다. 이에 관해서는 도그마를 경계하고 실사구시의 정신으로 접근해야 한다. 보수 진영에서는 보편적 복지는 낭비적 복지로 우리 현실에 맞지 않는다고 주장하지만 한국의 사회보장제도를 대표하는 국민연금이나 국민건강보험 등은 이미 보편적 복지를 채택하고 있다. 그들도 이런 제도를 해체하자고 주장하지는 않는다. 이념이 앞서서 보편적 복지를 비난하는 것일

20_정의 우선론이 제기되는 까닭은 민주당의 과거사 때문일 것이다. 앞서 인용한 필자의 글이 바로 그 과거사를 반영한다. 과거 민주당(정확히 그 전신인 열린우리당)이 집권했을 때 "경제구조가 양극화를 확대재생산하고 있는데 이를 방치하"였기 때문에, 심지어는 신자유주의 정책으로 양극화를 조장했기 때문에 당시에 필자는 복지 확대를 양극화의 해법으로 삼아서는 안 된다고 했던 것이다.

따름이다. 보편적 복지는 복지를 불우한 이들에 대한 시혜에서 사회권적 인권으로 격상시킴으로써 모두가 당당하게 복지 혜택을 누릴 수 있도록 한다. 자격 기준을 심사하는 데 따르는 행정력 낭비를 막고, 복지 정책에 대한 튼튼한 정치적 지지를 확보하기에 용이하다. 하지만 선별적 복지에 비해 재정소요가 크기 때문에 모든 복지 정책을 보편적으로 실시할 수는 없다. 재정 여건을 고려하면서 적어도 이런 것은 대한민국 국민이라면 누구나 차별 없이 누려야 한다는 사회적 합의가 있는 부분들부터 단계적으로 보편적 복지를 확대해 나가야 할 것이다.

마지막으로 복지와 관련해서 증세 논쟁이 한창이다. 자칫 증세론이 정치적 역풍을 초래할까 두려워하는 정치권에서는 증세 없는 복지 재원 마련을 모색하기도 하지만 진보 정당을 중심으로 과감한 증세 주장도 제기되고 있다. 소득 파악률을 제고하고 비과세·감면 제도를 정비해 과세 기반을 넓히는 일과 과도한 토건 예산 등 낭비성 지출을 삭감하는 재정 지출 구조조정을 통해 복지 재원을 마련하는 것이 증세에 우선되어야 한다는 점은 자명하다. 문제는 이런 수단으로 재원을 마련하는 데는 한계가 있다는 것이다. 현재 한국의 사회복지 지출은 서구 복지국가들에 비해 3분의 1 수준에 불과하고 또 한편으로는 재정 적자가 누적되고 있다. 어떤 형태로든 증세를 하지 않고서는 복지국가를 구축할 수 없는 현실이다. 우리 국민들도 이를 인식하고 증세를 받아들이려는 자세가 되어 있다는 조사 결과도 있다.[21] 재원에 대한 철저한 대책을 마련하지 않고 복지 확대만을 주장하다가는 자칫 국민의 신뢰를 상실하고 포퓰리

---

21. 『한겨레』(2011/01/25)에 보도된 여론조사 결과는 다음과 같다. "세금을 더 내더라도 복지 수준을 지금보다 더 늘리자"는 의견에 "동의한다"는 응답이 53.1퍼센트로 "동의하지 않는다"는 의견(45.9퍼센트)보다 7.2퍼센트포인트 높았다. 한국의 전반적인 복지 수준에 대해서는 "부족하다"는 응답이 59.1퍼센트로 "적당하다"는 응답(32.6퍼센트)보다 두 배 가까이 됐다.

즘 논쟁에 휘말릴 수도 있다.

공공 부문과 정책 거버넌스 개혁

시장의 실패를 보완하는 역할을 함과 동시에 기회와 분배의 평등을 제고하고 시장에 대한 민주적 통제를 가하는 주체가 정부와 공공 부문이기 때문에 이 분야의 개혁 또한 민주적 시장경제 발달을 위해서 필수적으로 전제되어야 한다. 민주적 시장경제의 발달을 위해서는 정부의 경제적 역할 재정립이 우선되어야 한다. 정부가 지나치게 비시장적인 정책 수단을 사용하고 정치적 목적이나 특정한 이해관계를 반영해 민간 부문에 압력을 행사하거나 자원배분을 왜곡하는 관치경제를 청산하는 것은 아직도 완성되지 못한 과제다. 민주정부 시절 상당히 개선되었으나 이명박 정부에서 관치경제의 행태가 부활했기 때문이다. 정부는 투명하고 공정한 경쟁 질서를 확립함으로써 경쟁의 압력에 기초한 시장 규율을 강화하는 한편, 시장의 실패를 보정하기 위해 적극적인 역할을 수행해야 한다. 시장 규율의 강화가 자유방임이나 마구잡이 규제완화를 의미하는 것은 결코 아니다. 투명성과 공정 경쟁을 위해 필요한 규제, 그리고 경제적 약자나 환경을 보호하기 위한 규제 등은 오히려 강화할 필요가 있다. 하지만 정부의 실패도 감안해 산업 정책적인 개입은 지식 생산과 연구개발 등 국가 혁신 시스템을 위주로 하고 산업에 대한 직접적인 지원이나 개입은 가급적 최소화하는 것이 바람직하다. 그리고 정부는 거시경제의 안정성을 유지하기 위한 통화·재정·금융 정책을 펴나가야 하며, 사회복지를 확대해 나가야 한다. 특히 교육, 주택, 의료 서비스의 공공성을 강화하는 것이 중요하다.

공공 부문 개혁의 우선순위가 바뀌어야 한다. 이제까지 공공 부문 개혁은 다양하게 추진되었지만 개혁의 방향이 잘못 설정되어 한계를 노정하고 있다. 지나치게 효율성에 집착한 것이 문제다. 특히 외환위기 직후나 최근 이명박 정부의 공기업 선진화 정책 등은 효율성의 이름으로 민영화와 인원 감축을 실시했다. 효율성 향상이 잘못된 방향은 아니지만 공공적 가치를 무시하고 추진되면 곤란하다. 이런 점에서 볼 때 무분별하게 민영화가 추진된 점도 있었고, 공공 부문이 앞장서서 무리하게 인원을 감축하고 비정규직 사용을 확대해 고용 사정을 악화시킨 것도 잘못이었다.[22]

무엇보다 정부와 공공 부문의 개혁에서 가장 우선시해야 할 가치는 신뢰성이다. 사회적 신뢰는 시장경제의 발달과 고도화에 매우 중요한 요인으로서 소위 '사회적 자본'의 핵심 요소다. 한국은 사회적 신뢰가 부족해 경제적 성과가 저하되는 것으로 평가된다(Fukuyama 1995). 사회적 신뢰 부족의 결정적 원인은 정부에 대한 불신이다. 사회적 신뢰의 기초가 되어야 할 정부가 오히려 커다란 불신의 대상인 것이다. 한국개발연구원KDI에서 조사한 바에 따르면 정부에 대한 신뢰가 길거리에서 만난 낯선 사람에 대한 신뢰보다도 더욱 낮다고 한다(김태종 외 2006). 공공 부문에서 효율성을 제고한다고 인원 감축이나 하고 이익이나 늘이는 것에 비해 신뢰성을 회복하는 것이 훨씬 더 효과가 큰 정책임을 명심해야 할 것이다.

정부의 개혁과 관련해 경제정책 입안 과정에 누가 어떻게 참여하고 누구의 목소리가 어떻게 반영되는가의 문제, 즉 정책 거버넌스를 민주화하는 것 또한 빼놓을 수 없는 과제다(유종일 2008b). 권력자를 제외한다면 재벌, 경제 관료, 보수 언론 등이 중소기업, 시민단체, 일반 국민에 비해 압도적으로 큰 영향력을 행사하는 현재의 정책 거버넌스를 개혁하

22_이명박 정부는 한편으로는 민간 기업에게 고용 확대를 요구하는 관치경제적 행태를 드러내면서 다른 한편으로 공기업은 인원을 감축하는 모순을 드러내기도 했다.

지 않고서 민주적 시장경제 발달을 기대하는 것은 연목구어다. 정책 거버넌스 개혁을 위해서는 정책 입안 과정에서 행정부의 주도성을 약화시키고 입법부의 역할을 확대하는 것과 정당을 발전시키는 것이 가장 중요한 과제다. 그리고 사회적 협의 메커니즘을 구축하는 것이 유력한 방법이 될 것이다. 지역별·산업별 노사정 대화 채널부터 구축해 나가고, 이런 토대 위에서 전 사회적인 경제사회 협의 기구를 만들어서 대기업-중소기업 관계, 고용 창출과 숙련 축적, 고용 친화적 사회보장 등 각종 경제사회 정책에 대한 사회적 협의를 진행하면 될 것이다. 정책 거버넌스 개혁이 절실하게 요구되는 또 하나의 분야가 FTA 정책이다. 한미 FTA나 한-EU FTA처럼 국민경제적 파장이 큰 FTA를 추진하면서 국회와 전문가, 이해관계자들의 의견 수렴을 거의 거치지 않고 정부가 일방적으로 추진하는 일이 반복되고 있다. 경제 개방이 초래하는 잠재적 위험성을 줄이고 피해 계층에 대한 적절한 대책과 보상을 마련하기 위해서도 다양한 의견 수렴은 필수다. 통상 절차법의 제정부터 시작해서 FTA 정책 거버넌스의 민주화를 추진해야 한다.

6. 맺음말

흔히 바람직한 경제체제를 구상할 때 네덜란드 모델이니 덴마크 모델이니 스웨덴 모델이니 하는 식으로 특정한 외국의 사례를 기준으로 삼는 경우가 많다. 하지만 어떤 외국의 모델도 그대로 혹은 거의 그대로 이식하는 것은 불가능하다. 제도의 경로 의존성과 상호 연관성 때문이다. 다시 말해 한국의 현실적 여건을 충분히 감안하지 않은 모델은 참고는 될지언정 이식은 되지 않는다. 예를 들어, 비정규직과 자영업의 비중이 매우 크고 재벌 중심으로 산업이 편재되어 있는 구조적 특성은 빠른 시간 안에 변화하기 어렵기 때문에 이런 여건 아래서도 작동이 가능한 제도를 우선 설계할 필요가 있다.

이 글은 완전히 다른 접근 방법을 택했다. 먼저 바람직한 경제체제를 민주적 시장경제로 설정하고, 그 개념과 원리에서 출발해 구성 요소와 핵심 과제를 규명하는 방법을 취했다. 또한 세계사적인 경험을 농축해 반영하되 한국의 역사적 맥락과 상황을 고려했다. 하지만 이 글에서 제시하는 민주적 시장경제는 구체적 모델은 되지 못하고, 한국 경제가 나아갈 길에 대한 방향과 전략적 과제를 제시하는 수준이다. 향후에 기업, 노동, 금융, 복지, 공공 등 각 분야의 구체적 제도 설계에 관한 좀 더 깊은 연구가 필요하며, 특히 각 부문 제도들 간의 상호 연계성과 보완성에 관한 연구가 진척되어야 할 것이다. 이를 토대로 각 분야에서 구체적으로 개혁을 추진하는 과정에서 한국 모델이 빚어질 것이다.

제4부

진보적 자유주의의 제도적 모색 2

: 합의제 민주주의

7장

시장 조정 기제로서의 사회적 합의주의
한국형 모델

__선학태

1. 머리말

민주화 이후의 한국 사회는, 한편에서는 정치적 민주주의의 부활을 계기로 '87년 체제', 다른 한편으로는 IMF 관리 체제 이후 신자유주의적 시장경제 강화라는 '97년 체제'가 중복되는 양상을 연출해 오고 있다. 87년 체제는 자유권, 참정권, 권력 통제권에 기초한 정당·의회 정치의 작동으로 나타나고 있는 데 반해, 97년 체제는 비정규직 확산, 중소기업 한계화, 영세 자영업, 근로 빈곤층, 실업, 교육 양극화, 생태 파괴, 저출산·고령화 등 새로운 사회경제적 이슈들로 인한 사회의 위험과 긴장, 분열과 갈등을 만들어 낸 '냉혈 자본주의'로 전락하고 있다. 정치적 시민권의 진전과 사회경제적 시민권의 역진 사이에 커다란 '단절의 강'이 흐르고 있는 것이다. 이런 한국 정치경제의 패러독스는 87년 체제가 97년 체제의 충격, 즉 사회경제적 불평등, 차별, 소외, 배제를 제대로 관리·흡수하지 못하고 시장 조정에 실패하고 있음을 시사한다. 따라서 우리는

'포스트 87년·97년 체제'를 모색해야 하는 전환기에 놓여 있다. 87년·97년 체제를 뛰어넘어 한국 사회가 절실하게 갈구하는 새로운 민주적인 시장 조정 시스템이 요구되고 있는 것이다. 이는 결국 미래 한국을 위한 '포스트민주화 의사 결정 시스템'을 설계하는 과제로 귀결된다.

시장경제, 특히 세계시장의 압력과 충격은 국내 정치제도에 여과된다. 어떤 국가가 그런 압력과 충격을 예측 가능하게 조정하고 흡수해 조정시장경제를 제도화할 수 있는가는 그 나라의 정치제도가 어떻게 설계되어 있느냐에 달려 있다(Crepaz 2002, 184). 정치제도란 선택과 결정을 내리는 권력의 배분에 관한 규칙과 규범이고 이를 운영하는 과정과 절차를 의미한다. 정치제도는 재분배, 복지 등 자본주의 시장경제의 변화 경로에 깊은 영향을 미친다(Iversen and Sockice 2009, 452). 그런데 자본주의 시장경제에는 단순화하면 앵글로-색슨식 자유시장경제와 게르만 유럽식 조정시장경제라는 두 유형이 있다. 일반적으로 전자는 다원주의pluralism 정치제도와, 후자는 사회적 합의주의social corporatism 정치제도와 각각 조합되는 제도적 친화성을 갖는다(Iversen and Soskice 2009, 444-449; Swank 2002, 41-46; Regini 2003, 253-256). 다원주의 정치제도는 미국 사회가 보여 주듯 시장경제의 낙오자와 실패자를 양산하고 사회경제적 양극화를 초래하는 등 시장 조정 기능으로 작동하지 못하는 반면(Bartel 2008, 23-26), 사회적 합의주의 정치제도는 게르만 유럽 사회에서 보듯이 경제 효율성과 사회 형평성을 선순환시킴으로써 계급과 계층 갈등을 제도화하는 시장 조정 기제로 작동한다. 이것은 한국 정치가 다원주의 정치제도 일변도에 집착할 때 시장 조정 기능을 상실해 사회경제적 약자들을 구조적으로 배제하고 소외시킬 수 있음을 시사하고 있다.

이런 점에서 유러피언 패러다임European paradigm으로도 일컬어지는 사회적 합의주의는, IMF 관리 체제 이후 사회경제적 이슈를 만들어 내는 한국 신자유주의 시장경제를 조정시장경제로 전환하는 정치 시스템으로 벤치마킹 대상이 될 수 있다. 이런 인식을 갖고 이 글의 목적은 97년 체제, 즉 신자유주의적 시장경제가 유발하는 사회경제적 이슈와 이를 둘러싼 갈등과 분열을 관리하고 조정하기 위한 해법으로서, 사회적 합의주의 정치제도를 포스트민주화 시장 조정 기제로 상정하고, 그것의 바람직한 유형, 시스템 수준과 운영 양식, 정책 의제, 참여 주체 및 작동 조건 등을 정립하는 데 있다.

2. 이론적 틀

대안적 정책 결정 패러다임: 사회적 합의주의의 개념적 특성

비시장적 시장 조정 기제를 내장하는 기존 정책 결정 패러다임에는 두 가지가 있다(Alford 1985, 145-158). 첫째, 국가주의적 정책 결정 패러다임이다. 이는 경쟁 원리가 작동하는 이익·시민 결사체, 정당·의회 정치 중심의 정책 산출을 비효율적인 것으로 보고, 소수의 관료·권력 엘리트 간 협상에 의해 이뤄지는 위계적·수직적 정책 결정이 공공재(복지 등) 산출에 효과적인 방식으로 인식한다. 그러나 국가 경영자들은 공익 수호자가 아닐 수도 있으며 효용 극대화를 겨냥하는 이기적인 지대 추구자일 우려가 상존한다. 따라서 권력자와 관료 중심의 톱다운^{top-down} 식 정책 결정 방식은 시장경제의 정책 이해관계자 간의 이익·가치 갈등 조정 기제로서의 한계를 드러낸다.

둘째, 다원주의적 정책 결정 패러다임이다. 이는 공공 정책 과정을 이익·시민 결사체 간의 "자유 경쟁적 이익 표출과 분산적 그룹협상 과정"으로 인식한다(Cohen and Rogers 1992, 411-414). 그러나 다원주의적 정책 결정 방식에서 이익-시민 결사체는 의회·정부의 정책 과정에 분산적 경쟁적으로 이익 표출만 시도할 뿐, 실질적 참여는 제도화되지 않는다. 특히 다원주의적 정책 결정 과정의 핵심인 정당·의회 정치의 '제도적 피로'institutional fatigue 현상이 나타난다. 즉, 이미지·이벤트 정치, 주인-대리인principal-agent 문제, 정당의 비대표성 등으로 사회경제적 불평등·차별을 완화하는 시장 조정 기제가 작동하지 않는다.

그렇다면 국가주의와 다원주의의 한계를 극복하는 대안적 정책 결정 패러다임은 무엇인가? 사회적 합의주의다. 사회적 합의주의 패러다임의 정책 결정 과정은 소수의 권력·관료 엘리트에 의해 좌우되는 것도 아니고, 사회의 경쟁하는 이익·시민 결사체 간 이익 표출에 기초하거나 정당·의회 정치의 전유물도 아니다. 사회적 합의주의 패러다임에서 공공 정책은 정부와 대표성을 가진 이익·시민 결사체 간에 협력과 호혜성의 원리가 작동하는 정치적 교환이고 "이익·가치 조정"intermediation of interests and values으로 인식되고 있다(Regini 2003, 254). 무엇보다도 자본주의 시장 경제하에서 발생하는 자본과 노동 간의 갈등이 시장 조정을 위협한 경우 사회적 합의주의의 정책 결정은 이익·시민 결사체, 정당, 의회, 정부 사이의 연합적 구조를 통해 노동-자본-국가 간의 상생 협력을 가능케 하는 정치 교환 과정이다. 이 점에서 사회적 합의주의는 국가주의와 다원주의를 "부분적 대체, 부분적 보완"part substitute of and part supplement to, 즉 변증법적으로 지양Aufhebung할 수 있는 대안적인 의사 결정 패러다임이다(Hirst 1994, 15-21; Ebbinghaus and Hassel 2000, 47-48).

사회적 합의주의의 개념적 특성은 다원주의 정치와 비교하면 더욱 명료해진다. 다원주의적 정책 결정 과정에서 이익·시민 결사체들이 때로는 정당·의회 정치와 정부의 정책 결정 과정에 로비, 시위, 집회 등에 의해 영향력을 발휘하기도 하지만, 정부가 여전히 공공 정책의 최종 결정자다. 그러나 사회적 합의주의 정치에서는 공공 정책(산업, 통상, 노동시장, 고용, 사회복지, 지역 정책 등)이 정부와 이해관계자(예컨대 이익·시민 단체 등) 간의 공개적인 정책 협의를 통해 이끌어 낸 사회 협약의 산물이다. 사회적 합의주의 정치에서는 정책 협의체에 대표성을 인정받은 이익·시민 결사체가 '공공 정책 형성 및 집행' 과정에 실질적인 정책 주체로 참여하기 때문에 정당과 의회도 정책 과정 파트너들 중의 하나로 인식된다.

　사회적 합의주의와 유사한 개념이 존재한다. 하나는 사회적 파트너십, 협의, 대화다. 이는 사회 협약이 이익·시민 결사체 당사자 간에 체결되는 현상을 지칭한다. 그러나 사회적 파트너십에 의해 이끌어 낸 사회 협약은 대부분 정부의 동의와 거중 조정에 의해 이루어지거나, 아니면 정부에 의해 추인되거나 정부 정책으로 채택되는 경향을 보인다. 다른 하나는 '시장 실패'와 '국가 실패'의 가능성을 전제하고 '정부(통치)와 시장에서 거버넌스로'라는 패러다임의 이동이다. 여기서 거버넌스란 시장경제의 다양한 이해 당사자들 간 협력과 파트너십을 토대로 정책 결정 및 집행을 통해 이익·가치 갈등을 조정하는 수평적 정책 네트워크 관리다(Hirst 2000, 19-20). 정책 네트워크란 시장경제의 이해관계자들 간 권력의 분점과 공유를 의미한다.

　이와 같은 정책 협의, 사회적 파트너십, 거버넌스는 사회적 합의주의 정치가 작동하는 데 필수적인 개념적 요소다. 이 점에서 사회적 합의주의 정치는 "정책의 이해관계자(이익·시민 결사체, 정당, 국가 등) 간에 사회경제적 이슈를 둘러싼 토론, 협상, 교환, 타협이 이루어지는 정책 협의와 사회적 파트너십에 의해 산출된 사회 협약(공공 정책 결정과 집행) 체결을 통해 이익·가치 갈등 해결을 제도화해 가는 사회경제적 거버넌스"로 개념화할 수 있다(Cawson 1985, 24-27; Compston 2002a, 3-5; Hassel 2003, 710).

사회적 합의제의 분권화와 의제 다양화

세계시장화는 자본 이동 증대, 생산방식의 변화(포드주의의 포스트포드주의화), 사회경제 구조의 변화(제조업 약화, 서비스 증대, 계급과 계층 분화 등)를 야기해 사회적 합의제의 분권화와 의제 다양화를 촉진하고 있다. 먼저 사회적 합의제의 수직적 분권화 현상이다. 그런데 앨런 코슨에 따르면 사회적 합의제는 조직 수준(정상 조직, 중간 조직, 개별 기업, 작업장, 소단위조직 등)을 기준으로 거시적 수준macro-level, 중위적 수준meso-level, 미시적 수준micro-level으로 유형화할 수 있다(Cawson 1985, 11-14). 거시적 수준의 사회적 합의제란 국가와 사회 전체의 사회경제 이슈를 다루는 전국 차원의 정상 이익·시민 결사체와 국가 간 정책 협의다. 중위적 수준의 사회적 합의제는 산업·업종·지역별 이익 조직과 시민 조직들이 이해와 가치관계를 협상하고 교환하면서 특정 정책에 관해 국가(중앙정부와 지방정부)를 상대로 벌이는 정책 협의를 말한다. 미시적 수준의 사회적 합의제는 기업·작업장·소단위조직 수준에서 이뤄지는 이해 당사자 간 의사 결정 구조다. 이 같은 사회적 합의제의 수직적 다층화 현상은 세계시장화에 의해 진행되고 있다.

거시적 수준의 사회적 합의제는 사회 협약의 경직성으로 인해 정책 효율성을 저해하는 중앙집권적 하향식 시장 조정 방식으로 인식된다. 이에 따라 과거 산업·업종·지역별 혹은 기업·작업장·소단위조직의 특성과 관계없이 획일적으로 적용되었던 중앙 수준의 사회 협약으로부터 벗어나 각 산업·업종·지역별, 기업·작업장·소단위조직의 특성에 맞는 사회 파트너십이 등장했다. 즉, 사회적 합의제가 거시적 수준보다는 산업·업종·지역별의 중위적 수준, 기업·작업장·소단위조직별의 미시적 수준으로 그 중심축이 이동하는 분권화 추세가 뚜렷해졌다(Cohen and Rogers 1992, 432). 그렇지만 이런 경향에도 불구하고 거시적 수준의 사회적 합의제의 유효성이 소멸되는 조짐은 보이지 않는다(Compston 2002b, 312-316). 거시적 수준의 사회적 합의제는 국가와 사회 전체의 사회경제 정책에 관한 가이드라인을 제시함으로써 안정성과 예측성을 가져다주며, 중위적 수준의 사회적 합의제는 산업·업종·지역별의 주요 특정 이슈, 그리고 미시적 수준의 사회적 합의제는 기업·작업장·소단위조직의 고유한 특성을 탄력적으로 보완, 운영하는 데 관심을 둔다.

무엇보다 시방화 추세에 따라 지역 주민의 협력을 끌어내는 새로운 개념의 중위적 수준의 사회적 합의제, 즉 로컬 거버넌스가 주목을 받고 있다(곽진영 2004, 356-362). 로컬 거버넌스는 지역사회의 공공재 산출, 다양한 공동 이슈에 관한 의사 결정 과정에서 지방정부와 지역사회 이해 당사자 간의 지속적인 상호 소통과 협력이 이뤄지는 지역 차원의 민관 정책 파트너십이다.

한편, 세계시장화는 사회 협약의 의제 다양화를 유도한다(Regini 2003, 256-258). 이는 연성 정치soft politics의 중요성을 반영한다. 즉, 비정규직, 영세 자영업, 보육, 교육, 보건 의료, 주택, 문화, 환경, 저출산·고령화, 요양 등 새로운 후기 산업적 이슈들이 정치과정 전면에 부상하고 있다. 이런 새로운 다양한 이슈들이 노동자, 교사, 의사, 약사, 간호원, 환경보호론자 등 관련 이익·시민 결사체와 중앙정부와 지방정부 사이에 사회 협약을 위한 정책 협의가 요구되고 있다. 더욱이 1980년대 이후 서유럽 국가들에서 작동하는 사회적 합의제의 핵심 의제가 바뀌었다. 즉, 과거 분배, 복지 및 완전고용 등의 테마에 무게를 둔 "수요 중심 사회적 합의제"demand-side social corporatism에서 벗어나 노동시장 유연화, 상시 구조조정, 적극적 노동시장 정책(일자리 창출, 취업 훈련 재교육, 취업 알선 등), 복지 지출 구조조정, 세금 감면을 통한 투자 증대 등의 사회경제적 이슈가 정책 협의와 사회적 파트너십의 주요 테마를 이루는 "공급 중심 사회적 합의제"supply-side social corporatism로 변화했다(Traxler 1995, 279).

나아가 1990년대 이후에는 네덜란드, 덴마크, 아일랜드와 같은 서유럽 국가들에서 "동반 발전형 사회적 합의제"shared-developmental social corporatism가 등장했다. 세계화, 유럽의 시장 통합 및 사회경제적 변화는 국내 고용 및 복지 문제를 제약하기도 했지만, 그런 구조적 제약은 오히려 동반 발전형 사회적 합의제의 필요성과 능력을 제고시킨 것이다(House and McGrath 2004, 49). 동반 발전형 사회적 합의제의 지향 가치와 의제는 기존 수요 중심 및 공급 중심의 사회적 합의제와 차이를 보인다(Rhodes 2001, 177-179). 수요 중심 사회적 합의제와 공급 중심 사회적 합의제는 각각 형평성 대 효율성, 재분배 대 성장, 사회적 연대 대 경쟁력, 공공성 대 수월성, 삶의 질 대 개발 등 각각 대비되는 두 가지 가치 중 하나를 희생시키고 다른 가치에 무게 중심을 두는 한계와 약점을 드러냈다. 반면에, 그 대안적인 성격을 갖는 동반 발전형 사회적 합의제는 일견 상반되는 가치인 것처럼 보이는 성장·효율성·경쟁력 대 분배·형평성·사회적 연대 등 각각 대비되는 각 두 가치 패키지를 상호 보완적 선순환 관계로 구축하는 것을 목표로 하고 있다. 이를 단순화하면, 동반 발전형 사회적 합의제에서는 분배연합distributional coalition과 생산성 연합productivity coalition이 정치적으로 수용될 수 있도록 '기능적'으로 연계된다(Rhodes 2003, 135-137).

사회적 합의제에 친화적인 합의제 정치

사회적 합의제와 제도적 친화성을 갖는 정치 시스템은 무엇인가? 게르만 유럽 국가에서 작동하는 사회적 합의제는 합의제 정치consensual politics 패러다임의 불가결한 제도적 요소다(Lijphart 1999, 171-172). 수적 우위를 확보하려는 경쟁의 원리에 기초하는 다수제 정치 패러다임의 안티테제인 합의제 정치 패러다임은 정치를, 위다척소衝多斥少의 원리가 아니라 다수파와 소수파 간 호혜성에 기반을 둔 상생의 원리에 따라 작동하는 것으로 인식한다. 바꿔 말하면 정치는 이익과 가치의 차이에 따른 다양성을 통합하기 위해 선거의 승자와 패자, 다수파와 소수파 간 공존·상생하는 다사불란多絲不亂의 예술로 가정되고 있다. 이 같은 합의제 정치 패러다임은 사회적 합의제를 촉진시키는 다른 제도적 조건을 내장하고 있다. 그것은 연합 정치의 제도화다.

연합 정치에서는 기능적으로 연계되는 제도적 매트릭스가 작동한다. 정당별 득표율에 따라 의회 의석을 배분하는 비례대표제는 사회 내에 실존하는 복합적인 사회 갈등을 대표하는 이념과 정책 중심의 '다당제를 하부구조로 하는 보수-중도-진보 정당 체제'를 형성한다. 이런 정당 체제에서는 시장경제의 낙오자와 실패자를 대표하는 진보 정당의 권력 지분이 높아질 수 있으며 의회 권력을 독과점하는 패권 정당이 등장할 수 없어 의회 차원에서 정책과 가치에 기초한 정당 간 연합 정치의 가능성이 증대한다. 나아가 의회 차원의 연합 정치는 갈등 사회의 각 집단과 계층과 세력을 대표하는 각 정당 간에 집행권이 분점·공유되는 연립 정부의 제도화로 발전한다. 정당 간 연립 내각에서 산출된 정책들은 연정 파트너 정당 간 정책 조율과 정책 교환 등 활발한 협상과 타협 정치의 산물이다. 결국 연합 정치는 시장경제의 낙오자와 실패자에게도 정책 결정 과정에 동등하고 효과적인 참여를 허용하는 제도적 인센티브를 갖는 포용의 정치politics of inclusion다(Crepaz and Bircjfield 2000, 205-206).

연합 정치가 주로 정당 간의 정책 협의를 끌어내는 시스템이라면, 사회적 합의제는 주로 이익·시민 결사체 간의 정책 협의를 통해 합의를 끌어내는 시스템이다. 이 점에서 두 시스템 간에는 중요한 유사점이 존재한다. 먼저 연합 정치와 사회적 합의제의 주요 속성과 본질은 권력의 분점과 공유의 제도화다(Crepaz 2002, 158-159). 권력의 분점과 공유란 정책 결정 과정에 모든 이해관계 그룹, 즉 이익·시민 결사체, 정부, 정당들의 대표를 참여시키는 것을 의미한다.

두 시스템은 또한 사회경제적 이익·시민 결사체와 정당의 융합에 의해 작동한다. 즉, 사회적 합의제에 참여하는 이익·시민 단체들은 각각 자신들의 사회경제적 이익과 가치 실현을 위해 특정 정당의 지지층이 되는 "고객-후원자"client-patron 관계를 구축한다(최태욱 2010b, 83). 그리고 결사체-정당 간 융합은 정책 결정이 정당뿐만 아니라 사회경제적 이익·시민 단체의 규율을 받는 형태로 나타난다. 사회적 합의제 차원에서 제기되는 사회경제적 이슈들이 정당의 통제를 받으며 역으로 의회 및 정부 수준에서 다뤄지는 사회경제적 이슈들 또한 사회경제적 이익·시민 단체의 통제를 받는다. 이런 정책 결정의 동시성은 제도적·인적 차원에서 나타난다. 제도적 측면에서 연정 파트너 정당들은 모든 입법 초안을 검증하기 위해 관련 이익·시민 단체를 의회 상정 이전 단계의 법안 조율 과정에 제도적으로 참여시킨다는 점이다. 또한 연정 파트너 정당과 이익·시민 단체를 연계하는 인적 중복을 통해 유관 이익·시민 단체의 의사 결정 과정에 연정 파트너 정당의 대표를, 또는 연정 파트너 정당의 정책 결정 과정에 유관 이익·시민 단체의 대표를 각각 제도적으로 참여시킨다. 이 같은 제도적·인적 연계는 사회적 합의제와 연합 정치, 두 시스템이 유기적 연계 속에서 작동하는 것을 뜻한다.

이런 맥락에서 볼 때 사회적 합의제는 구조면에서 합의제 정치 패러다임의 절대 불가결한 요소로서 연합 정치와 병행, 발전한다(Lijphart 1999, 182-183; Lijphart and Crepaz 1991, 235-236). 사회경제 영역에서는 사회적 합의제에 의한 사회경제 주체와 정부 간의 권력의 분점과 공유, 정치 영역에서는 연합 정치에 의한 정당 간의 권력의 분점과 공유가 각각 제도화된다. 이를 통해 사회경제적 타협이 정치적 타협으로 전환되고, 역으로 정치적 타협이 사회경제적 타협을 촉진함으로써 사회 갈등과 대립을 해소하고 안정을 도모한다. 요컨대 사회적 합의제는 연합 정치와의 제도적 친화성과 상보성institutional affinity and complementarity을 갖고 기술 관료적, 의회 중심적, 다수결주의적 정책 결정 양식보다는 이해관계자 간의 정책 결정 양식을 지향한다(Waarden 2002, 50-51).

3. 시장 조정 기제로서의 동반 발전형 사회적 합의제

정책 협의 시스템의 중층화와 시스템적 연계

수요 중심 및 공급 중심의 사회적 합의제의 한계를 동시에 극복할 수 있는 '동반 발전형' 사회적 합의제가 한국의 사회경제적 이슈를 해결하는 데 적실성을 갖는다. 동반 발전형 사회적 합의제는 일견 양 극단적 가치인 것처럼 보이는 성장·효율성·경쟁력·수월성·개발과 분배·형평성·사회적 연대·공공성·삶의 질 등이 대비되는 두 가지의 가치 패키지를 상호 보완적인 선순환 관계로 구축하는 것을 목표로 한다. 따라서 동반 발전형 사회적 합의제가 제도화되면 두 가지의 가치 패키지를 정치적으로 수용할 수 있도록 '기능적'으로 연계, 조정한다. 이 같은 동반 발전형 사회적 합의제는 한국 민주주의가 지향해야 할 포스트민주화 사회경제적 운영·조정 시스템으로 상정되어야 한다.

그런데 세계시장의 압력하에서 사회적 합의제는 분권화 경향을 보여 오고 있다(Wiarda 1997, 175). 이 점에서 한국에서도 시장 조정 기제로서 상정된 동반 발전형 사회적 합의제가 거시적 수준에서 중위적 수준, 미시적 수준으로 재구조화되는 사회경제의 운영 원리로 자리 매김되어야 한다. 다시 말하면 국가와 정상 이익·시민 단체 간 정책 협의만이 아니라 산업, 업종, 지역, 기업·작업장·소단위조직 등에서도 대표성을 가진 이익·시민 단체와 해당 정부(중앙정부와 지방자치단체) 간에 다층적이고 중층적인 정책 협의 채널을 제도화해 나갈 필요가 있다. 이는 한국의 동반 발전형 사회적 합의제가 한국 사회의 민주화, 지방화, 특히 세계시장의 압력과 충격에 효과적으로 대응하기 위해 분권화·다변화되어야 함을 뜻한다. 이 같은 분권화된 정책 협의 시스템에서 거시적 수준의 사회 협약은 산업, 업종, 지역, 기업, 작업장 등 중위적 수준 및 미시적 수준의 사회 협약으로 이어지는 것이 일반적 현상이다. 거시적 수준의 사회 협약은 경제 및 사회 정책에 관한 가이드라인을 제시하며 중위적 수준의 사회적 합의제는 거시적 수준의 사회 협약이 제시하는 가이드라인에 따라 산업·업종·지역별의 주요 특정 이슈, 그리고 미시적 수준의 사회 협약은 기업·작업장·소단위조직별 고유한 이슈를 탄력적으로 담아낼 수 있다.

먼저 거시적 수준의 다양한 정책 협의 틀이 구축될 수 있다. 최근 한국 사회에는 많은 사회경제적 이슈를 둘러싸고 정부의 공공 정책 추진과 관련해 사회경제 주체들 간 이해와 관점의 차이로 인한 긴장, 갈등, 분열이 분출하고 있다. 즉, 사회적 차별, 노사정·자유무역협정·분배·교육·복지·환경 갈등, 저출산·고령화, 수도권과 지방 간 발전 격차, 문화적 소외 등과 같은 국가적·사회적 난제들이다. 따라서 사회경제적 갈등들을 해결하기 위해 관련 이해관계자들이 참여하는 거시적 수준의 정책 협상과 조정 시스템을 개발할 필요가 있다. 즉, 노사정·통상·복지·교육·환경·문화 거버넌스와 차별 시정 거버넌스, 저출산·고령화 대책 거버넌스, 지역 균형 발전 거버넌스 등 시민사회-시장-국가를 매개하는 다양한 정책 협의체를 설치해 사회경제적 갈등 이슈들의 관리, 조정이 요구되고 있다.

미시적 수준인 기업·작업장·소단위조직 수준에서도 사회적 대화와 협의의 틀이 필요하다. 지식 정보화, 포스트포드주의 시대에는 기업·작업장·소단위조직 혁신이 중요한 과제로 대두되기 때문이다. 그런데 기업이란 다양한 이해관계자들(대주주, 소액주주, 경영진, 근로자, 채권자, 협력업체, 소비자 등) 간의 네트워크에 의해 만들어진 조직이다. 유럽 대륙식 "이해관계자 자본주의"에서는 기업의 소유 및 경영의사 결정 과정에 노사, 주주, 시민단체, 정부, 채권단, 납품업체, 소비자, 지역 주민 등 기업 이해관계자들이 참여한다. 특히 독일과 스웨덴에서는 공동 결정제로 정보의 공유, 의사 결정 참여 등을 통해 이해관계자 파트너십을 제도화하고 있다(선학태 2006, 382-385). 그러나 한국 재벌 대기업들의 지배 구조는 경영자를 비롯한 경영진의 절대적 권력에 기반을 둔 독단적 의사 결정 경영 방식이다. 따라서 한국의 기업도 기업 상부구조에서 경영 및 이사회 차원의 전략적 의사 결정 과정에 기업 이해관계자들(소액주주, 종업원, 소비자, 협력업체, 노조, 시민단체 등)의 참여에 기초한 파트너십 시스템, 그리고 작업장 단위에서 생산성 및 품질 향상에 관한 의사 결정 과정에 노사 간 파트너십이 요구되고 있다. 미시적 수준의 이런 파트너십은 노동의 인간화와 조직의 효율화에 기여하고 노사가 윈윈win-win하는 관계를 구축해 결국 기업의 경쟁력을 높이는 길이다.

무엇보다 거시적 수준과 미시적 수준을 이어 주는 중위적 수준의 사회적 합의제가 적극적으로 개발될 필요가 있다. 우리 사회에서 노사문제를 비롯한 모든 사회경제적 이슈는 전국 단위에서 일거에 해소될 수 없는 산업, 업종, 지역의 특수적인 문제들과 연계되어 있기 때문이다. 중위적 수준의 정책 협의 시스템은 거시적 수준의 정책 협의 시스템을 안정적으로 뒷받침해 줄 뿐만 아니라 기업·작업장·소단위조직의 소통

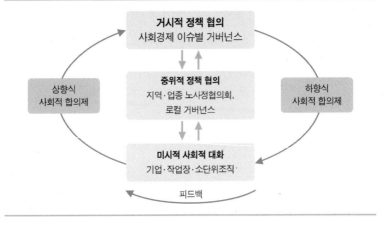

거시적 정책 협의
사회경제 이슈별 거버넌스

중위적 정책 협의
지역·업종 노사정협의회,
로컬 거버넌스

미시적 사회적 대화
기업·작업장·소단위조직

상향식
사회적 합의제

하향식
사회적 합의제

피드백

과 협의, 혁신을 지원하고 인도하는 가이드라인을 제공할 수 있다. 따라서 사회경제적 이슈에 대한 좀 더 안정적이고 효과적인 해결을 위해서는 중위적 수준의 사회적 합의제 구축에 많은 관심을 집중해야 한다. 즉, 산업·업종·지역별 협의회와 같은 정책 협의 시스템의 제도화다. 무엇보다 오늘날 국민의 사회경제 생활과 삶의 질에 영향을 미치는 많은 의사 결정이 지역사회의 차원에서 이뤄지는 추세이기 때문에 지역 차원의 정책 파트너십의 제도화가 중요하다. 지역의 정책 파트너십은 노동, 교육, 복지, 환경, 저출산·고령화, 직업 능력 개발, 문화 등 다양한 사회경제적 분야에서, 거시적 수준의 사회적 합의제가 핵심이며 시장 실패를 보완·교정할 장치로서, 중위적 수준의 정책 협의 시스템의 효과를 제고하는 데 공헌할 수 있기 때문이다.

이 같은 중층화된 정책 협의 시스템은 유기적으로 연계될 필요가 있다(그림 참조). 일선 단위(작업장·기업·소단위조직)의 이해관계자 간의 대화와 협의를 토대로, 산업·업종·지역에서 중앙으로 의견을 상향시켜 나가고 중앙 단위에서 이해관계자 간의 합의된 원칙과 합의 내용이 하부 단위에서 준수될 수 있도록 하는 중층화된 정책 협의 시스템이 작동해야 한다는 것이다. 특히 중위적 수준에서의 정책 협의와 거시적 수준의 정책 협의 간의 시스템적 연계 관계를 형성하는 것이 중요하다. 예컨대 노사정위원회와 지역노사정협의회 간 정보 공유 채널의 확충 및 다양한 방식의 교류·협력 네트워크(지역순회 간담회, 토론회, 워크숍 정례화 등) 구축이 필요하다. 이와 같이 상향식 사회적 합의제와 하향식 사회적 합의제가 피드백되고 결과적으로 쌍방향적인 사회적 합의제를 구축하는 것이, 시장경제가 유발하는 사회경제적 이슈와 갈등을 조정하고 해소하는 메커니즘이 될 수 있을 것이다. 이를 통해 중앙 차원의 사회경제적 정책 의제들이 담론의 상향과 하향 과정을 반복하면서 지속 가능한 성장과 사회통합, 효율성·경쟁력과 형평성·공공성을 동시에 실현할 수 있는 시장 조정의 원칙들이 자연스럽게 형성되도록 해야 한다.

중위적 수준의 정책 협의: 지역·업종 노사정협의회 및 로컬 거버넌스

시장경제의 조정 수준을 높이는 데는 중위적 수준의 정책 협의 시스템의 지속적 작동이 매우 중요하다. 먼저 지역·업종별 노사정협의회의 제도화다. 이는 거시적 수준 및 미시적 수준의 정책 협의를 통해 해결할 수 없는 사회경제적 이슈들을 풀어 나가는 제도적 공간이다. 김대중·노무현 두 민주정부하에서 노사정위원회라는 거시적 수준의 사회적 합의제의 실험이 한계를 보인 결정적 요인은, 중위적 수준에서의 정책 협의 메커니즘의 부재로 산업·업종·지역·기업·작업장·소단위조직별 수준의 요구들이 거시적 수준의 정책 협의로 한꺼번에 투입되었기 때문이다 (김성훈 2004, 33). 또한 개별 사업장 파업이 거시적 수준의 노사정 관계를 경색시키기도 하고, 역으로 불안정한 전국적 노사정 관계가 단위 사업장의 교섭과 협상을 어렵게 한 것도, 노사정 간 교섭과 협의에서 중추 역할을 맡아 줄 중위적 수준의 노사정 관계 형성이 미진했기 때문이다. 이런 까닭에 노사정 간의 정책 협의를 중위적 수준에서도 활성화시킬 필요성이 제기되었고 그 방법의 하나로 지역·업종 노사정협의회 운영 문제가 주요 관심사로 부상했다.

실제로 중위적 수준의 노사정 정책 협의를 제도화하려는 시도가 없지 않았다. 참여정부에서 노사정위는 중위적 수준에서의 사회적 대화와 정책 협의에 노력했고, 특히 지역·업종 노사정협의회를 활성화하려고 했다(김원 2006, 163). 하지만 이런 시도는 성공하지 못했다. 1999년 제정된 '노사정위원회 설치 및 운영에 관한 법률(19조)'에 근거를 둔 지역노사정협의회의 경우 노동부의 지방고용심의회, 고용평등위원회와 시·도 및 시·군·구의 지역혁신협의회, 직업교육훈련협의회, 지역인적자원개발협의회, 그리고 교과부의 지역인적자원개발사업 등 지역에 따라 정책 협의의 틀로 설치됐으나 지역별 이익 대표 조직의 취약, 정책 역량의 미흡, 자치단체의 무관심,[1] 재정의 한계, 중앙정부 주도 운영 등 여러 요인에 의해 정상적으로 작동하지 못했다. 업종 노사정협의회의 경우도 업종 수준의 사회경제적 이슈에 관한 정책 협의가 이뤄지는 제도적 공간이지만 설치에 관한 법적 근거조차 없고, 산하단체에 대한 통제력과 대표성을 가진 업종별 이익 대표 조직의 미형성과 정책 역량의 결여 등으로 정상적 작동을 하지 못했다. 더욱이 거시적 수준의 정책 협의 틀인 노사정위와 지역·업종 노사정협의회 간에는 법적·제도적인 연계성이 없어 노사정위가 지역·업종 노사정협의회를 재정적으로 지원할 근거가 부재한 상태였다.

1_지역노사정협의회 설치 여부는 지방자치단체장의 임의적 재량 사항이고 중앙 노사정위원회가 지역협의회에 대한 지도와 감독 기능을 갖고 있지는 않다.

따라서 중위적 수준에서 노사정 간의 정책 협의가 제도적으로 정착되기 위해서는 지역·업종별 수준에서 노사정 간 정책 협의를 위한 제도적 능력이 취약하다는 점을 고려해 노사정위를 통한 이런 제도적 능력을 배양할 필요가 있다. 먼저 지역 단위 노사 간 정책 협의는 중앙 단위의 노사 간 정책 협의와 연계하는 것이 요구된다. 네덜란드에서도 경제사회협의회SER의 지역적 조직에 해당하는 '경제사회협의회'가 설치되어 중앙과 지역의 노사 간 정책 협의 체제가 제도적으로 연계되어 있다. 따라서 한국의 경우도 중앙 단위의 노사정위와 지역노사정협의회 간의 제도적 연계성을 강화하고 재정적 지원이 가능하도록 노사정위원회법을 보완하는 작업이 필요하다(김성훈 2004, 59).

업종별협의회의 경우도 노사정위원회 내에 업종별 분과위원회를 설치해 운영 및 재정상의 안정적인 지원이 뒷받침될 수 있도록 제도를 설계할 필요가 있다. 물론 정부와 일부 노사는 산업(업종) 단위에서의 노사정 간 정책 협의제에 부정적이다. 정부와 사용자 측은 산업(업종) 단위에서의 노사 간 협의제가 노조의 세력을 키우는 빌미가 되지 않을까 우려하는 반면에, 대기업 노조 또한 노조의 산별화에 따라 기득권이 훼손될 것을 우려해 산업(업종) 단위에서의 협의제 도입에 부정적이다. 그러나 업종별노사정협의제는 산업 정책에 노조가 동등하게 참여하고 산업 단위에서 생산성 제고를 위해 노사정 간의 협력적인 대응을 이끄는 채널이다. 또한 그것은 상급 단위의 노사정 파트너십을 촉진하고 상급 단위의 단체교섭을 수월하게 하는 기반을 구축함으로써 노사정 모두에게 기여한다(이선 2008, 152). 따라서 정부가 산업·업종 단위 노사 협의의 제도화를 정책적으로 지원하는 것이 절실하다.

결론적으로 지역·업종 노사정협의회를 통해 중위적 수준에서의 정책 협의 능력은 향상될 수 있다. 다만 가능한 지역과 업종을 우선적으로 선정해 집중적으로 육성한 뒤 성공 모델을 점차적으로 타 지역과 업종으로 확산해 나가는 단계적이고 전략적 접근이 바람직할 것이다.

한편, 지역 시민사회가 활성화되기 시작하면서 최근 한국 사회에서도 노동문제를 제외한 여타 지역사회 이슈 해결을 위한 거버넌스적 접근의 중요성이 높아지고 있다. 즉, 교육, 복지, 환경, 저출산·고령화, 직업 능력 개발, 문화 등 다양한 분야에서 지역민의 삶의 질과 지역 경제 그리고 지역 정체성 형성에 영향을 미치는 많은 의사 결정이 지역의 수준에서 중앙정부-지방자치단체-이해관계자들 간의 정책 네트워크가 작동하는 로컬 거버넌스가 빠른 속도로 확산되고 있다. 지역의 공공 이슈에 대한 거버넌스적 접근이 지역민들의 의사를 반영하는 생활 정치를 강화하고, 특히 경쟁력이 약한 지역사회 취약 계층의 삶의 질을 제고시키며 지역 사회 세력 간의 타협과 상생 메커니즘을 정착시킴으로써 지역사회의 갈등을 최소화할 수 있기 때문이다.

그러나 '지방의제21' 기구가 보여 주듯이 로컬 거버넌스 기구가 지역 명망가나 전문가 중심으로 구성되기도 하고 합의된 정책이 좌절되거나 무산되는 패턴이 반복되면서, 자치단체장들의 업적을 홍보하기 위한 장식품으로 전락되고 있다는 비난이 일고 있다. 그 결과 로컬 거버넌스 기구들이 지역사회에서 일어나는 이해관계 분쟁을 조정, 해결하기에는 아직 역부족이다. 따라서 지역사회의 역동성이 증가함에 따라 점점 더 복잡하게 얽혀져 가는 지역사회의 문제를 좀 더 민주적이고 효율적으로 조정하기 위해서는 교육, 복지, 환경, 저출산·고령화, 직업 능력 개발, 문화 등 지역 단위의 다양한 공공 정책 의제를 협의하는 로컬 거버넌스 시스템의 제도화가 절실하게 필요하다. 로컬 거버넌스의 발전은 사실상 지역 문제의 해결에만 기여하는 것이 아니라 전국적 또는 중앙의 문제를 해결하는 데도 크게 기여할 수 있다. 예컨대 중앙 수준의 사회경제적 이슈를 둘러싼 정책 협의가 교착 상태에 있을 때에는 지역 수준의 정책 협의 시스템의 활성화가 분위기 반전을 가져오는 계기로 작용할 수 있다. 이런 의미에서 2010년 6·2지방선거 이후 일부 광역·기초 자치단체 수준에서 실험되고 있는 '도정협의회'와 같은 다양한 로컬 거버넌스 시스템 작동은 바람직한 방향이다. 다만 현재의 로컬 거버넌스 기구들은 비공식 '외부 자문 기구'의 성격을 띠고 있기 때문에 조례 제정을 통한 공식 기구로 전환될 필요가 있다. 또 로컬 거버넌스 기구에 지역의 보수와 진보, 직능 사회단체들의 균형 있는 참여를 설계하고 이를 통해 도출된 제안과 합의들을 중요한 정책으로 채택, 집행함으로써 관과 민의 책임을 공유하는 제도화 노력이 있어야 한다.

4. 동반 발전형 사회적 합의제의 정책 의제

성장연합과 분배연합: '유연 안정성' 정책 패키지

사회경제적 환경 변화 속에서 사회적 합의제에서 논의되는 정책 의제들이 다양화되고 있다. 즉, 사회 협약의 내용이 과거 분배, 복지 등 수요 중심의 정책 의제뿐만 아니라 노동시장 유연화, 적극적 노동시장 정책, 구조조정 등 공급 중심의 정책 의제 등을 포괄한다. 이는 성장연합과 분배연합의 선순환 문제로 집약될 수 있다. 이것이 시장 조정 기제로 상정한 한국의 동반 발전형 사회적 합의제가 지향해야 할 핵심적인 정책 의제다.

하지만 성장연합과 분배연합은 상호 긴장 관계에 있다. 성장연합론자들은 양극화 해소, 복지 증대는 성장이 창출하는 '낙수 효과'trickle-down effect에 의해 가능한 것으로 보고 있으며, 따라서 분배 정책과 사회 지출 확대는 성장 동력을 떨어뜨리는 비생산적인 것으로 인식한다. 반면에, 분배연합론자들은 분배 정책의 '분수 효과'fountain effect를 신뢰한다. 즉, 소득분배의 정의가 저소득층의 교육 투자를 촉진해 그들의 잠재력과 생산성을 높이며, 사회적 정치적 안정과 구매력 증대를 가져와 생산과 투자 분위기를 자극시킴으로써 경제성장에 긍정적 효과로 작용한다는 것이다. 이처럼 성장연합과 분배연합의 관계를 바라보는 이해관계 집단의 관점 차이에 따른 긴장과 갈등이 존재한다. 이에 대응하는 어떤 정책적 접근이 필요할까.

한국 노동시장은 높은 노동시장 유연성, 낮은 사회보장, 소극적 노동시장 정책(조기 은퇴, 산재, 실업보험 등)을 중심으로 하는 영미식 신자유주의 시장경제의 특징을 갖는다. 이 때문에 실업자, 비정규직, 근로 빈곤층이 급증하고 사회 양극화가 격화되어 그들의 불만과 파업이 분출하고 있으며, 이에 대해 법과 원칙을 내세워 공권력이 투입되는 악순환이 반복되고 있다. 이 현실에서 새로운 노동시장 정책 모색이 필요하다. 즉, 유연 안정성 정책이다.

네덜란드의 노동재단FL은 1996년 유연 안정성 협약Flexicurity Accord을 체결해 정규 근로자의 보호 완화(비정규직 전환 조건 완화 등) ─ 비정규직 노동의 보호(사회보험, 법정 최저임금제, 유급휴가, 시간당 임금에서 정규직과 동등한 권리 등) ─ 사회안전망(장기 실업, 빈곤층 대책) 강화 등 세 축의 정책 패키지를 담았다(선학태 2006, 261). 이는 한편으로는 노-사의 타협이었고 다른 한편으로는 노-노 간 타협이었다. 이를 통해 1970~80년 초의 저성장, 고실업, 고인플레, 고재정난에 시달리는 '네덜란드 병'Dutch Disease을 치유하고 성장, 물가, 재정, 고용 등에서 유럽연합의 평균보다 우월한 성과로 나타난 '네덜란드 기적'Dutch Miracle을 달성했다. 또 1990년대 중반 이후 덴마크도 노사정 거버넌스적 접근을 통해 높은 노동시장 유연성, 관

대한 사회보장, 적극적 노동시장 정책 등 이른바 '황금의 3각형'golden triangle 으로 일컬어지는 유연 안정성 정책을 실행했다(Andersen and Svarer 2007, 3-5). 이것은 노동시장 유연성으로 인한 사회적 위험(실업, 비정규직)을 포괄적 사회보장을 통해 줄이고 정부의 적극적 고용 활성화 정책(공공 고용 서비스, 재훈련 교육 등)을 통해서 재정 부담을 압박하는 복지 의존층을 해소하는 동시에 노동시장 재진입을 유도해 전체 고용률을 높이는 데 초점을 맞췄다. 그 결과 1990년대 중반 이후 고용률이 높아지고 견실한 성장률을 유지할 수 있었다. 이처럼 네덜란드와 덴마크는 노사정 정책 협의 시스템을 통해 유연 안정성 정책 패키지를 사회적 합의로 끌어내어 조정시장경제를 구축하는 데 성공했다.

노동시장 유연화, 사회경제적 양극화, 사회적 안전망 부족 문제는 현재 한국 시장경제가 해결해야 할 가장 절실한 정책 과제다. 바꿔 말하면, 세계시장화 속에서 지식 기반 경제를 구축하는 데 일정 정도 노동시장 유연화가 불가피한 현상이라고 한다면 그 희생자들에게 촘촘한 복지 정책이 요구되는 한편, 그들이 복지에만 의존하는 도덕적 해이에 몰입하지 않고 노동시장에 재진입하도록 하는 고용 활성화 정책이 필요하다. 이를 위해 한국은 네덜란드와 덴마크의 유연 안정성 정책에서 아이디어를 얻어야 한다. 유연 안정성 정책은 자본이 요구하는 유연성과 노동이 요구하는 안정성, 그리고 국가가 필요로 하는 세금 자원 확보와 사회적·정치적 안정 등 이 모두를 동시에 만족시키는 새로운 노동시장 정책이라고 볼 수 있다. 하지만 유연 안정성 정책은 서로 상충될 수 있는 요소를 본질적으로 내재하고 있기 때문에 유연성을 요구하는 사용자의 이해와 안정성을 요구하는 노동자의 이해 간의 상호 조정과 타협을 요구한다. 따라서 노사정 정책 협의체와 그 산하에 노동시장 이슈별로 소협의체를 설치해 운영하는 거버넌스적 접근이 필요하다. 정책 협의체의 참여 주체는 전통적인 노조와 사용자단체를 뛰어넘어 농민, 여성, 실업자, 빈곤층을 각각 대표하는 이익·시민 단체, 정당, 정부 등 주요 사회경제 주체들의 대표를 포괄해야 한다. 다만 사회경제적 이슈별 소협의체에 참여하는 주체가 달라질 수 있다.

그런데 한국 노동시장의 특수성을 고려할 때 정책 의제의 시야를 노동시장을 비롯한 기업 간 관계, 기업지배구조, 조세제도, 산업 기술, 직업 능력 개발 등 시장 관련 제도인 생산 레짐 차원으로 확대해 노사정 정책 협의체의 정책 의제는 포괄적인 사회경제 이슈를 다루는 것이 바람직하다. 포괄적인 사회경제 정책 의제에 대한 합의 없이 노동시장의 현안에만 논의를 집중하는 것은 정책 협의체의 활동에 장애가 될 수 있기 때문이다. 이 점에서 노사정 정책 협의체의 정책 의제는 유연 안정성 정책에 기초하는 성장연합과 분배연합의 조화와 균형 이슈를 정책 의제로 설정하는 것이 한국의 조정시장경제를 구축하는 데 효과적일 것이다.

먼저 산업경쟁력 및 생산성 제고를 지향하는 성장연합을 구축하기 위한 정책 패키지의 의제화가 필요하다(Rhodes 2001, 181). 즉, ① 대기업 및 공공 부문의 정규직 근로자의 보호 수준 완화(비정규직 전환, 임금, 근로, 사내 복지, 해고 등의 조건 완화), ② 노동시장의 기능적 유연성 강화, ③ 생산성 시너지 효과의 극대화를 위한 산업 혁신 클러스터 구축, ④ 기술 혁신 및 경영 합리화를 통해 생산성을 높이는 기업에 대해 선별적 법인세 인하, 연구개발R&D 재정 지원, ⑤ 대기업과 중소기업, 수출 기업과 내수 기업 간의 시장 정보, 합리적 납품 단가, 기술 지원 등에서의 상생 협력 네트워크 구축, ⑥ 기업 경영의 투명성, 사회적 책임성 등이다.

한편, 분배연합이 구축되기 위해서는 노동시장에서 배제되어 있는 아웃사이더는 물론이고 노동시장 내의 취약 집단을 보호하기 위해 다음과 같은 사회적 형평성 정책 패키지를 의제화해야 한다(Rhodes 2001,

180). ① 생산성이 떨어진 미숙련 근로자의 적정 임금을 보장하는 소득 정책, ② 임금, 근로조건 등에서 차별 받는 비정규직 근로자의 보호 수준을 높이는 정책, ③ 여성근로자 및 비정규직 근로자에 대한 차별을 막기 위한 사회보장제의 재설계(예컨대 사회보험 가입률 제고를 위한 유인책 등), ④ 평생 기능습득 접근과 수요자(비정규직·청년·여성 등) 중심의 교육 훈련 시스템 구축, 그리고 대기업과 중소기업 간의 교육·훈련 컨소시엄 강화, ⑤ 노동시간 단축을 통한 '일자리 나누기'job-sharing와 일자리 창출, ⑥ 공공 부문·교육·의료·보육·요양 등의 사회적 일자리 확대를 통한 사회적 취약계층(여성·장애인·중고령자)의 노동력 활용, ⑦ 저소득층 근로자들의 교육, 주택, 의료 대책 등등.

다른 주요 사회경제적 의제

현재 한국 사회는 이해관계를 가진 주체들의 참여에 의해서 사회적 파트너십과 정책 협의에 입각한 민주적 의사 결정을 통해서만 이익·가치 갈등의 해법 모색이 가능한 노동시장의 문제 이외의 다양한 사회경제적 이슈들에 직면하고 있다. 그것은 보통 사람들의 삶의 질, 조정시장경제의 실현 여부를 좌우하는 주요 정책 의제인 한편, 이해관계자들 간의 이익 갈등과 가치 갈등을 유발시키는 이른바 생활 정치의 이슈들이다. 구체적으로 이 정책 협의 시스템 작동을 요구하는 정책 이슈들을 살펴보면 다음과 같다.[2]

첫째, 자유무역협정 발효가 야기하는 사회경제 주체 간 이익과 손실의 차등적 배분 문제다. 한국 사회는 미국과 유럽연합과의 자유무역협정 체결을 계기로 국회의 비준 동의 절차를 기다리고 있고 중국, 일본

2_이 부분은 선학태(2008, 163-173)를 수정·보완해 압축한 것이다.

등 여타 나라들과도 자유무역협정의 체결을 예정하고 있어 점점 더 개방된 세계 경쟁 환경하에 놓이게 될 것이다. 자유무역협정의 실행은 '양날의 칼'이다. 즉, '외부의 충격으로부터' 성장 동력을 찾는 해법이 될지는 모르지만 사회경제적 양극화 심화를 야기해 산업, 기업, 노사, 계층, 지역 간에 이익과 손실(비용)을 더욱 차등적으로 배분할 것이다. 신성장 동력을 발굴한다고 해도 특정 집단, 산업, 기업이 최대 수혜자가 될 것이다. 이런 상황은 자유무역협정의 승자와 패자 간의 갈등과 대립을 부추기고 패자의 격렬한 저항을 불러일으킬 것이다. 따라서 이런 시장개방의 충격과 희생을 흡수하고 이익과 손실의 차등적 배분으로 인해 발생하는 갈등을 조정하는 내부 정책 협의 시스템 구축이 대단히 중요하다. 이를 통해 특히 노동자와 농민, 중소 상공업자, 축산·수산업자, 서민과 중산층을 비롯한 우리 사회의 취약 집단은 자유무역협정의 이득이 손실을 보상해 민생이 나아지기를 바라기 때문이다. 이득으로 손실을 보상하기 위한 사회적 합의 과정은 경제적이라기보다는 어려운 정치적 가치 판단을 요구한다.

둘째, 소득 보전 정책인 동시에 사회안전망인 사회복지 정책이다. 최근 우리 사회에는 사회복지를 바라보는 두 관점이 대립한다. 하나는 사회복지가 조세 부담에 따른 기업의 투자 의욕 저하, 복지 의존층의 근로 의욕 저하 등을 초래해 한국 경제의 역동성과 성장 잠재력을 떨어뜨린다는 논리다. 이 관점은 자산, 소득, 근로 능력에 따라 차등적으로 급여하는 '선택적 잔여적' 복지 체제 선호로 이어진다. 다른 하나의 관점은 보육, 교육, 주거, 보험, 보건 의료, 양로 등의 사회안전망이 노동운동의 온건화, 일자리 창출에 기여하고 노동시장 유연화와 산업·기업의 구조조정을 원활하게 하여 국가경제의 생산성·효율성 향상을 위한 제도적 인프라가 되는 것으로 인식되고 있다. 이 관점은 소득수준과 관계없이 모든 사회 구성원에게 동일한 복지 혜택을 주자는 '보편적' 복지 논리로 발전한다. 이처럼 사회복지를 보는 상이한 관점 간에는 항상 갈등과 긴장이 도사린다. 이를 조정하기 위해서는 복지 거버넌스 시스템이 필요하다. 즉, 보건복지부만이 아니라 고용노동부, 교과부, 여성부 등 유관 중앙 부처는 물론이고 이익·시민 단체, 기업, 전문가 집단, 정당 간의 정책 네트워크가 구축되는 것이 중요하다. 협의될 정책 의제는 사회보험의 시각지대 해소, 기초생활보장제도 확충, 사회복지 서비스 확대, 공공보건 의료 체계 확충, 공공임대주택 확대 등이다. 동시에 복지 재원을 마련하기 위한 소득 누진적인 조세 정책, 조세부담률 수준, 복지 부유세 신설 등을 둘러싸고 집단과 계층 간 이해관계가 다르기 때문에 그것이 복지 거버넌스의 정책 의제로 포함되는 것이 바람직하다. 지속 가능한 복지 재원 확보는 세출의 구조조정과 조세부담률의 상향 조정 여부와 직결되기 때문이다. 나아가 사회서비스 공급과 관리는 궁극적으로 지방자치단체의 역할과 책임이 되어야 하기 때문에 지역 차원에서 공공·민간 부문 간의 통합 서비스 체제를 구축하기 위한 로컬 거버넌스 구축이 필요하다. 예컨대 시·군·구 단위의 민관 협의 구조인 지역사회 복지서비스협의체가 설립되어 사회복지 서비스 공급에 필요한 인프라 확충에 관한 해법이 모색되는 것이 요구된다.

셋째, 공공성과 수월성 사이의 가치 갈등을 일으키는 교육정책 과제다. 우리 사회에는 교육에 접근하는 관점의 뚜렷한 양분 현상이 존재한다. 진보 진영은 교육의 평등성·공공성 가치를 내세우는 반면에, 보수 진영은 교육의 수월성 가치를 중시한다. 따라서 공공성과 수월성이라는 교육의 상이한 두 가지 가치와 관점이 공존할 수 있는 해법을 찾기 위한 정책 협의 시스템을 통해 교육정책에 관한 사회적 합의가 중요하다. 교육정책은 몇몇의 교육 관료나 교육 전문가들에 의해 결정, 주도되어서는 안 될 정치적 과정을 요구하는 국가적 사회적 정책 의제이기 때문이다. 이 점에서 교육 가치 갈등은 교육 수요자(학생과 학부모)와 교육 공급자(교사와 교육 관청), 교육 전문가, 교육·시민 단체, 기업, 지방자치단체 등 다양한 교육 이해관계 집단이 참여하는 교육발전협의체를 통해서 그 조정이 가능하다. 이런 교육 거버넌스는 각 분야별 소위원회를 설치해 교육 이슈별로 소통, 협의하는 공간이다. 그 주요 정책 의제는 공교육 평준화 정책의 보완, 교육 양극화 해소, 교원 평가제, 자립·자율형 학교 설립, 사교육 흡수 방안 등 다양한 정책 과제를 포함한다. 고등교육의 사회적 적합성 제고 문제도 주요한 교육정책 의제다. 고등교육발전협의체를 구성해 대학 법인화, 대학의 국제경쟁력 강화, 사학법 재·개정, 대학 구조조정, 교육 시장 개방, 대학 입시 3불 정책(기여 입학제, 본고사 부활, 고교 등급제의 불가) 등의 정책 과제를 포괄할 수 있다. 요컨대 다양한 교육정책 의제를 둘러싸고 수월성을 중시하는 보수 진영과 공공성을 지향하는 진보 진영의 각 이해관계자들은 정책 협의를 통해 '사회적 교육 대타협'을 이끌어 내야 한다.

넷째, 환경 보존과 개발의 조화 문제다. 현 이명박 정부의 '4대강 사업'이라는 대형 국책 사업이 보여 주듯이, 정부의 일방적 결정과 집행은 환경 이슈를 둘러싸고 정부, 환경 단체, 주민 간의 격렬한 갈등으로 인해 엄청난 사회적 비용을 야기한다. 따라서 환경과 개발 사이의 갈등 비용을 줄이는 절차를 마련해야 한다. 이를 위해서는 정부, 환경 단체, 기업 간의 민관 파트너십에 의한 환경 거버넌스 시스템이 제도화될 필요가 있다. 이를 통해 환경오염과 생태 파괴를 최소화하고 환경 친화적인 품격 있는 국토 개발과 환경 관리를 유도해야 한다. 단기적 개발 이익 추구나 정치적 이해관계 때문에 자연환경이 파괴되는 것이 저지되고 모든 국가정책이 환경 친화적이고 지속 가능한 발전을 고려해 기획, 입안,

시행 방안이 논의되어야 한다. 특히 지방자치단체의 과잉 개발로 인한 지역사회 갈등이 빈발하고 있는 점을 고려할 때 분권화 시대에 지역 수준의 환경 관련 공공 갈등을 예방하고 사회적 비용을 줄이려면 지역의 개발 계획과 환경 계획 수립 시 지방정부와 지역 환경 단체와 지역 주민과의 상시적인 대화와 정책 협의 시스템을 갖추는 것이 필요하다.

마지막으로 지역사회의 공공 사안들이다. 로컬 거버넌스가 지역 사회경제 주체들 간의 서로 상반되는 이해를 조정하고 정책 개발과 집행을 주도하면, 지역사회의 갈등도 유발하지 않고 지역 공동체의 발전에 효과적이다. 로컬 거버넌스의 경제적 의제는 지역 전략 산업 정책, 수출시장 개척, 해외 자본 유치, 일자리 창출, 지역 경제의 경쟁력 제고, 지역 차원의 노동시장 유연화, 청년 실업자와 고령자 자활, 직업훈련 사업 등이다. 또 지역사회의 주요 의제는 지역 공교육, 지방 재정의 수입과 지출, 도심 재개발 사업 등 지역 밀착형 정책이 포함될 수 있다. 최근에는 주민 생활 서비스 개선 문제도 지역 민·관 생활 서비스 협의 방식인 로컬 거버넌스적 접근이 이뤄지고 있다. 주민 생활 서비스란 보건 의료, 고용, 주거, 치안, 평생교육, 보육, 요양, 생활체육, 문화, 여가, 관광, 쓰레기 처리, 환경 보존, 빈곤 등 지역 주민의 삶의 질과 관련된 서비스를 말한다. 특히 아동, 청소년, 노인, 장애인, 여성 등 사회 취약 계층에 대한 생활 서비스 제공도 공공과 민간의 파트너십과 네트워킹에 기초한 로컬 거버넌스의 장을 마련해 맞춤·밀착형 원스톱 서비스 체계로 개편될 필요가 있다. 나아가 지방정부 간의 경쟁과 협력을 통해 효율적인 공공서비스 생산과 공급을 추구하는 것도 로컬 거버넌스의 주요 의제다. 주택, 상하수도, 쓰레기 처리, 경찰, 지역 설비 정비 등 다양한 지방 공공서비스 공급 과정에서 지역 간의 외부효과 처리 방안을 모색하는 지방정부 간의 다자간 협약을 체결함으로써 효율적인 지역 공동체 운영을 위한 공공서비스 제공 방법을 모색할 수 있다.

5. 동반 발전형 사회적 합의제의 작동 조건

연합 정치의 제도화

한국에서 과연 사회 협약을 체결하는 사회적 합의제가 제대로 작동할 수 있느냐가 쟁점이 되고 있다. 구조론적 시각은, 구조적 조건이 취약한 한국에서는 사회적 합의제가 어렵다는 견해인 반면, 전략적 선택론은, 정책 협의에 참여하는 사회경제 주체의 전략적 선택으로 결정될 문제라는 견해를 갖고 있다. 하지만 1980년대 이후 네덜란드, 이탈리아, 스페인 등의 사회 협약 정치 부활 경험에서 알 수 있듯이, 정상 조직의 높은 조직률, 독점적 대표권, 위계적 조직화 등 구조적 조건이 사회적 합의제를 위한 필수적인 전제 요건이라고 보기 어렵다. 사회적 합의제의 작동 여부가 사회경제 주체의 전략적 선택으로 보는 주장 또한 쟁점에 대한 충분한 해답이 되기 어렵다(이선 2008, 88). 제도는 인간의 행위 규범의 형성에 중요한 영향을 미친다(선학태 2006, 81). 정치제도를 잘 설계하는 문제야말로 시장경제의 이해관계자들의 전략적 행위에 변화를 유도하는 중요한 변수다. 그렇다면 사회적 합의제를 이끄는 조건, 즉 사회경제 주체가 사회적 합의제를 전략적으로 선택하도록 하는 정치제도는 무엇인가?

이익·시민 결사체의 구조적 조건이 결여된 한국에서도 사회 협약에 의해 공공 정책을 결정하는 사회적 합의제가 불가능하다고 볼 수 없다. 사회경제 주체들이 전략적으로 사회적 합의제를 선택하도록 하는 제도적 접근이 필요하다. 즉, 정당 간의 정책 협의 시스템이 작동하는 연합 정치의 제도화가 사회적 합의제를 촉진한다는 관점이 중요하다. 바꿔 말하면 한국에서 시장 조정 기제로서 상정된 동반 발전형 사회적 합의제가 정상적으로 작동하려면 연합 정치, 즉 절제와 협력에 기초한 정당 간 교차 파트너십의 제도화라는 조건이 요구된다. 2절에서 논한 바와 같이, 사회적 합의제는 연합 정치와 제도적 친화성과 인과성을 갖기 때문이다.

서유럽 정치에서는 정당명부 비례대표제가 패권 정당을 허용하지 않고 사회 분열과 갈등 구조에 뿌리를 둔 보수-중도-진보 등 가치와 정책 중심의 다당제를 만들어 놓기 때문에 정당 간에 교차적 협조가 아니면 파국이라는 인식이 확산되어 의회·정부 차원에서 연합 정치가 제도화된다(Iversen and Soskice 2006). 바꿔 말하면 그들 국가의 정당들은 정당명부 비례대표제에 힘입어 종적으로 블록화되어 있는 사회계층·집단과 강하게 연계되어 있으며, 이를 바탕으로 의회·정부 차원에서 횡적으로 정책과 가치가 유사한 다른 정당들과의 다양한 연합 정치를 구사하고 있다. 이런 연합 정치의 제도화는 사회적 합의제를 촉진한다. 예컨대 덴마크의 노사정 정책 협의 시스템은 1998년 사회민주주의당과 사회자유당 간의 순수 좌파 정당 연합 정치하에서 더욱 탄력을 받았다(선학태 2006, 415; Elvander 2002, 11). 또 네덜란드의 '유연 안정성 협약'도 1994~2002년 노동당-자유당-민주주의'66으로 구성된 사회민주주의 정당과 자유주의 정당 간의 이른바 '자줏빛purple 연정'하에서 가능했다(선학태 2006, 260-261). 중도 좌·우파 정당은 연합 정치 과정에서 상대방의 정책을 배려해 정책 협의와 합의 속에서 유연 안정성이라는 노사정 대타협 정책 패키지를 모색한 것이다. 이는 연합 정치가 사회적 합의제의 작동을 원활하게 하는 제도적 인센티브가 되고 있음을 의미한다.

이 같은 연합 정치가 한국의 대통령제하에서도 제도화될 수 있을까?

연합 정치는 의원내각제를 채택하는 서유럽 정치의 전유물이 아니다. 연합 정치와 정부 형태의 관계에 필연적 논리나 제도적 인과성이 존재하는 것은 아니기 때문이다. 이 점에서 한국 대통령제하에서도 연합 정치가 작동할 수 있다. 정당명부 비례대표제 강화로 어느 정당도 과반 의석을 차지하기 어렵거나 근소하게 과반 의석을 넘는 다당제 구도에서 효율적이고 정상적인 의회정치 및 정부의 운영을 위한 해법은 연합 정치 외에 다른 탈출구가 없다. 물론 대통령제하의 연합 정치는 통상적이지는도 않고 내각제보다 유인이 약한 것은 사실이다. 그렇다고 대통령제하에서 연합 정치의 작동이 불가능하거나 '예외적인 경우'에만 발생한 것은 아니다(Lijphart 2002, 47). 대통령제하에서도 다양한 형태의 연합 정치가 등장할 수 있다. 브라질, 코스타리카, 우루과이 등 남미 및 동유럽 국가의 대통령제 혹은 준대통령제하에서도 연합 정치가 빈번하게 이뤄진다. 말하자면 연합 정치가 "정당 간 합의 규범"norm of cross-party consensus으로 제도화되고 있는 것이다(Lijphart 1999, 105).

한국 정치에서 국회의원 선거제도의 비례성이 강화되면 단독으로 국회와 정부를 지배하거나 국정 운영을 독주하는 패권 정당이 허용되지 않고 가치와 정책 중심의 진정한 다당제가 창출될 수 있다. 즉, 한국 사회의 다양한 이익·가치 갈등 구조에 뿌리를 둔 '균형 잡힌' 정통 보수, 중도 보수, 중도 진보, 정통 진보의 이념적 스펙트럼이 다원화된 '무지개 정당 체제'가 구축될 수 있다. 이런 정당 지형에서는 특정 정당이 영원한 승자도 영원한 패자도 될 수 있는 여지가 크지 않기 때문에 정책 이슈별로 다수가 유연하게 형성되는 연합 정치의 제도화 가능성이 높아진다. 이런 연합 정치의 제도화 확률은 현행 대통령 선출 제도를 결선투표제로 개정하면 제도적으로 더욱 높아질 수 있다. 대통령의 1차 선거와 2차 선거 사이에 어제의 경쟁자가 오늘의 연정 파트너가 되는 정치 시장 유연화의 제도화가 이뤄질 수 있기 때문이다.

연합 정치의 제도적 효과

게르만 유럽 정치의 경험이 보여 주듯이, 한국 정치에서도 특정 정당의 권력 독점을 막아 주는 연합 정치 시스템이 작동하면 동반 발전형 사회적 합의제의 원활한 작동이라는 제도적 효과가 기대될 수 있다.

첫째, 국회와 정부 차원에서 정당 간 연합 정치가 제도화되면 이는 곧 시장경제가 만들어 내는 시민사회의 다양한 집단과 계층 간 네트워킹과 파트너십으로 이어지는 제도적 인센티브가 될 수 있다. 앞에서 언급한 바와 같이, 네덜란드, 덴마크 등에서 사회경제 주체들 간 정책 협의 시스템 작동에 의해 유연 안정성 정책 패키지가 원활하게 실천된 것은, 정책의 제로섬$^{zero-sum}$적 대립을 드러내는 양당제가 아니라 비례대표제에 의해 패권 정당이 없는 다당제에 토대를 둔 연합 정치에서 특정 정당의 독주나 극단적 정책을 펼 수 없는 정치 지형에 연유한다(Hamann and Kelly 2007, 976-977). 연합 정치 과정에서 정당 간 "조금씩 양보하고 조금씩 얻는" 협상과 타협에 의해 이뤄지는 정책 조율과 정책 교환이 사회적 합의제를 촉진한 것이다(선학태 2005, 72-77). 한국 정치에서도 정당 명부 비례대표제가 강화되면, 사회적 기반을 둔 정당이 출현하고 이들 정당 간에 이뤄지는 국회와 정부 차원의 연합 정치 과정에서 정책 조율과 정책 교환으로 이어지며, 이는 시민사회와 시장의 다양한 집단 계층 간의 이익·가치 조정을 이끌어 내는 정책 파트너십을 촉진시킬 수 있다. 역으로 시민사회와 시장의 다양한 집단과 계층 간의 정책 파트너십은 그들에 뿌리를 둔 정당 간의 정책 협의(연합 정치)를 촉진한다. 이처럼 연합 정치와 사회적 합의제의 정책 네트워크 간에는 상호 보완적인 선순환 메커니즘이 작동할 수 있다. 나아가 연합 정치는 중앙정부의 차원에 국한된 것은 아니다. 로컬 거버넌스적 정책 네트워크도 지역 차원의 연합 정치 구성에 의해 촉진될 수 있다.

둘째, 진보 정당이 다른 정당과의 권력의 분점과 공유 형태로 내각 구성에 연정 파트너로 참여할 경우 이는 노동 대중의 이익을 대표하고 부응할 수 있는 정부 정책(복지정책, 노동정책, 교육정책 등)을 이끌어 내는 정책 협의 과정에 크게 이바지할 수 있다(Iversen and Soskice 2006, 165-166). 바꿔 말하면 정책 파트너십과 네트워킹에 기반을 둔 원활한 노사정 거버넌스는 진보 정당이 참여하는 연립정부의 구성이 제도화될 때 가능하다. 진보 정당은 노조와 연계해 자본을 대표하는 보수정당을 상대로 노동의 이해관계를 조율하면서 자신의 정치 고객인 노동 대중에게 '길거리 정치' 유혹을 뿌리치고 정책 협상 테이블에 참여하도록 설득하는 데 유리할 것이기 때문이다. 서유럽 국가들에서는 노동과 사회 취약계층의 이해관계와 정책 선호가 중도 좌파 정당들이 참여하는 연립정부의 정책 협상 테이블에서 대표될 수 있고, 이는 노조의 전략적 행동에 영향을 준다. 즉, 노조는 산업 현장에서 과격한 투쟁 전략을 피하고 세계시장의 충격에 대응하기 위한 '온건과 절제와 타협'의 전략을 택함으로써 노사정 대타협을 이끌어 내곤 한다. 예컨대 스페인, 네덜란드, 아일랜드의 노사정 대타협은 정당 간, 특히 노동 우호적이거나 사회민주주의를 표방한 진보 정당이 자유주의 보수정당과의 협력 체제에 기반을 둔 연립정부의 수립에 의해 가능했다(선학태 2006, 9·13·15장).

6. 맺음말

이 글은 시장경제의 조정 기제로서 동반 발전형 사회적 합의제를 포스트민주화의 대안적 의사 결정 시스템으로 상정하고 이의 분권화, 의제 다양화 및 작동 조건을 중심으로 논의했다. 이 과정에서 사회적 합의제의 중층적 정책 네트워크, 특히 중위적 수준의 정책 협의 시스템을 부각시키고 그 시스템 간 상·하향식 피드백의 중요성을 강조했다. 또 시장경제에서 발생하는 사회경제적 이슈인 노동, 복지, 환경, 교육, 저출산·고령화, 문화 등을 동반 발전형 사회적 합의제의 정책 의제로 설정했다. 그리고 한국에서 사회적 합의제가 정상적으로 작동하기 위해서는 연합정치의 제도화가 전제되어야 하고 이를 통해서 사회경제 주체들의 행동전략의 변화 가능성을 제기했다.

한국 정치에서 동반 발전형 사회적 합의제를 위해서는 법적·제도적 안정성을 통한 실효성의 확보가 중요하다. 노사정위를 제외한 그간 실험했던 사회적 합의제는 대부분 비공식적이거나 법적 근거에 의해 구성되지 않아, 설령 사회 협약이 체결되어도 아무런 구속력 없고 신사협정의 관행에 의존하고 있는 실정이다. 따라서 사회적 합의제의 법적·제도적 구속력을 갖추는 것이 필요하다.

물론 사회적 합의제에 대한 비판이 없지 않다. 첫째, 사회적 합의제의 정책 결정은 정당·의회 정치를 핵심으로 하는 대의제 민주주의에서 벗어난다는 비판이 있다. 이해 당사자 간 정책 협의를 통해 이끌어 낸 사회 협약은 다수결에 기초해서 선출된 정부, 의회정치를 무력화시킨다는 것이다. 그러나 사회적 합의제의 정책 네트워크는 자유권, 참정권, 선거 경쟁과 같은 대의제 민주적 절차·과정과 양립할 수 없는 것이 아니며(Lehmbruch 1984, 72) 정당·의회 정치를 대체하는 것이 결코 아니다.

오히려 사회 협약이 궁극적으로 법률적 효력을 부여받고 사회 협약에 참여하지 않는 시민까지 구속력을 갖기 위해서는 의회 및 정부의 승인을 필요로 한다. 더욱이 의회는 정책 협의체에서 이익·시민 결사체 간의 정책 협상을 통해 도출된 사회 협약을 법안으로 상정하는 절차를 통해 본래의 사회 협약을 수정, 보완할 수 있는 권한을 갖는다. 최근 서유럽 국가들의 주요 정당들은 각종 거버넌스 기구에 적극 참여하고 있으며, 특히 지방의회와 거버넌스 간 파트너십이 날로 증가하고 있다. 이런 점을 고려할 때 사회적 합의제와 대의제 민주주의는 갈등과 긴장 관계에 있지 않고, 오히려 공존과 상호 보완관계에 있다.

둘째, 토론과 심의를 통해 합의에 도달하려는 사회적 합의제의 정책 결정 과정이 비효율적이라는 비판을 받고 있다. 물론, 관련 이해관계자의 다양한 의견과 관점이 고려되어야 하기 때문에, 첨예한 정책 의제의 경우 이해관계자 간 타협과 협상의 과정과 절차에 긴 시간이 소요될 수 있다. 또한 변화와 혁신이 상대적으로 느리고 어떤 정책을 신속하게 변화시키는 것이 쉽지 않을 수 있다. 그러나 사회적 합의제를 통해 일단 정책이 결정되면 별다른 사회적·정치적 논쟁과 갈등을 불러일으키지 않고 신속하게 실행될 수 있다. 이 점에서 사회적 합의제는 단기적으로 의사 결정 과정에 의해 지연될 여지는 없지 않지만, 중장기적으로는 관료적 정당·의회 중심적, 다수결주의적 의사 결정에 따른 갈등과 대립을 최소화해 효율적인 정책 수행이 가능하다.

그렇다면 사회적 합의제가 과연 한국 사회에서 작동이 가능할까. 이는 사회적 합의제의 한국적 적실성에 대한 문제 제기다. 제도는 사회·정치·문화적 조건에 따라 상이한 효과를 만들어 낼 개연성도 없지 않기 때문에 제도 개혁은 그 제도가 작동하는 문화적 조건이 함께 검토되어야 한다. 물론 문화는 제도의 작동에 영향을 미치는 주요 변수다. 하지만 그런 주장은 제도 작동의 문화 결정론적 함정에 빠지기 쉽다. 문화 결정론적 비관론은 문화의 고정 불변성을 전제해 제도에 대한 문화의 일방적 영향을 가정하고 있다는 점에서 이론적으로나 경험적으로 설득력이 취약하다. 문화는 정치 행위자들의 전략적 선택에 따라 도입된 제도의 변화와 혁신에 의해, 그리고 구성원들의 공동 제도적 학습의 결과로서 변화할 수 있다. 제도적 발전은 개인이나 집단의 행동을 규정하는 구속력을 갖기 때문에 제도가 문화를 바꿀 수 있다는 관점이 중요하다. 실제로 서유럽 국가들은 연합 정치 시스템을 전략적으로 선택해 대화와 타협, 신뢰와 양보로 합의의 문화를 창출했으며, 이 문화적 토양 위에서 시장 조정 기제인 사회적 합의제를 작동시켰다. 이런 서유럽 민주주의 공고화 과정은 한국 민주주의 발전의 벤치마킹 모델이 될 수 있다.

8장

한국형 조정시장경제와 합의제 민주주의

___최태욱

1. 머리말

이 책에서 이근식(1장)이 정리한 바와 같이, 진보적 자유주의는 만인평등 사상에 의거해 민주주의와 법치주의를 강조하는 정치적 자유주의를 기본으로 하면서, 자유방임주의 정책을 기조로 하는 경제적 자유주의를 비판하고 정부의 적극적 시장 개입 필요성을 주장하는 자유주의 이념이다. 자본주의 사회에서 개인의 자유를 위협하는 것은 주로 빈곤, 실업, 대자본의 횡포, 공공재의 부족 등과 같은 시장의 실패인 바, 이 문제를 해결하고 사회적 시민의 자유를 수호하기 위해서는 정부의 시장 개입이 필수라는 입장이다. 결국 정치적 자유와 사회적 자유 혹은 정치적 평등과 사회적 평등이 보장될 때 개개인은 진정한 자유를 평등하게 누릴 수 있다는 것이다.

　이 글은 이 진보적 자유주의를 구현할 수 있는 제도적 해법, 즉 정치적 자유와 사회적 자유 보장에 유능한 정치 및 경제 제도가 각각 무엇인지를 한국적 맥락에서 논의한다.[1] 먼저 정치적 자유는 사회경제적 약자를 포함한 모든 시민이 정치적 결정 과정에 동등하고 효과적으로 참여할 수 있는 민주주의를 필요로 한다. 모든 시민이 실질적으로 동등한 참정권을 가져야 스스로 자신들의 자유를 지킬 수 있기 때문이다. 즉, "배제의 정치"politics of exclusion가 아닌 "포괄의 정치"politics of inclusion가 더 잘 작동되는 민주주의 제도가 필요하다는 것이다(Dahl 1998, 76-78). 여기서는 그런 민주주의를 승자 독식형 "다수제 민주주의"majoritarian democracy에 대비되는 권력 공유형 "합의제 민주주의"consensus democracy라고 규정한다(Lijphart 1999). 그렇다면 본 연구의 목적 중 하나는 한국형 합의제 민주주의 발전 방안을 논하는 것이라 할 수 있다.

한편, 사회적 자유는 정부나 시민사회의 적극적 시장 개입이 인정되고 제도화된 시장경제 체제를 필요로 한다. 그래야 사회경제적 약자를 포함한 모든 시민이 빈곤, 격차, 실업 등으로부터 좀 더 자유로울 수 있기 때문이다. 성장, 효율성, 경쟁의 가치 못지않게 분배, 형평성, 연대의 가치가 중시되는 시장경제 체제가 필요하다는 것이다. 여기서는 그런 체제를 "자유시장경제"liberal market economy에 대비되는 "조정시장경제"coordinated market economy라고 정의한다(Soskice 1999). 그렇다면 본 연구의 또 다른 목적은 한국형 조정시장경제 체제의 발전 방안을 논하는 것이 된다.

진보적 자유주의 구현에 필요하다고 상정한 이 두 제도, 즉 조정시장경제와 합의제 민주주의에 대한 자세한 설명은 각각 2절과 3절에서 살펴보도록 한다. 미리 언급하거니와, 이런 제도 유형은 오직 순서 척도에 의해 구분된다. 다시 말하자면, 자유시장경제와 조정시장경제, 그리고 다수제 민주주의와 합의제 민주주의는 명목 척도에 의해 칼로 무 자

1_이 글에서 논하는 정치 및 경제 제도 해법 중 전자, 즉 진보적 자유주의 구현을 위한 정치제도 해법에 관한 부분은 이미 출간된 다른 논문, 최태욱(2010b)에서 따로 다루어졌음을 밝힌다.

르듯 명확히 구분될 수 있는 개념이 아니라는 것이다. 그것은 좌파나 우파 혹은 진보나 보수의 구분처럼, 오직 정도의 차이를 나타내는 개념이다. 이념 지형에서 좌파나 진보에 가까울수록 평등의 확대를 더 강조하듯이, 자본주의의 다양성을 나타내는 연속체 선상에서는 조정시장경제에 가까울수록 분배 친화성이 높은 자본주의이며, 민주주의 유형의 연속체 선상에서는 합의제에 가까울수록 포괄성 혹은 포용성이 높은 민주주의일 뿐이다. 결국 이 글의 논의 주제는 한국의 자본주의와 민주주의를 각각 어떻게 조정시장경제와 합의제 민주주의로 '전환'할 것인가가 아니라, 어떻게 그쪽으로 더 가깝게 '접근' 혹은 발전시켜 갈 것인가라고 할 것이다.

2절에서는 조정시장경제에 대한 일반적 설명에 이어 한국형 조정시장경제의 설계 방향에 관한 최소한의 원칙 몇 가지를 제시한다. 그리고 그런 원칙들이 충족되는 자본주의로의 발전은 결국 민주주의의 문제와 연결해 풀어야 할 과제임을 예비적으로 주장한다. 그에 대한 본격적인 주장은 합의제 민주주의를 논하는 3절에서 구체적으로 전개된다. 즉, 한국형 조정시장경제는 합의제 민주주의하에서 좀 더 빠르고 효과적으로 발전해 갈 수 있는 것임을 밝힌다. 특히 여기서는 합의제 민주주의로의 발전이 조정시장경제의 발전보다 우선되어야 함을 강조한다. 합의제 민주주의를 구성하는 정치제도는 조정시장경제의 발전 정도와 큰 상관없이 도입될 수 있으나, 분배 친화적인 민주적 조정시장경제로의 발전은 합의제 민주주의의 제도 요건을 필요로 하는 것이기 때문임을 설명한다. 마지막인 4절은 이 글의 주장을 요약하며 글을 맺는다.

2. 합의제 조정시장경제로의 발전이 필요하다

자본주의의 다양성

한때 '자본주의 수렴론'이 운위되던 때가 있었다. 영국의 마가렛 대처, 미국의 로널드 레이건과 같은 '신보수' 세력들에 의해 부활하게 된 경제적 자유주의의 급진적 현대판인 신자유주의가 전성기를 누리던 1990년대 초반 무렵이다.[2] 신자유주의 세계화가 진행되면서 각국의 자본주의 체제는 모두 (영미식) 자유시장경제 체제로 수렴된다는 것이었다. 그러나 현실은 수렴론대로 되지 않았다. 서유럽의 경우, 세계화가 급속히 진행된 1980년대와 90년대에도 영국을 제외한 대다수 국가의 자본주의 체제는 (비록 과거에 비해 시장의 비중이 어느 정도 커진 것은 사실이지만) 시장이 여전히 국가 및 사회적 영향력하에 놓인 상태에서 각기 제 나름의 원형을 그대로 유지했다. 말하자면 '자본주의의 다양성'은 건재했다는 것이다.[3]

갈수록 거세지는 세계화의 경제통합 압력에도 불구하고 자본주의의 다양성이 유지되는 이유를 가장 설득력 있게 설명해 주는 변수는 각국별로 상이한 '생산 레짐'production regimes이다. 생산 레짐이란 기업의 생산과정에 직간접적으로 연계된 "상호 보강의 관계에 놓인 제도들의 조합"을 말한다(Thelen 2004). 그 제도들에는 금융 체계, 기업지배구조, 기업 간 관계, 노사관계, 상품생산 체계, 숙련 형성 및 고용 체계 등이 포함된다. 각국의 생산 레짐은 이 구성 제도들이 역사적으로 어떻게 발전해 왔으

2_신보수(Neo-Conservatives) 세력이 '보수'하고자 했던 것은 사회적 자유주의가 아닌 경제적 자유주의였다.

3_자본주의의 다양성 논의와 신자유주의의 위기 상황에 대한 이하 내용은 필자의 글인 최태욱(2009)을 부분적으로 발췌해 수정·보완한 것이다.

며, 어떤 국가-사회적 메커니즘에 의해 작동되는지에 따라 서로 다르다. 따라서 생산 레짐으로 나타나는 자본주의의 성격은 나라마다 다른 것이 당연하다(Hall and Soskice 2001). 그런데 이 생산 레짐은 쉽게 변하지 않는 속성을 지닌다. 그것을 구성하는 각 제도들과 그들 간의 조합은 각국의 독특한 역사·정치·사회·문화적 맥락 속에서 형성된 것이기 때문이다.[4] 따라서 세계화의 압력에 직면할 때 각국은 (일차적으로는) 자기의 생산 레짐 특성에 맞추어 적절한 정책적 대응을 할 뿐이지 생산 레짐 그 자체를 변화시키려 하지는 않는 것이 일반적이다. 예컨대 노동조합에 강력한 힘을 실어 주는 제도를 갖춘 자본주의국가라면 무한 경쟁의 세계화 시대를 맞이해도 적극적 노동시장 정책의 채택 등으로 노동시장의 '유연 안정성'을 확보하고 노동자의 숙련 향상을 도모함으로써 생산성을 제고하려 하지, 노사관계에 획기적인 제도적 변화를 일으켜 노동시장의 유연성만을 증대시킴으로써 그에 입각한 노동비용 절감을 꾀하지는 않는다. 결국 지속성을 지닌 각 생산 레짐의 개별적 특성상 세계화 그 자체만으로는 자본주의의 세계적 수렴을 이끌어 내기 어렵다는 것이다.[5]

생산 레짐론에 기초한 자본주의의 다양성 논의에 따르면 1980년대와 1990년대 상황에서 세계 자본주의는 크게 두 유형으로 나뉜다(〈표〉 참조). 상기한 자유시장경제와 조정시장경제가 바로 그것인데, 영국, 미국, 호주, 뉴질랜드 등은 전자에 속하며, 북유럽 국가들과 독일, 일본 등은 후자에 속하는 대표적 국가들이다(Soskice 1999). 안재홍의 지적대로, 칼 폴라니의 이론적 틀에서 보면, 조정시장경제는 시장과 국가-사회 관

4_이는 비교적 가변적인, 예컨대 정치적 맥락의 주요 부분에 의도적·인위적 변화를 가함으로써 생산 레짐 혹은 자본주의의 유형을 바꾸어 갈 수 있다는 말이기도 하다.

5_물론 외부의 세계화 진행과 병행해 내부적으로 (어떤 동인에 의해서든) 강력한 제도 개혁의 정치경제가 일어날 경우, 그것이 생산 레짐의 변화를 결과할 수도 있다. 그러나 세계화 그 자체가 자동적으로 생산 레짐의 변화로까지 이어지는 것은 아니다.

| 생산 레짐의 구성 제도와 자본주의의 양대 유형 |

	자유시장경제	조정시장경제
대표적 예	영국, 미국	북유럽, 독일
금융 체계 및 경제 거버넌스 (기업지배구조와 기업 간 관계)	**단기 자본시장** 주식 발행에 의한 자기자본조달 (주주 가치 존중) 제한적인 기업 간 조정 독점금지법 (기업의 독자성)	**장기 투자 자본** 은행 부채 중심의 자본조달 (이해관계자 가치 존중) 강한 기업연합 조직 기업 간 연결망
노사관계	**분권적 협상** 분쟁적 작업장 관계	**조정된 협상** 법정 노동 대표
상품생산 체계	**저숙련 생산** 대량생산 상품 수량적 유연화	**고숙련 생산** 고품질 특화 상품 유연적 전문화
숙련 형성체계 및 고용 체계	**일반교육 중심** 단기 고용 높은 이직과 기업 간 이동	**직업훈련 중심** 장기 고용 낮은 이직과 기업 내 이동
정부의 역할	**작은 정부** 시장에 대한 최소 개입 경제적 자유주의 성향	**큰 정부** 적극 개입 사회민주주의 혹은 진보적 자유주의 성향

출처: Ebbinghaus and Manow eds(2001, 6, Table 1.1)를 보완한 것임.

계가 '맞물려'embedded 있는 상태이며, 자유시장경제는 이 관계가 '풀려서' disembedded 시장이 자율적으로 기능하는 상태에 있는 것이라고 할 수 있다(안재홍 2008).[6] 따라서 조정시장경제에서는 노사관계나 숙련 형성 및 고용 체계 등 제반 생산 레짐 요소의 작동에 대해 국가나 사회의 조정 혹은 개입이 상시적으로 일어나는 반면, 자유시장경제에서는 모든 생산 관련 제도의 작동이 기본적으로 기업에 의해 시장의 원리대로 이루어진다.

조정시장경제는 다시 국가 주도 조정시장경제와 합의제 조정시장경제로 구분할 수 있다(Coates 2000). 전후 1980년대 초반까지의 일본과 민주화 이전의 한국 경제가 전자의 전형으로 꼽힌다. 일본과 한국이 발전 지향 국가였던 점에 착안해 이를 '발전주의형 조정시장경제'라고도 부른

6_사실 자유시장경제에서는 시장이 국가-사회 관계로부터 자율성을 확보하는 정도가 아니라 오히려 사회를 '시장화'해 "사회관계가 경제체제에 맞물려" 돌아가도록 하는 지배적 힘을 갖는다(Polanyi 2001, chapter 5).

다. 협상형 혹은 합의제 조정시장경제의 모범 사례는 독일과 북유럽 국가들에서 찾을 수 있다. 이들 나라에서는 시장의 조정이 주로 '노사정 3자 협약의 정치경제'라 불리는 '사회적 합의주의'(이하 '사회합의주의') 방식으로 이루어지며 그 결과 복지주의가 발달한 까닭에 이 유형은 흔히 '유럽형 복지자본주의' 혹은 '사회합의주의 모델'이라고 불린다. 한편, 합의제 조정시장경제의 정부는 견고한 노동권과 복지 규정 등을 확립함으로써 노조가 강력한 시장 행위자로 행동할 수 있게 하며, 자본 측과의 협상과 교섭의 장에도 당당한 파트너로서 참여할 수 있게 하는 등 분명한 노동 중시 경향을 띤다. 이런 사회민주주의적 정부 경향에 주목하는 이들은 이 유형을 '사회민주주의 모델'이라고도 부른다.

세계화가 이 합의제 조정시장경제에 일정한 변화를 가져온 것은 사실이다. 1990년대 이후 그때까지의 '고전적' 사회합의주의와는 다른 형태의 사회 협약이 네덜란드, 아일랜드, 스페인, 포르투갈, 이탈리아 등 유럽 도처에서 이루어졌다. "경쟁력을 위한 사회합의주의"competitive corporatism (이하 '경쟁력 사회합의주의')라 불리는 새로운 사회합의주의가 부상한 것이다(Rhodes 2001). 고전적 사회합의주의에 따른 과거 사회 협약의 주 의제가 '분배'였다면 경쟁력 사회합의주의는 '생산성 향상'을 분배 못지않은 중요 의제로 다룬다. 즉, 여기서는 세계화 시대의 어려운 경제 여건을 극복하기 위해 노동시장의 유연성 증대와 사회복지 지출의 합리화 등을 통한 국제경쟁력의 제고를 목표로 하는 한편, 적극적 노동시장 정책 등을 통한 고용 증대, 불공정 해고의 제한, 적정한 분배 등을 동시에 도모한다. 분명한 것은 경쟁력 사회합의주의의 한 목표가 국가경쟁력 제고이지만, 그 달성 방식은 사회 협약에 의한 사회적 보호와 시장 기능의 활성화라는 점에서 그것은 여전히 합의제 조정시장경제의 (사회합의주의적) 조정 기제라는 점이다.

결국, 이상에서 본 바와 같이 영국을 제외한 유럽의 거의 모든 선진국들은 세계화가 가장 급격히 진행됐던 1980년대와 90년대에도 각기 자신들 고유의 합의제 조정시장경제 체제를 발전시켜 갔다. 미국의 신자유주의 세계화 압력이 개발도상국과 체제 전환국들에 집중될 수밖에 없는 이유이기도 했다. 그러나 그나마 그들 나라에서의 신자유주의 수용 결과도 별로 신통치 않은 것으로 판명됐다. 예컨대 1980년대에 과감한 신자유주의 개혁을 단행한 라틴아메리카의 여러 국가들은 1990년대에 이르러 분배뿐 아니라 경제성장면에서도 오히려 과거보다 못한 성과를 냈다. 이는 1990년대 이후 라틴아메리카 각국에 연이어 좌파 정부가 출범하고, 그들 사이에 범지역 차원의 반反신자유주의 국가연합이 형성되어 가는 배경이 되기도 했다. 신자유주의 기조에 따라 급진적인 체제 전환을 추진한 동유럽의 많은 국가들도 장기 공황을 겪는 등 어려워진 사정은 비슷했다.

1990년대 말 이후에는 신자유주의의 퇴조 경향이 심지어 미국의 대표적인 신자유주의 우방들 사이에서도 목격되었다. 가장 놀라운 것은 뉴질랜드의 변화였다. 1984~96년까지 "세계 역사상 가장 두드러진 자유화 사례"라고 평가될 정도로 매우 과감한 신자유주의 정책을 추진했던 뉴질랜드는 2000년대에 들어 노동, 조세, 복지, 공공 부문 등에서 (유럽형 조정시장경제 체제로의 전환을 기대할 정도로) 신자유주의 노선과는 정반대되는 개혁 정책들을 채택했다(Sautet 2006).[7] 뉴질랜드 정도에는 크게 못 미치지만 신자유주의의 본산인 영국에서도 의미 있는 변화가 일어났

7_뉴질랜드의 이런 변화는 상당 부분 (1996년의 총선에서부터 적용된) 독일식 비례대표제의 도입 덕분인 것으로 보인다. 비례대표제의 도입으로 이념 및 정책을 중시하는 소정당의 국회 진입 또는 유력 정당화가 수월해졌고, 그들 정당의 부상으로 인해 연립정부의 구성을 통한 합의제 민주주의가 가동되어 친노동 및 친복지 정책 등의 채택이 가능해졌다는 것이다.

다. 1998년 토니 블레어의 노동당 정부는 과거 보수당 정부의 신자유주의에 대항해 소위 '사회투자국가'의 건설을 주창했다. 사회투자국가론은 신자유주의에서 그 건너편 사회민주주의를 바라보며 그 사이에 존재할 수 있는 제3의 길을 찾으려는 시도라 할 수 있다. 신자유주의 노선에서의 좌향 이탈인 셈인 것이다. 영국에 이어 캐나다와 호주의 중도 좌파 정당들도 각각의 제3의 길을 채택했다(Lister 2004).

2009년 버락 오바마 정부의 출범 이후에는 미국마저도 신자유주의 기조에서 벗어나려는 몸짓을 하고 있다. 진보적 자유주의자인 오바마에 대한 미국 유권자들의 압도적 지지는 장기간 레이건-부시 라인의 공화당 정부가 강력하게 몰아붙인 신자유주의 정책들에 대한 불만과 반감이 누적됐다가 폭발한 거라고 볼 수 있다. 그간의 신자유주의 정부가 초래하거나 방관한 실업과 빈부 격차의 확대, 중산층의 몰락, 복지 체계나 사회안전망의 저급한 수준 등에 더는 참기 어려웠던 것이다. 게다가 대통령 선거 과정 중에 발생한 미국의 금융 위기는 탈규제와 무규제 등 통제받지 않는 자유방임시장의 위험성 혹은 '작은 정부'의 문제점을 극명하게 드러내며 오바마에 대한 유권자들의 막판 지지 결집에 결정적으로 기여했다. 이런 배경하에 정권을 잡게 된 오바마의 민주당 정부가 미국인들의 염원을 무시하면서까지 쇠퇴하는 신자유주의에 미련을 버리지 못할 이유는 별로 없을 듯하다. 의료보험 개혁을 일단락 짓자 바로 금융, 재정, 조세 개혁 등에 매진하는 오바마 정부의 모습에서 신자유주의로의 회귀 조짐을 찾아내기는 어렵다. 그것은 오히려 미국의 자본주의에 조정시장경제적 요소가 점증해 가고 있는 과정으로 보인다.

이와 같이 신자유주의의 영향력은 미국을 포함한 전 세계 각지에서 위축되어 가고 있다. 미국에서마저 새로운 형태의 정부 개입주의가 자유방임주의의 지배적 위치를 위협하고 있는 형국이다. 이는 경제적 자

유주의와 자유시장경제 체제의 패배이며, 사회적 자유주의와 조정시장
경제 체제의 승리를 의미하는가? 한국에서의 변화 흐름은 어떠한가?

한국형 조정시장경제

상기한대로, 박정희 정권 이후 민주화 이전의 한국 경제는 국가 주
도 조정시장경제로 분류됐다. 국가 관료 기구에 의한 전략적 계획과 조
정이 시장경제에 상시적으로 영향을 미치는 체제였던 것이다. 그랬던
한국 경제는 점차 자유시장경제적 성격으로 변해 갔다. 세계화를 유난
히 강조했던 김영삼 정부에서부터 본격적으로 시작된 신자유주의적 요
소의 도입은 김대중과 노무현 정부를 거쳐 조심스럽기는 했으나 점진적
으로 줄곧 확대되어 갔다. 이명박 정부는 앞선 정부의 그 조심성마저도
버린 채, 그리고 미국도 변해 가는 상황에서 '역주행'을 하고 있다는 비
판까지 감수하며, 노골적인 신자유주의 노선을 취했다. 과거 국가 주도
조정시장경제로 분류되던 한국의 자본주의는 이제 '국가 주도 신자유주
의'로 변해 가고 있는 형국이었다. 적어도 이명박 정부까지는 그 자본주
의 수렴론의 전망이 적중한 것으로 보였다. 세계의 일반적 흐름과는 전
혀 다른 것이었다.

이런 한국에서는 양극화의 심화와 빈곤층 및 비정규직의 증대 등 신
자유주의 확대에 따른 사회경제적 폐해가 이미 사회통합의 위기를 우려
해야 할 정도로 심각한 수준에 와 있다. 이 극도의 경제적 자유주의적
편향에 치우쳐 있는 상황에서 재벌 등 대자본가들의 전 방위적 영향력
은 통제 불가능할 정도로 비대해지고 있으며, 일반 시민들 특히 사회경
제적 약자들의 사회적 자유는 거의 무방비 상태로 위협에 노출되어 있
다. 맘몬Mammon이 주인이 된 천민자본주의 국가에서 일반 시민들의 사회
적 자유와 권리는 갈수록 위축되고 있는 것이다. 이 상황이 지속되도록

방치해 둘 수는 없다. 이제는 신자유주의의 대안으로 삼을 분배 친화적이며 사회통합적인 새로운 자본주의 모델을 마련할 때다.

그러나 한국이 과연 어떤 자본주의 모델을 어떻게 채택해야 할 것인가에 대한 연구는 아직 그리 깊숙이 진행되지 않고 있다.[8] 매우 중요한 과제이니만큼 이 연구에는 앞으로 더 많은 인력과 시간이 투자되어 현실적 대안이 구체적으로 나오도록 해야 할 것이다. 그러나 현재 상황에서도 (작금의 신자유주의 위기 상황을 제대로 파악했다면) 한국에 합당한 자본주의 혹은 시장경제 모델을 설계함에 있어 최소한의 원칙들에 대해서는 시민사회의 합의가 가능할 것으로 판단된다. 아래에서는 그 예를 몇 가지 열거함으로써 향후의 연구 방향을 나름대로 제안해 보고자 한다.[9]

첫째, 위에서 소개한 자본주의의 양대 유형론에 따르자면 한국 자본주의의 유형은 조정시장경제 체제여야 한다. 미국발 금융 위기로 지구촌 전체가 신자유주의나 미국식 자유시장경제 체제의 대안을 모색하고 있는 때이니만큼 이에 대한 합의는 어렵지 않게 이루어질 것이다.

둘째, 한국형 시장경제는 무엇보다 빈부 격차 문제의 해결에 유능한 체제여야 한다. 상기한대로 생산 레짐은 정치나 사회 제도는 물론, 역사와 문화 변수 등과도 맞물려 발전하는 것이다. 한국은 공동체 지향의 역사와 문화/전통이 강한 사회다. 게다가 격차의 용인 정도가 높을 수 없는 인구밀도와 산업구조를 갖고 있다. 성장 동력의 약화 원인 중 하나인 내수 부진 문제를 해결하기 위해서도 저소득층의 소비 진작을 촉진할 격차 해소에 주력해야 한다. 이 모든 조건들이 한국에 합당한 자본주의는 자유시장경제가 아닌 조정시장경제이며, 그것도 특히 격차 문제의

8_신자유주의의 대안 모델 연구에 대해서는 최태욱 편(2009) 참조.

9_이하 내용은 필자의 글, 최태욱(2010a)을 참고한 것이다.

관리와 조정에 뛰어난 조정시장경제여야 함을 강하게 시사하고 있다.

셋째, 한국의 기존 생산 레짐 여건이 최대한 반영될 수 있는 시장경제 체제로 설계되어야 한다. 이것은 또한 신성장 동력의 확보 문제와도 연결된 논의다. 생산 레짐이란 쉽게 바뀌는 게 아니며, 따라서 대안 체제로의 이행은 기존의 것을 토대로 하여 점진적으로 이루어지는 게 좋다. 그렇다면 한국의 현 생산 레짐을 면밀히 분석하는 작업이 급선무다. 예컨대 상품생산 체계와 연관된 한국의 산업구조를 일별해 보자. 비교적 쉽게 알 수 있는 것은 한국의 산업구조는 금융 등의 서비스산업과 일부 첨단산업에서만 우위를 보이는 영미형보다는, 전통 제조업과 IT 등의 첨단 제조업 분야에서 고른 경쟁력을 갖추고 있는 스웨덴, 핀란드, 아일랜드, 네덜란드, 오스트리아 등 북유럽의 강소국 유형에 가깝다는 사실이다(양재진 2006, 128-129). 세계시장에서 아직 국제경쟁력을 유지하고 있는 한국 상품은 일반 기술이 아니라 기업 또는 산업에 특화된 기술을 요구하는 (독일, 일본, 스웨덴 등과 같은 조정시장경제 국가들에서 생산되고 있는) 중화학공업이나 IT 산업 제품들이라는 사실도 이를 입증한다(안재홍 2006). 말하자면 한국은 조정시장경제 상품생산 체계의 전형인 고숙련 생산 체계하의 '고품질 특화 상품'diversified quality product, DQP 생산이 중심이 되는 경제에 이미 가깝거나 혹은 그리로 가는 게 유리할 수 있다는 것이다. 그렇다면 (생산 레짐 요소들 간의 상보 관계를 고려할 때) 거기에 합당한 고용 체계나 노사관계가 무엇일지는 자명하다. 기업 입장에서 보더라도 단기보다는 장기 고용 체계가, 그리고 분쟁적이기보다는 협력적 노사관계가 기업 또는 산업의 특수 기술을 보유하고 있는 노동의 안정적 확보에 적합하다. 이 같은 장기 고용 체계나 협력적 노사관계가 조정시장경제의 전형에 속하는 생산 레짐 요소들임은 물론이다.

이런 생산 레짐 성격을 띤 한국 경제가 노동시장의 유연성 극대화를 강조하는 자유시장경제 체제로 수렴될 것을 기대하거나 압박하는 것은 무리다. 또한 금융 체계 및 기업지배구조 측면에서도 고용과 해고의 유연화를 포함한 기업 및 산업 구조조정의 일상화를 요구하는 자유시장경제식 '주주자본주의'로의 이행 압력 역시 무리가 아닐 수 없다. 이 점에서는 (물론 관료적 조정 기제 대신 민주적 조정 기제로 대치해야 하겠지만) 국가 주도 조정시장경제 시절의 안정적인 은행 중심 자본조달 체계가 더 바람직하다. 주주자본주의로의 이행은 한국의 기업들로 하여금 주주의 단기적 이익 극대화에 집착하게 하고, 따라서 장기적 투자와 기업특화기술의 개발에는 그만큼 무심해지도록 할 것이다. 고용 체계도 장기보다는 비정규직의 증대 등을 통한 단기 위주의 것으로, 그리고 노사관계 역시 협력적이기보다는 분쟁적 관계로 (지금보다 더 빠르게) 전환될 것이다. 이렇게 된다면 기왕 한국 기업들이 그나마 누려 오던 DQP 산업에서의 국제경쟁력마저 상당한 도전에 직면하게 될 가능성이 크다.

지금의 경쟁력을 유지 또는 제고시키고자 한다면, 자유시장경제 체제로의 이행보다는 오히려 조정시장경제 체제를 공고히 하고 (필요하다면) 그 위에 혁신 친화적인 자유시장경제적 장점을 부분적으로 추가시켜 가는 것이 현명할 것이다.[10] 그렇다면 장기 고용 체계와 협력적 노사관계 틀의 확립은 물론 기업지배구조도 '이해관계자 자본주의'의 성격이 강화되는 방향으로 발전시켜 가는 것이 바람직하다. 고용의 안정과 확대, 기술 투자의 증대, 이해관계자들이 참여하는 기업지배구조의 강화 등은 기술 집약적 상품의 국제경쟁력 우위를 지속시켜 주는 요인이 될 것이다(안재홍 2008). 결국 한국에 적합한 자본주의 유형은 장기 투자 자본 체계, 이해관계자 존중 체계, 고숙련 생산 체계, 협력과 조정의 노사

10_이 점에서 한국형 시장경제 체제가 조정시장경제에 기초해 자유시장경제적 요소를 일부 수용하는 일종의 혼합형 체제로 가야 한다는 주장은 설득력이 있다.

관계, 장기 고용 체계 등의 조정시장경제적 생산 레짐 요소들이 어우러지는 자본주의여야 한다는 것이다.

넷째, 세계화 시대의 요청에 부응하는 조정시장경제 체제여야 한다. 세계화는 그 누구도 부인할 수 없는 대세이며, 그에 따른 경제통합의 심화 및 확산 과정에서 산업 및 기업의 구조조정은 끊임없이 진행되기 마련이다. 혁신이 용이하지 않은 경제는 세계화 시대에서 살아남기 어렵다. 그렇다면 예컨대 장기 고용 체계를 중시한다 할지라도 그것이 어느 특정 기업 혹은 산업에서의 '종신 고용' 보장을 의미하는 것이라면 곤란하다. 끊임없는 혁신을 위해서는 (자유시장경제 체제에서와 같은 정도는 물론 아니겠지만) 노동시장의 유연성 증대는 불가피한 일이다. 문제는 그 필요한 정도의 유연성을 확보함과 동시에 조정시장경제 체제의 다른 요구들을 어떻게 만족시켜 갈 것인가.

위에서도 잠깐 언급했지만, 영국이나 미국 등의 자유시장경제 국가들은 서비스산업 등과 같이 기술이나 경영 혁신 혹은 신속한 구조조정이 관건인 첨단산업이나 신산업 분야에서는 조정시장경제 국가들보다 우월한 경향을 명백하게 보인다(Soskice 1999, 113-114). 이는 단기 고용 체계, 분권적 노사관계, 그리고 단기 자본시장을 중심으로 하는 금융 체계 등과 상보 관계에 있는 주주자본주의의 장점이라고도 할 수 있다. 그러나 이런 자유시장경제 체제의 장점은 일반적으로 상당한 사회경제적 비용을 동반한다. 상시적 구조조정 환경은 양극화나 고용 불안 등의 문제를 야기하기 때문이다. 더구나 위에서 여러 변수를 염두에 두고 살펴본 바와 같이 한국에 적합한 시장경제 체제는 조정시장경제인 것이 분명하다. 한국에서 자유시장경제 체제를 발전시켜 가기는 어렵다는 것이다. 그렇다고 한국이 '혁신 경제'의 요청을 무시할 수는 없다. 사회경제적 비용을 최소화하면서도 혁신 친화적일 수 있는 조정시장경제 체제

구축이 절실한 까닭이다.

이 문제와 관련해 노동시장의 '유연 안정성'이란 개념은 매우 유익한 시사점을 제시한다. 상기했듯이, 한국도 노동시장의 유연성 증대 필요성을 무시할 수는 없다. 급격히 변화하는 세계화 시대의 개방경제 환경 하에서 혁신을 위해서는 대내 조직의 유연화가 필수이기 때문이다. 그러나 이때 유연화 과정에서 발생하기 마련인 (높은 실직이나 이직 그리고 그에 따른 각종) 개인적 손실이나 불안에 대한 사회적 분담 혹은 '사회화' 기제를 잘 마련해 놓을 경우, 거기서는 단순한 유연성이 아니라 유연 안정성이 증대될 수 있다. 말하자면 유연성이 안정성의 기초 위에서 증대된다는 것이다. 이는 '적극적 노동시장 정책'active labor market policy, ALMP과 공적 평생교육 제도의 도입, 그리고 사회안전망의 강화 등을 통해 이룰 수 있는 일이다. 적극적 노동시장 정책은, 예컨대 생산성이 낮은 기업이나 사양산업의 노동자가 실직할 경우 그를 생산성이 높은 기업이나 산업으로 이동케 하는 것을 목적으로, 실직 기간 동안 생계비 등 실업 보조금을 지급하면서 직업 재훈련이나 업무 재배치 훈련 등을 받도록 하는 정책이다(Milner 1993). ALMP를 시행하고 있는 나라들의 경우는 대부분 튼실한 사회안전망과 복지 체제를 갖추고 있기에 실직자가 새 직장을 얻기 전까지 직업훈련을 받으면서 교육, 의료, 주거 비용 등으로 인해 큰 고통을 받지 않는다는 점이 매우 중요하다. 한국도 이런 체계를 갖춘다면 기업 차원에서는 유연성이, 그리고 노동자 개인이나 사회 전체 차원에서는 안정성이 동시에 증대될 수 있다.

노동시장의 유연 안정성 확보 방안이 시사하는 바는 세계화 시대가 요구하는 혁신 친화적 조정시장경제 체제를 수립하기 위해서는 결국 복지자본주의를 지향해야 한다는 점이다. 이는 위의 두 번째 원칙과 맥을 같이하는 결론이기도 하다. 잘 갖추어진 사회안전망과 복지 체계가 개방경제하의 산업 및 기업 구조조정을 순조롭게 한다는 것은 이미 이론과 경험에 의해 공히 증명된 사실이다(Katzenstein 1985; Rodrik 1997; Garrett 1998; Elmar and Leibfried 2003). 그런 제도와 정책이 경제통합이나 시장개방에 따른 구조조정의 부작용을 내부적으로 해결할 수 있는 사회통합 기제로서 기능하기 때문이다. 결국 한국의 시장경제 체제는 복지주의 조정시장경제 체제여야 한다는 것이다.

다섯째, 합의제 조정시장경제여야 한다. 지금까지의 논의를 정리하면, 한국에 적합한 시장경제 체제는 ① 자유시장경제가 아닌 조정시장경제, ② 격차 문제 해결에 유능한 조정시장경제, ③ DQP 생산 체계에 부합하는, 즉 장기 고용 체계, 협력적 노사관계, 이해관계자 자본주의를 근간으로 하는 조정시장경제, ④ 복지주의 조정시장경제를 지향함을 원칙으로 한다는 것이었다. 그런데 이 원칙들을 관통하고 있는 핵심 가치는 '사회 공동체와 연대'라는 점에 주목해야 한다. ①은 조정시장경제의 정의 그 자체가 시장의 '사회적' 조정을 의미한다는 점, ②는 공동체 구성원들 간의 격차 해소를 강조한다는 점, ③은 장기 신뢰 관계에 기반을 둔 상생적 이해관계자 자본주의를 선호한다는 점, ④는 사회통합형 혁신 경제를 위한 사회복지의 중요성을 부각한다는 점 등이 모두 그것을 말해 준다.

사회 공동체와 연대의 가치가 존중되고 보장되는 자본주의야말로 모든 시민의 사회적 자유를 중시하는 (진보적 자유주의 정신에 부합하는) 자본주의라 할 수 있다. 그런데 이런 자본주의의 실현은 시장이 사회적 영향력하에 놓여 있을 때 비로소 가능한 일이다. 즉, 시장이 사회 구성원들 간의 협의나 합의에 의해 조율되고 조정될 수 있어야 한다는 것이다. 이때 분배와 생산성 간 혹은 형평성과 효율성 간의 균형점, 그리고 복지의 양과 질의 적정선 등은 해당 사회의 구성원들 스스로가 직접 협의해 결정하는 것이 가장 바람직하다. 다만 모든 구성원들의 참여는 현실적으로 불가능하므로 한국적 상황에서 작동 가능한 사회적 협의나 합의 방식을 찾아내는 것이 중요하다. 물론 가장 보편적 해법은 유럽의 합의제 조정시장경제 국가들처럼 사회합의주의를 제도화하는 것이다.

사실 합의제 조정시장경제의 핵심 기제는 사회합의주의다. 이는 주요 이익집단들을 사회경제 정책의 수립 과정에 직접 참여하도록 함으로써 사회적 불만과 저항을 최소화하는 가운데 시장 조정 기능을 수행할 수 있는 매우 훌륭한 사회경제 거버넌스다. 그러나 아래에서 다시 언급하겠지만, 서유럽을 풍미했던 고전적 사회합의주의 방식을 그대로 따를 필요는 없다. 네덜란드, 아일랜드, 스페인, 포르투갈, 이탈리아 등이 경쟁력 사회합의주의와 같은 새로운 유형의 거버넌스를 구축했듯이, 한국도 자기 지형에 들어맞는 자기 고유의 새로운 사회합의주의를 만들어 내면 된다. 즉, 선학태(7장)가 강조하고 있듯이, 사회 협약의 의제와 수준, 참여 집단의 범위, 운영 형태 등을 모두 한국의 고유 사정에 맞추어 정해 가면 된다는 것이다. 이는 결국 한국형 사회합의주의를 창안해야 하며, 또 창안할 수 있음을 의미한다.

그 구체적 방식이 무엇이든 간에 한국형 사회합의주의를 제도화해 그것을 근간으로 하는 합의제 조정시장경제를 발전시키려면 무엇보다 중요한 것이 참여 집단들 간의 동등한 파트너십이 보장돼야 한다는 것이다. 그렇지 않을 경우 사회적 협의나 합의의 장은 지속되지 못한다. 예컨대 만약 사회적 합의 과정이나 이후 그 합의 내용에 관해 벌어지는 정치적 결정 과정에서 노동자의 의견이 무시되기 일쑤라면 노동 진영은 더는 그런 거버넌스 운영에 참여하지 않을 것이고, 따라서 사회합의주의는 작동을 멈추게 될 것이다. 여기서 정부의 역할이 중요하다. 정부는 노동이나 중소 상공인 등과 같은 사회경제적 약자 집단들을 '특별' 지원함으로써 그들이 자본이나 대기업 등의 강자 집단과 동등한 파트너십을 유지할 수 있도록 역할을 수행해야 한다. 그런데 이런 정부를 한국의 민주주의가 어떻게 안정적으로 확보할 수 있겠는가? 한국형 합의제 조정 시장경제의 발전 문제는 결국 '어떤 민주주의인가'의 문제인 것이다.

3. 합의제 민주주의로의 발전이 더 급하다

다수제 민주주의와 합의제 민주주의의 5대 특성

아렌트 레이파트의 분류법에 의하면, 대의제 민주주의는 그 제도 설계의 내용에 따라 크게 두 유형으로 발전해 왔다(Lijphart 1999). 서두에 소개한 다수제 민주주의와 합의제 민주주의가 그것이다. 제도 설계자들의 의도에 따라 양 민주주의의 성격과 결과가 서로 다르게 나타나고 있음은 물론이다. 이는 자본주의가 그렇듯 민주주의에도 다양성이 존재하며, 따라서 어떤 민주주의를 어떻게 발전시켜 갈 것인지는 운명이 아닌 선택의 문제임을 시사한다.

다수제 민주주의와 합의제 민주주의의 전형 혹은 이념형은 다음과 같은 '5대 특성'을 통해 명확히 식별할 수 있다.[11] 첫째는 선거제도에서 나타나는 특성이다. 다수제 민주주의 국가에서는 다수대표제 혹은 다수결형 선거제도를 통해 의회를 구성한다. 예컨대 그 전형인 소선거구 1위대표제의 경우 지역구 득표율 1위에 오른 후보만이 그 지역의 다수를

11_레이파트는 각 민주주의 유형의 열 가지 특성을 제시하며, 그중 다섯 가지는 "집행부-정당 차원"(executives-parties dimension)이고 다른 다섯 가지는 "연방제-단방제 차원"(federal-unitary dimension)이라고 했다. 이 글에서는 집행부-정당 차원에 속하는 특성을 '5대 특성'으로 규정하고, 오직 그 다섯 변수에 의해 합의제와 다수제 민주주의를 유형화하기로 한다.

대표해 의회에 진출한다. 2위 이하의 후보들은 자신들의 득표율이 아무리 1위와 별 차이가 나지 않더라도 누구도 의회의 대표자격을 얻지 못한다. 따라서 2위 이하의 후보들의 표는 모두 사표死票로 처리될 뿐이다. 여기서는 각 정당의 득표율과 의석 점유율 간에 '비례성'proportionality이 전혀 보장되지 않는다.

이와는 달리 합의제 민주주의에서는 비례성이 보장되는 선거제도를 채택한다. 유권자들은 기본적으로 개별 후보가 아닌 정당에 대해 투표한다. 각 정당의 득표율이 산출되면 그것에 비례해 의석을 나누는 것이다. 여기서는 1등 혹은 다수 세력 대표의 표만이 의미가 있고 그 외의 모든 소수 세력 대표들의 표는 사표가 되는 '소수 무시'의 문제가 발생하지 않는다. 크든 작든 모든 정당이 각자 지지받은 만큼의 대표권을 행사할 수 있게 된다.

두 번째 특성은 정당 체계에서 나타나는 바, 이것은 선거제도와 깊게 연계되어 있다. 소위 뒤베르제의 법칙으로 널리 알려져 있듯이, 소선거구 1위대표제는 양당제를, 그리고 비례대표제는 다당제의 발전을 유도하는 경향이 강하다. 소선거구 1위대표제에서는 선거 경쟁이 거듭될수록 결국 지역구 1등을 많이 배출할 수 있는 두 개의 거대 정당만이 각각 좌-우 혹은 진보-보수 진영 등의 대표로 살아남을 수 있는 반면, 비례대표제에서는 등수 혹은 승패에 관계없이 자신들이 획득한 지지율만큼의 의석을 배정받으므로 다양한 사회 세력을 대표하는 여러 정당들이 건재할 수 있기 때문이다. 그렇다면 다수제 민주주의와 합의제 민주주의의 전형적 정당 체계가 각각 양당제와 다당제라는 것은 쉽게 이해할 수 있는 특성이다.

세 번째 특성인 행정부의 구성 차이도 선거제도 및 정당 체계와 연관되어 있다. 소선거구 1위대표제로 양당제를 유지하고 있는 영국과 같은 다수제 민주주의 국가의 전형적인 행정부 형태는 단일 다수당 정부다. 선거 경쟁이 주로 두 거대 정당 사이에서 벌어질 경우, 어느 한 당이 의회의 다수당이 되는 것은 통상적인 일이다. 따라서 의원내각제라면 의례히 그 다수당이 단독으로 행정부를 구성한다. 대통령중심제가 반드시 다수제 민주주의의 권력 구조인 것은 아니지만 그것이 양당제와 결합된 경우라면 그것은 통상 다수제적 성격을 띠게 된다. 양당제하에서는 대통령을 배출한 정당이 항상 단독으로 행정부를 꾸밀 수 있기 때문이다. 한편, 대륙 유럽 국가들의 경우에서 보듯이, 합의제 민주주의의 행정부는 전형적으로 연립정부다. 셋 이상의 유력 정당들이 비례대표제로 의석을 나누는 환경에서 어느 한 정당이 총의석의 과반을 차지할 가능성은 그리 높지 않다. 따라서 단일 정당에 의한 행정부 구성은 드문 경우이고 다양한 사회집단을 대변하는 여러 정당들 간의 연립정부 형성이 통상적이 되는 것이다.

네 번째 특성은 행정부와 입법부 간의 힘의 분배 양상이다. 이것 역시 선거제도 및 정당 체계 그리고 행정부 구성 방식과 밀접히 관련되어 있다. 다수제 민주주의의 행정부는 권력 혹은 영향력 행사 측면에서 입법부에 대해 압도적 우위에 있다. 영국의 예를 보자. 소선거구 1위대표제로 공고화된 양당제하에서 의회는 통상 단일 다수당이 장악하기 마련이며 행정부는 그 다수당이 홀로 구성한다. 여기서 그 행정부의 수반인 수상 혹은 총리는 바로 의회 다수당의 최고 지도자이므로 사실상 그는 입법부까지 자신의 영향력하에 둘 수 있다. 명백한 행정부 우위제인 것이다. 그러나 비례대표제와 다당제 그리고 연립내각을 특성으로 하는 (대륙)유럽식 합의제 민주주의에서는 사정이 전혀 다르다. 어느 한 정당도 독립적으로 안정적인 행정부를 형성하기 어려운 제도 조건하에서 오직 연립 형태로 스스로를 지탱해야 하는 행정부는 항시적으로 의회 구성원인 각 정당들의 선호에 민감할 수밖에 없다. 합의제 민주주의의 행정부가 입법부에 대해 힘의 우위를 주장할 수 없고 항상 힘의 균형을 도모해야 하는 이유다.

마지막인 다섯 번째 특성은 이익집단 대표 체계에서 드러난다. 다수제 민주주의에서는 개별 이익집단들이 각기 다원주의적으로 활동한다. 서로가 독립해 흩어져 있는 상태에서 이들은 분쟁적이거나 심지어는 적대적인 경쟁 구도를 형성한다. 한편, 합의제 민주주의에서는 주요 이익집단들이 사회합의주의적인 체계를 구성해 그 체계 내에서 상호 협력적으로 경쟁한다. 예컨대 전국의 노동자들과 사용자들이 각각 자신들의 중앙 집중적이며 독점적인 대표 체계를 갖추어 정부의 중재하에 서로 정기적으로 만나 사회 협약을 새로 맺거나 개정해 가는 방식이다.

이 다섯 번째 특성은 앞서 말한 네 가지의 정치제도적 특성들, 즉 선거제도, 정당 체계, 행정부 형태, 그리고 행정부와 입법부 간의 권력관계 등과 인과관계적인 제도적 연계성을 갖고 있는 것은 아니다. 다만 그 친화성은 분명히 존재한다. 가령 사회합의주의는 통상 합의제 민주주의와 '같이 간다'고 하는데, 그것은 무엇보다 합의제 민주주의의 정치제도 성격을 나타내는 협의주의consociationalism가 이 사회합의주의와 동일한 구조적 특성을 지니고 있기 때문이다. 협의주의는 다당제와 연립정부 (더 정확히는 단일 다수당 정부가 아닌 정부) 형태가 정상상태인 국가에서 정당 간의 연합 정치 방식으로 운영되는 민주주의를 지칭한다.[12] 연합 정치 성공의 핵심 변수는 포괄성과 포용성이므로 협의주의는 상이한 세력들

12_다당제를 촉진하는 선거제도가 비례대표제임을 감안하면 협의주의를 이루는 핵심 제도는 비례대표제, 다당제, 연립정부라고 할 수 있는 바, 그것은 결국 합의제 민주주의의 정치제도 요소와 동일한 것임을 알 수 있다. 따라서 합의제 민주주의의 '5대 특성'은 정치제도 측면에서의 협의주의와 사회경제제도 측면에서의 사회합의주의가 결합해 나타나는 것으로 요약할 수 있다.

간에 협상과 타협의 정치가 수월하게 작동될 수 있는 구조를 띠고 있다. 이 같은 구조적 특성이 경제 거버넌스 영역에서 재현된 것이 바로 사회합의주의라 할 수 있다(Frans van Waarden 2002, 50).[13] 즉, 양자 공히 정치적 혹은 사회경제적으로 다양한 이해를 갖는 여러 세력들을 하나의 시스템으로 통합시켜 그들 간의 협의 혹은 합의를 통해 정치 혹은 사회경제적 결정을 내리게 하는 구조를 갖고 있다.

양자 간에는 구조 개념 측면에서만 친화성이 있는 것이 아니다. 많은 경우 양 제도의 주요 행위자들은 현실에서 상호 밀접한 연대 관계를 맺고 있다. 전국 단위의 노동조합이 노동당이나 사회민주주의당의 안정적 지지 기반을 이루는 것이 그 대표적 예다. 협의주의를 공동 운영하는 여러 정당들이 각자 자신들의 정치적 입지를 강화하기 위해 특정 이익집단의 전국 조직화를 도와 그들과 '후원자-고객'patron-client 관계라는 특수관계를 맺기도 하고, 사회합의주의에 참여하는 여러 이익집단들이 각각 자신들의 사회경제적 이익 증대를 위해 특정 정당의 창당 혹은 지지층 확대 및 영향력 증대를 돕기도 함으로써 사회합의주의와 협의주의가 서로 맞물려 발전해 가는 것이다.

협의주의와 사회합의주의 간의 높은 상관관계는 실증적으로도 이미 여러 연구에서 증명된 바 있다(Lijphart and Crepaz 1991; 1995; Lijphart 1999, 182-183). 협의주의 수준이 높은 민주주의일수록 사회합의주의 발전 정도도 높다는 것이다. 결국 엄밀히 말해 '같이 가는' 것은 사회합의주의와 협의주의인 것이다. 그런데 협의주의가 합의제 민주주의의 핵심을 구성함에 따라 협의주의의 '내장 요소'integral part인 사회합의주의가 합의제 민주주의와 같이 가게 되는 것이다.

13_협의주의와 사회합의주의 간의 '개념적' 친화성에 대해서는 Lembruch(1979), Scholten ed.(1987)를 참조.

이상 다수제 민주주의와 합의제 민주주의의 '5대 특성'을 간략히 살펴보았다. 물론 이 특성을 이념형 그대로 유지하고 있는 민주국가는 소수에 불과하다. 거의 모든 민주국가들은 다수제와 합의제의 원형을 양극단으로 하는 연속선상의 어느 한 지점에 위치하고 있을 뿐이다. 그러나 중간 지점으로부터 전형적인 다수제나 전형적인 합의제의 어느 한쪽에 가까이 갈수록 해당 국가의 민주주의는 다수제적 혹은 합의제적 성격이 강하다는 것을 알 수 있다. 그런 기준으로 볼 때 현재 지구상에는 합의제적 민주주의 국가가 훨씬 많다. 특히 선진국들의 경우 합의제 민주주의는 확실한 대세를 이루고 있다. 영국이나 프랑스 등 소수의 예외를 제외한 거의 모든 유럽 선진국들은 합의제 민주주의 국가로 분류된다. 한편, 위에서 본대로 민주주의의 유형을 결정하는 핵심적인 정치제도는 선거제도인데, 경제 선진국들의 모임인 OECD 30개 회원국 중 다수제 민주주의의 전형적 선거제도인 다수대표제를 택하고 있는 나라는 미국, 영국, 캐나다 등 대여섯에 불과하고 나머지는 모두 합의제 민주주의의 전형인 비례대표제 혹은 비례성이 상당히 보장되는 혼합형 선거제도를 택하고 있다. 이는 선진국 민주주의의 표준이 합의제 민주주의임을 확인해 주는 것이라 할 수 있다.

합의제 민주주의의 포괄성과 조정시장경제 촉진 효과

이 글의 서두에서 정치적 자유는 (그 개념 그대로) '포괄의 정치'가 발달된 곳에서 더 잘 지켜지는 것이라고 했다. 위에서 본 유형에 따르면, 원칙적으로 다수제 민주주의는 배제의 정치에, 합의제 민주주의는 포괄의 정치에 기반을 두고 돌아간다(Crepaz and Birchfield 2000). 다수제형 민주정부가 오직 다수the majority of the people의 이익과 선호에 응답하는 정부라면, 합의제형 민주정부는 소수파들이 포함된 최대다수as many people as possible에 대해 책임을 지는 정부다(Lijphart 1984, 4). 두 민주주의의 성격을 다시 요약해 보자. 승자독식 모델인 다수제 민주주의에서는 선거에서 승리한 정치 세력이 정치권력을 독차지한다. 그들은 자신들만으로 정부를 구성하고 패자나 저항 혹은 거부 세력에 대한 배려에는 별 신경을 쓰지 않는다. 결국 정권 교체 때마다 정치과정에서 배제 세력은 양산되고, 따라서 이들과 정부 간 그리고 입장이 다른 이익집단들 간의 적대적 대립과 갈등은 상시적 문제로 존재한다. 포괄의 정치가 작동되지 않는 것이다.

반면, 승자독식이 제도적으로 불가능하거나 매우 어렵기 때문에 정치 세력 상호 간의 의존과 협력이 필수적인 합의제 민주주의에서는 정치권력이 분산되며, 따라서 정치과정은 양보와 타협에 의해 진행된다. 여기시는 약자나 소수자 그리고 저항 혹은 거부 세력에 대한 포용이 일상의 정치 문화로 자리 잡게 된다. 합의제 민주주의의 본질이 포괄의 정치에 있다고 할 때, 그것을 작동케 하는 핵심 기제는 비례대표제라 할수 있다. 선거제도의 높은 비례성 덕분에 약자와 소수자를 포함한 다양한 사회 세력들을 대변하는 다수의 정책 및 이념 정당들이 의회에 진출할 수 있으며, 이는 대부분의 경우 다당제하의 연립정부 형태로 이어지곤 한다. 한편, 이 제도 패키지, 즉 비례대표제, 다당제, 연립정부 등에 의해 가동되는 협의주의 정치가 사회합의주의 거버넌스와 같이 간다는 것은 상기한 대로다. 결국 합의제 민주주의는 비례대표제를 시작으로 하여 상호 맞물려 있는 포괄성 혹은 포용성 높은 정치제도 및 그것들과 친화성을 유지하는 사회경제 제도로 이루어진 민주주의 체제인 것이다. 따라서 정치적 자유는 다수제 민주주의에서보다는 (다른 조건이 일정하다면) 포괄의 정치가 제도화되어 있는 이 합의제 민주주의에서 더욱 잘 보장된다는 것은 당연한 이치라 할 것이다.[14]

사실 그것은 정치적 자유만이 아니다. 빈곤이나 소외 또는 공포로부터의 자유를 포함하는 사회적 시민의 자유 역시 (다른 조건이 일정하다면) 합의제 민주주의가 더욱 안정적으로 지켜 줄 수 있다. 포괄의 정치가 작동되는 곳에서는 사회경제적 약자들의 선호와 이익이 동등하고 효과적인 참여 보장에 의해 정치과정에 제대로 투입되기 때문이다. 사회정책이나 경제정책 등이 사회경제적 강자들의 이익에 편향되어 수립되거나 집행될 가능성이 낮다는 것이다. 이것이 합의제 민주주의에 가까울수록 조세나 복지 정책 등을 통한 정부의 재분배 수행 능력이 높게 나타나는 이유다(Crepaz 2002). 다수제 민주국가들보다 합의제 민주국가들에서의 빈부 격차가 덜하고, 복지 수준이 더 높으며, 약자나 소수자 배려가 더 철저하다는 것(Lijphart 1999; 선학태 2005), 그리하여 합의제 민주주의가 다수제 민주주의보다 사회통합과 정치안정 측면에서 뛰어나다는 점은 실증 연구에서도 증명되고 있다(Armingeon 2002). 이는 결국 합의제 민주주의에서 분배 친화적 자본주의가 발전할 가능성이 높음을 의미한다.

실제로, 정치적 자유와 사회적 자유 수호에 유능한 합의제 민주주의의 이 포괄성은 (자유시장경제보다 분배 친화적인) 조정시장경제와의 친화성으로도 이어진다. 유럽의 합의제 조정시장경제 국가들은 거의 예외 없이 비례대표제, 구조화된 온건 다당제, 그리고 연립내각제를 유지하고 있다(Swank 2002). 합의제 민주주의의 핵심 요소들인 이 포괄성 높은 정치제도들이 정치과정에서 노동 등 사회경제적 약자 집단들의 효과적 이

14_레이파트가 정리한 이 합의제 민주주의라는 용어 대신 '협상민주주의'(negotiation democracy), '협의민주주의'(consociational democracy), '비례민주주의'(proportional democracy), '분권민주주의'(power-sharing democracy), '포괄민주주의'(inclusive democracy) 등 다른 무엇을 써도 좋다. 여기서 중요한 것은 여러 정당들 간의 협상과 타협을 본질로 하는 포괄의 정치가 작동되는 대의제 민주주의라는 것이 특성이다. Huber and G. Bingham (1994), Armingeon(2002), Lijphart(2002a; 2002b)를 참조.

익 집약을 가능케 함으로써 분배의 정의가 왜곡되는 것을 방지하는 것이다. 정치제도의 시장 조정 효과가 정당 체계를 중심으로 직접적으로 나타나는 경우라 할 수 있다.

한편, 이 정치제도들은 상기한대로 사회합의주의형 이익집단 대표 체계와 친화성을 유지함으로써 사회합의주의적 방식을 통한 합의제 민주주의의 분배 친화적 시장 조정 능력을 배가시키기도 한다.[15] 협의주의 정치제도의 시장 조정 효과가 사회합의주의의 발전을 통해 간접적으로 나타나는 경우에 해당한다. 합의제 민주주의가 조정시장경제와 제도적 친화성을 유지하게 되는 핵심 연결 고리가 바로 이 지점이다. 앞서 설명한대로, 사회합의주의는 합의제 조정시장경제의 근간을 이루는 경제 거버넌스다. 따라서 합의제 민주주의의 정치제도들이 갖고 있는 이 사회합의주의와의 친화성은 합의제 민주주의 그 자체와 조정시장경제 간의 친화성으로 발전할 수 있는 것이다. 즉, 합의제 민주주의와 조정시장경제의 교집합에 해당하는 사회합의주의가 양 체제를 친화성의 관계로 이어 준다는 것이다.

더 나아가, 양 체제 간에는 친화성을 넘는 일정한 인과성이 존재할 수도 있다. 설령 인과성까지는 아닐지라도, 포괄성을 특징으로 하는 합의제 민주주의가 합의제 조정시장경제의 발전을 촉진할 수 있다는 것은 분명해 보인다. 합의제 민주주의는 합의제 조정시장경제의 발전에 더욱 유리한 제도 조건을 제공하기 때문이다. 이 관계를 사회합의주의의 작동 조건을 중심에 놓고 조금 더 자세히 살펴보자. 위에서 합의제 조정시장경제의 근간인 사회 협약체제의 성공적 운영을 위해서는 참여 집단들 간의 동등한 파트너십을 보장해 주는 정부의 역할이 중요하다고 했는

15_사회합의주의가 발달할수록 소득 불평등 정도가 줄고 사회경제적 형평성이 높아진다는 사실을 증명한 실증 연구에는 Crepaz(2002), Minnch(2003)가 있다.

데, 그런 정부의 역할은 바로 합의제 민주주의에서 기대하기 용이한 것이다. 예컨대 그 정부는 약자일 수밖에 없는 노동자에 힘을 실어 주어 노사관계가 동등한 파트너십을 전제로 건설적이고 평화적으로 유지될 수 있도록 해야 한다. 그렇다면 거기에는 유력한 친^親노동 정당이 있어, 그 정당이 노동의 편에 서서 정부의 정책 결정에 상시적으로 영향을 끼칠 수 있어야 한다. 중소 상공인이나 농민의 경우도 마찬가지다. 이들 그룹 역시 (그들이 만약 사회 협약체제의 파트너로서 참여할 필요가 있는 것이라면) 각각 자신들의 정치적 대리인을 확보하고 있어야 한다. 말하자면, 합의제 조정시장경제가 제대로 작동되기 위해서는 주요 사회경제 집단들의 선호와 이익을 정치적으로 대리할 수 있는 이념 혹은 정책 정당들이 포진해 있는 소위 '구조화된' 다정당 체계가 필요하다는 것이다.[16] 이것이 합의제 민주주의의 전형적 정당 체계임은 앞서 지적한 대로다.

　　그렇다고 고전적 사회합의주의의 경우에서와 같이 사회민주주의당의 장기 집권과 같은 강력한 정당 조건이 필요하다는 것은 아니다. 한국의 현 정치경제 지형에서 고전적 사회합의주의의 발전을 기대하기란 어차피 어려운 일이다. 그것의 작동 요건은 사회민주주의당 등 친노동 정당의 집권 외에도 사용자단체와 노동조합이 중앙 집중적이며 독점적인 대표 체계를 갖춰야 한다는 등의 무척 까다로운 것들이기 때문이다 (Schmitter 1989; Cameron 1984; Lange and Garret 1985). 한국에서 기대 가능한 사회합의주의 형태는 상기한 경쟁력 사회합의주의 정도일 것이다. '공급 중심^{supply-side} 사회합의주의'라고도 불리는 이 새로운 유형의 사회

16_이념이나 정책 중심 정당들이 포진되어 있고 이들 정당들이 상당한 정체성과 영속성을 유지하고 있을 경우, 그 나라의 정당 구도는 잘 '구조화'되어 있다고 말할 수 있다. 정준표 (1997, 140). 한편, 사회경제적 균열을 제대로 대표하는 구조화된 정당 체계가 사회 협약체제 성공의 주요 조건이 라는 주장에 대해서는 Hamann and Kelly(2007) 참조.

합의주의는 그 고전적 조건을 제대로 갖추지 못한 네덜란드, 아일랜드, 스페인, 포르투갈, 이탈리아 등에서 등장했다는 점에서 고무적인 현상으로 평가됐다(Traxler 1995; Rhodes 2001). 이제 고전적 사회합의주의의 그 엄격한 정치 및 사회경제적 제도 요건은 반드시 필요한 것이 아니라는 점이 확인됐기 때문이다(양재진 2003; 이선 2006; 임상훈 2006; Compston 2002).

더구나 고전적 사회합의주의와 달리 이 새로운 사회합의주의는 분배뿐만 아니라 생산성 향상, 노동시장의 유연 안정성, 복지 제도의 합리화, 적극적 노동시장 정책을 통한 고용 증대 방안 등 다양한 영역을 아우르는 의제 선택의 유연화, 기업연합과 노조연합뿐 아니라 실직자, 비정규직, 자영업자, 농민 단체 등 다양한 사회집단들을 포괄하는 참여 주체의 다변화, 그리고 거시적(중앙) 수준만이 아닌 중위적(산업, 광역 지역) 혹은 미시적(기업, 기초 지역) 수준까지 내려가는 조정과 협약 수준의 세밀화를 이룬 것이기에, 세계화 시대에 성장과 분배의 선순환 구조를 구축하고자 하는 한국 경제에게는 더없이 적합한 것이기도 하다. 그러나 명심할 것은 의제와 참여 주체, 그리고 협약 수준 및 운영 형태 등에서 유연하고 다차원적인, 따라서 한국 나름의 고유 모델을 창안하기가 용이한 이 새롭고 매력적인 유형의 사회합의주의도 그것을 가동시키기 위한 최소한의 제도 조건은 필요하다는 점이다(최태욱 2008, 125-131). 그중의 하나가 바로 구조화된 다정당 체계다.

정책과 이념 중심으로 구조화된 다당제가 비례대표제와 제도적 인과관계를 맺고 있다는 것은 상기한 대로다. 또한 그런 정당 체제는 통상 연립정부 형태의 권력 구조와 연결된다는 사실도 그러하다. 결국 새롭게 창안되는 사회합의주의일지라도 그것이 '포괄의 정치경제'라는 사회합의주의의 기본 원리에 의해 작동되는 것인 이상, 그것은 합의제 민주주의의 포괄성 높은 정치제도들을 필요로 한다는 것이다. 실제로 네덜란드, 아일랜드, 스페인, 포르투갈, 이탈리아 등 새로운 유형의 유연한 사회합의주의가 등장한 이 나라들도 모두가 이 정도의 정치제도 조건은 갖춘 합의제 민주주의 국가들임을 잊지 말아야 한다.

한국이 신자유주의의 대안 체제로서 한국형 합의제 조정시장경제를 구축해 가고자 한다면 한국은 그보다 앞서 혹은 적어도 그 일과 병행해 한국형 합의제 민주주의의 발전을 위해 최선의 노력을 기울여야 한다. 신자유주의의 대안 모델 작성 그 자체도 중요하지만 그 못지않게 중요한 것이 합의제 민주주의의 형성에 필요한 정치제도들을 갖추는 일이란 것이다. 그 시작은 비례성을 획기적으로 높일 수 있는 선거제도의 개혁이어야 한다. 앞서 말했듯이, 선거제도야 말로 정당 체계, 행정부 형태, 그리고 권력 구조 등을 결정하는 민주주의의 핵심 제도이기 때문이다.

4. 맺음말

진보적 자유주의가 지향하는 바가 사회경제적 약자를 포함한 시민들 모두가 평등하게 자유를 누릴 수 있는 공동체 건설이라고 할 때, 거기서 특히 강조되는 자유는 정치적 자유와 사회적 자유다. 그렇다면 모든 시민의 정치적 자유와 사회적 자유를 평등하게 보장하는 방향으로의 자본주의 및 민주주의 발전이 곧 진보적 자유주의 이념의 구현 과정이라 할 것이다. 이 글에서 필자는 합의제 조정시장경제 체제와 합의제 민주주의 체제로의 발전이 한국의 자본주의와 민주주의가 나아갈 방향이라고 주장했다. 두 체제는 공히 '포괄의 정치경제'에 의해 작동되는바, 바로 그 공통의 특성이 약자를 포함한 모든 시민에게 정치적 자유와 사회적 자유를 보장하는 것이기 때문이라는 게 핵심 논거다.

사회합의주의라는 커다란 교집합이 존재할 정도로 두 체제의 친화성은 매우 높다. 만약 합의제 조정시장경제가 먼저 발전해 간다면 합의제 민주주의의 진전이 그 뒤를 따를 가능성이 크다. 분배 친화적 자본주의가 제공하는 높은 수준의 사회적 자유가 (즉, 사회경제적 불평등의 완화가) 정치적 자유의 신장으로 (즉, 동등하고 효과적인 정치 참여 기회의 확장으로) 이어질 것이며, 그것은 종국에 포괄민주주의의 발전을 촉진할 수도 있기 때문이다. 그러나 필자는 그 역의 관계가 더 현실적임을 강조한다. 즉, 정치적 자유 보장에 유능한 포괄민주주의의 등장이 사회적 자유의 창출 환경을 개선함으로써 분배 친화적 자본주의의 발전으로 이어지는 순서가 더 타당하다는 것이다. 요컨대 합의제 민주주의의 발전으로 합의제 조정시장경제를 유인해 내자는 것이다. 사실 거의 모든 경우, 경제가 정치를 이끌기보다는 정치가 경제를 규정한다(크루그먼 2008).

합의제 민주주의는 그 자체 상당 수준의 분배 친화성을 내포하고 있다. 그것은 무엇보다 로버트 달이나 최장집이 강조하는 '절차적 민주주의'의 기준에 (다른 조건이 일정하다면) 다수제 민주주의보다 더 충실할 수 있는 민주주의 유형이다.[17] 최장집의 정확한 지적대로, 오늘날 한국의 사회경제적 불평등이 수많은 이들의 사회적 시민권을 훼손할 지경까지 이르게 된 것은, 그리하여 민주화 이후에도 소위 '실질적 민주주의'는 실현되지 않고 있다는 불만이 커지고 있는 까닭은, 한국의 민주주의가 절차적 민주주의의 기준에 크게 미흡하기 때문이다. 작금의 한국 상황은 민주주의의 기본 원칙, 즉 집합적 결정은 다수 혹은 최대다수의 선호에 따른다는 것이 관철되지 않고 있음을 여실히 보여 주는 것이다. 그 원칙

17_절차적 민주주의에 대해서는 최장집(2007), Dahl(1998, 35-43) 참조.

대로라면 어떻게 다수인 사회경제적 약자들의 이익이 소수에 불과한 강자들의 이익에 번번이 압도당하겠는가. 민주주의의 기본 원칙 수행에 필요한 절차에 문제가 있다는 지적은 그래서 나오는 것이다.

절차적 민주주의가 제대로 작동된다면, "즉 효과적인 정치 참여가 이루어지고, 투표의 평등이 실현되며, 계몽된 이해가 가능하고, 투표자들이 의제를 최종적으로 통제할 수 있으며"(최장집 2007, 100-101), 참여의 포괄성이 보장된다면 민주주의의 원칙은 제대로 지켜질 것이고, 따라서 사회경제적 불평등 상황은 개선될 수 있다는 것이 '민주주의는 절차적 민주주의'라고 하는 주장의 요체다. 모든 시민의 동등하고 효과적인 정치 참여를 가능케 하는 절차가 갖춰질 때 민주주의가 제대로 작동한다는 것이다. 합의제 민주주의가 동등하고 효과적인 정치 참여를 잘 보장해 줄 민주주의 유형임은 위에서 본 대로다. 한국의 절차적 민주주의의 심화와 그에 따른 사회적 자유의 증진은 합의제 민주주의하에서 더 크게 기대할 수 있다는 것이다.

더구나 합의제 민주주의는 사회합의주의의 발전을 매개로, 분배 친화적 자본주의 유형에 해당하는 합의제 조정시장경제를 촉진하는 효과까지 발할 수 있다. 사회합의주의를 기반으로 하는 합의제 조정시장경제는 그 기반을 튼실하게 지탱해 줄 수 있는 구조화된 다정당 체계를 필요로 하는 바, 그것은 합의제 민주주의의 정치제도 패키지가 제공해 주는 것이기 때문이다. 상기했듯이, 합의제 조정시장경제의 원활한 작동에 무엇보다 중요한 것은, 사회경제적 약자집단들을 정치과정에서 효과적으로 대표할 수 있는 이념 혹은 정책 정당들의 (유력 정당으로서의) 상존이다. 그것은 다양한 정당들의 의회 진출을 용이하게 해주는 비례성 높은 선거제도와 그 다수의 정당들로 하여금 안정적인 정책 영향력을 유지할 수 있도록 해주는 연정형 권력 구조하에서 지속될 수 있는 정치 환경이다. 결국 비례성 높은 선거제도, 구조화된 다정당 체계, 그리고 연정형 권력 구조 등으로 구성되는 합의제 민주주의의 정치제도 패키지가 합의제 조정시장경제의 발전을 돕는다는 것이다.

과거에 여러 차례 그러했듯이, 이명박 정부에서도 권력 구조 개편과 선거제도 개혁 문제가 국가적 이슈로 떠오르는 듯했다가 별 성과 없이 이내 가라앉고 말았다. 그러나 십중팔구 이 이슈는 다음 정부에서도 다시 부상하게 될 것이다. 한국 정치제도에 상당 정도의 손질이 필요하다는 것은 그 누구도 부인하거나 회피할 수 없는 사실이기 때문이다. 정치제도의 개혁을 통해 일반 시민들의 정치적 자유와 사회적 자유를 증진시키기를 꿈꾸는 진보적 자유주의자라면 조만간 다시 불붙을 이 제도 개혁 논의에 적극 참여해야 할 것이다. 위에서 강조한 바와 같이 무엇보다 합의제 민주주의로의 발전이 시급하기 때문이다. 그 논의의 결과, 사회적 공감대가 형성되어 선거제도는 비례성을 획기적으로 높이는 방향으로 개혁되고, 권력 구조는 의원내각제나 분권형 대통령제 등의 연정형으로 전환된다면 한국 민주주의의 합의제적 성격은 분명 강화될 것이다. 그리고 그것은 다시 한국형 합의제 조정시장경제의 발전을 촉진할 것이다. 그런 일련의 제도 개혁 과정을 통해 진보적 자유주의는 한국 사회에서 구체적 현실로 자리 잡아 갈 것이다.

참고 문헌

| 서문 |

고세훈. 2002. "세계화와 블레어 노동당의 사민주의." 한국사회민주주의연구회 엮음
    『세계화와 사회민주주의』. 사회와 연대.

김영순. 2011. "보편주의적 복지국가를 위한 복지동맹: 조건과 전망." 『시민과 세계』 29호.

박동천. 2010. 『깨어있는 시민을 위한 정치학 특강』. 모티브북.

슈메이커, 폴. 2010. 『진보와 보수의 12가지 이념』. 조효제 옮김. 후마니타스.

Berman, Sheri. 2006. *The Primacy of Politics: Social Democracy and the Making
    of Europe's Twentieth Century*. Cambridge: Cambridge University Press
    [『정치가 우선한다』. 김유진 옮김. 후마니타스. 2010].

Kloppenberg, James. 1986. *Uncertain Victory: Social Democracy and
    Progressivism in European and American Thought, 1870-1920*. NewYork:
    Oxford University Press.

Shumaker, Paul. 2008. *From Ideologies to Public Philosophies*. Wiley-Blackwell
    [『진보와 보수의 12가지 이념』. 조효제 옮김. 후마니타스. 2010].

Swenson, Peter. 2002. *Capitalists against Markets*. Oxford: Oxford University Press.

| 1장 |

드워킨, 로널드. 2005. 『자유주의적 평등』. 염수균 옮김. 한길사.

베버, 막스. 2010. 『프로테스탄티즘의 윤리와 자본주의정신』. 김덕영 옮김. 길. 2010.

로크, 존. 1990. 『통치론/자유론』. 이극찬 옮김. 삼성출판사.

롤스, 존. 1999. 『정치적 자유주의』. 장동진 옮김. 동명사.

밀, 존 스튜어트. 1990. 『자유론』. 이극찬 옮김. 삼성출판사.

오이켄, 발터. 1996. 『경제정책의 원리』. 안병직·황신준 옮김, 민음사.

이근식. 2005. 『자유와 상생』. 기파랑.

_____. 2006a. 『존 스튜어트 밀의 진보적 자유주의』. 기파랑.

_____. 2006b. 『아담 스미스의 고전적 자유주의』. 기파랑.

_____. 2007. 『서독의 질서자유주의: 오위켄과 뢰프케』. 기파랑.

_____. 2009a. 『상생적 자유주의: 자유, 평등, 상생과 사회 발전』. 돌베개.

_____. 2009b. 『신자유주의: 하이에크, 프리드먼, 뷰캐넌』. 기파랑.

칸트, 임마누엘. 1992. 『실천이성비판』. 최재희 옮김. 박영사.

Dworkin, Ronald. 2000. *Sovereign Virtue*, Harvard University Press[『자유주의적 평등』. 염수균 옮김. 한길사. 2005].

Eucken, Walter. 1952. *Grundsätze der Wirtschaftspolitik*. Herausgegeben von Edith Eucken und K. Paul Hensel, A. Francke A. G. Verlag. Bern; J. C. B. Mohr(Paul Siebeck), Tubingen[『경제정책의 원리』. 안병직·황신준 옮김. 민음사. 1996].

Hayek, Friedrich. 1973. *Rules and Order* vol. 1.

_____. 1976. *The Mirage of Social Justice* vol. 2.

_____. 1978. *Law, Legislation, and Liberty: A New Statement of the Liberal Principles of Justice and Political Economy*. University of Chicago Press.

_____. 1979. *The Political Order of a Free People* vol. 3.

Hobhouse, Leonard T. 1911/1974. *Liberalism*. Introduction by Alan P. Grims. Oxford University Press[『자유주의』. 최재희 옮김. 삼성미술문화재단. 1974].

Kant, Immanuel. 1788. *Kritik der practischen Vernuft*. Leipzig; Philipp Reclam [『실천이성비판』. 최재희 옮김. 박영사. 1992].

Locke, John. 1690/1952. *The Second Treatise of Government: An Essay Concerning the True Original, Extent and End of Civil Government*. The

Liberal Arts Press[『통치론/자유론』. 이극찬 옮김. 삼성출판사. 1990].

Mill, John Stuart. 1859. *On Liberty*[『자유론』. 이극찬 옮김. 삼성출판사. 1990].

_____. 1987. *On Socialism*, with an introduction by Lewis S. Feuer. Prometheus Books.

_____. 1991. "*Considerations on Representative Government.*" *On Liberty and Other Essays: The World Classics*, edited with an Introduction by John Gray. Oxford University Press.

Rawls, J. 1993. *Political Liberalism*, Columbia University Press[『정치적 자유주의』. 장동진 옮김. 동명사. 1999].

Röpke, Wilhelm. 1994. *Civitas Humana: Grundfragen der Gesellschafts und Wirtschaftsreform*, Eugen Retsch Verlag, Erlenbach-Zurich, Switzerland; Cyril Spencer Fox. trans. 1948. *Civitas Humana; A Human Order of Society*, William Hodge and Company.

Smith, Adam. 1976. *The Theory of Moral Sentiments*. D.D. Raphael and A.L. Macfie eds. *The Glasgow Edition of The Works and Correspondence of Adam Smith* vol. I. Oxford University Press.

Walzer, Michael. 1990. "The communitarian critique of liberalism." *Political Theory*. Feb.

Weber, Max. 1920. *Die Protestantische Sekten und der Geist des Kapitalismus* [『프로테스탄티즘의 윤리와 자본주의정신』. 김덕영 옮김. 길. 2010].

| 2장 |

김우창·최장집. 2010. "사람을 위한 민주주의에 대한 구체적 성찰." 우찬제·이광호 엮음. 『4·19와 모더니티』. 문학과 지성사.

박동천. 2010. 『깨어있는 시민을 위한 정치학 특강』. 모티브북.

박세일 편. 2008. 『공동체 자유주의: 이념과 정책』. 나남.

손학규. 2000. 『진보적 자유주의의 길』. 생각의 나무.

우찬제·이광호. 2010. 『4·19와 모더니티』. 문학과 지성사.

윤평중. 2009. 『급진자유주의 정치철학』. 아카넷.

홍종학 외. 2010. "진보적 자유주의와 민주적 시장경제." 한림국제대학원대학교 정치경영연구소 주최 대안담론포럼 발제문.

『경향신문』 2010/06/05.

Aristotle. 2002. *Nicomachean Ethics*, Trans. by Christopher Rowe and introduction and commentary by Sarah Broadie. Oxford U. P. [『니코마코스 윤리학』. 강상진·김재홍·이창우 옮김. 길. 2011].

Berlin, Isaiah. 2002. "Two Concepts of Liberty." Henry Hardy ed. *Liberty*. Oxford U. P.[『이사야 벌린의 자유론』. 박동천 옮김. 아카넷. 2006].

Constant, Venjamin. 1988. "The Liberty of the Ancients compared with that of the Moderns." Biancamaria Fontana ed. *Benjamin Constant: Political Writings*. Cambridge U. P.

Dahl, Robert A. 2001. *How Democratic is the American Constitution?*. Yale U. P. [『미국 헌법과 민주주의』. 박상훈·박수형 옮김. 후마니타스. 2004].

Dunn, John. 1969. *The Political Thought of John Locke*. Cambridge U. P.

_____. 1985a. "The future of liberalism." *Rethinking Modern Political Theory: Essays 1979-1983*. Cambridge U. P.

_____. 1985b. "Bringing the World Back In." *Rethinking Modern Political Theory: Essays 1979-83*. Cambridge U. P.

Geuss, Raymond. 2008. *Philosophy and Real Politics*. Princeton U. P.

Gray, John. 2000. *False Dawn*. New Press.

Harrison, Ross. 1993. *Democracy*. Routledge.

Henderson, Gregory. 1968. *The Politics of Vortex*. Harvard U. P.[『소용돌이의 한국정치』. 박행웅 옮김. 한울아카데미. 2008].

Hirschman, Albert O. 1968. "The Political Economy of Import-Substituting Industrialization in Latin America." *Quarterly Journal of Economics* 82, no. 1(Feb).

_____. 1977. *The Passions and the Interests*. Princeton U. P. [『열정과 이해관계』. 김승현 옮김. 나남출판. 1994].

Kant, Immanuel. 2001. *On History*. Lewis White Beck ed. Library of Liberal Arts.

Keohane, Nannerl O. 1980. "Montesquieu." *Philosophy and the State in France*. Princeton U. P.

Kurth, James R. 1979. "Industrial Change and Political Change: A European Perspective." David Collier ed. *The New Authoritarianism in Latin America*. Princeton U.P.

Langer, William L. 1969. *Political and Social Upheaval, 1832-1852*. Harper and Row.

Lipset, Seymour Martin. 2000. "The Indispensability of Political Parties." *Journal of Democracy* vol. 11, no. 1.

Locke, John. 1993. *Two Treatises of Government.* Mark Goldie ed. Everyman, J.M. Dent. Second Treatise[『통치론』. 강정인 외 옮김. 까치글방. 2007].

Lee Namhee. 2007. *The Making of Minjung.* Cornell U.P.

Monstesquieu. 1989. *The Spirit of Law.* Anne M. Cohler & Basia C. Miller & Harold S. Stone eds[『법의 정신』. 이명성 옮김. 홍신문화사. 2006].

Przeworski, Adam. 2009. "Democracy, equality and redistribution." Richard Bourke and Raymond Geuss eds. *Political Judgement.* Cambridge U. P.

Ryan, Alan. 2000. "Liberalism." Robert E. Goodin and Philip Pettit eds. *A companion to Political Philosophy.* Blackwell Publishers Ltd.

Sartori, Giovanni. 1987. *The Theory of Democracy Revisited, Part Two: The Classical Issues.* Clatham House Publishers, Inc.[『민주주의 이론의 재조명』. 이행 옮김. 인간사랑. 1990].

Schmitter, Philipe C. 1972. "Paths to Political Development in Latin America." Douglas A. Chalmers ed. *Changing Latin America: New Interpretations of its Politics and Sociology.* New York: The Academy of Political Science, Columbia University Press.

Siedentop, Larry. 1979. "Two Liberal Traditions." Alan Ryan ed. *The Idea of Freedom.* Oxford U. P.

Siedentop, Larry. 1994. "The Great Debate of the 1820s." *Tocqueville.* Oxford University Press.

Skinner, Quentin. 1978. *The Foundations of Modern Political Thought* Vol.1. Cambridge U. P.[『근대 정치사상의 토대』. 박동천 옮김. 한길사. 2004].

Taylor, Charles. 1997. "Invoking Civil Society." Robert E. Goodin and Philip Pettit eds. *Contemporary Political Philosophy.* Blackwell Publishers Ltd.

The Federalist Papers no. 47, 51.

Tocqueville. 2004. *Democracy in America.* trans. by Arthur Goldhammer. *The Library of America* vol. 2. part 2. ch. 5[『미국의 민주주의』. 임효선·박지동 옮김. 한길사. 1997].

Tully, James. 1993. *An Approach to Political Philosophy: Locke in Contexts.* Cambridge U. P.

| 3장 |

고세훈. 2009. "케인스, 민주주의, 한국." 『아세아연구』 52-4호.

_____. 2011. 『영국정치와 국가복지: 신(New)자유주의에서 신(Neo)자유주의로』.
집문당.

바우만, 지그문트. 2010. 『모두스 비벤디』. 한상석 옮김. 후마니타스.

박상훈. 2011. 『정치의 발견』. 폴리테이아.

보울스, 새뮤얼 외. 2009. 『자본주의 이해하기: 경쟁, 명령, 변화의 3차원 경제학』. 최정규
외 옮김. 후마니타스.

스키델스키, 로버트. 2009. 『존 메이너드 케인스: 경제학자, 철학자, 정치가』. 고세훈
옮김. 후마니타스.

이근식. 2006. 『존 스트어트 밀의 진보적 자유주의』. 기파랑.

최장집, 박찬표, 박상훈. 2007. 『어떤 민주주의인가: 한국 민주주의를 보는 하나의 시각』.
후마니타스.

폴라니, 칼. 2009. 『거대한 전환: 우리 시대의 정치·경제적 기원』. 홍기빈 옮김. 길.

Beer, Samuel. 2001. "The Rise and Fall of Party Government in Britain and the
United States, 1945-96: the Americanisation of British Politics?" Simon
James and Virgina Preston eds. *British Politics Since 1945: The Dynamics
of Historical Change*. Palgrave.

Berlin, Isaiah. 1969. *Four Essays on Liberty*. Oxford University Press.

Berman, Sheri. 2006. *The Primacy of Politics: Social Democracy and the Making
of Europe's Twentieth Century*. Cambridge: Cambridge University Press
[『정치가 우선한다』. 김유진 옮김. 후마니타스. 2010].

Clarke, Peter. 1978. *Liberals and Social Democrats*. Cambridge: Cambridge
University Press.

Coates, David. 2000. *Models of Capitalism: Growth and Stagnation in the Modern
Era*. Polity Press.

Dahl, Robert and Bruce Stinebrickner. 2006. *Modern Political Analysis*. 6th ed.
Prentice Hall.

Davison, Peter ed. 1998. *Facing Unpleasant Facts 1937-1939(The Complete
Works of George Orwell* vol. XI). Secker & Warburg.

Freeden, Michael ed. 1988. *J. A. Hobson: A Reader*. Unwin Hyman.

Garrett, Geoffrey. 1998. *Partisan Politics in the Global Economy*. Cambridge:

Cambridge University Press.

Hall, Peter A. and David Soskice eds. 2001. *Varieties of Capitalism: The Institutional Foundations of Comparative Advantage*. Oxford University Press.

Hollingsworth, J. Rogers and Robert Boyer eds. 1997. *Contemporary Capitalism: The Embeddedness of Institutions*. Cambridge: Cambridge University Press.

Hutton, Will. 1994. "Comment: The Social Market in a Global Context." David Miliband ed. *Reinventing the Left*. Polity Press.

_____. 1998. *New Statesman*. 27 July.

_____. 2001. *The Revolution That Never Was: An Assessment of Keynesian Economics*. Vintage.

Keynes, John Maynard. 1997[1936]. *The General Theory of Employment, Interest, and Money*. Prometheus Books.

Kitschelt, Herbert et. al. eds. 1999. *Continuity and Change in Contemporary Capitalism*. Cambridge: Cambridge University Press.

Korpi, Walter. 1998. "The Iceberg of Power below the Surface: a Preface to Power Resources Theory." Julia S. O'Connor and Gregg M. Olsen eds. *Power Resources Theory and the Welfare State: A Critical Approach*. Toronto University Press.

Meyer, Thomas. 2007. *The Theory of Social Democracy*. Polity.

Marshall, T. H. and Tom Bottomore. 1992. *Citizenship and Social Class*. Pluto.

Norman, Richard. 1987. *Free and Equal: A Philosophical Examination of Political Values*. Oxford University Press.

| 4장 |

김규항. "야! 한국 사회: 좀 더 양식 있게." 『한겨레』(2011/02/09).
    http://hani.co.kr/arti/opinion/column/462650.html
밀, 존 스튜어트. 2010. 『정치경제학 원리』. 박동천 옮김. 나남.
박동천. 2008. "민족의 실체성에 관한 철학적 검토." 『한국정치학회보』. 한국정치학회.
_____. 2010a. 『깨어있는 시민을 위한 정치학 특강』. 모티브북.
_____. 2010b. "옮긴이 해제." 존 스튜어트 밀. 『정치경제학 원리』 제1권. 박동천 옮김.
    나남.

_____. 2010c. "정치적 논쟁의 정치철학적 함축: 정당화와 이해의 차이."
『사회과학연구』. 전북대학교 사회과학연구소.

버먼, 셰리. 2010. 『정치가 우선한다』. 김유진 옮김. 후마니타스.

슈메이커, 폴. 2010. 『진보와 보수의 12가지 이념』. 조효제 옮김. 후마니타스.

우석훈. "아! 한국 사회: 진보 리버럴? 진보 프로그레시브?" 『한겨레』(2010/05/12).
http://www.hani.co.kr/arti/SERIES/57/420550.html

윈치, 피터. 2011. 『사회과학의 빈곤』. 박동천 옮김. 모티브북.

일리, 제프. 2008. 『The Left(1848-2000): 미완의 기획 유럽 좌파의 역사』. 유강은 옮김.
뿌리와 이파리.

Berlin, Isaiah. 1969. "Two Concepts of Liberty." ["자유의 두 개념." 『이사야 벌린의
자유론』. 박동천 옮김. 아카넷. 2006].

Berman, Sheri. 2006. _The Primacy of Politics: Social Democracy and the Making
of Europe's Twentieth Century._ Cambridge: Cambridge University Press
[『정치가 우선한다』. 김유진 옮김. 후마니타스. 2010].

Carritt, E. F. 1967. "Liberty and Equality." Anthony Quinton ed. _Political
Philosophy._ Oxford University Press.

Cole, G. D. H. 1953-1960. _A History of Socialist Thought_ 7 Vols. London:
Macmillan.

Dahl, Robert A. 1956. _A Preface to Democratic Theory._ University of Chicago
Press.

Downs, Anthony. 1957. _An Economic Theory of Democracy._ New York: Harper.

Eley, Geoff. 2002. _Forging Democracy: The History of the Left in Europe,
1850-2000._ Oxford University Press[『The Left(1848-2000): 미완의 기획
유럽 좌파의 역사』. 유강은 옮김. 뿌리와 이파리. 2008].

Gallie, W. B. 1956. "Liberal Morality and Socialist Morality." Peter Laslett ed.
Philosophy, Politics and Society, First Series. Blackwell.

Keynes, John Maynard. 1972(1925). "Am I a Liberal?" _The Collected Writings of
John Maynard Keynes_ vol. 9. _Essays in Persuasion._ Royal Economic
Society: Macmillan.

Mill, John Stuart Mill. 1848. _Principles of Political Economy_[『정치경제학 원리』.
박동천 옮김. 나남. 2010].

Mises, Ludwig von. 2005(1962). "On the Literature of Liberalism." _Liberalism:_

The Classical Tradition. Appendix I. English trans. Ralph Raico ed.
Bettina Bien Greaves. Indianapolis: Liberty Fund.
(http://oll.libertyfund.org/title/1463, 검색일 2011. 3. 14).

Nozick, Robert. 1974. *Anarchy, State and Utopia*. Basic Books.

Rawls, John. 1971. *A Theory of Justice*. Belknap.

_____. 1996. *Political Liberalism*. Columbia University Press.

Shumaker, Paul. 2008. *From Ideologies to Public Philosophies*. Wiley-Blackwell
[『진보와 보수의 12가지 이념』. 조효제 옮김. 후마니타스. 2010].

Weber, Max. 1968. *Economy and Society: An Outline of Interpretive Sociology*.
New York: Bedminster Press.

Winch, Peter. 1958. *The Idea of a Social Science and its Relation to Philosophy*.
London: Routeldge[『사회과학의 빈곤』. 박동천 옮김. 모티브북. 2011].

Wittgenstein, Ludwig. 1953. *Philosophical Investigations*. Oxford: Basil Blackwell.

Yeager, Leland B. 1971. "Can a Liberal be an Egalitarian?" *Toward Liberty: Essays
in Honor of Ludwig von Mises on the Occasion of his 90th Birthday,
September 29* vol. 2. F. A. Hayek et al. ed. Menlo Park: Institute for
Humane Studies.

| 5장 |

고영선. 2007. "경제·사회여건의 변화와 정부역할의 변화." 고영선 외. 『우리 경제의
선진화를 위한 정부역할의 재정립』. 한국개발연구원.

_____. 2008. 『한국 경제의 성장과 정부의 역할: 과거, 현재, 미래』. 한국개발연구원.

국무조정실 정책평가위원회. 2003. 『국민의 정부 5년, 정책평가 결과』. 국무조정실.

김균·박순성. 1998. "김대중 정부의 경제정책과 신자유주의." 이병천·김균 편. 『위기,
그리고 대전환: 새로운 한국 경제의 패러다임을 찾아서』. 당대.

김대중. 1997. 『김대중의 21세기 시민경제 이야기』. 산하.

_____. 2010. 『김대중 자서전』. 삼인.

김민웅. 1998. "신자유주의 정책의 모순: 김대중 정부의 진로에 대한 비판." 『당대비평』
70-91호.

김상조·유종일·홍종학·곽정수. 2007. 『한국 경제 새판짜기』. 미들하우스.

김연명. 2001. "DJ정부의 사회복지 정책: 신자유주의를 넘어서?" 한국사회복지학회
춘계학술대회 발표문.

김형기. 2000. "생산적 복지를 위한 근로자 조세지원제도 연구." 황덕순 편. 『생산적
    복지를 위한 노동정책 연구』. 한국노동연구원.

더불어 삶 기획위원회. 2011. 『사회시장경제』. 경제정책연구회·민주정책연구원.

매일경제신문사. 1997. 『부즈·앨런 & 해밀턴 한국보고서』. 매일경제신문사.

박세일. 1994. "신패러다임과 신노사관계." 『경제정의』 21호.

박세일·강철규·이병균·이영근. 1994. "좌담: 국제화시대 경제개혁의 방향." 『경제정의』
    21호.

배무기. 1994. "세계변화와 신노사모델." 『경제정의』 21호.

신광식. 2000. 『재벌 개혁의 정책과제와 방향』. 한국개발연구원.

신동면. 2000. "김대중 정부의 사회정책 개혁: 근로연계 복지인가, 생산적 복지인가."
    한국행정학회.

OECD. 1999/2000. 『OECD 한국경제보고서』. 한국개발연구원·재정경제부 옮김.

유승민. 1996. "재벌의 공과: 재벌논쟁에 대한 비판." 『한국 경제의 진로와 대기업집단』.
    한국산업조직학회 정책 세미나.

윤진호. 1998. "한국 사회의 실업 문제와 대책." 이병천·김균 편. 『위기, 그리고 대전환:
    새로운 한국 경제의 패러다임을 찾아서』. 당대.

이규억. 1996. "21세기를 향한 재벌의 진로와 정부의 역할." 『한국 경제의 진로와
    대기업집단』. 한국산업조직학회 정책 세미나.

이근식. 1994. "경제개혁의 방향과 과제." 『경제정의』 21호.

_____. 2010. "진보적 자유주의와 한국 자본주의." 제1회 대안담론포럼.
    한림국제대학원대학교 정치경영연구소.

이병천. 1998. "발전 국가 자본주의와 발전 딜레마." 이병천·김균 편. 『위기, 그리고
    대전환: 새로운 한국 경제의 패러다임을 찾아서』. 당대.

이혜경. 2002. "한국복지국가 성격 논쟁의 함의와 연구방향." 『상황과 복지』 11호.

장하준·정승일. 2005. 『쾌도난마 한국 경제』. 부키.

정석구. 2010. "진보적 자유주의와 한국 자본주의." 제1회 대안담론포럼.
    한림국제대학원대학교 정치경영연구소.

정무권. 2000. "국민의 정부의 사회정책: 신자유주의로의 확대? 사회통합으로의 전환."
    안병영·임혁백 편. 『세계화와 신자유주의: 이념·현실·대응』. 나남.

재정경제부. 1998. "IMF 1년의 정책대응 및 경제실적."

_____. 1999. 『경제백서』. 재정경제부.

조영훈. 2000. "생산적 복지론과 한국 복지국가의 미래." 『경제와 사회』 45호. 한울.

조희연. 2002. "정치적 자유화의 축복과 경제적 자유화의 재앙." 『시민과 세계』.

참여사회연구소.

최장집. 1998a. "김대중 정부의 개혁방향과 전략에 관한 하나의 소고." 『아세아연구』. 고려대학교 아세아문제연구소.

_____. 1998b. "한 어려운 조합, 민주주의와 시장경제." 한국행정학회.

_____. 1998c. "한국 정치경제의 위기와 대안 모색." 『사상』.

_____. 2010. "민주화 이후 한국 사회에서 자유주의에 대한 하나의 성찰." 제1회 대안담론포럼. 한림국제대학원대학교 정치경영연구소.

최태욱. 2010. "한국형 조정시장경제와 합의제민주주의: 진보적 자유주의 구현을 위한 제도적 해법." 제1회 대안담론포럼. 한림국제대학원대학교 정치경영연구소.

크루그먼, 폴. 2008. 『미래를 말하다』. 예상한 외 옮김. 현대경제연구원.

홍종학. 2004. "한미 비교를 통한 신용카드 문제의 분석." 『응용경제』 6-1호.

_____. 2006. "양극화와 경제구조 개혁." 『응용경제』 8-2호.

_____. 2008. "미국과 영국의 기업집단 개혁과 시사점." 『한국경제연구』 제21권.

황덕순 편. 2000. 『생산적 복지를 위한 노동정책 연구』. 한국노동연구원.

황인학. 1997. 『경제력 집중. 한국적 인식의 문제점』. 한국경제연구원.

Altman, Roger C. & Jason E. Bordoff & Peter R. Orszag & Robert E. Rubin. 2006. "An Economic Strategy to Advance Opportunity, Prosperity and Growth." Hamilton Project Strategy Paper. Brookings Institution.

Hirsch, Barry. 2008. "Sluggish institutions in a dynamic world: Can unions and industrial competition Coexist?" *Journal of Economic Perspectives* vol. 22.

Krugman. Paul. 1994. "The Myth of Asia's Miracle." *Foreign Affairs* vol. 73, no. 6.

Milgrom, Paul and John Roberts. 1992. *Economics: Organization and Management.* Prentice-Hall.

Reich. Robert. 1991. *The Work of Nations.* Vintage.

Rogoff. Kenneth. 2003. "Globalization and Global Disinflation." Symposium Paper. FRB of Kansas City.

Stiglitz. J. and A. Weiss. 1981. "Credit Rationing in Markets with Imperfect Information." *American Economic Review* vol. 71, no. 3.

Young. Alwyn. 1995. "The Tyranny of Numbers: Confronting the Statistical Realities of the East Asian Growth Experience." *Quarterly Journal of Economics* vol. 110, no. 3.

| 6장 |

김균·박순성. 1998. "김대중 정부의 경제정책과 신자유주의." 이병천·김균 편. 『위기,
　　그리고 대전환: 새로운 한국 경제의 패러다임을 찾아서』. 당대.

김기원. 2007. "김대중-노무현 정권은 시장만능주의인가." 『창작과 비평』 137호.

김대중. 1997. 『김대중의 21세기 시민경제 이야기』. 산하.

김대호. 2010. "장하준·정승일의 착각 또는 헛발질." 『프레시안』 11월 19일자.

김상봉·김용철·김재홍·김진호·류동민. 2010. 『굿바이 삼성』. 꾸리에.

김용원. 2011. 『천당에 간 판검사가 있을까』. 서교.

김용철. 2010. 『삼성을 생각한다』. 사회평론.

김유선. 2011. "비정규직 실태와 대책." 참세상연구소·참여정책연구원 공동 주최 기획
　　토론회 "비정규직 문제 어떻게 풀 것인가?" 발표문(1월 27일).

김태종 외. 2006. 『사회적 자본 확충을 위한 기본조사 및 정책 연구』. KDI 국제정책대학원.

유종일. 2006a. "지속 가능한 경제발전을 위하여." 『한국의 전망』 2호.

＿＿＿. 2006b. "경제구조 개혁론: 양극화 극복을 위한 정책 방향." 『신진보리포트』 봄호.

＿＿＿. 2007. "신자유주의, 세계화, 한국 경제." 『창작과 비평』 137호.

＿＿＿. 2008a. "경제민주화의 길." 『위기의 경제』. 생각의 나무.

＿＿＿. 2008b. "한국 경제의 거버넌스 개혁." 한국경제정책연구회 제1회 심포지움 발표문.

＿＿＿. 2010. "글로벌화, 어떻게 볼 것인가?"
　　한반도선진화재단·한국미래학회·좋은정책포럼 편. 『보수와 진보의 대화 상생』.
　　나남.

이시균·윤진호. 2007. "비정규직은 정규직으로 전환할 수 있는가." 『경제발전연구』
　　13-2호.

이제민. 2007. "한국의 외환위기: 원인, 해결과정과 결과." 『경제발전연구』 13-2호.

전병유. 2011. "청년 고용·실업 문제와 정책 개선 방안." 서울사회경제연구소 제18차
　　심포지엄 발표문.

조정래. 2010. 『허수아비춤』. 문학의 문학.

최장집. 1998a. "한국 정치경제의 위기와 대안 모색." 『사상』 여름호.

＿＿＿. 1998b. "민주적 시장경제의 한국적 조건과 함의." 『당대비평』 봄호.

프리드먼, 토머스. 2000. 『렉서스와 올리브나무』. 신동욱 옮김. 창해.

Bowles, Samuel and Herbert Gintis. 1987. *Democracy and Capitalism: Property,*
　　Community, and the Contradictions of Modern Social Thought. N.Y.: Basic
　　Books.

Bruno, Michael and Jeffrey Sachs. 1984. *Stagflation in the World Economy.* Harvard University Press.

Commission of the European Communities. 2001. *Promoting a European Framework for Corporate Social Responsibility.*

Fukuyama, Francis. 1995. *Trust: The Social Virtues and the Creation of Prosperity.* Free Press.

Hall, Peter A. and David Soskice. 2001. *Vareities of Capitalism: The Institutional Foundations of Competitive Advantage.* Oxford University Press.

Iversen, Torben. 2010. "Democracy and Capitalism." *Oxford Handbook of Welfare State.* Oxford University Press.

Johnson, Simon. 2009. "The Quiet Coup." *The Atlantic.* May.

Kalecki, Michał. 1971. "Political Aspects of Full Employment." *Selected Essays on The Dynamics of the Capitalist Economy 1933-1970.* Cambridge: Cambridge University Press.

Kornai, Janos. 1990. "The Affinity between Ownership Forms and Coordination Mechanisms. The Common Experience of Reform in Socialist Countries." *Journal of Economic Perspectives* vol. 4, no. 3.

Krugman, Paul. 2007. *The Conscience of a Liberal.* Norton.

Levine, David I. 1992. "Public Policy Implications of Imperfection in the Market for Worker Participation." *Economic and Industrial Democracy* vol. 13, no. 3.

Lindert, Peter H. 2004. *Growing Public.* Cambridge: Cambridge University Press.

Mares, Isabela. 2010. "Macroeconomic Outcomes." *Oxford Handbook of Welfare State.* Oxford University Press.

Noah, Timothy. 2010. "The United States of Inequality." *Slate.* Sep. 14.

Przeworski, Adam. 1990. *The State and the Economy under Capitalism.* Harwood Academic Publishers.

Rajan, Raghuram G. and Luigi Zingales. 2003. *Saving Capitalism from the Capitalists: Unleashing the Power of Financial Markets to Create Wealth and Spread Opportunity.* N.Y.: Crown Business.

Rawls, John. 1971. *A Theory of Justice.* Cambridge, Mass.: Belknap Press.

Reich, Robert B. 2007. *Supercapitalism: The Transformation of Business, Democracy, and Everyday Life.* N.Y.: Alfred A. Knopf.

Rodrik, Dani. 2000. "How Far Will International Economic Integration Go?"
   Journal of Economic Perspectives. Winter.

Solt, Frederik 2008. "Economic Inequality and Democratic Political
   Engagement." *American Journal of Political Science.* vol. 52, no. 1.

Stauber, Leland G. 1977. "A Proposal for a Democratic Market Economy."
   Journal of Comparative Economics. vol. 1, issue 3.

Stiglitz, Joseph. 2006. *Making Globalization Work.* W. W. Norton and Company.

You, Jong-Il. 2006. "The long and Winding Road to Liberalization: The South
   Korean Experience." Lance Taylor ed. *External Liberalization in Asia,
   Post-Socialist Europe, and Brazil.* Oxford University Press.

You, Jong-Il. 2010. "Political Economy of Reform in South Korea." unpublished
   manuscript.

| 7장 |

곽진영. 2004. "미국 사회의 로컬 거버넌스 사례." 박찬욱 외. 『21세기 미국 사회의
   거버넌스』. 서울대학교 출판부.

김성훈. 2004. "메조레벨에서 노사정 간의 정책 협의 실험: 지역·업종별 노사정협의회
   사례." 『한국행정연구』 13-2호.

김 원. 2006. "지방분권화와 사회적 합의." 『한국형 사회 협약의 모색과 복지국가』.
   경기개발연구원.

선학태. 2005. 『민주주의와 상생정치: 서유럽 다수제 모델 vs 합의제 모델』. 다산.

_____. 2006. 『사회 협약정치의 역동성: 서유럽 정책 협의와 갈등조정 시스템』.
   한울아카데미.

_____. 2008. 『한국민주주의의 뉴 패러다임』. 명인문화사.

이 선. 2008. 『노사관계론』. 한국기술교육대학교. HRD 클러스터.

최태욱. 2010. "한국형 조정시장경제와 합의제 민주주의: 진보적 자유주의 구현을 위한
   제도적 해법." 『진보적 자유주의의 한국적 함의』. 한림국제대학원대학교
   정치경영연구소.

Alford, Robert R. 1985. "Paradigm of Relations Between State and Society."
   Lindberg Leon & Robert Alford & Colin Crouch & Claus Offe eds. *Stress
   and Contradiction in Modern Capitalism.* London: Lexington Books.

Andersen, Torben M. & Michael Svarer. 2007. *Flexicurity: The Labor Market Performance in Denmark.* CESifo Working Paper No. 2108.

Bartel, Larry M. 2008. *Unequal Democracy: The Political Economy of the New Gilded Age.* Princeton University Press.

Cawson, Alan(ed.). 1985. *Organised Interests and the State: Studies in Meso-Corporatism.* Beverly Hills: Sage.

Cohen, Joshua and Joel Rogers. 1992. "Secondary Associations in Democratic Governance." *Politics and Society* vol. 20, no. 4.

Compston, Hugh. 2002a. "The Strange Perspective of Policy Concertation." Stefan Berger and Hugh Compston eds. *Policy Concertation and Social Partnership in Western Europe: Lessons for the 21st Century.* Oxford: Berghahn Books.

Compston, Hugh. 2002b. "The Politics of Policy Concertation in the 1990s: The Role of Ideas." Stefan Berger and Hugh Compston eds. *Policy Concertation and Social Partnership in Western Europe: Lessons for the 21st Century.* Oxford: Berghahn Books.

Crepaz, M. L. M. and V. Birchfield. 2000. "Global Economics, Local Politics: Lijphart's Theory of Consensus Democracy and Politics of the Inclusion." M. L. Crepaz & T. A. Koeble & D. Wilsford eds. *Democracy and Institutions: The Life Work of Arend Lijphart.* Ann Arbor, Michigan: The University of Michigan Press.

Crepaz, M. M. L. 2002. "Global, Constitutional, and Partisan Determinants of Redistribution in Fifteen OECD Countries." *Comparative Politics* vol. 34, no. 2.

Ebbinghaus, Bernhard and Ankel Hassel. 2000. "Striking Deals: Concertation in the Reform of Continental European Welfare States." *Journal of European Public Policy* vol. 7, no. 1.

Elvander, Nils. 2002. "The Labour Market Regimes in Nordic Countries: A Comparative Analysis." *Scandinavian Political Studies* vol. 25, no. 2.

Hamann, K and K. John. 2007. "Party Politics and the Reemergence of Social Pacts in Western Europe." *Comparative Political Studies* vol. 40, no. 8.

Hardiman, Niamh. 2002. "From Conflict to Co-ordination: Economic Governance and Political Innovation in Ireland." *West European Politics* vol. 25, no. 4

(October).

Hassel, Anke. 2003. "The Politics of Social Pacts." *British Journal of Industrial Relations* vol. 41, no. 4(December).

Hirst, Paul. 1994. *Associative Democracy: New Forms of Economic and Social Governance.* Amherst: University of Massachusets Press.

_____. 2000. "Democracy and Governance." Jon Pierre ed. *Debating Governance.* Oxford: Oxford University Press.

House, J. D. and Kyla McGrath. 2004. "Innovative Governance and Development in the New Ireland: Social Partnership and the Integrative Approach." *An International Journal of Policy, Administrative, and Institutions* vol. 17, no. 1(January).

Iversen, Torben and David Soskice. 2006. "Electoral Institutions and the Politics of Coalition: Why Some Democracies Redistribute More Than Others." *American Political Science Review* vol. 100, no. 2.

Iversen, Torben and David Soskice. 2009. "Distribution and Redistribution: The Shadow of the Nineteen Century." *World Politics* vol. 61, no. 3.

Lehmbruch, Gerhard. 1984. "Concertation and the Structure of Corporatist Networks." John H. Goldthrope ed. *Order and Conflict in Contemporary Capitalism.* Oxford: Clarendon Press.

Lijphart, Arend and Markus M. Crepatz. 1991. "Corporatism and Consensus Democracy in Eighteen Countries: Conceptual and Empirical Linkages." *British Journal of Political Science* vol. 21, no. 2(April).

Lijphart, Arend. 1999. *Patterns of Democracy: Government Forms and Performance in Thirty-Six Countries.* New Haven: Yale University Press.

_____. 2002. "The Wave of Power-sharing Democracy." Andrew Reynolds ed. *The Architecture of Democracy: Constitutional Design, Conflict Management, and Democracy.* Oxford: Oxford University Press.

Regini, Marino. 2003. "Tripartite Concertation and Varieties of Capitalism." *European Journal of Industrial Relations* vol. 9, no. 3.

Rhodes, Martin. 2001. "The Political Economy of Social Pacts: 'Competitive Corporatism' and European Welfare Reform." P. Pierson ed. *The New Politics of the Welfare State.* Oxford: Oxford University Press.

_____. 2003. "National Pacts and EU Governance in Social Policy and the Labour Market." J. Zeitlin and David M. Trub eds. *Governing and Work and Welfare in a New Economy.* Oxford: Oxford University Press.

Swank, Duane. 2002. *Global Capital, Political Institutions, and Policy Change in Developed Welfare State.* Cambridge: Cambridge University Press.

Traxler, Franz. 1995. "From Demand-side to Supply-side Corporatism? Austria's Labour Relations and Public Policy." Colin Crouch and Franz Traxler eds. *Organised Industrial Relations in Europe: What Future?* England: Avebury.

Van Waarden, F. 2002. "Dutch Consociationalism and Corporatism: A Case of Institutional Persistence." *Acta Politica* vol. 37, no. 2.

Wiarda, Haward J. 1997. *Corporatism and Comparative Politics: The Other Great 'Ism'.* New York: M. E. Sharpe.

| 8장 |

선학태. 2005. 『민주주의와 상생정치』. 다산.

안재홍. 2006. "정책레짐, 고용 및 실업의 정치, 그리고 노사정 관계: 서유럽 강소국의 경험과 한국의 진로." 『한국형 사회 협약의 모색과 복지국가』. 수원: 경기개발연구원.

_____. 2008. "서구 자본주의의 다양성과 성장-복지 선순환의 정치경제." 『한국형 조정시장경제 체제의 모색』.

양재진. 2003. "노동시장유연화와 한국복지국가의 선택: 노동시장과 복지제도의 비정합성 극복을 위하여." 『한국정치학회보』 37-3호.

_____. 2006. "한국의 대안적 발전모델의 설정과 민주적 국가자율성 및 국가능력의 복원을 위하여." 『국가전략』 12-2호.

이 선. 2006. "서구선진국의 조합주의의 정책적 시사점." 『법학논총』 16호.

임상훈. 2006. "사회 협약 안정화 과정 비교연구: 한국, 이탈리아, 아일랜드 사례를 중심으로." 『노동정책연구』 6-2호.

정준표. 1997. "정당, 선거제도와 권력 구조." 『한국의 권력 구조 논쟁』. 풀빛.

최장집·박찬표·박상훈. 2007. 『어떤 민주주의인가』. 후마니타스.

최태욱. 2008. "한국형 조정시장경제 체제 구축의 정치제도 조건: 합의제 민주주의 국가의 형성." 『2008년도 국회연구용역과제』. 코리아연구원.

_____. 2009. 『신자유주의 대안론』. 창비.

_____. 2010a. "동아시아 시장경제체제의 '서울컨센서스' 모색." 동북아역사재단 편.

『동아시아 공동체의 설립과 평화 구축』. 동북아역사재단.

_____. 2010b. "진보적 자유주의 구현을 위한 정치제도 조건: 합의제 민주주의." 『한국정치연구』 19-3호.

크루그먼, 폴. 2008. 『미래를 말하다』. 예상한 외 옮김. 현대경제연구원.

Armingeon, Klaus. 2002. "The effects of negotiation democracy: A comparative analysis." *European Journal of Political Research* vol. 41.

Cameron, David. 1984. "Social Democracy, Corporatism, Labour Quiescence, and the Representation of Economic Interest in Advanced Capitalist Society." John H. Goldthorpe ed. *Order and Conflict in Contemporary Capitalism.* Oxford: Oxford University Press.

Coates, David. 2000. *Models of Capitalism: Growth and Stagnation in the Modern Era*『현대자본주의의 유형: 세계 경제의 성장과 정체』. 이영철 옮김. 문학과 지성사. 2003].

Compston, Hugh. 2002. "Policy Concertation in Western Europe: A Configurational Approach." Stefan Berger and Hugh Compston eds. *Policy Concertation and Social Partnership in Western Europe: Lessons for 21st Century.* Berghahn Books.

Crepaz, Markus M. 2002. "Global, Constitutional, and Partisan Determinants of Redistribution in Fifteen OECD Countries." *Comparative Politics* vol. 34, no. 2.

Crepaz, Markus M. and Vicki Birchfield. 2000. "Global Economics, Local Politics: Lijphart's Theory of Consensus Democracy and the Politics of Inclusion." Markus Crepaz et al. eds. *Democracy and Institutions: The Life Work of Arend Lijphart.* Ann Arbor: The University of Michigan Press.

Dahl, Robert. 1998. *On Democracy.* New Haven: Yale University Press.

Ebbinghaus, Bernhard and Philip Manow eds. 2001. *Comparing Welfare Capitalism.* London: Routledge.

Elmar, Rieger and Stphen Leibfried. 2003. *Limits to Globalization: Welfare States and the World Economy.* Cambridge: Policy Press.

Frans van Waarden. 2002. "Dutch Consociationalism and Corporatism: A Case of Institutional Persistence." *Acta Politica* vol. 37, no. 2.

Garrett, Geoffrey. 1998. *Partisan Politics in The Global Economy.* Cambridge:

Cambridge University Press.

Hall, Peter A. and David Soskice. 2001. "An Introduction to Varieties of
　　Capitalism." Peter A. Hall and David Soskice eds. *Varieties of Capitalism:*
　　The Institutional Foundations of Comparative Advantage. Oxford: Oxford
　　University Press.

Hamann, Kerstin and John Kelly. 2007. "Party Politics and the Reemergence of
　　Social Pacts in Western Europe." *Comparative Political Studies* vol. 40,
　　no. 8.

Huber, John and G. Bingham Powell. 1994. "Congruence between Citizens and
　　Policymakers in Two Visions of Liberal Democracy." *World Politics* vol. 46.

Katzenstein, Peter. 1985. *Small States in World Markets: Industrial Policy in*
　　Europe. Ithaca: Cornell University Press.

Lange P. and G. Garret. 1985. "The Politics of Growth." *Journal of Politics* vol. 47.

Lembruch, Gerhard. 1979. "Consociational Democracy, Class Conflict and the
　　New Corporatism." P. Schmitter and Gerhard Lembruch eds. *Trends*
　　toward Corporatist Intermediation. London: Sage.

Lijphart, Arend. 1984. *Democracies: Patterns of Majoritarian and Consensus*
　　Governments in Twenty-One Countries. New Haven: Yale University Press.
　　————. 1999. *Patterns of Democracy.* New Haven: Yale University Press.
　　————. 2002a. "Negotiation democracy versus consensus democracy:
　　Parallel conclusions and recommendations." *European Journal of Political*
　　Research vol. 41
　　————. 2002b. "The Wave of Power-Sharing Democracy." Andrew
　　Reynolds ed. *The Architecture of Democracy: Constitutional Design,*
　　Conflict Management, and Democracy. Oxford: Oxford University Press.

Lijphart, Arend and Markus M. Crepaz. 1991. "Corporatism and Consensus
　　Democracy in Eighteen Countries: Conceptual and Empirical Linkages."
　　British Journal of Political Science vol. 21
　　————. 1995(1999). "Linking and Integrating
　　Corporatism and Consensus Democracy: Theory, Concepts and
　　Evidence." *British Journal of Political Science* vol. 25, no. 2.

Lister, R. 2004. "The Third Way's Social Investment State." J. Lewis and R.
　　Surrender eds. *Welfare State Change: Towards a Third Way?* Oxford:

Oxford University Press.

Milner, Henry. 1993. *Sweden: Social Democracy in Practice.* Oxford University Press.

Minnch, Daniel J. 2003. "Corporatism and income inequality in the global economy: A panel study of 17 OECD countries." *European Journal of Political Research* vol. 42.

Polanyi, Karl. 2001. *The Great Transformation.* Boston: Beacon Press.

Rhodes, Martin. 2001. "The Political Economy of Social Pacts: 'Competitive Corporatism' and European Welfare Reform." Paul Pierson ed. *The New Politics of the Welfare State.* Oxford: Oxford University Press.

Rodrik, Dani. 1997. "Sense and Nonsense in the Globalization Debate." *Foreign Policy* 107, Summer.

Sautet, Frederic. 2006. "Why have Kiwis not become Tigers?: Reforms, Entrepreneurship, and Economic Performance in New Zealand." *The Independent Review* vol. 10, no. 4.

Schmitter, Philipe. 1989. "Corporatism is Dead! Long Live Corporatism! Reflections on Andrew Shonfield's Modern Capitalism." *Government and Opposition* 24

Scholten, Ilja ed. 1987. *Political Stability and Neo-Corporatism: Corporatist Integration and Societal Cleavages in Western Europe.* London: Sage.

Soskice, David. 1999. "Divergent Production Regimes: Coordinated and Uncoordinated Market Economies in Contemporary Capitalism." Herbert Kitschelt & Peter Lange & Gary Marks & John D. Stephens eds. *Continuity and Change in Contemporary Capitalism.* Cambridge: Cambridge University Press.

Swank, Duane. 2002. *Global Capital, Political Institutions, and Policy Change in Developed Welfare State.* Cambridge: Cambridge University Press.

Thelen, Kathleen. 2004. *How Institutions Evolve.* Cambridge: Cambridge University Press.

Traxler, F. 1995. "From Demand-Side to Supply-Side Corporatism? Austrian Labour Relations and Public Policy." C. Crouch and F. Traxler eds. *Organized Industrial Relations in Europe: What Future?* Aldershot: Avebury.